창업 & 경영 컨설턴트의 40년 내공을 담다

3·5·2·12·8의 법칙
성공창업방정식을 준수하라

한국창업경영연구소 소장 / 컨설팅학 박사

이 상 헌 저

에이드북

The Law of 3·5·2·12·8

Copyright© 2018 by Aidbook Publishing Co.
6, Sadang-ro 9 ga-gil, Dongjak-gu,
Seoul, KOREA

3·5·2·12·8의 법칙

1판인쇄 : 2018년 12월 4일
1판발행 : 2018년 12월 7일
저　자 : 이 상 헌
발행자 : 양 준 석
발행처 : **에이드북**
주　소 : 서울 동작구 사당로 9가길 6
전　화 : 02)596-0981
팩　스 : 02)595-1394
신　고 : 제2016-000001호
e-mail : aidbook@naver.com
정　가 : **24,000**원
ISBN : 978-89-93692-52-5　13320

3·5·2·12·8의 법칙

성공창업방정식을 준수하라

창업은 창업자 자신의 경쟁력이 성패의 90%를 차지한다.

You Must Be Rich

Contents

Prologue ·· 11

Chap. 1 | 창업, 무엇이 필요한가? ·· 17

1. 성공창업을 위한 제1의 법칙 '3-5-2-12-8'을 지켜라 ······ 18
2. 창업자는 누구인가? ·· 20
3. 창업자의 마인드가 왜 중요한가? ··· 22
4. 고객의 마음은 어떻게 변화하는지 알고 있는가? ············ 25
5. 나는 지금 무엇을 준비하고 있는가? ·································· 27
6. 자본의 건전성이 필요하다 ·· 32
7. 아이템은 나와의 환경에 부합해야 한다 ··························· 33
8. 입지전략이 곧 창업의 승패전략이다 ································· 36
9. 7,530원 vs 8,350원 ·· 39
10. 성공창업 방정식을 점검하라 ·· 41
11. 운영자금의 건전성은 필수 ··· 43
12. 창업 아이템은 끊임없이 진화한다 ····································· 46
13. 한자성어로 보는 창업 성공전략 ··· 48
14. 욜로(Yolo), 가심비(Costmind-effectiveness),
    솔로-이코노미(Solo economy) 그리고
    합리적 가격(Reasonable price)이 대세··························· 51

Chap. 2 창업자가 정답이다 ·········· 55

1. 당신은 어떤 창업자인가? ·········· 56
2. 객관적이고 냉철한 자기분석이 승패를 좌우한다 ·········· 59
3. 창업은 철저하고 효율적인 전략을 요구한다 ·········· 61
4. 우먼파워! 주부들의 능력을 활용해 보자 ·········· 63
5. 시니어 창업, 나이는 숫자에 불과하다 ·········· 66
6. 창업지원제도의 체계적 지원이 절실하다 ·········· 68
7. 김영란법이 소상공인에 미치는 영향은 무엇일까? ·········· 70
8. 천재지변을 대처하는 소상공인들의 이야기 ·········· 72
9. 촛불집회는 소상공인들의 희망을 위한 다짐이다 ·········· 75
10. 최저임금이 가져올 자영업시장의 후폭풍은 ·········· 77

Chap. 3 창업, 이것만은 꼭 실천하자 ·········· 79

1. 소통(疏通)해야 대통(大統)한다 ·········· 80
2. 위기는 곧 기회이다 ·········· 82
3. 성공적인 업종 선정을 위한 7가지 기본 원칙 ·········· 85
4. 창업, 이것만은 반드시 확인하자 ·········· 87
5. 고객 인맥관리가 최고의 경쟁력 ·········· 90
6. 창업불패 KOREA 법칙 ·········· 92
7. 창업… 기회의 타이밍을 포착하라 ·········· 94
8. 유망업종의 4가지 필수조건 ·········· 97
9. 창업박람회 필수 체크리스트 Top 5 ·········· 100
10. 콜라보 악재에는 콜라보로 승부하라 ·········· 103
11. 이제는 글로벌 브랜드를 준비하자 ·········· 105

Chap. 4 | 프랜차이즈 창업의 현실 ········· 107

1. 상생하는 프랜차이즈가 정답이다 ················· 108
2. 가맹점주가 제1의 고객이다 ····················· 110
3. 과연 유명브랜드가 유망한 브랜드일까? ············ 112
4. 창업자의 눈물! 이런 프랜차이즈 조심하라 ·········· 119
5. 프랜차이즈 브랜드의 M&A 과연 득인가? 실인가? ····· 121
6. 징벌적 손해배상과 예상매출 공개, 로얄티 전환 강요는
   누구를 위한 조항인가? ························ 123
7. 정말 나쁜 프랜차이저(Franchisor)를 고발합니다! ······· 127
8. 나쁜 프랜차이즈 vs 착한 프랜차이즈 ············· 130
9. 갑질의 프랜차이저(Franchisor)와 기업가 정신 ········ 133
10. 가맹점과 상생경영을 추구하는 참 좋은 브랜드도 있다 ···· 136
11. 가맹사업, 과연 상생할 수 있는 방법은 없는가? ······· 139
12. "피자, 치킨값을 떨어뜨려서 감사합니다"라는 덕담의 속뜻은? ·· 141
13. 창업 아이템은 끊임없이 진화한다 ················ 144
14. 가맹본사 갑질에 따른 불이익, 창업 전 반드시 확인하자 ···· 146
15. 건실한 중견 프랜차이즈 기업의 억울한 피해 ········· 149
16. 글로벌 브랜드로의 성장을 위해서는 프랜차이즈 지도사의
    역할이 중요하다 ····························· 152
17. 공정위는 상생경영을 위한 노력이 우선이다 ·········· 155
18. 참 수상한 프랜차이즈 브랜드에 대한 정부 포상 ······· 157
19. 공정위의 공정치 못한 프랜차이즈에 대한 잣대 ········ 159
    ➡ 프랜차이즈 수준평가제도 ······················ 162

Chap. 5 | 수익성을 위한 전술전략 창업 지침서 ·············· 165

1. 창업자금 5 : 4 : 1의 법칙을 지켜라 ·············· 166
2. 차별화된 운영전략을 세워라 ·············· 169
3. 삼시세끼 차별화된 메뉴/서비스가 매출이다 ·············· 171
4. 저가형 창업일수록 더 철저하게 ·············· 173
5. 직원의 자기주도적 실행력이 매출이다 ·············· 175
6. 차별화된 메뉴는 매출향상의 기본 ·············· 177
7. 진실의 순간에 찾아오는 선택 ·············· 179
8. 점포운영은 소비자와의 전쟁이다 ·············· 181
9. 긴 줄 점포 만들기 차별화 전략 ·············· 183
10. 창업은 점포의 매출분석이 수익성의 기본이다 ·············· 186
11. 인력(종업원)의 효율적 관리가 생명이다 ·············· 188

Chap. 6 | 마케팅이 성공창업이다 ·············· 191

1. 세분화된 전략과 '관계마케팅'으로 매출향상 공략 ·············· 192
2. 매출 20% 상승을 위한 마케팅 전략 ·············· 194
3. 고객 마케팅의 필수 아이템, 서비스 ·············· 197
4. 성공창업! 살아 있는 유기체와 같다 ·············· 200
5. 순실이네 국밥집은 대박! ·············· 202
6. 불황극복 "상품의 복합화"로 승부하라! ·············· 205
7. 빅데이터, IOT 시대… 그래도 직접 보고, 듣고, 체험하자 ·············· 207
8. 성공전략은 4M 전략이 있다 ·············· 209
9. 유명 브랜드가 유망한 것인가? 소비심리의 대명사
   "파노플리 효과" ·············· 211
10. 창업은 수치와의 전쟁이다 ·············· 213

Chap. 7 반드시 알아야 할 핵심실전 법칙 ······ 215

1. 점포경영을 분석하고, 수치화하여 개선하라 ······ 216
2. 사업계획서 작성은 어떻게 하는가? ······ 253
3. 예상매출을 알아야 성공창업이 가능하다 ······ 273
4. 아이템에 가장 적당한 입지는 어떻게 색인할 수 있는가? ······ 288
5. 유동인구 조사는 이렇게 분석하라 ······ 303
6. GIS를 활용한 상권분석을 통한 우수컨설팅(사례) ······ 309

Chap. 8 성공 창업자에게 배운다 ······ 339

➡사장의 경쟁력이 회사의 경쟁력이다 ······ 340
1. 한민식품, 이경삼 대표 ······ 342
2. 가마로강정, 정태환 대표 ······ 346
3. 포름(FORME), 김운채 대표 ······ 350
4. 로즈마리 에스테틱, 이태영 원장 ······ 355
5. 김家네, 김용만 대표 ······ 359
6. 바보스, 조동민 대표 ······ 366
7. 가르텐 비어, 한윤교 대표 ······ 372
8. 갈중이, 조순애 대표 ······ 377
9. 코리안바베큐, 이원성 대표 ······ 380
10. 코바코돈가스, 이용재 대표 ······ 384
11. 정성만김밥, 김민철 대표 ······ 390
12. 반딧불이, 함수진 대표 ······ 393
13. 월드크리닝, 한정남 대표 ······ 396
14. 카페샨 앤 토, 정주백 대표 ······ 399

부 록 ··· 409

    1. 일일 체크리스트(사례) ······································· 410

    2. 주방 위생 체크리스트(사례) ······························ 411

    3. 점포(매장)관리 체크리스트(사례) ······················ 412

    4. 화장실 관리 체크리스트(사례) ··························· 413

    5. 영업마감 체크리스트(사례) ································ 414

    6. 직원 현황표(사례) ··· 415

    7. 직원 출·퇴근 현황(사례) ·································· 416

    8. 직원 급여 현황(사례) ······································· 417

    9. 아르바이트 채용 평가서(사례) ·························· 417

    ➡ 접객인사 요령 ·· 418

Prologue ··· 419

Prologue

창업이란 무엇인가?
창업 준비는 어떻게?

"창업은 전쟁이다"

창업을 준비하는 예비창업자라면 누구나 창업의 환상과 불안감을 동시에 느끼고 있을 것이다.

필자가 지난 20여 년 동안 창업현장에서 느끼고, 경험한 바로는 얼마나 많은 정보와 양질의 정보를 수치화할 수 있느냐가 성공창업의 열쇠가 아닐까 한다.

'창업은 전쟁이다'라는 문장이 다소 거북하고 공격적인 느낌을 주어 심리적으로 거리감이 있겠지만, 처절한 창업시장을 한마디로 표현한 심리적 공감대를 위한 선택이라고 먼저 밝혀두면서, 주변의 업종들과의 목숨을 건 총성 없는 전쟁에서 살아남기 위해 예비창업자 스스로 다시 한 번 성공창업을 위한 준비가 필요하다는 것을 강조한다.

'창업'이라는 단어가 생활주변에 등장한 90년대 초·중반에는 사업형 창업이나 부업형 창업이었다. 창업형태의 규모나 시설 면에서도 회사형태를 띤 오피스형 창업과 가사에 도움도 줄 수 있으며, 자녀를 모두 성장시킨 주부들이 경험을 기반으로 한 소자본 형태의 부업형 창업이 대부분이었다.

그러나 IMF 이후에는 급변하는 사회구조의 영향과 대규모 감원에 따라 생활을 위한 창업형태인 생계형 창업이 전반적 창업시장을 주도해 왔으며, 부부가 함께 사업장을 운영하는 부부형 창업이 저성장 기조에 맞물려 보편적 창업형태를 이룸과 동시에 관련시장의 성장 역시 업종의 다변화와 아울러 투잡, 쓰리잡 등 틈새관련 형태의 아이템들이 생겨났다. 하지만, 2010년대를 넘어서면서 수익성 악화와 바닥경기의 불황심리 확산에 따라 기존 창업자의 수익성과 예비창업자의 기대수익성의 동반 하락에 따라 목숨형 창업이라는 새로운 형태의 창업트렌드와 함께 임대료, 인건비 등의 가파른 상승으로 인해 창업환경은 다소 암울한 현실을 인정할 수밖에 없는 현실 경기를 반영하고 있다.

"창업은 전쟁이다"

지난 20여 년의 창업시장을 꼼꼼히 분석해보면 창업시장에는 일정한 룰이 있음을 확인할 수 있다. 그리고 준비하고 계획하여 나만의 전술과 전략에 맞춰 실천하는 창업자에게는 불황이란 있을 수 없음을 알려주고 싶다.

최근 한국창업경영연구소(www.icanbiz.co.kr)에 상담을 하러 오시는 예비창업자 중, 60~70% 정도가 30~40대 직장인이다. 또한, 남편의 퇴직과 불안한 고용에 대비해서 미리 어느 정도 창업시기와 방법을 결정한 후 부부가 함께 창업하고자 자문을 구하는 상담자들도 부쩍 늘었다.

필자가 상담에 임하면서 때로는 공감을 하고 때로는 답답함을 느낄 수밖에 없는 창업자가 의외로 많이 있음에 놀라지 않을 수 없었다.

많은 예비창업자들은 성공창업을 꿈꾸고 있다. 그러나 성공창업이란 수익성 측면의 안정적 매출이라고 할 수도 있지만, 창업을 통해 심리적·경제적·효율적·안정화를 위한 창업의 중요함을 잊지 말아야 한다.

창업에 도전하여 성공할 확률은 대략 50% 정도에 불과하다. 현재 창업하여 영업을 하는 창업자 중 70% 이상은 손해를 보면서도 어쩔 수 없이 점포를 운영하는 사람들도 많다는 점을 염두에 두어야 한다.

"창업은 전쟁이다"

특히, 초보 창업자들에겐 그리 녹녹한 일이 아니다.
약간의 판단 착오로 창업자금을 날려 빚 더미에 올라앉은 사람들도 있고 큰돈을 투자하였는데도 투자비용 대비 수익을 제대로 올리지 못한 경우도 비일비재하다. 따라서 성공창업을 위한 체계적 준비를 반드시 점검해야 한다.

첫째, 반드시 성공할 수 있다는 자신감이 필요하다

성공과 실패의 차이는 종이 한 장이라고 한다.
하지만, 성공한 창업자와 실패한 창업자를 상담해보면 그 차이는 "자신감"이라고 단정 지을 수 있다.

자신감 없는 창업자들의 얘기를 들어보면 다음과 같았다.

- 창업자금이 남들보다 작아서…
- 특별한 기술이 없어서…
- 성격이 내성적이라…
- 아무래도 아이템이…
- 장사는 목이라고 하던데…
- 다들 어렵다고 하던데…

위와 같은 말들이 대표적으로 자신을 합리화하는 창업자들에게서 나오는 대답들이다. 이러한 부정적인 생각은 자신감과는 괴리가 있는 패배자들의 공통적인 특징이라고 할 수 있다.

창업환경은 누구나 같을 수 없다. 나름대로의 환경과 성격이 다른 출발선에서 각자 최선이라는 창업환경에서 시작한다. 하지만, 그 창업의 종착지는 엄연한 차이가 있음을 간과할 수 없다.

어느 업종이든, 어느 입지를 선택하든지 간에 반드시 내가 할 수 있다는 의지와 해야만 한다는 절박감과 행동력은 자신감에서부터 출발한다. 따라서 창업을 준비하는 예비창업자라면 자신의 정체성을 성공이라는 Key word에 맞추어서 준비해야만 할 것이다.

둘째, 철저한 창업 준비는 필수다

대부분의 예비창업자들은 여러 경로를 거치면서 나름대로의 창업 준비에 최선을 다하고 있다. 하지만, 어떠한 준비가 성공창업을 담보하는지를 정확한 맥을 잡고 준비하는 예비창업자는 많지 않다.

예비창업자들의 정보 수집경로는 다음과 같이 크게 8가지로 나눌 수 있다.
① 창업박람회
② 사업설명회
③ 창업관련 세미나
④ TV / 라디오 / 신문기사 내용
⑤ 인터넷 사이트

⑥ 주변 창업자의 조언
⑦ 지인소개
⑧ 프랜차이즈 업체 방문

   예비창업자들은 본 한국창업경영연구소(www.icanbiz.co.kr)뿐만 아니라 많은 기업체나 기관, 정부단체에서 주관하는 창업교육이나 일 년에 10여 차례 이상 열리는 창업박람회, 세미나 등 다양한 교육프로그램과 필자와 같은 창업컨설턴트가 진행하는 TV, 라디오 창업프로그램, 인터넷 등 아주 다양한 정보 채널의 홍보 속에 살아가고 있다. 그만큼 실속 있고 알찬 정보가 주변에 많이 존재하고 있으나 정보의 중량만을 인지한 채, 정보 하나하나의 질량엔 관심도가 떨어지는 것이 현실이다.

   각종 단체에서 주관하는 창업박람회가 연간 10여 차례 개최되고 있고, 많은 예비창업자들이 참여하여 참여업체의 홍보와 정보를 접하고 간접경험을 통해 자신의 창업 조건과 대응하며 창업을 준비하는 모습을 접할 수 있다. 하지만, 예비창업자들이 정말 정확한 정보를 얻으려면 과감하고 적극적이어야 함에도 불구하고, 창업박람회 등에서 대부분이 각 업체에서 제공하는 전단지나 브러슈어(brochure)를 무작위로 수집하는데 열을 올리고 있다.

   "호랑이를 삽으려면 호랑이 굴속으로 들어가라"라는 속담이 있듯이 나에게 맞는 아이템이라면 적극적 상담과 적극적 정보의 질량을 확인하는 모습이 반드시 필요함에도 불구하고, 수집된 정보가 곧 성공을 담보하는 양 미음완보(微吟緩步)하는 모습에서 불안함을 느낄 수밖에 없다.

셋째, 차별화된 나만의 경쟁력을 확보하라

   성공창업을 위해 준비해야 하는 어려가지 사항 중 무형의 최대 재산은 남과 다르다는 데서 출발하는 나만의 경쟁력이라고 할 수 있다.

   경쟁력이란 유형과 무형으로 구분할 수 있으며, 유형의 경쟁력은 이미 실질적 수익을 가져다주는 소비자들의 직관력에 눈높이를 맞춘 아이템으로 노출된 정보라 할 수 있으며, 무형의 경쟁력이란 고객들의 감성을 자극할 수 있는 실제를 말하며, 이것이 가장 중요한 요소라 할 수 있다.

   창업의 성공여부를 가름하는 잣대는 수익성과 안정성 그리고 지속성이다.

단순히 아이템의 흥미성(interest)만으로는 지속적 성장을 담보할 수 없는 것이 현실이듯이 나와 고객과의 관계에서 나만의 독보적인 그 무엇인가는 반드시 필요하다.

- 나는 인사를 정말 잘한다.
- 나는 살인미소를 가지고 있다.
- 나는 정리정돈을 잘한다.
- 나는 덕담을 적절히 잘할 수 있다
- 나는 고객의 필요사항을 잘 판단할 수 있다.
- 나는 고객의 심리를 잘 판단할 수 있다.

창업은 나와 불특정 다수와의 전쟁이다. 따라서 그 어느 업종이든 간에 고객의 심리적 만족감과 감동은 나의 성공을 위한 가장 중요한 요소라는 사실을 염두에 두어야 한다.

소비자는 늘 변화를 예견하고 즐기려 한다.

변화는 시각적인 변화보다 심리적 변화가 성공 Point이다. 심리적 변화가 가지는 가장 큰 의미는 대 고객서비스 경쟁력이라고 할 수 있다.

성공창업은 멀리 있는 것이 아니라 나 자신이 그 핵심 Key를 가지고 있으며 행동력과 실천력이 해답임을 인지하기 바란다.

양재골에서 이 상 헌

Chaptert 1

창업, 무엇이 필요한가?

"創業" 사업을 처음으로 시작하여 그 기초를 세움
Start up 처음 시작한 사업

참 쉽고도 어려운 단어다. 2000년대 들어 '창업'은 선택이 아닌 필수라 말한다.
이제 기업체에 취업하여 일할 수 있는 평생직장이라는 개념이 사라졌다.
고용의 유동성과 많은 사회적 현상, 그리고 평균수명연장이 원인이다.
따라서 창업에 도전하는 것도 맞는 말이다.

하지만, 창업은 성공을 위한 절차와 실행이 더욱 중요하다.
매년 100만 명에 가까운 창업 사장님이 생겨나고 100만 명에 가까운 실업자가 양산되는
시장이 창업시장이기도 하다.

창업자들은 모두 환상을 꿈꾼다. 그러나 많은 전문가 들이 전하는 '성공창업방정식'을
하나씩 창업자 현실에 맞추어 준비하고, 노력해야 한다.

1 성공창업을 위한 제1의 법칙 '3-5-2-12-8'을 지켜라

> "성공창업법칙은 업종별 평균 한 달 운영을 기준으로" 3 (임대료), 5 (인건비), 2 (광열잡비), 12 (원부재료), 8 (수익)로 분류되어야만 한다."

성공창업을 위해선 먼저 나에게 맞는, 할 수 있는, 트렌드에 맞는, 아이템을 조사하고 분석하여 선정하는 작업과 함께 창업자의 자금이나 환경에 적합한 상권(商圈)과 함께 입지(立地)를 찾는 것이 가장 중요하다.

창업은 철저하게 수익성과 지속성을 중심으로 한 설계와 실행이 필요하다. 그러기 위해 매장을 색인하는 작업부터 시설, 운영까지 최적화와 효율성에 입각한 준비와 절차를 실천하자.

창업자들은 모두 환상을 꿈꾼다. 그 환상을 꿈꿀 수 있기에 창업에 도전하는 것도 맞는 말이다. 그 환상이란 많은 "돈", 즉 수익성의 극대화가 목표이자 이상이다. 수익성은 철저히(매출 = 객수 × 객단가)라는 기본적 공식으로 말할 수 있다. 만약, 매출을 10% 올리려는 목표를 가지고 소위 마케팅이라는 것을 실시하는 대다수의 자영업자들은 우선 신규고객을 흡인하려는 것에 집중한 마케팅과 홍보를 실시한다. 신규고객이 증가하는 만큼 전체의 매출이 증가하리라는 이론적 배경을 가지고 말이다. 틀린 말은 아니다. 신규고객이 늘어나는 만큼 매출도 정비례하여 증가할 것을 예상할 수 있다.

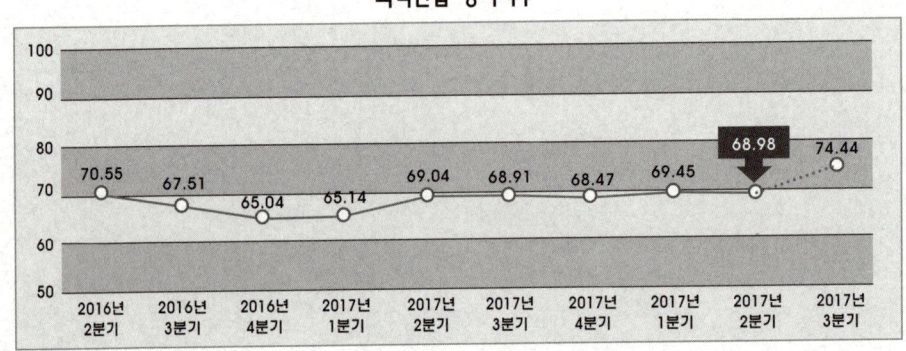

그러한 경기상황에서는 오히려 신규고객을 매장 내로 유입하는 마케팅에 대한 결과가 우수하기를 기대하기가 어렵다. 이러한 의미는 신규고객을 유입하기 위해서 그 어느 때보다 자금과 노동력, 그리고 시간을 더 많이 투자해야 한다는 반증이기도 하다. 그렇다면 오히려 객수(신규고객)를 위한 마케팅보다는 객단가를 올리는 마케팅이 필요한 시기이다.

고객은 누구나 한계 구매금액(Limit Purchase Amount)을 가지고 있다. 이는 구매하려는 재화의 한계금액을 가지고 구매행위를 한다는 의미다. 하지만, 대부분의 소비자는 구매 시에 설정했던 한계금액 이하만큼의 금액을 구매하는 습관을 가지고 있다는 통계가 있다. 결국, 매출이나 수익성 극대화를 위해 객수에 대한 마케팅뿐만 아니라 객단가를 올리는데 집중해야 경상이익을 상승시킬 수 있다는 것이다. 또, 영업에 필요한 지식이나 기술, 노하우 등을 갖추는 일도 필요하다. 하지만, 일단 창업한 이후에는 무엇보다 매장운영 전략이 절실하다.

최근 소규모 자영업자들도 매출 중심의 경영에서 이익 중심의 경영으로 변화하고 있다. 따라서 생존경쟁에서 살아남기 위해서는 갈수록 치솟는 인건비와 경상비 중 가장 큰 비중을 차지하는 원재료비 등의 비용을 줄이고 생산성 향상에 주력해야 한다. 특히 매장운영의 효율화를 위해서는 '3-5-2-12-8'의 법칙을 지켜야 한다. 이 법칙은 30일 영업을 기준으로 매출액은 3일(월세), 5일(인건비), 2일(경비), 12일(원·부재료 구입비), 8일(순수익)로 배분될 수 있음을 뜻한다. 쉽게 풀이하자면, 3일 매출의 합계로 월세를 낼 수 있고, 5일 매출로 직원급여를 충당해야 한다는 것이다. 그리고 2일 매출로 수도·가스·전기요금 등의 공과금을 내야하며, 12일 매출로 영업을 위한 원·부재료 구입 금액을 충당해야 한다는 것이다. 이를 충실히 이행했을 경우에는 8일간의 매출액이 이익금으로 남게 된다는 것이다. 그러나 대다수의 자영업자는 이 같은 외식업 경영원칙이 있다는 것을 잘 모른다. 알고 있어도 실행에 옮기는 사람은 거의 없다. 이제 소규모 자영업자에게도 생산성 향상은 양보할 수 없는 과제일 수밖에 없다.

그러므로 현재 매장을 운영 중인 자영업자들은 자신에게 맞는 점포운영 전략을 세워야 한다. 예컨대, 전체적인 인건비 비중은 최소화하면서 각 개인의 인건비는 높게 책정하는 것도 한 방법이다. 또 지출항목 중 가장 비중이 크게 차지하는 원·부자재 구입비는 지역 내 다른 업주들과의 공동구매를 통해 비용을 줄이는 것도 방법이 될 수 있다. 여기에 공과금뿐 아니라 기타 경비도 꼼꼼하게 기재하고 검토하면서 불필요한 비용은 줄여나가야 한다. 이처럼 점포운영에 들어가는 비용을 가장 적절한 상태로 조정해야만 '불황의 시대'에서 살아남을 수 있다. 어떤 일이든 시작에 앞서 꼭 챙겨야 할 일들이 있다. 그 중 창업을 준비하는 사람들은 반드시 창업에 대한 4가지 요소를 확인해야 한다.

2 창업자는 누구인가?

> "새로운 도전과 희망을 위해 노력하는 이시대의 영웅이며 할 수 있다는 자신감을 실천에 옮기는 도전자 이다."

'창업의 4요소'라고도 명명되는 것으로는 창업자, 자본, 아이템, 입지를 말한다. 기 창업자는 물론 예비창업자의 경우는 더욱 신경을 써야 할 부분이다. 이 창업에 대한 요소를 이해한 후 계획성 있게 창업 준비를 한다면 성공의 절반을 보장 받는 것이라 할 수 있다.

누구나 창업을 한 번쯤 고려하게 된다. 이제는 과거와는 달리 한 기업체에 취업하여 평생직장이라는 개념이 사라졌다. 즉, 기업들은 구조조정이라는 명분으로 직원을 감원하는 경우가 허다하여 장래에 대한 불안감이 있기 때문이다.

그러나 누구든지 창업을 한다고 해서 성공할 수 있는 것은 아니다. 물론, 아이템도 중요하고, 자금도 중요하고, 입지도 중요하지만, 무엇보다도 새로운 사업을 해야 하기 때문에 창업을 할 본인에 대한 충분한 검토가 선행되어야 한다. 즉, 자신이 창업을 하여 성공적으로 사업을 펼쳐갈 능력이 있는 사람인가를 판단해야 한다는 뜻이다. 이에 대한 판단 없이 섣부른 창업을 하여 본인은 물론 가족들까지도 엄청난 고통을 받는 경우를 주위에서 흔히 볼 수 있다.

사람의 능력은 개발하기에 따라서는 무한대라고 하지만, 사업을 잘 할 수 있는 사람과 그렇지 못한 사람들의 구분이 있다고 한다. 그래서 적성이라는 말이 있고, 직업군도 다양하다. 그러므로 창업을 고려할 때, 나는 어떤 사람인가를 냉정하게 판단해 보아야 한다. 따라서 다음과 같은 몇 가지 포인트를 자신에게 스스로 물어보고 판단하면 좋을 듯싶다.

- 스스로의 성격을 판단할 때 적극적인 성격을 가졌다고 확신하는가?
- 혹시나 가족들이 창업을 반대한다면 설득할 자신이 있는가?
- 본인의 체력이 동년배의 사람들보다 약하지 않다고 자신하는가?
- 기초적인 재무지식을 갖고 있다고 할 수 있는가?
- 어려움을 호소하면 같이 고민해 줄 사람들이 주위에 몇 명은 있는가?

창업자는 직접 사업을 운영하는 사람으로서 창업 주최로 나서는 사람이므로 우선 건강해야 한다. 일단 점포를 내면 하루 10시간, 많게는 14시간 이상의 정신적, 육체적 노동을 감당해야 한다. 또한, 창업자 자신의 이미지 및 능력에 맞는 아이템을 선정해야 한다.

판매업종은 굳이 점주의 이미지가 필요 없지만, 그 중에서도 의류점이나 보석점 등은 점주의 이미지가 큰 역할을 차지한다. IT를 이용한 기술관련 업종에는 반드시 점주가 IT기기들을 다룰 수 있을 때 창업하는 것이 인건비를 보다 절약할 수 있는 방법이다.

창업자 자신의 능력에 맞는, 능력발휘를 최대한 할 수 있는, 업종을 택하는게 점포운영에 보다 많은 도움이 된다. 따라서 점주 자신의 나이와 취미, 적성에 맞는 업종을 택하는 것은 매우 중요하다. 예를 들면, 50대 이상 된 주부가 유아·아동복을 취급하는 것보다는 20, 30대 주부가 취급하는 것이 훨씬 매출이 많이 오를 것이기 때문이다.

그 다음은 인내력이 강한 사람이라야 한다. 점포를 개점한 후 찾는 고객들 중에는 각양각색의 성격을 가진 소비자들이 존재한다. '소비자는 왕'이라는 기본 개념 하에 어떤 일 하나라도 소비자 입장에서 고려한 후 권하게 된다면 소비자들이 만족해 할 것이다.

또한, 장사를 시작하면 일정매출이 오르기까지는 어느 정도 시간이 필요하다. 그 동안은 어떤 어려움이 있어도 참고 나갈 수 있다는 정신력과 신념이 필요하고 누구의 도움 없이 혼자 헤쳐 나갈 수 있는 투철한 자립심도 필요하다.

3 창업자의 마인드가 왜 중요한가?

> "창업자는 누구나 대박을 준비한다. 하지만, 대박보다 중요한 것은 창업 시 준비한 열정을 창업자 스스로 100% 발산하는 실행력이다"

창업을 하는데 반드시 필요한 요소는 아이템, 상권, 자본, 그리고 창업자의 마음과 자세이다. 이 네 가지 요소가 잘 믹스되고 활용된다면 창업의 스타트는 잘 되는 것이다. 라고 말할 수 있다. 그러나 그중에서도 창업자의 마인드는 철저히 봉쇄되고 혁신되지 못한 상태에서 다른 것만을 고집스럽게 주장하면서 창업의 깃발을 올리고 배를 띄우는 경우가 90% 이상이라고 말할 수 있다.

자영업 창업자가 연간 100만 명 가까이가 창업을 한 후 약 90만 명 정도가 창업에서 실패를 한다. 한 마디로 수치상으로 창업자 중, 80~90%가 자기의 의지나 원하는 것과는 상관없이 창업세계에서 아주 쓴물을 마시고 패배자가 되고 있다는 것이다.

창업자 중, "내 사업이 망할 것이다"

"내 사업이 안 될 것이다"

"내 사업이 안 되어도 괜찮다"

라고 생각으로 창업에 임하는 사람은 아무도 없을 것이다.

마음은 '반드시 성공해야 한다.', '돈을 벌어야 한다.' 라고 생각만 하고 있다. 그러나 남의 주머니 속에 들어 있는 돈을 빼내어 내 것으로 만든다는 일이 그리 쉽게 간단한 것은 절대 아니다. 문제는 여기에 있는 것이다.

돈을 번 다는 것이 생각만으로 돈을 벌 수 있는 것이 아니다. 돈을 벌어야겠다는 생각을 통해 우리는 돈을 만들어 주는 고객에게 무엇을 할 수 있을 것인지를 생각해야 한다. 고객이 원하는 것을 해 줄 수 있는 프랜차이즈 가맹점, 그 가맹점이 바로 돈을 벌수 있는 방법도 될 것이다. 고객이 만족하고, 고객이 감동하고, 고객이 가맹점에 대해 좋은 인식과 단골이 될 수 있도록 만드는 것은 창업자인 바로 자신이며 함께 하는 종업원들의 몫이다.

생각만 하는 것으로 고객의 마음을 사로잡고 또 돈을 벌 수 있다면 얼마나 좋을까? 사업은 생각만으로 돈을 버는 것이 아니다. 특히, 일반 창업 중 서비스업종은 행동하는 과정을 통해 고객에게 믿음과 신뢰를 전달할 수 있어야 한다. 우리는 서비스업종에 종사하는 사업주체이기 때문이다.

창업은 오직 행동으로 모든 것을 실현하고 실천하여 고객이 느끼고 인정해 줄 수 있도록 만들어야 한다. 그러므로 우리 자신이 바뀌고 우리 자신이 모범적인 행동을 취하지 아니하면 고객은 우릴 인정하지 않는다. 이를 지금부터 강하게 느끼고, 강하게 인식해야 한다.

나의 과거, 나의 성격, 나의 생각, 나의 기존 이념도 중요하다. 그러나 이제 창업이라는 새로운 세상에 입문하였으니 지금부터 중요한 것은 창업을 반드시 성공시켜야겠다는 확실한 신념과 자긍심 그리고 열정으로 자신을 가득 채워야 한다는 것이다. 그래서 과거에 대한 나의 모든 것을 그저 경험으로만 간직하길 바란다는 것이다.

체면이나 자존심이라는 것을 과감히 벗어 버려야 한다.
수많은 불특정 다수의 고객을 향해 나를 불태울 준비를 하자.
그들이 있으므로 내가 살 수 있다는 사실을 명심하자.

그래서 과감히 나를 변화시키고 창업이라는 전쟁 속에서 이길 수 있는 승리자가 되도록 자신감으로 가득가득 채워야 할 것이다. 그러기 위해 우리는 다음과 같은 내용을 마음 깊이 새겨야 한다.

첫째, 창업을 왜 하는가?

창업을 하는 목적은 단순하다. "나는 돈을 벌기위해 창업을 선택했다."라고 그 목적을 정하라. 체면적인 다른 내용은 절대 필요하지 않다. 창업에 대한 목적은 그 다른 어느 것도 존재 하지 않는다. 돈을 벌기 위해 내 몸과 자본을 투자하는 것이다. 사회사업을 하는 것도 아니고 국가와 민족을 위해 창업하는 것도 아닐 것이다. 오직 내 삶, 내 인생, 내 가족의 미래 등으로 나를 중심으로 나의 가족과 함께 이 세상에 존재하기 위해 필요한 돈을 벌기 위해 창업을 하는 것이다.

둘째, 누가 나에게 돈을 벌게 만들어 주는가?

나에게 돈을 벌게 해주는 객체는 무엇이며, 누구인가? 내 가족인가? 내 친구인가? 물론, 그들도 작은 한 부분을 감당 하겠지만 그 사람들이 정답이라고 말할 수는 없다.

그 절대 다수로부터 돈을 벌게 해주는 객체는 바로 나를, 나의 점포를 찾아주는 '고객'들이다. 고객이 나를 돈 벌게 해주는 객체이다. 그들은 곧 "나를 먹여 살려주는 존재이다"라고 신념적으로 마음에 새겨 두어야 한다. '고객이 나를 먹여 살려주는 존재이다.'

셋째, 그렇다면 고객에 대해 어떻게 판단해야 하는가?

'고객(孤客)'이란 단순한 해석적 의미로 분석하면 "상품을 소비하기 위해 찾아주는 사람"을 의미한다.

그러나 고객의 머릿속에서는 어떤 생각, 어떤 뜻으로 소비를 하기 위해 순간적으로 뇌가 활동하는지를 이해할 필요가 있다. 고객은 다음과 같은 소비활동을 하기 위해 순간적인 뇌 활동이 이루어지고 있다

① 전략과 기획의 의미를 갖고 있다.
고객은 자기에게 필요한 자기만족을 위한 소비저(소비대상)를 찾고 있다.

② 분석과 판단의 의미를 갖고 있다.
고객은 소비할 대상이 나타나면 그것에 대한 다양한 분석을 한다. 가격, 필요성, 만족도, 상품 품질, 서비스 품질 등에 대한 다양한 내용(상품에 숨겨진 비밀을 분석)을 알려고 시도한다.

③ 구매단계의 의미를 갖고 있다.
고객은 최종 선택한 것에 대한 확신이 있을 때 비로소 구매를 하게 된다. 또는 간접구매 형태라 하더라도 반드시 구매하는 상품에 대해 좋은지 나쁜지를 생각하게 되는 것이 소비자이며 구매자인 고객이다.

④ 평가단계의 의미를 갖고 있다.

고객은 선택하고 사용한 상품이나 업종에 대해 최후에 반드시 그것에 대한 평가를 내린다. 따라서 그 결과에 따라 엄청난 변화가 발생됨을 알아야 한다.

고객은 위와 같은 4단계를 순간적으로 머릿속에서 구상하여 실행하고 최종 평가를 내리는데 그 결과가 어떻게 변화되는지를 알아보기로 한다.

4 고객의 마음은 어떻게 변화하는지 알고 있는가?

> "고객은 카멜레온이다. 끊임없이 새로운 것을 원하고 찾는 행위를 반복한다. 그렇다면 나는 과연 무엇을 준비해야 하는가?"

고객은 자기가 이용한 점포에 대해 만족이나 좋은 느낌을 받았을 때, 다른 사람에게 그 점포를 알리고 또 자랑하는 마음을 갖고 있다. 그래서 경험을 중시하는 소비 형태를 갖고 있는 것이 소비자로서의 고객임을 알아야 한다.

만약, 고객이 그 점포에서 만족하지 못하거나 불만이 있었다면, 지금 이 순간 자신이 그 고객이라면 어떤 생각을 할까? 아마 다음과 같이 생각할 것이다.

"내가 두 번 다시 그 점포에 가나 봐라", "어디 소비할 곳이 그 점포뿐이더냐", "돈이 아깝다"라는 등을 생각할 것이다.

그러나 그것으로 끝나지 않는다. 다른 예비고객을 향해 그 점포에 가지 못하게 말린다. "그 점포에 내가 갔었는데 서비스가 엉망이고 맛이 안 좋고 주인이나 알바생의 태도도 그렇고 아무튼 그 점포에 가지 마" 이런 식으로 전염병 바이러스처럼 번져 예비고객의 발길을 끊어 놓게 만드는 것이 바로 고객이다. 한마디로 고객은 자기가 지불한 대가 그 이상으로 가치를 얻어 만족이나 감동하기를 원한다는 사실이다.

모든 유형은 그 틀을 벗어나지 못하는 것이 사실이다. 우리는 지금 그러한 고객을 맞이해야 할 사업자로 변신하는 과정에 있는 것이다. 그래서 우리는 철저하게 자신의 생각과 고객을 위한 행동에 변화를 추구하는 것이 사업을 승리로 이끄는 원동력이 되며, 그 원동력이 바로 자신의 변화를 통해 이루어진다는 것을 명심해야 한다.

그래서 창업자들은 사업장을 힘차게 이끌어 갈 수 있는 능력을 배양하고 현장에서 고객과 함께 고객만족을 위한 문화를 만들어 가야 하는 것이다. 그 변화의 주체가 바로 창업자임을 꼭 잊지 말자!, 반드시 자신의 생각과 행동이 변해야만 하는 원칙을 창업의 제1조건으로 인식하여야 한다.

불특정 다수(나의 생각과, 나의 환경과, 나의 조건과, 나의 이념 등에 대한 모든 것이 다른 사람들)의 고객을 상대로 점포운영을 하여 돈을 벌어야 하기 때문에 그들과의 전쟁에서 우선 이길 수 있는 자신의 능력을 만들어야 하는 것이다.

고객은 체험을 통해 만족을 얻을 수밖에 없는 환경 속에 존재하고 있다. 모든 고객은 구매라는 실행단계를 거치기 때문에 유형의 상품 또는 무형의 서비스 제공 환경이 마음에 들지 않으면 쉽게 그 점포를 떠나 다른 점포로 이동한다는 특성이 있다. 고객이 떠난 나의 점포, 나의 사업장은 어떻게 될까? 고객은 정말 중요한 요소이다. 바로 '나를 먹여 살려주는 요소'이다.

성공창업 포인트

소비성향분석

1. 표적고객의 정확한 분석
   (연령, 성별, 지역 등)
2. 서비스 금액의 평균 구매가 분석
   (평균 구매단가, 구매량 등)
3. 구매요인 분석
   (브랜드, 가격, 품질, 입지, 규격 등)
4. 구매경로 분석
   (Online, Offline, 배달, Takeout 등)
5. 경쟁점 충성고객 요인 분석
   (왜 고객의 충성도가 우수한가?)

창업 전 해당 업종의 소비자 성향을 반드시 파악해야 한다.

5 나는 지금 무엇을 준비하고 있는가?

> "항상 많은 준비를 한 듯하다. 그것이 창업 준비다. 하지만, 세부적으로 분석해 보면 아직도 준비된 것이 별로 없다."

나의 과거, 나의 자존심, 나의 체면 등으로 나를 무장시켜 놓은 것은 아닌가? 아주 오래전 우리 조상은 이러한 말을 남겨 두었다.

"장사를 하려면 오장육부(五臟六腑)를 자기 몸속에서 꺼내어 버리고 나서 장사를 해야 한다"고 했다. 이 말의 원초적인 뜻을 다시 한 번 마음속에 깊이 새겨볼만한 명언이 아닐까?

내 자신을 변화시켜 보자. 어떤 상황 하에서라도 내 자신을 극복하기 위한 변화를 추구하여 보자. 그것은 자신을 위하기도 하지만, 사업을 위한 길이며, 내 가족과 내 자신의 미래를 보장받기 위해 변화시킬 수밖에 없는 마지막 선택되어진 창업이란 숙제를 풀어나가는 정답이 변화를 해야 한다는 것이다.

삼성그룹의 이건희 회장은 이러한 말을 남겼다.

"성공하는 사람은 절대 운을 믿지 않는다. 성공하는 사람은 운에 의하여 성공하지 않는다. 성공하는 사람은 남모르는 어려움과 역경을 이겨내려는 노력과 열정 그리고 진취적인 사고와 추진력을 통해 성공을 갖는 것뿐이다. 그러므로 성공한 사람은 운을 기대하지 않는다."

그렇다. 내가 성공하기 위해 지금 해야 할 것은 단순히 "잘 되겠지 잘 될 거야"라는 막연한 운을 기대해서는 안 된다.

전쟁에 임하는 군인처럼 죽기 아니면 살기라는 자세로 자신을 불태울 각오로 창업이라는 전쟁터에 발을 들여놓아야 한다. 성공이란 단어는 결코 쉽게 아무에게나 주어지는 단어가 아니다. 좋은 아이템 하나만 믿어서는 절대 안 된다.

어떻게 생각하고, 어떻게 영업을 유지하기 위해 내 자신에 대한 변화를 추구하는가 하는 것은 바로 성공창업의 기본적인 잣대가 될 것이다. 그러한 변화를 추구하기 위해 내 자신을 철저히 바꿔가야 한다.

첫째, 나는 긍정적이다.

어떠한 상황이던, 어떠한 주어진 일이던 부정적인 생각보다는 긍정적인 생각을 갖도록 스스로 마인드 변화를 시도해야 한다. 습관화시켜야 한다. 성공하는 사람은 모두 긍정적인 생각을 갖고 자기 사업을 추진했다.

둘째, 나는 적극적이다.

소극적인 사람보다는 적극적인 사람이 많은 것을 얻어 갈 수가 있다. 적극적인 사람만이 어떠한 어려움이 닥친다 하여도 그 위기를 극복해 나가기 위해 숨겨진 힘을 강하게 분출시킬 수가 있다. 창업은 불특정 다수의 고객을 상대하는 것이다. 고객들에게 소극적일 때 과연 고객이 자신의 점포나 또는 인적관계를 맺는 일에 잘 호응할까? 또한, 사장이 사업을 적극적으로 이끌 때, 종업원들도 따르게 되어 있다. 따라서 무엇이던, 어떤 일이든 적극적으로 추진하려는 마음과 뜻으로 행동력 있게 움직여 사업을 이끌어가야 한다.

셋째, 나는 합리적이다.

점포운영은 절대 혼자 할 수 있는 사업이 아니다. 종업원 또는 연관되어 있는 가족이 함께 힌다. 그들과 나의 힘이 결합되어 합심된 상태로 일을 추진한다면 얼마나 더 높은 질적 향상에 시너지가 발생될 수 있을까?

나의 이익과 나의 고집과 나의 일관된 편견만으로 사업을 추진한다는 것은 다양한 고객들의 각기 다른 문화를 받아들이기 어려운 환경을 만들어 가게 된다. 사업은 나의 나이나 나의 사고에 준한 그런 사업이 아니다.

특히, 프랜차이즈 가맹사업은 평균적으로 나이가 어린 20대부터 40대까지 다양한 고객층이 형성되는 사업 영역이 주어져 있지만, 그래도 핵심고객은 20대와 30대가 주축을 이룬다고 할 수 있다. 바로 고객층의 사고와 문화를 받아들이려면 내 주위에 있는 종업원들과 다양한 대화를 통해 그들의 문화를 이해하고 개선점을 찾아 그들의 문화에 걸맞은 환경을 만들도록 주력해야 한다. 그것을 실현시키기 위해 내가 합리적이고 열린 마음으로 영업을 추진하지 않으면 늘 현실의 벽에 부딪히게 된다는 사실을 잊지 말아야 한다.

종업원은 단순 종업원이 아니라 나와 동등한 위치에 있는 또 하나의 경영자라 인식하고, 종업원 스스로도 경영자라는 그런 마음가짐을 가질 수 있도록 배려하고 열린 마음으로 대할 때 모든 것이 가능해 질 수 있으며, 성공창업이 가능해지는 것이다.

넷째, 나는 부지런하다.

게으른 자는 절대 성공할 수가 없다. 경쟁에서 이기려면 늘 깨어 있어야 하고 부지런 하지 않으면 새로운 경쟁자가 나타나 언제 어떻게 나를 공격해 올지 모르는 것이 바로 창업의 세계다. 사업주가 부지런할 때 모범적인 모습을 통해 통솔력도 강해져 종업원도 불만 없이 사업주를 뒤 따르게 되어 있으며 고객도 그런 사업주의 모습을 보며 점포 이용에 뿌듯함을 느낄 수 있게 되는 것이다.

부지런하자. 열정을 갖고 앞장서서 사업 발전을 위해 모든 것을 쏟아 부어 보자. 그것이 사업주를 부자로 만들어 준다는 것을 마음깊이 각인하고 또 각인해 두어야 할 것이다.

다섯째, 나는 목표가 분명하다.

내가 창업을 하려는 목표가 무엇인지 그 목표를 달성하기 위해 나는 어떤 각오이며, 어떤 행동을 실천할 것인지 불투명한 목표가 아니라 계획적인 목표를 세워 반드시 실천하여 좋은 결과를 만들어 내도록 해야 한다. 그러므로 창업을 왜하는지 창업에 대하여 구체적으로 어떤 기간 동안에는 무엇을 할 것인지 나름대로 계획과 목표를 분명히 만들어 그것대로 실행하는 것이 바람직하다. 목표가 없는 행동은 무의미한 삶이다.

여섯째, 나는 끈기가 있다.

창업 결코 쉬운 것이 아니다. 지금까지 지내온 환경에서 급격한 변화를 시도하며, 예상하지 못했던 다양한 어려움을 경험하게 될 것이다.

미국 속담 중에 이런 말이 있다.

"No Pains, No Gains(고통 없이 얻어지는 것이 없다)"

그렇다. 창업을 준비하는 과정도 고통이라면 고통일 것이며, 또한 진행해 나가는 모든 과정 또한 고통이라면 고통이 될 수 있다. 그러나 왜 내가 이런 고통을 감수해야 하는가 하는 문제이다. 그것은 우리의 근본적인 목적, 돈을 벌기 위해서 이며 성공창업을 이루기 위함이 아니겠는가? 끝까지 싸움에서 이길 때까지 어떤 고통과 어려움이 닥친다 해도 나는 긍정적인 마음으로 그 고통과의 싸움에서 이길 것이라는 확신을 갖고, 마음으로 스스로를 강인하게 만들어야 한다. 바로 지치지 않는 끈기를 갖도록 자신을 다스려야 한다.

일곱째, 나는 성취감을 반드시 갖는다.

최종 목표는 무엇인가? 창업성공으로 돈을 벌었다.라는 결과를 만들어 내는 것이다. 그렇다. 내가 원하는 것은 나의 투자금을 잃지 않고 그것을 이용하여 최대한 목표한 만큼 돈을 벌어야 한다는 것이 바로 내가 가져야 할 성취감이다. 그 성취감을 얻을 때까지 지금부터 3년만 강인한 마음으로 자신의 사업체를 지켜 갈 수 있도록 굳건한 신념으로 목표를 향해 뛰어가자. 성공에 대한 확신과 믿음 그것이 창업자 여러분을 지켜가는 수호신이 될 것이다. 그래서 훗날 진정한 웃음으로 호탈하게 웃어 버리며 그 동안의 고생을 날려버릴 수 있는 창업자가 되기를 진심으로 바라고 또 바란다.

위와 같은 7가지의 조건은 과거의 나를 현재의 나와 미래의 나로 변화시키기 위한 가장 중요한 변화를 위한 조건이다. 창업에 있어서 창업자 자신이 먼저 창업화되지 아니한 채 창업하여 성공하기를 바라는 것은 그야말로 운을 기대하며 로또 복권에 맞기를 바라는 마음과 같은 상태의 창업이 될 것이다.

창업은 삶과의 전쟁이고 창업은 어떤 수단과 방법을 동원해서라도 반드시 승리하고 목적을 이루어야 하는 과제를 가슴에 안고 출발하는 것이다. 창업은 마음과 달리, 생각과 달리, 내가 원하고 바라던 방향이 아닌 곳으로 흘러가서 엉뚱한 결과로 갈 수 있는 것이 창업이다. 그래서 그 어떤 다른 길로 갈지도 모를 (절대 자기 자신도 모르는 방향으로 옮겨감) 길로 들어가지 않도록 항상 긴장하고 정신을 가다듬어 실전 전투에서 승리할 수 있는 요소와 요건을 지속적으로 충전 해나가야만 마침내 성공이란 고지를 점령하게 되는 것이다.

🎲 마음의 준비가 되셨나요?

이제 정신무장은 끝났다. 무장된 자신을 무기로 창업현장에서 까다로운 고객, 주변의 경쟁점들, 시장환경, 그리고 예상치 못한 일들 그 모두와 싸움을 해야 하는 것이다. 그 싸움에 필요한(점포운영 관련) 프로세스를 구축하고 습관화하여 경쟁력 있고 차별화된 초강력 점포로 만들어 나가야 할 것이다.

"내가 바뀌지 않으면 세상의 그 어느 것도 바꿀 수 없다"라는 신념으로 나의 재산을 지키고 내 영업장소를 최고의 장소로, 지역 내 명소로서의 대표매장으로 승화시켜 창업의 마지막 고지인 성공창업의 커다란 대업을 이루도록 하자.

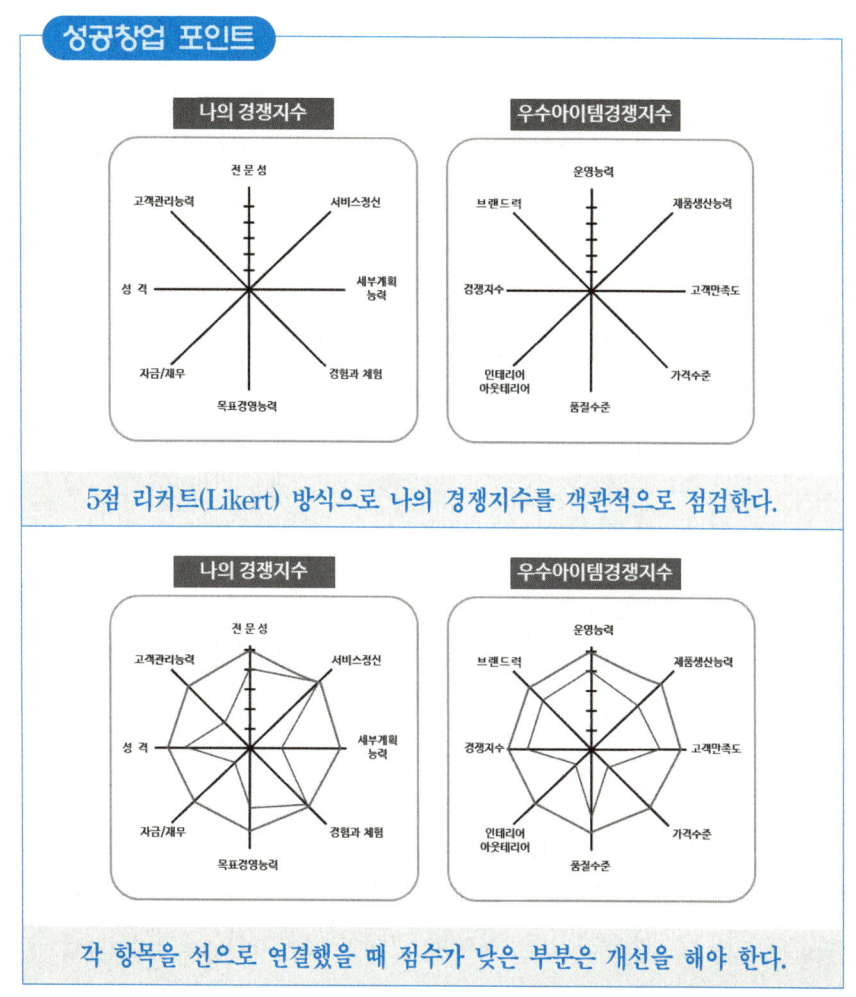

6 자본의 건전성이 필요하다

> "자본은 창업의 필수요소이다. 하지만, 자본의 많고 적음이 창업성공의 필수 조건은 분명히 아니다."

초보 창업자의 경우, 창업자금이 적게 드는 소자본 형태의 창업이 좋다. 물론, 예상 업종에 따른 소요자금이 다르고 또 정확한 예측은 어렵다. 그러나 자금 부분을 사전개업 준비자금, 고정자본, 운전자금 등으로 구분하여 계획대로 예산을 집행하는 것이 차질을 최소화할 수 있다.

자금 추정 시에는 사업개시 전 소요자금도 분석하여 염두에 두어야 한다. 즉, 점포 중개수수료, 개점행사비와 홍보비는 별도로 생각해야 한다는 것이다. 이 부분들은 예비비(총 소요자금의 20% 정도)에 포함시켜 생각해도 된다.

자기 자금만으로 사업을 하는 것이 좋지만, 대개는 남의 돈을 빌리게 되는 일이 많다. 되도록 개인 돈보다는 금융기관에서 빌리는 것이 보다 유리하다.

단, 이때 남의 돈 비중은 총비용 30%를 안 넘게 하는 것이 좋다. 그러나 실제로 사업을 시작, 준비를 하다 보면 예상치 못한 곳에 대한 비용지출이 되어 낭패를 당하기 쉬우므로 사전에 대비를 해야 한다. 기존 사업 경험자들은 총 자금의 20% 정도는 예비비로 꼭 갖고 있어야 한다고 강조한다.

소점포 사업을 하여 엄청난 수익을 얻을 수 있는 경우는 극히 드물다. 그러므로 최소한 점포비용은 자기 자본으로 하여 이자부담을 줄여야 한다. 그래야 사업이 어느 정도 궤도에 오를 때까지 안정적으로 운영할 수 있을 뿐만 아니라 좀 기간이 걸린다 해도 견뎌나갈 수 있다. 아무리 급해도 사채를 끌어다 쓰는 것은 신중을 기해야 한다. 피치 못할 경우는 반드시 차용증서를 작성하고 차입금액과 이자상환 방법을 명확히 명기, 분쟁의 소지를 미연에 방지해 놓아야 한다.

우리나라의 창업 형태는 전체 창업의 75%가 점포형 창업이다. 이는 전체비용을 두 가지로 나눠 준비해야 한다는 의미이기도 하다. 그 중 하나는 점포를 위한 비용이다. 크게 점포비용은 권리금과 보증금으로 구분한다. 권리금은 참 아이러니하게도 우리나라에만 있는 특이한 현상이기도 하다. 필자가 호주 유학시절 캠시지역에서 아르바이트를 했다, 캠시라는 지역은 미국의 LA 한인타운과 같이 호주 시드니에서 한인들이 모여 사는 한인타운이다. 그 당시 캠시의 한인타운에도 권리금이 있었다. 그만큼 한국인에게는 영업권리에 대한 비용을 지급해야 하는 문화가 이색적이지만 하나의 관습과 같은 모습으로 존재한다.

권리금과 보증금이 창업비용의 한 축이며, 다른 비용의 축은 시설비용으로 구분되어 진다. 또한, 창업 이후 운영을 위한 예비비 성격의 비용도 필요하다. 따라서 창업비용의 규모는 업종과 지역형태에 따라 그 규모는 상이할 수밖에 없다. 따라서 대출이 필요할 경우, 창업자금 대출기관과 상품을 꼼꼼히 살펴보고 투자대비 수익성에 호환되는 금액만큼의 자금을 대출받기를 권하고 싶다.

창업은 …
- 자기와의 끝없는 싸움
- 정보의 수집과 확인
- 수지와 그래프
- 의지와 자신감의 표현

7 아이템은 나와의 환경에 부합해야 한다

> "참 다양한 아이템이 창업시장에서 회전한다. 좋은 아이템이란 고객의 소비성향 분석을 통해 파악할 수 있다."

국내 소자본 창업은 고유업종이 700여 가지, 뉴비즈니스 업종이 1,800여 가지로 총 2,500여 가지다. 업태별로 보면 판매업이 500가지, 서비스업이 1,200가지이다. 여기서 제조업은 제외된 통계다.

고유업종이란? 실생활에 반드시 존재해야 될 상품이나 서비스를 말하는 것으로 슈퍼마켓, 병원, 미용실 등을 말하며, 뉴비즈니스 업종은 고유업종에서 파생되는 일부의 전문성을 띤 업종으로 편의점, 영어유치원, 커피전문점, 인력파견업 등을 말한다.

창업초보자는 되도록 고유업종을, 예비창업자는 신규업종을 선정하는 것이 좋다. 성공창업의 확률은 50%의 아이템 선정과 50%의 창업자 능력에 따라 성패가 좌우되므로 신중을 기하지 않으면 안 된다.

성공창업의 가장 핵심요소라고 할 수 있는 사업아이템 즉, 업종 선정을 하는데, 업종별 라이프 사이클(도입기 ⇨ 성장기 ⇨ 성숙기 ⇨ 쇠퇴기)의 트렌드를 분석해 보아야 한다. 다음의 아이템에 따른 라이프 사이클 트렌드를 살펴보자.

'도입기'의 아이템은 주변의 경쟁자가 없기 때문에 선점효과와 함께 상권의 유효거리가 넓어 수익성 측면에서 양호한 결과를 얻을 수 있지만, 아이템에 대한 소비자들의 구매력이나 구매주기에 대한 확실한 검증이 미비함으로써 그만큼 리스크도 예상해야 한다.

'성장기'의 아이템은 도입기에서 검증 단계를 거친 아이템으로 상권 내 관련 유사 아이템의 등장과 함께 관련시장에서 성장하는 아이템으로서의 유효고객 접근이 용이한 입지가 성공요건이라 고 할 수 있다. 어느 정도 안정된 수익을 원하는 예비창업자라면 적극 검토해 볼 창업 아이템이라 할 수 있다.

'성숙기'의 아이템은 주변 상권 내 대표적 아이템이라 할 수 있으며, 점포의 숫자나 규모 면에서도 시장 주도적 위치를 선점하고 있을 것이다.

하지만, 성숙기의 아이템이 가지고 있는 고객의 다양성과 접근성은 용이하나 점포 내 수익을 담보하는 흡인력은 점포 내 차별화된 서비스가 중요한 도구라 할 수 있다. 따라서 나만이 가지고 있는 Identity를 적극 검토한 후 아이템을 선정하는 것이 바람직하다.

특히, 새로 생겨난 비즈니스의 경우, 창업초기에 도전한 사람은 실패하는 경우가 30~40% 정도이다. 따라서 초기창업자 보다 제2, 제3의 창업자가 성공하는 확률이 높게 나타나고 있으므로, 남이 실패했다고 그냥 포기하기 보다는 성공가능성이 보인다면 인내와 노력을 갖고 도전해 볼 필요가 있다. 물론, 완전히 실패한 장소에서 동일 업종으로 도전하여 성공하는 데는 다소 힘들고 어려움이 따르겠지만, 다른 업종으로 하기 보다는 투자비용을 줄이면서 성공도 어느 정도 보장된다는 장점이 있다.

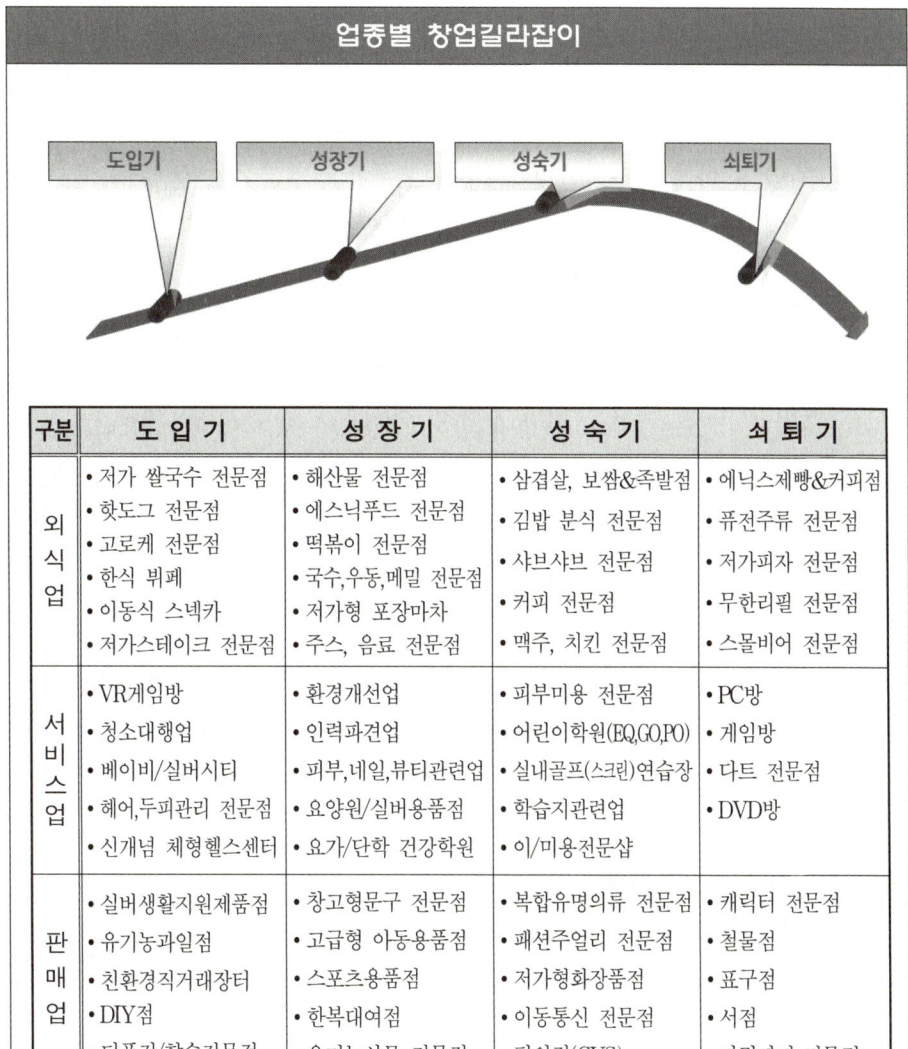

업종별 창업길라잡이

구분	도 입 기	성 장 기	성 숙 기	쇠 퇴 기
외식업	• 저가 쌀국수 전문점 • 핫도그 전문점 • 고로케 전문점 • 한식 뷔페 • 이동식 스넥카 • 저가스테이크 전문점	• 해산물 전문점 • 에스닉푸드 전문점 • 떡볶이 전문점 • 국수,우동,메밀 전문점 • 저가형 포장마차 • 주스, 음료 전문점	• 삼겹살, 보쌈&족발점 • 김밥 분식 전문점 • 샤브샤브 전문점 • 커피 전문점 • 맥주, 치킨 전문점	• 에닉스제빵&커피점 • 퓨전주류 전문점 • 저가피자 전문점 • 무한리필 전문점 • 스몰비어 전문점
서비스업	• VR게임방 • 청소대행업 • 베이비/실버시티 • 헤어,두피관리 전문점 • 신개념 체형헬스센터	• 환경개선업 • 인력파견업 • 피부,네일,뷰티관련업 • 요양원/실버용품점 • 요가/단학 건강학원	• 피부미용 전문점 • 어린이학원(EQ,GO,PO) • 실내골프(스크린)연습장 • 학습지관련업 • 이/미용전문샵	• PC방 • 게임방 • 다트 전문점 • DVD방
판매업	• 실버생활지원제품점 • 유기농과일점 • 친환경직거래장터 • DIY점 • 디퓨저/향수전문점	• 창고형문구 전문점 • 고급형 아동용품점 • 스포츠용품점 • 한복대여점 • 유기농산물 전문점	• 복합유명의류 전문점 • 패션주얼리 전문점 • 저가형화장품점 • 이동통신 전문점 • 편의점(CVS)	• 캐릭터 전문점 • 철물점 • 표구점 • 서점 • 가격파괴 전문점

8 입지전략이 곧 창업의 승패전략이다.

> "고객과의 접점이 매출이자 수익성이다. 따라서 입지는 고객 흡인 성과 지속성의 중요 요소이다."

점포형 창업은 입지사업이다. 다시 말해, 업종과 점포위치가 궁합이 맞아야 성공할 수 있다. 따라서 준비단계에서부터 정확한 상권분석을 한 후에 입지선정을 해야 실패확률을 줄일 수 있다. 특히, 소자본 창업 분야에서 점포 위치는 사업의 성패를 좌우할 정도로 중요한 창업 요소라 할 수 있다.

점포 구성은 통상 1층, 지하, 2층 등 3가지로 분류할 수 있다.(단, 기준에서 쇼핑센터, 백화점 등은 예외이다) 제조업일 경우는 상권이나 입지보다 상품성이 더 중요하지만, 점포운영은 상품성에 비해 상권이나 입지가 더 중요하다. 소규모 점포의 점포 위치와 아이템(업종)의 중요도에 따른 비중을 보면, 7:3 정도로 점포의 위치가 그만큼 위치비중이 크다고 할 수 있다. 따라서 입지 색인을 위한 세부적 점검사항을 반드시 고려해야 한다. 다음을 살펴보자.

첫째, 접근이 쉬워야 한다. 소비자들은 특이한 경우가 아닌 한 1차 상권인 반경 5백 미터 이내에서 물건을 사는 경우가 많다. 물론, 고가의 전문품은 전문상가를 찾아가지만 일상생활에 필요한 편의품은 집이나 사무실에서 가까운 곳을 찾기 마련이다. 그러므로 취급 상품의 종류 및 주 고객이 누구냐에 따라 점포의 위치 선정이 달라진다.

둘째, 상품이 다양해야 한다. 소비자들은 상품 구입시 취급 상품이 많아 선택의 폭이 다양한 곳을 찾는다. 백화점이나 쇼핑센터를 찾는 이유도 여기에 있다. 특히, 취급 상품은 가격대별, 용도별, 크기별로 구분, 진열하는 것이 좋다.

또한, 주 고객이 선 자세에서 10~40도 정도의 각도가 가장 눈에 잘 띄므로 이점에 유념하면서 상품을 진열하여 디스플레이 하고, 진열을 자주 바꿔주는 등으로 변화를 주는 것이 고객들의 시선을 유도하게 된다.

셋째, 가격이 저렴해야 한다. 소비자들은 상품 가격이 싸고 질이 좋은 것을 찾는다. 다소 거리가 멀거나 선택할 상품의 종류가 제한되더라도 값이 싸면 자주 찾게 된다. 상설할인 매장이나 아울렛 매장이 잘되는 이유도 여기에 있다.

결정된 업종을 놓고 사업계획서에 의거, 정확한 입지분석을 실시한 후 예상매출 대비수익을 산출해 본 후 사업장을 최종 결정, 입점하는 것이 좋다. 특히, 주부일 경우에는 되도록 거주지에서 가까운 곳이 좋다. 출퇴근 가능 거리는 대중교통 이용시 40~50분 정도 이내가 유리하다. 최종 확정 전에는 통행인구와 배후 지역의 인구수, 성별, 연령 소득수준 등을 재확인한 후 결정하는 것이 좋다.

주변 상점은 물론 주위의 상권관계까지 살펴야 한다. 같이 번성하는 상권일수록 좋고 서로 호환하는 업종들이 많은 곳에 입점하는 것이 매출액이 높다.

또한, 될 수 있으면 해당 업종이 비수기일 때 점포 선정을 하는 것이 권리금을 낮추기가 쉽고 개점 후 어느 정도 시간이 흐른 뒤 성수기를 맞는 게 고객을 유치하는데 더욱 유리하다.

점포를 성공적으로 운영하려면 노하우가 있어야 한다. 다시 말해, 남들과 다른 판매전략이 있어야 한다. 먹거리인 경우, 맛으로 승부를 걸 수도 있고 타 업종인 경우는 인테리어, 넓은 주차장, 앞선 감각 등의 여러 가지가 있을 수 있다. 가장 중요한 것은 지역 특성을 파악해서 그 지역 소비자들에 가장 호응도가 높은 상품을 진열할 수 있도록 하는 것이다.

역세권에 위치하면 일단 안심해도 된다. 우선 인구 통행량이 많기 때문이다. 또한, 주택가 진입로라든가 백화점 가는 길목 등의 입지도 유동인구가 많으므로 유리하다. 물론, 역세권이라고 다 호황을 누리는 업종만 있는 것은 아니다. 역세권 호황업종으로는 종합화장품전문점, 외식전문점, 커피전문점, 편의점 등을 꼽을 수 있다.

그 밖에도 현대인들에게 자동차가 필수품이 되면서 주차시설이 필요한 경우가 많아졌다. 대부분의 소비자들은 일단 부담 없이 주차해 놓고 쇼핑하길 원하므로 주차시설이 잘된 곳이라야 손님들이 편리하게 드나들 수 있다는 점을 염두에 두어야 한다. 단, 주차시설을 활용할만한 계층이 주 고객층이고, 그만큼 부가가치를 올릴 수 있는 품목을 제공해야 함은 두말할 필요가 없다.

유동인구가 많은 곳과 매출은 비례한다. 그러나 유동인구가 많다고 모든 유동인구가 수요자는 아니라는 점을 유의해야 한다. 취급 상품의 주 고객이 누구냐에 따라 달라지므로 유동인구 중 몇 %가 취급하고자 하는 상품의 주 고객에 속하는가를 세밀히 분석한 후 점포 결정을 하는 것이 좋다. 또한, 점포는 출근 방향보다는 퇴근 방향에 위치하는 것이 좋다. 대개의 업종은 오전에 썰렁하고 오후 1~2시가 되면서부터 점차 생기가 돌기 시작하여 퇴근시간 전후로 절정기에 이르는 것이 보통이다.

특히, 역세권 입지에서는 퇴근 방향의 점포가 매출이 높다. 주택가나 아파트 주변에서는 주 고객이 주부들이므로 퇴근 방향과는 관계없이 배후지가 큰 쪽과 출입구 쪽 방향이 더 유리하다. 단, 주택가나 재래시장은 초입이 보다 더 유리하다. 이는 앞으로 발전 가능성이 높기 때문이다.

버스나 지하철 종점에 점포를 선정할 경우, 필히 타 상권과의 거리를 확인해야 한다. 멀리 떨어져 있으면 독립 기능을 할 수 있지만, 가까이 큰 상권이 있을 경우에는 구매력 있는 소비층을 오히려 빼앗길 수도 있으므로 주의해야 한다. 그리고 종점 지역에 거주하는 소비층은 구매력이 낮은 점도 업종 선정 시 꼭 고려해야 할 사항이다.

초보창업자들이 뛰어넘어야 할 또 다른 벽의 하나가 권리금 부분이다. 권리금은 액수가 일정하게 정해져 있지도 않다. 마음에 드는 점포가 있다 하더라고 권리금 때문에 망설이는 경우가 많다. 그러나 터무니없는 경우는 고려해 봐야겠지만 대부분의 경우, 권리금이 붙은 점포들은 나름대로 이유가 있다. 대개는 그 상권을 중심으로 일괄적으로 점포가 형성되는 경우가 많아 어느 정도 확인이 가능하다. 그러므로 투자비용 대비수익성 분석을 한 후 타당성이 있으면 권리금 정도는 무시하고 점포를 얻어야 한다.

점포계약 전 확인사항
- 토지등기부등본, 건물등기부등본, 도시계획확인원, 건축물관리대장
- 외식업의 경우 건물의 하수 정화조 용량을 확인해야 한다.

9 7,530원 vs 8,350원

> "최저임금법은 근로자 생계비, 유사근로자의 임금, 노동생산성, 소득분배를 고려해 최저임금으로 규정하고 있다. 그 근거로는 인금인상률 전망치 3.8%, 산업범위 확대에 따른 보전분 1.0%, 소득분배 개선분 4.9%, 협상배려분 1.2%를 반영한 금액이다."

폭염의 온도를 관측한 이래 연일 최고의 기온을 갱신하고 있는 2018년도에는 경북 봉화지역의 40.6℃를 시작으로 소위 대프리카(대구지역의 기온이 아프리카와 비슷하다는 의미의 단어)라고 불리는 대구뿐만 아니라 전국이 연일 뜨거운 태양열 속에 설설 끓었다. 사회적 온도 역시 뜨거운 "최저임금"은 실시간 검색어 1위에 오를 정도로 전국민의 관심을 집중시키는 단어이었다. 또한, 정부에서는 주간 노동시간 52시간을 준수하라 한다. 업종이나 업태에 따라 집중 근무시간과 선택적 근무시간도 다르게 적용되어야 하는데, 모든 업종을 동일하게 법규로 시간을 규제하는 것은 문제가 있음이 분명하다. 최저임금은 2006년에 3,100원, 2010년에는 4,110원이었다.

시간이 지나 2018년에는 7,530원, 2019년에는 8,350원이다. 아마도 2010년엔 10,000원일 게다. 경영주 입장에서 보자면 단순하게 최저시급만이 문제가 아니다. 퇴직금, 주휴수당을 포함한 직접임금과 국민연금, 건강보험료, 장기요양보험, 고용보험, 산재보험 등의 간접 인건비도 고려해야 하기 때문이다.

최저시급은 7,530원에 주 40시간 이상 근무했을 경우 주휴수당 1,506원, 퇴직금 750원(1년 이상 근무 시)이 더해지고, 국민연금 407원, 건강보험 282원, 장기요양보험 21원, 고용보험 81원, 산재보험 87원까지 더해지면 사업주가 부담해야 할 실질적 부담금은 10,664원이다. 같은 방식으로 2019년에는 자영업자가 부담해야 할 인건비는 11,825원이 된다. 지금도 어려움을 겪고 있는 자영업자의 수익성 악화가 내년에도 개선될 여지가 보이지 않는다. 자영업 시장의 악재는 비단 위에 열거한 임금만이 아니다. 단적인 예로 신용카드와 관련한 '카드 의무수납제' 등도 사회적 문제로 나타난다. 최근 자영업자들이 겪고 있는 문제의 핵심은 '최저임금'보다는 과열된 자영업 시장, 프랜차이즈는 가맹본사의 갑질, 카드

수수료율, 천정부지의 임대료, 지나친 세금이라고 할 수 있다.

카드 수수료는 업종이나 규모에 따라 달리 적용되고 있는 수수료율이 문제이다. 예를 들어, 골프장에서 그린피를 결제하는 비용 수수료율과 편의점에서 음료를 사는 수수료율이 다르게 적용되고 있다는 것이다. 약 2.5~4.5%까지 자영업자의 순이익율을 줄어들게 만드는 항목이기도 하다.

EU연합의 경우, 0.4~1.0%까지로 소상공인에 대한 혜택이 기본이다. 우리나라도 철저한 검토와 재심의가 필요한 대목이다.

출처 : 인크루트X알바콜

4중고
① 월수익 64% 줄었다.
② 월매출 53% 줄었다.
③ 인건비 늘었다.(응답자의 61%)
④ 직접 일한다.(응답자의 76%)

〈2018년 vs 2019년 최저임금의 사업주 인건비 부담금〉

2018년	기 준	2019년
7,530원	최저시급	8,350원
1,506원	주휴수당 (1/40시간 × 시급 × 8시간)	1,670원
750원	퇴직금 (시급의 8.3%, 1년 이상 근무)	832원
9,786원	직접 인건비 합계	10,582원
407원	국민연금(임금의 4.5%)	451원
282원	건강보험(임금의 3.12%)	313원
21원	장기요양보험(건강보험의 6.55%)	23원
81원	고용보험(임금의 0.9%)	90원
87원	산재보험(임금의 0.096%)	96원
877원	간접 인건비 합계	973원
10,664원	사업주 실질 부담금	11,825원

10 성공창업 방정식을 점검하라

> "성공창업을 위한 정답은 항상 존재한다. 소비자의 소비성향은 수치로 분석하는 기술이 바로 그것이다."

오늘날의 창업은 '생계형 창업'을 넘어서 '목숨형 창업'이라고 한다. 이는 많은 사람들이 구직 대신 창업을 생계를 위한 기본수단으로 생각하고 있으며, 창업 생태계에서 살아남기 위해 모든 것을 집중과 투자를 통해 창업전선에 뛰어 들고 있기 때문이다.

종전의 창업은 생계보다는 안정적인 수익을 기반으로 하는데 초점을 맞췄지만, 요즘은 생계유지를 위해 직장처럼 생활에 필요한 일정 부분의 수익을 위한 창업이 대부분이다. 생계를 위해 어쩔 수 없이 창업을 했건, 확실한 어떤 목표가 있어 창업을 했건 간에 성공을 바라는 마음은 공통적이다. 따라서 성공을 위한 점검사항 중 가장 기본이 되는 목표고객에 대한 정확한 분석은 반드시 필요하다.

같은 30대 여성이라 하더라도 미혼인 직장인과 기혼인 전업주부의 행동패턴은 다르다. 그러므로 목표고객의 연령, 성별, 지역 등은 물론 직업에 따른 행동패턴의 파악이 필요하다는 것이다.

그 다음으로 서비스 금액의 평균 구매에 대한 분석이 되어야 하는데 목표고객의 평균 구매단가와 구매량은 얼마나 되는지, 그들의 구매 요인이 브랜드인지, 가격인지, 또는 품질과 규격 등인지를 파악해야 한다.

그리고 구매 경로에 대해 미혼 직장인 여성의 경우는 출근 후, 점심시간을 이용하여 사무실에서 온라인을 통한 상품/서비스 구매가 주요 경로일 수 있고, 기혼 전업주부의 경우에는 오전시간에 홈쇼핑이나 오프라인 점포를 이용한 상품/서비스 구매가 주요 경로일 수 있다. 따라서 어떤 구매 경로로 소비가 이루어지고 있는지에 대한 구매경로 분석이 필요하다. 예를 들면, 온라인 구매, 오프라인 구매, 배달 또는 테이크아웃 구매 등에 대한 분석이 필요하다는 것이다.

다양한 소비자의 구매성향 변화에 따라 창업자가 분석해야 할 목표고객의 여러 가지 요인을 정확하고 철저하게 파악해야만 어떤 아이템으로 창업을 하던 성공 확률이 높아진다.

창업은 살아 움직이는 유기체이며 과학이다.

성공하기 위해서는 고객이 원하는 바가 무엇인지, 유행하는 아이템이 무엇인지, 어떤 콘셉트(concept)로 운영해야 하는지 등의 여러 가지를 염두에 두고 적합하게 접목해서 운영해야 '성공'이라는 결과를 도출시킬 수 있게 되는 것이다. 그 중에서 가장 중요한 성공창업 방정식 '소비자의 소비성향분석'을 철저하게 하는 것이 성공창업을 위한 첫 관문이라 하겠다.

소비자들의 소비성향분석이란 소비자의 구매성향을 항목별로 구분하고 분석을 통해 그 행동패턴을 판매 전략에 도입하기 위함을 의미한다. 즉, 소비자들의 구매행동을 분석하기 위해서는 먼저 표적고객을 알아봐야 한다는 것이다.

성별과 연령대, 객단가, 구매주기, 구매요인, 구매경로 등이 분석을 위한 항목들이다. 보통의 창업 아이템들은 반드시 주요 고객이 있다. 즉, 주 고객이 명확하다는 것이다. 주 고객이란 상품/서비스를 가장 많이 받는 고객을 의미한다. 연령대 또한 구분할 수 있다. 외식업의 경우 흔히들 좋은 아이템의 요인을 구매주기와 구매량으로 측정하지만, 그 중 구매주기는 유효 고객수와 함께 객단가를 통한 수익성을 예진할 수 있는 바로미터이기도 하다.

구매요인 또한 다양하게 나타난다. 브랜드, 입지, 규모, 가격, 서비스. 품질, 점주, 성분... 참으로 일일이 열거하기가 어려울 정도로 그 요인은 다양하다. 그 많은 요인 중 절대적 가치에 대한 준비 및 집중이 필요하기 때문에 소비성향분석이 필요한 것이다.

〈이상헌 소장(컨설팅학 박사)의 성공창업학 강의〉

<이상헌 소장(컨설팅학 박사)의 성공창업학 강의>

11 운영자금의 건전성은 필수

> "창업의 목적성은 수익성 극대화다.
> 결국 최대의 수익성을 위해 경상비용에 대한 건전성 확보가 수익의 기본이다."

예비창업자들이 창업을 준비하면서 겪는 장애요인을 조사한 결과 '창업자금 확보에 따른 어려움'이 67.7%로 가장 높게 나타났으며, 창업 후 '성공의 불확실성에 대한 두려움'이 그 뒤를 이어 26.9%로 나타나 아이템이나 아이디어 부재의 요인보다 창업자금에 대한 부담이 주요 장애요인으로 나타났다.

그런 장애요인을 극복하고 어떤 방법으로든 창업자금을 확보했다고 하더라도 일부 창업자들은 내실보다는 겉으로 보이는 창업을 추구하는 경우가 있다.

요컨대, 유명브랜드에 대해 맹신을 한다거나 외형에 집중하는 경우를 말한다. 물론, 경쟁력 확보를 위해 많은 비용을 투자하여 인·아웃테리어나 점포의 규모로 승부수를 띄우는 전략도 중요하다.

하지만, 대부분의 창업자들은 투자대비 효율성에 근거하지 아니하고 그저 많은 돈을 한 번에 벌 수 있다는 기대 심리에서 자금운용에 대한 구체적인 계획 없이 창업을 시도하는 경우도 많다.

Chapter 1. 창업, 무엇이 필요한가?

즉, 점포를 운영함에 있어서 어느 정도의 운영자금을 가지고 있는 것이 바람직하나 많은 자영업자들이 이를 인지하지 못하고 있다는 것이다.

따라서 창업 전 계획서를 작성하기 이전에 반드시 개업 후, 운영자금을 확보해야 한다. 이유인즉 개점 초기부터 수익이 발생되면 문제가 없지만 항상 예기치 못한 경우가 발생하기 때문이다.

예를 들어, 매출이 저조하여 운영비(임대료, 인건비 등)를 감당하지 못할 경우를 대비 하여야 하며, 이외에도 마케팅 홍보비를 활용해야 하기 때문이다.

현재 우리나라 자영업자들의 경우 영업 개시 후 충분한 수익이 발생되지 않아 개업 초기 월세나 인건비를 감당하지 못함을 시작으로 1년도 버티지 못하고 폐점에 이르는 상황이 나타나고 있는데, 그 이유 중 하나는 운영자금 미확보에서 나타나는 현상이라 해도 과언이 아니다.

이런 상황 때문에 운영자금이 필요한 것이다. 따라서 투자자금 계획을 수립할 때 운영자금 명목으로 약 3~6개월 정도의 점포운영비와 생활비를 여유로 가지고 개업을 준비해야 한다.

만약, 초기 운영자금을 마련하지 못할 것 같으면 투자비용 부분을 절감하더라도 운영자금은 필히 마련하여야 한다. 또한 개업 초기부터 수익이 발생되었더라도 몇 개월 정도의 운영자금은 반드시 비축하고 있어야 한다. 이유는 만에 하나 있을지도 모르는 변수에 대비하기 위해서다.

< 운영자금 대비책 >

① 3~6개월 정도의 운영자금을 확보하라.
② 운영자금이란 임대료, 인건비 등 매장운영 자금뿐만이 아니라 최소한의 생활비도 포함하여야 한다.
③ 외형을 줄여서라도 운영자금은 확보하라.
④ 이자가 발생하는 차입금으로 운영자금을 만드는 것은 금물이다.
⑤ 내 몸에 맞는 크기로 시작하라

자영업자 대출 및 부채규모

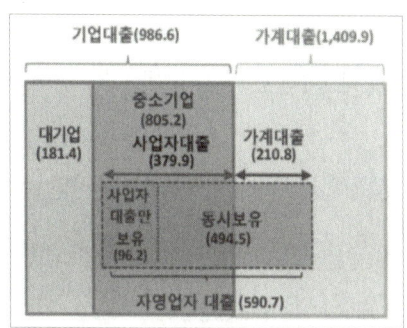 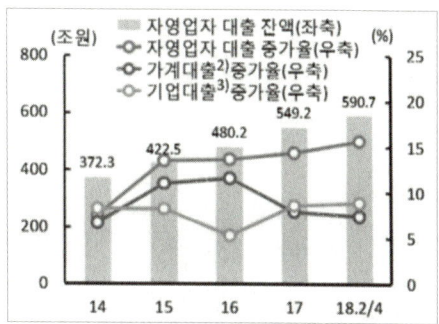

출처 : 한국은행(가계부채 DB)

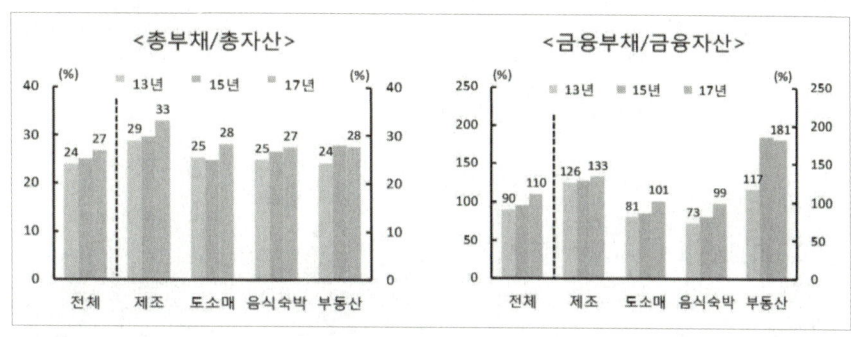

출처 : 가계금융복지조사 각 년도

자영업자 업종별 생존기간

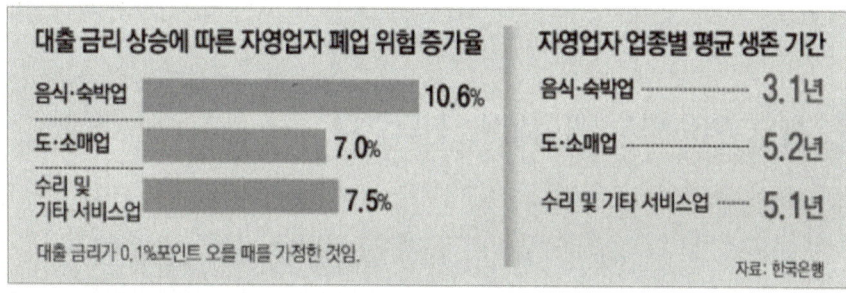

출처 : 한은경제연구원 보고서

보통의 창업자들이 가지고 있는 생각이 창업 후, 바로 수익성을 생각하기 마련이다. 수익성의 지속성 여부가 결국 운영자금의 규모를 결정하는 요인이기도 하다. 하지만, 현실적으로 창업자들이 안정적 매출을 통한 손익분기점에 도달하기까지는 평균 6~10개월이 걸린다. 그 기간 동안의 지속적 운영을 위해서라도 안정적 운영자금은 반드시 필요하다. 운영자금은 사업을 그만두는 그 순간까지도 가지고 있는 것이 바람직하다. 이 부분이 해결되지 않으면 개업 초기에 큰 문제에 봉착하게 되고, 그 후 안정적이고 지속적인 점포운영이 어려울 것이다.

<이상헌 소장(컨설팅학 박사)의 인생 이막을 위한 특강>

12 창업 아이템은 끊임없이 진화한다

> "트렌드가 창업이라고 한다. 매년 소비자들의 소비형태 변화가 아이템으로 나타난다. 그 속에서의 고객 분석이 정답이라 할 수 있다."

창업시장을 주도하는 아이템은 끊임없이 변화하고 또 진화하고 있다.

경제상황이나 사회적인 이슈나 트렌드 또는 유행에 민감한 아이템들이 수시로 나타났다가 사라지면서 장수 아이템으로 혹은 반짝 아이템으로 전락하는 경우가 있다. 예컨대, 경제상황에 따라서는 저가형 외식업소가 봇물을 이뤄 저가격 고기전문점, 치킨 전문점, 김밥전문점들이 문전성시를 이루기도 했고, 스트레스 해소에 좋다는 매운 음식 열풍이 몰아치면서 불닭을 비롯한 매운 음식의 인기가 대세를 이루기도 했었다. 그리고 생활용품 전문점 '다이소'는 저렴한 가격에 적당한 품질의 상품판매로 아직도 인기를 얻고 있는 중이다.

또한, 가성비 좋은 합리적인 아이템과 함께 '1코노미' 시대를 겨냥한 아이템들도 꾸준히 증가하는 추세를 보이고 있으며, 무엇이든 몸에 좋은 것과 나홀로 족을 위한 행복추구 아이템들도 빠르게 성장하고 있다.

그리고 경제력과 구매력을 갖춘 여성과 시니어 층을 겨냥한 아이템도 주목받고 있는데, 특히, 여성은 소비생활을 주도하는 계층으로서 사회적 영향력이 점점 확대되어 왔고, 정치·사회·경제·문화 등, 여러 영역에 걸친 여성의 역할 증대는 이미 마케팅의 한 축으로서 자리 잡은 지가 오래이기 때문이다.

20~30대 뿐만 아니라 최근에는 좀 더 확대된 연령대의 여성 마케팅이 가장 주요한 소비시장으로, 장년층이나 청소년층과는 달리 자기만족도가 높으면서도 경제력을 구비하고 있어 매력적인 시장이다.

또한, 고령화 사회에 진입하면서 '실버산업'이 블루오션 창업 아이템으로 자리 잡아 가고 있다. 60세 이상의 시니어 세대들은 대다수 직장에서 퇴직하거나 부업을 하는 등의 주업을 하지 않는 경우가 대다수이고, 레저 등의 여가, 건강, 이성에 대한 관심이 높다. 따라서 시니어 계층을 겨냥한 업종이 지속적인 유망 아이템으로 계속 성장세를 이어갈 것으로 전문가들은 예상하고 있다.

창업시장에서 '나홀로 바람'도 거세지고 있다. 욜로의 연장선상에서 작지만 확실한 행복을 추구하는 소비자 및 업무와 삶의 균형을 중요시 하는 워라벨(Work-life Balance) 세대의 자기중심적인 요소를 소비의 기준으로 삼는 '1코노믹 컨슈머'가 영향력 있는 소비 세력으로 떠오를 전망이기 때문에 단순한 결핍의 충족이 아닌, 소비 주체의 감성을 만족시켜 주는 트렌드가 창업의 주요 업종으로 이어질 것으로 보인다.

또한, 좀 더 심화된 친환경도 창업 아이템 중 하나로 지속적인 성장을 할 것이라 예상된다. '퓨리파잉 마케팅'은 실내 공기청정기를 생산하는 대기업에서부터 점차 소규모 점포에까지 영향력을 확대할 것으로 예상되고 있는데, 진드기 퇴치, 청소전문업, 향균 세탁 등의 분야에 대한 관심도 높아질 것으로 보인다.

최근 들어 가정집 먼지나 진드기 등을 퇴치하는 업종도 등장하는 등으로 시장 성장 가능성이 높다.

창업 아이템의 순환주기를 잘 살펴보면 앞으로 등장할 아이템의 예상도 그리 어려운 일은 아닐 것이다. 빠르게 변하는 소비심리와 치열한 생존경쟁을 이겨내기 위해서는 사회의 트렌드에 부합하는 아이템 선정이 필요하며 최근의 사회 트렌드에 부합하는 창업 아이템을 분석해 보면 그 중요성을 알 수 있다

창업은 전쟁이다.

업종별이나 아이템별로 정도의 차이는 있겠지만 고객 유치로 인한 매출 증대가 창업의 기본 목적인 이상, 앞으로는 소비 트렌드에 부합하는 창업 전략을 세우는 것이 무엇보다 필요하다.

〈혼밥족 대상으로 하는 외식업체들〉

13 한자성어로 보는 창업 성공전략

> "心心相印(심심상인)"이 창업시장에서의 정답이다. 고객과 매장 상품 제공자 간의 마음과 마음으로 진정성에 대한 교류와 이해가 충성고객의 지속성이기 때문이다.

고객을 두고 "年年歲歲花相似, 歲歲年年人不同(연년세세화상사, 세세년년인부동 - 해마다 피는 꽃은 늘 한결 같으나 해마다 그 꽃을 보는 사람은 다르다)이라" 했다. 이는 라이프 사이클이 점점 짧아지는 창업시장과 어울릴 것 같은 시의 한 구절이다.

우리나라 창업시장은 한 마디로 표현하자면 竿頭之勢(간두지세-댓가지 꼭대기에 서게 된 현상으로 어려움이 극에 달해 아주 위태로운 형세)라 할 수 있다.

지속적인 경기불황, 내수시장 침체, 청년실업, 고용불안, 고유가 등이 이어지고 있어 百尺竿頭(백척간두-위태롭고 어려운 지경에 이름)라, 이러한 관계로 수익성이 저하되면서 창업자들은 窮餘之策(궁여지책-생각하다 못해 내는 계책)으로 살아남기 위하여 리모델링 창업이니, 아이템 변경이니 하면서 저마다 艱難辛苦(간난신고-어려움을 견디며 몹시 애씀)하고 있다. 경기가 풀릴 것이라는 기대감을 보여주는 지표들이 발표되고 있지만, 정작 창업자들이나 善男善女(선남선녀-어질고 착한 평범한 사람)들은 語不成說(어불성설-말이 이치에 맞지 않음)이라 한다.

경기불황, 내수침체, 소비심리 위축 속에 창업시장은 危機一髮(위기일발-거의 여유가 없는 위험한 순간) 상황이지만 必有曲折(필유곡절-반드시 어떠한 까닭이 있음)을 알고서 惡戰苦鬪(악전고투-불리한 상황에서 죽을힘을 다해 싸움) 속에서 轉禍爲福(전화위복-근심 걱정이 오히려 바꾸어 복이 됨)의 기회가 있으니 살아남을 틈새시장은 존재할 수 있으므로 성공전략 기법을 잘 활용하여 모든 창업자가 拍掌大笑(박장대소-손바닥을 크게 치며 웃음)할 수 있기를 敬天愛人(경천애인-하늘을 공경하고 사람을 사랑함) 마음으로 성공하기를 祈願(기원-바라는 일이 이루어지길 빈다) 한다.

혼신을 다해 고객을 맞이하라 = 粉骨碎身(분골쇄신-목숨을 걸고 최선을 다함)

고객은 종업원을 보고 그 점포를 판단한다. 종업원이 衆口難防(중구난방-막기가 어려울 정도로 여럿이 마구 지껄임을 말한다)이면, 고객은 종업원의 접객 태도를 보고 판단하면서 감정을 느끼게 된다는 것이다.

이런 점포에서 종업원의 접객 태도에 대한 감정을 통해서 충성고객이 될 수 없고, 咸興差使(함흥차사-한 번 떠난 사람은 소식이 없다)가 되기 마련이다. 따라서 三顧草廬(삼고초려-고객을 맞이함에 있어 인내로 노력을 하며 진심으로 예를 다함)하는 심정으로 心心相印(심심상인-마음에서 마음으로 전함)하는 것이 성공창업의 길이다.

프랜차이즈 시스템 구축이 잘되어 있는 일본 세븐일레븐 편의점 데이터에 의하면 매장을 방문하고 한 번 실망한 고객이 그 매장을 다시 방문하는 기간을 분석하여 보았는데 6개월이 지나서야 다시 방문한다는 자료가 있다.

그 만큼 고객은 감정(emotion)이 앞선다는 것이다. 장사가 좀 나아지고 있거나 장사가 잘된다고 고객에게 거슬리는 행동을 하면, 螳螂捕蟬 黃雀在後(당랑포선

황작재후- 눈앞에 욕심에만 눈이 어두워 스스로의 위기를 알지 못하는 상황)에 처하여 망할 수 있다.

세븐일레븐의 자료 말고도 다른 자료에도 이를 증명하는 데이터가 잘 나타나 있다. 제품을 평가할 때, 좋은 이미지를 가지고 평가하는 사람은 100명 중, 8명에 불과하다고 한다. 그리고 나쁜 이미지로 평가하는 사람은 22명에 달한다고 한다. 이처럼 사람들은 좋은 이야기를 하는 것보다는 나쁜 이야기를 하는 것에 더 열성적이라는 것이다. 이런 자료를 감안하여서라도 창업자들은 一擧手一投足(일거수일투족- 사소한 하나의 동작이나 행동)을 조심하면서 고객의 마음을 읽는 知彼知己(지피지기- 적을 알고 나를 앎) 정신이 있어야 하고, 시대적 흐름에 부응하는 고객을 중심으로 하는 吐哺握發(토포악발- 손님을 귀하게 대접하는 말) 자세의 서비스는 필수적이다. 마지못하여 하는 서비스가 아닌 兵死之也(병사지야- 전쟁은 목숨을 던질 각오를 해야 한다는 뜻)의 각오로 혼신을 다한 마음 자세가 필요하다.

창업은 전쟁이다.

내수침체니 불황이니 경기 탓만 하고 있을 것은 결코 아니다. 불황과 경기침체 속에서도 살아남기 위한 방법은 분명코 존재한다. 沙石爲虎(사석위호- 일념을 가지고 임하면 어떤 일이든 간에 성취할 수 있다) 정신으로 집중하면 많은 경쟁자 속에서 한정된 고객이기는 하지만, 그 한정된 고객을 어떻게 내가 운영 하는 점포로 흡인하여 충성 고객을 만드느냐 하는 것은, 필자처럼 창업전문가가 해 주는 것도 아니다. 친지나 친구도 아니다. 직장동료도 아니다. 바로 그 누구도 아닌 내 가족의 생계를 책임지면서 창업전선에 뛰어든 자신임을 刻漏心骨(각투심골- 마음에 깊이 새겨 잊지 않음을 이르는 말)하기를 바란다.

명예 퇴직자의 창업 성공 포인트
- 체면을 버려라.
- 차별화된 나만의 경쟁력을 확보하라.
- 시간에 얽매이지 말고 철저하게 준비하라.
- 모르는 것에 대하여 공부하라.
- 경험을 최대한 이용하라.
- 목표를 정하고 사명감 속에 임하라.
- 만족해 하지 말고 새로운 것에 도전하라.
  (새로운 경쟁자가 지켜보고 있다.)

14 욜로(Yolo), 가심비(Costmind-effectiveness), 솔로-이코노미(Solo economy) 그리고 합리적 가격(Reasonable price)이 대세…

"다양한 고객의 NEEDS와 WANTS를 파악하고 분석하는 노력이 성 공창업을 위한 시작이다."

경기회복 기대와 함께 시작됐었던 올 한 해도 지난해의 불황이 지속된 가운데 먹거리 파동, 프랜차이즈 갑질 논란, 소비침체 등으로 힘들었던 한 해였다. 이러한 여러 가지 이슈들을 뒤로 하고 (사)한국소상공인컨설팅협회 회원을 대상으로 한, 설문조사와 프랜차이즈 컨설팅전문가들의 의견을 종합하여 본 바에 의하면, 2018년 가장 영향력을 미친 창업 트렌드로는 욜로 라이프의 확산, 가성비(가심비), VR(Virtual Reality)의 발전과 활용, 그리고 합리적 가격, 여성과 어린이 용품, 솔로-이코노미, 서비스 테크놀로지의 보편화라고 할 수 있다.

욜로 라이프의 의미와 같이 자신의 소비 초점을 행복과 가치에 기반을 두면서 건강, 환경, 품위 그리고 심리적 만족을 위한 소비 트렌드가 확산될 것으로 전망되며, 가성비의 만족도를 넘어 소비에 따른 심적 만족감, 즉 가심비를 중요시 하는 소비형태의 변화가 예상된다. 특히, 첨단기술의 발달로 가상현실(VR: Virtual Reality) 시장이 확대됨에 따라 VR 아이템의 성장이 기대된다.

VR 아이템은 컴퓨터를 이용하여 구축한 가상공간(Virtual Environment 또는 Cyberspace) 속에서 인간이 가진 청각, 후각, 미각, 시각, 촉각의 인간이 느끼는 오감과의 상호작용을 통해 현실감을 느낄 수 있도록 만든 기기적 창업 아이템을 의미한다. 최근 가상현실 아이템을 활용한 게임과 학습 그리고 여러 가지 간접체험을 할 수 있는 창업 아이템들이 성장하고 있고, 컴퓨터와 증강현실 시뮬레이션 기술의 발전과 함께 그와 관련된 산업의 성장도 예견된다. 하지만, 창업 아이템으로의 투자는 면밀한 점검이 필요하다. 특히, 관련 아이템의 발전속도와 소비자의 지속소비가 다양하게 나타남에 있어 지속적 소비를 통한 수익성 여부와 관련 프로그램의 사행성, 폭력성 등이 우려로 대두되는 현실을 인식하고 관련 장비의 사후관리까지 세심히 고려한 후 창업 아이템으로의 선정이 필요하다.

또한, 올해는 최저임금의 사상 최대폭 상승으로 인한 인건비 부담이 창업과 노동계에서 큰 이슈가 되었다. 그러한 환경을 극복하기 위한 방향의 일환으로 몇 년 전부터 태동한 키오스크(Kiosk)를 활용한 인건비 절감 운영형태가 매우 빠르게 증가할 전망이다. 일본에서는 패스트푸드 업종과 라면, 규동 등 소위 말하는 소자본 창업 아이템 업종에서의 키오스크 운영이 이미 대중화되어 보편적으로 활용되고 있는 현실이다. 이는 인건비의 상승과 경상비 중에서 관련 부분의 확대에 따른 경영 악화를 막기 위한 방향이기도 하다. 국내에서도 관련 아이템을 도입하는 브랜드들이 증가하면서 고객 서비스에 대한 기본개념의 변화도 빨라질 것으로 예상된다. 좋지 않은 경기상황임에도 꾸준한 소비력의 주체는 여성과 어린이라 할 수 있다. 특히, 이들은 적극적인 브랜드 중심형 소비의 지속과 함께 합리적 가격을 위한 경제적 소비의 주체가 될 것으로 판단된다.

하지만, 그와는 별도로 최근 새로이 부각되고 있는 솔로-이코노미의 주체는 청·장년층이기 때문에 이들을 대상으로 한 새로운 소비형태가 확대되어 나타나고 있으므로 그들을 목표로 한 창업 아이템들의 선전도 기대할 수 있다.

또한, 서비스 테크놀로지를 활용한 배달앱이나 대행앱 등을 통해 서비스 산업이나 아이템들이 급격한 성장을 하고 있다. 이는 구매 패턴과 형태가 스마트폰을 활용한 기술력 기반형 구매의 성장에 기인한 것이다.

소비 트렌드와 아울러 합리적인 가격지향의 소비형태기 증가함에 따라 환경개선업, 세탁편의점, HMR(가정간편식) 아이템, 복합형태의 테이크아웃 치킨 아이템, 여행업, 샌드위치 음료전문점, 건강관련 헬스클럽, 구매대행 쇼핑몰 등이 우수한 아이템으로 전망된다.

이러한 아이템의 예를 들면, 오존(Ozone)을 이용한 환경 아이템인 "반딧불이", 1인 운영이 가능한 세탁편의점인 "월드크리닝", 집밥을 표방한 도시락 전문점인 "한솥도시락", 가마솥으로 만든 웰빙형 치킨전문점인 "가마로강정", 건강한 토스트 커피전문점인 "카페샌엔토", 합리적 가격과 품질의 커피전문점인 "이디아", 체계적 운동프로그램인 "커브스", 가족 중심형 치킨브랜드인 "서기치킨", 영유아 교육프로그램인 "짐보리", 건강을 지향하는 가족분식 브랜드인 "김가네김밥", 합리적 생활용품전문점인 "다이소" 등이 우수한 브랜드라 할 수 있다.

지난해와 비교하여 보아도 창업관련 키워드는 많은 부분에서 일치한다. 즉, 합리적 가격, 솔로-이코노믹, 서비스 테크놀로지, 가심비 등은 경기상황과 같은 맥락에 의한 소비 트렌드를 예측할 수 있다. 따라서 소자본과 1인 운영 아이템을 중심으로 실생활 브랜드에 대한 소비자의 긍정적 소비가 향상될 것이다.

지금까지의 창업시장은 전반적으로 참 힘든 시간이었다. 인건비의 상승, 경기 하락의 심화, 정치적 격랑에 따른 불안정, 대외적 안보현안으로 인한 사회적 불안감 증폭 등의 많은 부분에서 심리적 불안감이 지속된 환경 속에서 창업시장의 둔화로 창업보다는 수성을 위한 전략이 필요한 시기였다. 따라서 앞으로 모든 상황에 따라 "리스크 관리형 창업"이 필요한 시기라고 정의할 수 있다.

'인생은 한 번뿐이다'를 뜻하는 You Only Live Once의 앞 글자를 딴 용어로 현재 자신의 행복을 가장 중시하여 소비하는 태도를 말한다. 미래 또는 남을 위해 희생하지 않고 현재 자신의 행복을 위해 소비하는 라이프스타일이다.

욜로(YOLO)족은 내 집 마련이나 노후 준비보다 지금 당장 삶의 질을 높여줄 수 있는 취미생활, 자기계발 등에 돈을 아낌없이 쓴다. 이들의 소비는 단순히 물욕(物慾)을 채우는 차원을 넘어 자신의 이상(理想)을 실현하는 과정에 있다는 점에서 충동구매와 구별된다.

출처 : 시사상식사전, 박문각

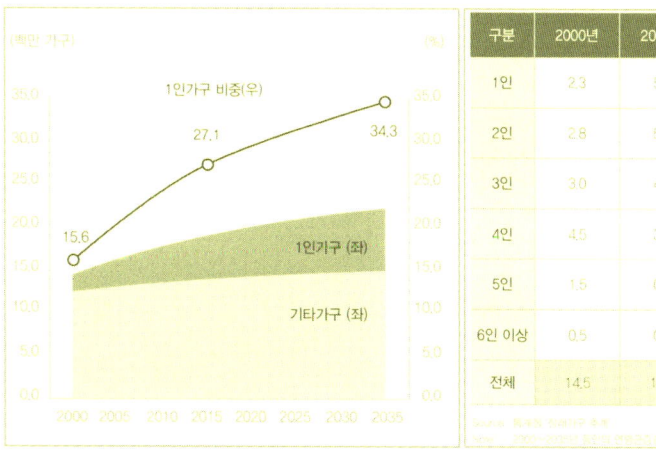

출처 : 통계청 '장래가구 추계'

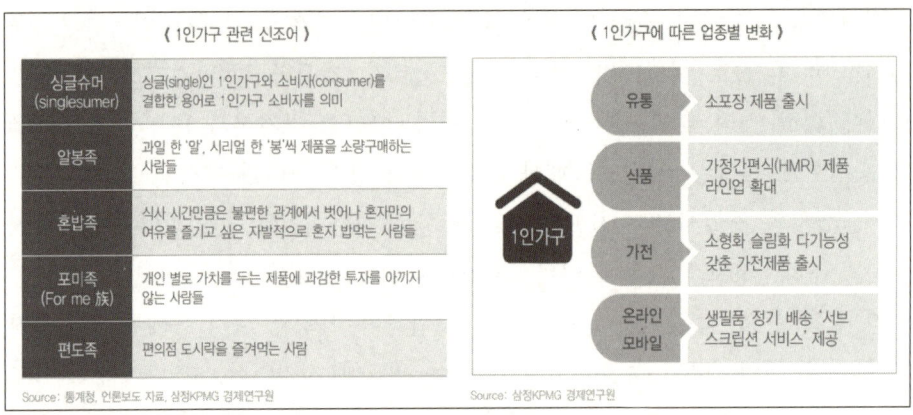

출처 : 통계청, 언론보도 자료, 삼정KPMG 경제연구원

<국내 소비자 쇼핑 유형별 비중>

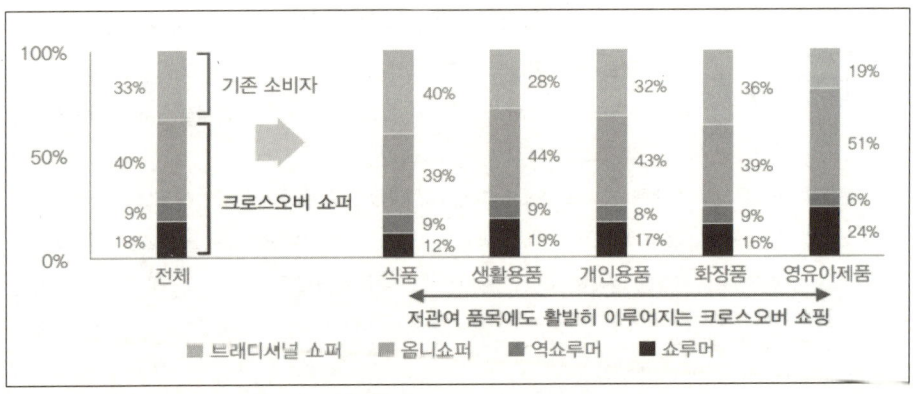

출처 : 삼정KPMG 경제연구원-한국은행 데이터 이용 추계

<쇼핑 유형에 따른 소비자 분류>

쇼핑 유형		설 명
기존 소비자	순수 오프라인 쇼퍼	오프라인에서 제품을 살펴보고 오프라인 매장에서 제품을 구매하는 소비자.
	순수 온라인 쇼퍼	온라인에서 정보를 얻고, 온라인으로 제품을 구매하는 소비자.
크로스오버 쇼퍼	쇼루머	오프라인에서 제품을 살핀 후, 실제 구매는 온라인·전화, 방문판매 등을 이용하여 구매하는 소비자.
	역쇼루머	상품 정보를 인터넷 등 온라인에서 정보를 취합한 후, 직접 오프라인 매장에서 구매하는 소비자.
	옴니쇼퍼	온·오프라인 등 사용 가능한 모든 채널에서 정보수집 및 구매하는 소비자.

출처 : 삼정KPMG 경제연구원

Chaptert 2

창업자가 정답이다

나는 어떠한 준비와 자격을 갖춘 창업자일까?
수많은 창업 강의나 컨설팅시 늘 전달하고픈 내용이 있었다.

" 여러분은 몇 점짜리 창업자입니까? "

이런 질문에 모든 수강생이나 교육생들도 잠시 깊은 생각에 빠지곤 했다.
'정량분석'은 물론 '나'를 제대로 인지하지 못하고 있기 때문이다.

전문성, 계획능력, 경험, 자금, 고객관리능력, 서비스, 실행능력 …
창업에 반드시 필요한 항목을 각 10점 만점으로 계산해 보라한다.
80점 이상이 산출되어야 비로소 창업에 도전할 수 있다.

창업은 주인이, 즉 CEO가 최고의 경쟁력이기 때문이다.

1 당신은 어떤 창업자인가?

> "창업 성패요인의 제1요소는 창업자 자신의 경쟁력이다."

"창업은 업종보다 창업자 자신에 대한 분석력이 성공의 잣대라 하겠다." 현대 경영학의 아버지로 시대를 앞서가는 피터 드러커(Peter F. Drucker) 교수가 차별화의 법칙에서 강조한 창업론이다.

창업시장에서 매년 유망 아이템과 트렌드에 대한 분석 자료가 넘쳐나고 있다. 사회적 이슈와 경제여건, 소비형태의 변화 등, 다양한 환경 분석을 바탕으로 한 유망창업 아이템이 소개된다. 그것들은 때론 공감을 불러일으키고 때론 작위적인 목소리로 많은 예비창업자들을 현혹시키고 있다.

필자 또한 해마다 연말과 새해 연초에 수많은 지면과 방송, 강의를 통해 유망 아이템을 쏟아내곤 한다. 물론, 나름의 분석기법을 적용해 뽑아낸 것들이다. 하지만, 한 해를 정리하고 새해를 시작하는 시점에서 창업시장을 분석할 때마다 과연 유망창업 아이템을 쫓아 창업을 하는 예비창업자들의 성공률은 얼마나 될까하는 의문이 든다.

창업시장의 트렌드는 실구매자의 소비 트렌드(Consumption Trend)와 업종 트렌드(Trade Trend) 그리고 시장 트렌트(Market Trend)로 구분할 수 있다. 트렌드는 시장에서 형성되는 자연스러운 관심 이동의 표현이자 흡인 매출의 기준이라 하겠다. 그러한 트렌드 변화에 따라야 하는 이유는 표적고객의 소비성을 계량화, 분석화하는 기술이 곧 유망 아이템을 찾아내는 기법이기도 하기 때문이다.

표적고객의 소비성 분석은 창업 아이템을 선정할 때 공급자 측에서는 서비스 영역에 대한 전문성, 획일성, 경제적 측면을 강조하게 되겠지만 근본적 목적성인 수익성, 즉 안정적 수익(Safety Benefit)은 소비자의 욕구 충족지수(Point of Satisfaction Desire)에서 기인하기 때문에 창업시 매우 중요한 부분이라 하겠다. 그래서 충분히 검토하고 결정할 사항은 역시 수익구조 부분, 즉 가격결정 요소라 하겠다.

소비자들의 눈높이나 현재 시장에서 경쟁점포의 판매가격이 저가격 1,000원이라고 해서 반드시 1,000원의 판매가격을 책정해야 한다는 모순에 현혹되면 낭패를 볼 수 있다. 특히, 소비심리가 위축되고 장기적 불황에 따라 가격파괴 전략을 구사할 경우, 실제 구매고객의 만족도 및 충성지수(Index of Royalty)는 상당히 우수하지만, 수익성 측면에서는 한계에 봉착해 최소한의 박리다매 이론에도 부합하지 않을 정도로 수익이 거의 없는 상황을 초래할 수 있다.

가격의 수레바퀴이론에서는 시장에 진입하는 초보창업자들이 명심할 내용을 가격과 서비스의 상관관계로 규정하고 있다. 시장진입 초기에는 기존 경쟁자와의 경쟁을 위해 저가격 정책으로 도전하여 소비자의 시선을 잡을 수 있으나 지속적 경쟁우위를 위해서는 높은 수준의 서비스로 개선을 해야 하며, 그에 따른 재투자와 보완을 하게 되어 결국 가격경쟁력을 잃게 된다는 것이다.

따라서 창업은 외부적 환경과 내부적 환경의 적당한 조화에서부터 시작해야 한다. 가장 먼저 고려해야 할 사항은 내부적 환경, 즉 창업자 자신의 분석이 필요하며, 창업자 유형은 보통 세 가지로 분류한다.

'경험중심형', '환경중심형', '신념중심형'으로 유형별 추구사항과 집중성이 상이함에 따라 그 성과에 대한 차이도 매우 크다. 따라서 창업의 가장 이상적인 형태는 창업자 자신이 가장 잘 알고 있고, 또 많은 경험을 한 분야와 관련 있는 업종을 창업하는 '경험중심형'이라고 한다.

<창업자의 유형>

성공창업은 서비스하는 재화를 선정하고 특화시키는 전략 또한 중요하지만, 그보다 우선하는 것은 창업자 스스로가 최고의 경쟁력을 지향하는 것이다. 그것이야말로 창업 최고의, 최후의 경쟁력이다.

성공창업 10계명

1. 창업자는 「과학자형」보다 「엔지니어형」이 성공한다
2. 「반짝장사」에 현혹되지 말자
3. 주 고객층을 명확히 설정하고 시작하라
4. 성장기에서 성숙기로 접어든 업종이 가장 안전하다
5. 부가사업을 병행할 준비를 하라
6. 전문가 지위 확보가 가능한 업종이 좋다
7. 항상 여유돈을 준비해 두라
8. 창업자가 잘 알고 있는 분야의 창업이나 경험이 풍부한 가맹본사의 가맹점 창업을 선택하라
9. 초기 투자비를 최대한 낮춰라
10. 가족의 동의는 필수다

2 객관적이고 냉철한 자기분석이 승패를 좌우한다

> "나는 무엇을 준비하고 있으며, 준비했는가?를 스스로에게 정량평가를 하는 것이 필요하다."

"성공창업의 방법은 무엇인가요?" 창업 전문가들이 대답하기 가장 곤란한 질문이다. 창업의 성공과 그 방법은 그저 착실하게 준비하고 노력해야 한다는 판에 박힌 대답을 하기엔 예비창업자들의 간절함이 너무 묵직하다.

지속적인 자영업 위기의 시대, 생계형 자영업자가 만연하는 이 시기에 그런 질문을 받는다면 더욱 난감하다. 필자는 어쩔 수 없이 그들이 가장 듣기 싫어하는 질문을 다시 던져야 한다. "당신은 무엇을 준비했습니까?"

성공창업의 비결은 먼저 자신의 상황을 객관적으로 판단하는 것에서 시작된다. 창업 실패사례를 살펴보면, 절반 이상이 자신의 상황을 객관적으로 판단하지 못했던 과거를 가지고 있다. 흔히 '자영업 푸어'라고 불리는 이들이 여기에 속한다. 성공창업에 대한 지나친 기대 심리로 인해 그저 '될 것 같은' 아이템에 승부를 거는 것이다. 그들의 선택은 너무나 주관적이다.

자영업 역시 비즈니스다. 객관적이고 냉철한 판단이 창업의 승패를 좌우한다. 따라서 비즈니스의 시작인 창업 준비단계에선 자신의 상황에 대한 객관적인 판단만이 모든 것을 판가름한다. 창업자금, 신용도, 점포 입지 등, 수치로 판단 가능한 부분부터 시작하여 수치로 판단이 불가능한 창업자의 성격, 가정환경, 보유한 기술 등에 대한 부분까지 모든 부분을 객관적으로 분석해야 한다. 아이템 선택은 이러한 분석이 끝난 다음으로 미뤄도 늦지 않다.

'맞춤형 창업'이 각광받는 이유도 같은 맥락이다. 맞춤형 창업은 정형화된 창업 아이템과는 달리 창업자의 상황에 맞는 창업 아이템을 설계해주는 창업방식을 뜻한다. 창업자의 상황에 맞는 매장환경을 조성하고 창업자의 역량을 최대한 부각시킨다는 것이 맞춤형 아이템의 목적이다. 한 프랜차이즈 업체에서 진행했던 '자영업자 힐링 프로젝트'가 그 대표적인 예라고 할 수 있다.

창업은 객관적 분석을 통한 효율성의 승부처라 한다. 즉, 자신에게 맞는 창업 아이템을 철저하고 객관적인 판단에 의해 선택한 후, 가성비의 극대화와 투자금액에 따른 효과성과 수익성을 추구하는 것이 바로 창업의 정도이기 때문이다.

수많은 예비창업자들이 엄청난 자신감을 가지고 창업시장에 진입한다. 다양한 매장을 방문했던 경험을 통해 소비에 대한 안목을 탄탄히 다졌다는 것이 그 이유다. 안타깝지만, 소비와 생산은 전혀 다른 개념이다. 그와 같은 판단 자체에 객관보다 주관이 더욱 깊숙이 개입되어 있다는 것을 깨달아야 한다.

정도(正道). 직역하면 '바른 길'이다. 예비창업자가 달려야 할 길은 잘 포장된 아스팔트도로일 수도, 먼지가 날리는 비포장도로일 수도 있다. 창업시장에선 어떤 길이든 모두 바른 길이다. 다만 도로에 진입하기 전에 자신이 타고 달려야 할 자동차의 상태를 가장 먼저 점검하길 바란다. 그것이 시작이다.

〈창업적성 체크리스트〉

번호	평가사항	예	보통	아니오
1	창업에 대해 신중히 고려하고 있다.			
2	창업박람회, 사업설명회, 창업강좌에 참석해 본 적이 있다.			
3	기본적인 창업 절차에 대한 지식을 가지고 있다.			
4	대인관계가 원만하다는 소리를 주변에서 듣는다.			
5	물건을 살 때 꼼꼼하게 따지고 구입하는 편이다.			
6	새로운 사람을 만나는 일은 즐겁다.			
7	식당에서 음식이 늦게 나와도 짜증내지 않는다.			
8	처음 본 사람이라도 인상이나 이름을 잘 기억하는 편이다.			
9	환경이 변하면 나 자신을 바꿀 준비가 돼 있다.			
10	인터넷 이용중 게임, 놀이보다 정보습득에 더 많은 시간을 할애한다.			
11	어떤 부탁을 받더라도 상대의 기분을 상하지 않게 거절할 수 있다.			
12	가족과 상의하고 판단해서 일을 처리한다.			
13	이해득실에 대한 판단이 빠르다.			
14	건강, 여가선용을 위해 한 가지 이상 운동을 한다.			
15	어떤 사안의 결정에 대해서 추진하든 포기하든 선택이 빠르다.			
16	창업을 하겠다면 말리는 사람보다 돕겠다는 사람이 더 많다.			
17	한번 창업에 실패하면 나는 끝장이다.			
18	실패의 경험이 있다.(진학, 취업, 사업, 자격시험 등)			
19	살아오면서 여러 가지 직업을 경험해 봤다.			
20	나는 반드시 창업을 할 것이다.			

출처 : 서울시 자영업지원센터 소상공인정보광장

3 창업은 철저하고 효율적인 전략을 요구한다

> "다양한 연령대별 창업의 실행에 따라 자금, 건강, 경험, 관계 그리고 취미와 적성을 고려한 창업준비가 필요하다."

창업시장에 뛰어드는 수많은 사람들에겐 공통점이 있다. 그것은 바로 실패 위험을 줄이고 성공 가능성을 높일 수 있는 최상의 전략을 세우려고 한다는 사실, 자신의 연령에 맞추어 창업을 전개하는 것도 이러한 목적을 달성하는데 효과적인 방법이 된다.

➡ 20대는 '자본력'이 가장 큰 약점이나 젊음과 패기가 무기이다.

'톡톡' 튀는 아이디어와 패기가 20대 연령층의 강점이다. 뿐만 아니라 다른 연령대보다 디지털 기기 사용에 익숙하다는 것도 경쟁력이다. 반면, 이들의 자본력은 타 연령층에 비해 빈약한 편이다. 또한, 사회경험과 인맥 역시 부족하다. 결국, 20대 연령층은 자신의 아이디어를 현실화시키기 위한 자금 확보방안을 마련하거나, 적은 비용으로 시작할 수 있는 아이템을 선정하는 것이 창업의 관건이다. 자금을 어떻게 마련할 것인가? 이 문제는 자신의 아이디어와 사업계획을 누군가에게 설득시켜 어떤 형태로든 투자를 받아야 한다는 것이다. 따라서 '잘 짜여진' 사업계획서는 '투자유치'에 필수적이다. 투자를 받기 위해 사업계획서를 작성하다 보면, 자신의 아이디어를 다시 한 번 되돌아보고 점검하는 기능도 하며, 개선되어야 할 부분들을 간과할 수 있다. 즉, 의욕이 앞서 간과했던 문제점들이 하나 둘씩 나타날 수 있다는 것이다. 또 기존 사업계획을 통해 새로운 아이디어를 얻을 수도 있다. '신속한 포기'도 사업계획서를 작성하는 과정에서 나온다. 그만큼 시간과 비용이 절감되는 것이다.

➡ 30대는 '소비자 심리'를 파악하여 유리한 위치를 적극 이용해야 한다.

연령만으로 보면 30대는 창업에 가장 적합하다고 할 수 있다. 적당한 사회경험을 통해 현실에 대한 인식이나 판단력이 갖추어졌다고 볼 수 있기 때문이다.

인맥을 활용하는 활동력과 웬만한 노동 강도를 견딜 수 있는 체력 역시 이들의 강점이다. 단, 20대에 비해 다소 자금의 준비가 되어 있겠지만 여전히 부족한 자금력이 걸림돌로 작용한다. 그리고 30대는 동업 형태보다는 부부창업을 선호하며, 부부창업 시 남편은 배달이나 홍보, 마케팅 등의 분야를 담당하고 아내는 점포운영이나 자금관리 등을 맡는 것이 효율적인 방안이다. 부부라는 관계에서 발생하는 보이지 않는 시너지 효과는 타인과의 동업에서 오는 것보다 크다. 그만큼 성공 확률이 높아지는 것이다.

➡ 40대는 '전문성' 살리고 '안전'을 추구해야 한다.

40대 이상의 연령층은 사회적 경험이 풍부하다. 자신이 종사했던 분야에 대한 전문성도 갖추어졌고, 자금 상황도 타 연령층에 비해 비교적 넉넉한 편이며 사업에 몰두할 수 있는 여건도 마련되어 있지만, 결코 '모험'을 걸 수 있는 나이는 아니다. 단 한 번의 실패가 치명적일 수 있는 연령이기 때문이다.

따라서 '안전'에 만전을 기하는 것이 중요하다. 새로운 아이템, 신규업종을 쫓기보다 자신 있는 분야로 진출하는 것이 바람직하다. 오랫동안 생산라인에 근무했다면 제조분야로 진출하고 상담이나 관리업무를 수행했다면 프랜차이즈 형태를 고려하는 식으로 창업을 진행하는 것이 좋다.

➡ 50~60대는 사회경험에 의한 통찰력이 가장 큰 자산이다.

50~60대 연령층은 오랜 사회경험에서 나오는 통찰력이 큰 자산이다. 물론, 넉넉한 자금력 역시 경쟁력이 될 수 있다. 반면, 그 어떤 연령층보다 위험에 대한 대비는 더욱 철저해야 한다. 자신에 대한 분석부터 업종선택, 점포운영 계획, 시장변화 예측, 상권변화 등, 전 과정에 걸쳐 신중한 검토가 필요하다.

또한, 프랜차이즈 가맹점 창업을 계획했더라도 본사에 대한 검증 작업 등을 결코 소홀히 해서는 안 된다. 한편, 권위를 앞세워 전혀 새로운 분야에 대해서도 '아는 척'을 하는 예비창업자가 많지만, 창업은 결코 말만으로 이뤄지는 것이 아니다. 항상 겸손한 자세로 미리미리 준비하는 것이 바로 성공의 지름길임을 명심해야 한다.

<연령대별 창업의 특징>

연령대	장점 및 특징	고려할 사항
20대	• 신선한 아이디어와 패기. • 디지털 기기에 익숙함.	• 자본금 조달의 어려움. • 구체적인 사업계획서 작성.
30대	• 소비자 심리 파악 유리. • 적당한 사회적 경험과 체력.	• 자금력이 충분치 않음. • 성공확률 확보를 위한 부부창업.
40대	• 풍부한 사회적 경험과 전문성. • 자금력 비교적 양호.	• 안전창업에 비중을 둠. • 가장 자신 있는 업종을 선택.
50~60대	• 오랜 사회적 경험과 통찰력. • 넉넉한 자금력.	• 전 과정에 신중한 검토 필요. • 위험에 대한 대비를 철저히.

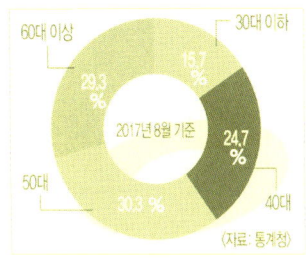

<자영업자 비임금근로자 비중>

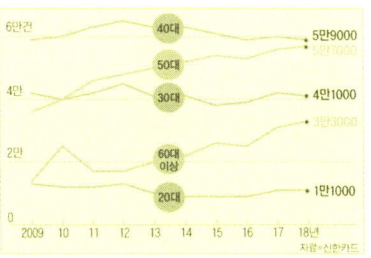

<연령대별 폐업 추이>

4 우먼파워! 주부들의 능력을 활용해 보자

"최근 사회적 환경변화 중, 여성의 주부창업은 필수가 되고 있다. 세심한 고객감동과 만족을 위한 주부의 노력이 좋은 결과를 가져오기 때문이다."

한 남자의 아내, 아이들의 엄마, 그리고 며느리와 딸… 등의 참으로 여러 가지 호칭으로 불리는 현대의 주부들은 진정한 이 시대의 원더우먼이고 싶어 한다. 특히, 고학력과 경험적인 측면에서 아주 우수한 인적자원이 주부와 엄마라는 이름으로 묻히고 무시당하는 지금의 사회를 개혁할 사람 역시 주부들이다.

그러나 창업시장에서는 가장 실패확률이 높은 집단을 주부창업으로 꼽는다. 이는 실력이 없어서가 아니라 소위 주부창업 시 최대의 적은 '남편'이라고 하는 집단에 의해서다. 따라서 창업은 가장 먼저 가족의 동의가 필수다.

남편과 아이들의 협조와 관심, 그리고 협조가 없으면 주부창업은 성공할 수가 없는 것이 현실이다. 하지만, 대부분의 남편이라는 집단의 구성원들은 창업 일선에 나서는 아내가 마치 TV 프로그램에 나왔던 환상의 소머즈나 원더우먼이 되길 바라고 있다는 것이다. 예컨대, 남편이 퇴근할 때 집에서 맞이해 주고, 또 아이들 공부도 잘 봐주고, 잘 보살피고, 시부모님 봉양도 잘하고, 주말과 휴일에는 가족과 같이 지냈으면 하고, 가급적 아이들이나 여성을 대상으로 하는 아이템으로 창업을 했으면 한다는 것이다. 또한, 가장 중요한 건 이왕 시작했으면 돈도 잘 벌었으면 좋겠고, 아마도 대부분의 남편들이 창업을 결심한 아내들에게 바라는 내용들이다. 주부들은 이 세상의 남편들에게 외치고 싶을 것이다. "그럼 당신이 직장 때려치우고 창업해라!" 물론, 근자에는 자발적인 퇴사를 감행하여 본인이 하고 싶은 분야를 개척하는 남편들이 있기는 하지만 성공에 대한 보장은 밝지 않다.

창업은 세심하고 꼼꼼한 영역이다.

따라서 그 누구보다도 꼼꼼한 여성들이 성공할 가능성이 많은 사업 영역이 여성창업이다. 결국, 창업은 고객관리로 승패를 결정한다. 고객 서비스는 친절함과 구매욕구 충족, 그리고 성실함과 절박함이 필요하다. 그러한 범위를 가장 성실하게 구현하는 사람이 주부일 수 있기 때문이다. 먼저, 가장 잘 할 수 있는 업종을 선정하자. 선정이 되었다면 그 업종의 주 고객이 누구인가를 분석하는 것이다. 따라서 표적고객들이 누구인지를 분석하자. 결국 표적고객들의 구매성향이 수익성이기 때문이다. 창업은 언제나 실패할 수 있는 요소들이 있는데, 실패한 대부분의 창업자들은 다음과 같은 네 가지 공통점을 가지고 있다.

[실패할 수 있는 요소]
① Avarice(과욕) : 지나친 낙관과 의욕이 화를 부를 수 있다는 것.
② Inertia(타성) : 오랜 가정생활의 타성에 젖어 자칫 쉽게 포기하거나 남을 의지하는 경향이 많다는 것.
③ Delusion(착각) : 극소수의 창업에 성공한 사람을 보고 마치 자신도 쉽게 될 수 있다고 착각할 수 있다는 것.
④ Self-Absorption(자아도취) : 자신을 너무 과대평가 하는 경우가 많이 있다는 것.

이러한 네 가지 요인들로 인해서 주부창업이 어렵다고 세인들은 말하고 있다. 하지만, 유의해야 할 점만 잘 검토하고 준비하여 헤쳐나간다면 주부창업이 오히려 성공을 이룰 수 있다. 여성창업자들의 유형을 분류해 보면 다양성이 존재한다. 어쩔 수 없는 '생계형 창업', 불안한 남편을 위한 '보험형 창업', 진정한 사업을 위한 '도전형 창업', 그리고 소일거리나 취미를 활용한 '안심형 창업'이 있다.

주부들은 엄마, 아내, 며느리, 딸… 등의 참으로 많은 이름으로 불리어지고 있는 것에 걸맞게 주부들은 다양한 능력을 가지고 있다는 반증이기도 하다. 그런 주부들이 창업시장에선 더욱 그 진가를 발휘하고 있다.

고객은 다양한 서비스에 감동한다.

단지 맛과 규격, 중량, 브랜드로만 충성지수가 증가하는 것이 아니다. 몇 해 전부터의 계속 오르내린 화두 중 하나가 "가성비"이다. 즉, 가격대비 성능이 고객의 충성지수를 대변하는 단어로 떠오르고 있다. 그렇다면 성능이란 무엇을 의미하는가?, 성능은 브랜드, 입지, 가격, 친절도, 규격, 성분… 등, 모든 고객이 만족하는 요인을 성능이라 통칭한다.

주부는 위대하다.

그 누구보다 그 어느 업자들보다 주부들은 고객의 감동과 만족을 위해선 다양한 재능을 발휘할 수 있다. 그들이 바로 주부인 것이다. 주부창업은 이 시대의 진정한 창업을 위해 필요하다.

<KBS, MBC, SBS 등 주요 방송에서 창업 전문가로 활동하는 이상헌 소장>

5 시니어 창업, 나이는 숫자에 불과하다

> "나이는 창업에 있어서 결격사유가 될 수 없다."

필자는 최근 '창업세미나'와 '사업설명회'에 초빙되어 창업 강의를 하다 보면, 예전에 비해 현저히 눈에 띄는 참석자들이 있다. 은퇴를 준비하는 50~60대를 비롯하여 은퇴 후 창업을 준비하는 70대까지 나이를 잊은 채, 창업 준비에 어느 누구보다 진지한 자세로 강의를 경청하는 모습을 볼 수 있는데, 이들 시니어 창업의 원인은 여러 가지가 있겠지만, 연금이나 퇴직금 또는 금리수입 등으로는 노후를 보장받기가 쉽지 않아 좀 더 수익성 있는 모델로, 창업을 선택하기 때문이라 판단된다. 이런 현실 속에서 은퇴 후, 시니어 창업으로 성공하기 위해 지켜야 할 다음 6가지 원칙을 점검해 보자.

첫째, 미리 준비하고 대비하라. 어떤 일이든 준비 없이 닥치면 혼란의 연속이다. 경제위기 때 아무런 준비 없이 실직하여 사회에 내몰린 직장인들의 경우를 봐도 그렇다. 사전 준비 없이 실행된 창업은 그리 오래가지 않는다. 이는 더 큰 실패를 경험하게 될 수 있는 것이다. 그때는 정말 모든 것이 끝장이다. 따라서 미리 준비해야 한다. 그런 면에서 오히려 시니어 창업은 기회라고 할 수 있다.

둘째, 절대 서두르지 마라. 창업을 하겠다고 결심한 순간 이성을 잃지 말아야 한다. 창업을 하겠다고 결정한 시점부터 모든 일을 일사천리 식으로 밀어붙이다가 실패의 나락으로 떨어지는 경우를 많이 본다. 점포를 얻는 일, 업종을 정하는 일, 모든 것이 급하다. 하지만, 대원칙은 창업에 대한 기본을 모두 갖춘 후에 시작해야 성공을 보장한다는 것을 명심해야 한다.

셋째, 치밀하게 계획하라. 시니어 창업은 다른 창업에 비해 더욱 치밀하게 계획해야 한다. 사업계획서를 붙들고 씨름하는 나날의 연속이어야 한다. 검토에 검토를 거듭해야 한다. 규모가 작다고 무시하지 마라. 시니어 세대에게는 그 작은 규모가 전부일 경우가 대부분이다. 100만원을 투자하는 일도 사업계획서를 만들고 투자에 대한 타당성 분석을 한 다음 실행하라.

넷째, 얘기하지 말고 들어라. 말을 많이 하지 마라. 시니어 세대의 특징은 다양한 경험과 연륜이다. 이것이 장점이기도 하지만, 어떤 경우에는 단점이 된다. 자아도취하지 말아야 한다. 마음으로는 자신감이 충만할지 모르지만 주변 사람들의 조언을 지나치지 말라. 전문가들의 지적을 몰라서 하는 소리로 듣지 말라. 자기 말을 많이 하는 사람에게는 아무도 더 이상 충언하려 하지 않는다.

다섯째, 기본을 철저히 하라. 일단 창업을 시작하게 되면 시니어 세대의 장점인 다양한 경험을 살려라. 공격적으로 사업을 추진하라. 사람들은 시니어 세대에게 숙련된 기술과 경험, 노련함을 기대한다. 그리고 시니어 세대의 장점과 특성을 기대할 것이다. 단, 기본에 충실해야 하며, 공격적으로 실행하되 철저한 원칙을 지키는 것이 성공의 열쇠이다.

여섯째, 건강과 체력은 기본이다. 창업은 장기 레이스(Race)이다. 점포창업의 경우 평균적으로 하루 12.5시간 동안 영업에 치중한다. 또한, 26~36개월 동안을 한 달에 1~2번의 휴식을 가지며 생활한다. 따라서 체력은 기본 중에 기본이다. 그러므로 창업의 규모나 아이템을 철저하게 나에게 맞추어야 한다.

늦은 나이에 새로운 것에 대한 도전으로 인하여 불안요소가 리스크로 존재하기는 하지만 "나이는 숫자에 불과하다"는 광고 카피처럼, "늦었다고 생각될 때가 가장 빠른 때다"라는 말을 용기 삼아 자금력, 인맥, 전문성, 경험이란 장점을 최대한 이용해 보자.

연륜을 자본으로 창업에 도전하는 모든 시니어 예비창업자들에게 격려의 박수를 보낸다.

사업계획서 작성요령

- 자신감과 충분성을 검토하라.
- 객관적 시각을 근거하여 작성하라.
- 창업환경 변화에 유연하게 대처하라.
- 실현 가능성을 전제로 하라.

6 창업지원제도의 체계적 지원이 절실하다

> "창업은 수많은 결정을 통해 비로소 사업을 실천하는 결정 중심형 창업이다. 따라서 지원의 체계성과 현실성은 반드시 필요하다."

⊃ 949만명 : 793만명 : 16.4% 갑자기 무슨 숫자를 나열하는지 궁금할 게다.

2017년까지 자영업 창업자는 약 950만 명, 폐업자는 약 793만 명, 생존율은 약 16.4%이다. 2017년 기준 우리나라 전체 취업자 중에서 자영업자는 22.9%에 달하며, OECD 평균 15.4%에 비해 매우 높은 수준이다. 이는 구조조정 과정에서 증가된 생계형 자영업이 1999년 외환위기 이후 지속적으로 증가했기 때문이다.

우리나라 자영업자 비율이 미국의 6.7%, 일본의 8.9%, 프랑스의 10.0%, 독일의 11.0%에 비해 크게 높은 것을 보면, 국내에서 자영업 간의 경쟁이 치열할 수밖에 없음을 알 수 있다.

창업은 선택이 아니고 필수다.

실버인구의 증가와 함께 여성, 특히 주부의 사회참여 현상이 증가되면서 더욱이 생계형 창업이 증가할 수밖에 없다. 그리고 1999년 외환위기 이후 소상공 창업자들의 창업을 지원하는 기관이 설립되어 다양한 지원정책을 실시하고 있다.

창업교육에서 자금지원까지 …

OECD 국가의 창업지원제도를 분석해 보면, 교육과 경험, 그리고 아이디어의 현실화에 많은 지원 시스템을 가지고 있다. 획일적인 지원체계에 일방적인 지원이 아닌 창업자에 맞춘 수준별 지원체계가 부러운 이유는 행정위주가 아닌 체계적 협업에 의한 자활위주의 지원 시스템이기 때문이다.

우리나라는 산업자원부, 여성가족부, 노동부, 중기벤처부 등 대부분의 국가기관과 예하단체에서 소상공인을 위한 지원 프로그램을 운영하고 있으며, 재래시장은 물론 각종 직능단체에도 관련 창업지원을 하고 있다. 즉, 기초교육, 전문교육, 수준별 교육, 창업사관학교, 경영학교, 아카데미, 비즈몰, 신사업아이디어 교육, 해외 재창업교육, 프랜차이즈 교육 등 수많은 창업교육이 실시되고 있다.

현장 체험과 스타트업 매장 체험 등, 창업하기 전에 창업을 경험하는 교육도 있다. 하지만, 창업의 성공률은 OECD 국가의 최하위 수준이다. 또한, 이러한 다양한 교육과 지원이 공공기간과 정부 부처별로 경쟁이라도 하듯 중복지원과 유사지원제도가 문제라 하겠다. 같은 사업계획으로 정부부처와 지방자차단체에서 동일한 지원을 받을 수 있으니 참으로 놀랄만한 일이다.

창업교육은 창업자에게 실패하지 않는 창업방법을 알려주고 용기와 희망과 경쟁력을 탑재해 주는 반드시 필요한 절차이다. 하지만, 우리나라의 창업교육은 일부 창업자금을 저리로 대출 받기위해 시간을 때우는 요식 행위이고, 정부부처는 자금 때문에 실시한 창업교육이 그들만의 실적인양 부풀리는 행정을 아직도 자행하고 있다.

참으로 애석하다. 한때의 해프닝으로 끝났지만 일부 고위 공무원의 아이디어로 아이템의 선별을 통해 창업시장 진입을 막으려는 시도도 있었다. 웃음밖에 나지 않는다.

창업은 자율경쟁이다. 업종별 창업시장의 규제는 있을 수 없다.

오히려 과다, 과밀 업종에 대한 분산, 경쟁력 강화가 필요하다. 창업의 선순환을 위한 정부지원의 일관성과 지원제도, 내용의 체계화를 위한 지원행정이 필요한 때이다. 창업은 전쟁이기 때문이다.

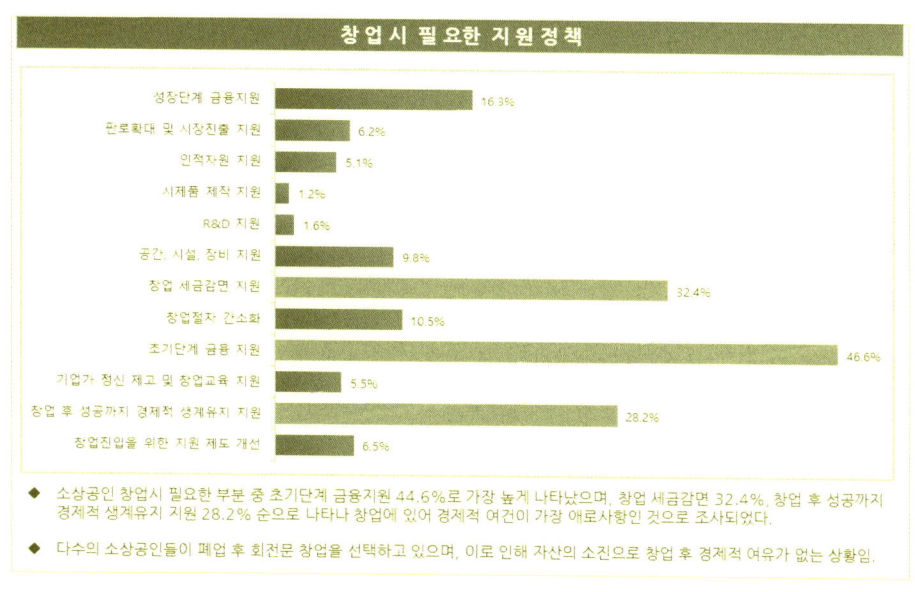

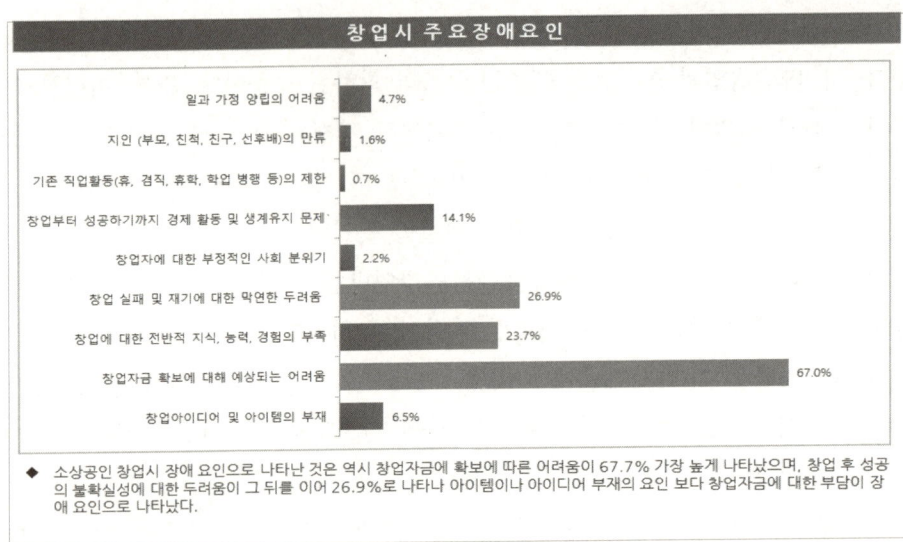

출처 : 창업진흥원

7 김영란법이 소상공인에 미치는 영향은 무엇일까?

> "창업시장의 건전성은 공직자와 힘 있는 자들의 자성과 노력이 수반되어야 발전하고 성장할 수 있다."

말도 많고 탈도 많았던 김영란법이 시행되었다. 청렴하고 깨끗한 공직사회를 추구하기 위해선 반드시 필요한 법이다. 소위 잘나가는 사회 지도층들이 먼저 솔선수범하는 사회를 추구하자는 것이지만, 이 법의 시행은 그들이 자행한 갑질의 온상인 듯 한 인식이 사회 전반적으로 확산되고 있었기 때문이다. 하지만, 우려스러운 점도 없지 않다.

그동안 관공서나 대기업, 언론사 근처에 입점한 소상공인들은 소위 엄청난 권리금을 지불하고 괜찮은 소비 중심지에 창업을 하였다. 그나마 다른 입지보다는 안정적 소비를 예상할 수 있기 때문이었다.

그러나 일인당 식사비의 기준이 30,000원 이상과 50,000원 이상의 선물이 불법 접대라는 기준으로 규정되므로 인하여 전체적인 소비심리와 실질소비는 줄어들게 뻔 한 것이 현실로 다가왔다. 투명한 공직사회와 힘 있는 자들의 자성이라는 미명하에 시행되는 김영란법이 오히려 힘없는 소상공인을 옥죄는 결과를 가지고 왔다. 따라서 화훼업종, 한정식 등의 외식업종, 농산물재배농가, 택배 등 유통관련업 종사자들은 연일 아우성들이다. 아울러 최저시급과 주52근무의 한정근무시간제는 소상공인이나 노동자들 모두에게 힘든 시간을 예견할 수 있다.

"오비이락(烏飛梨落)"이라는 사자성어가 생각난다. 마치 그 꼴이다. 높으신 분들의 자성과 자각이 필요한 일인데도 불구하고 관련법의 유탄이 애꿎은 소상공인들에게 튀는 것은 아닌지 심히 우려스럽다. 옛말에 친한 사람이나 지인들에게 의례적으로 인사치레처럼 하는 말이 있다. "언제 밥이나 한번 드시죠!"하는 것인데… 즉, 밥을 한번 먹자는 건 그만큼 친밀감의 표시이며 친하고 싶은 우호적 표현이다. 이러한 우호적 행위를 단순하게 금액적인 잣대로 '호의다', '뇌물이다'를 논할 수밖에 없는 시대적 환경이 개탄스러울 따름이다.

짧은 시간에 선진국 대열에 오른 동양의 작은 부국인 싱가포르도 시대적 인물인 이광요 수상에 의해 개혁을 주도했지만, 소위 공무원들의 원칙주의와 청렴도가 함께 실행됨으로 인해서 이룩한 결과로 부국이 된 것이다. 또한, 싱가포르는 개혁의 칼바람으로 소상공인들이나 소규모의 사업체들의 성공요인으로 작용했던 우수사례로 조명 받았었다. 그런데, 우리나라는 힘 있는 자리에 계시는 높은 분들의 자정과 원칙준수를 30,000원, 50,000원, 100,000원으로 규정할 수밖에 없는 현실이 참으로 안타깝다.

우리나라는 한 해에 약 100만 명 정도의 신규 창업자가 사업을 시작하고 90만 명 정도의 폐업자가 발생되는 현상이 십여 년간 되풀이되고 있다. 어쩔 수밖에 없어서 창업하는 창업자들은 투자금액의 2.5~3.5% 정도 월 수익을 위해 하루에 평균 13.5시간을, 한 달에 두 번 정도의 휴식을 취하며 삶의 현장에 매진하고 있다. 그만큼 삶이 절실하다는 이야기다.

이렇게 목숨형 창업을 감행한 소상공인들에게 김영란법이 가져온 후폭풍은 실로 냉정하다 못해 칼바람이라 하겠다.

제발 부탁하고 싶다. 소위 높으신 분들의 자정과 통렬한 반성, 그리고 공직사회의 규범을 실천하는 정도의 삶을 실천해 달라고…

오늘도 자영업자들은 고객을 기다리며 점포 밖을 물끄러미 바라보고 있는 소상공인들의 초점 없는 흐린 눈망울이 떠오른다.

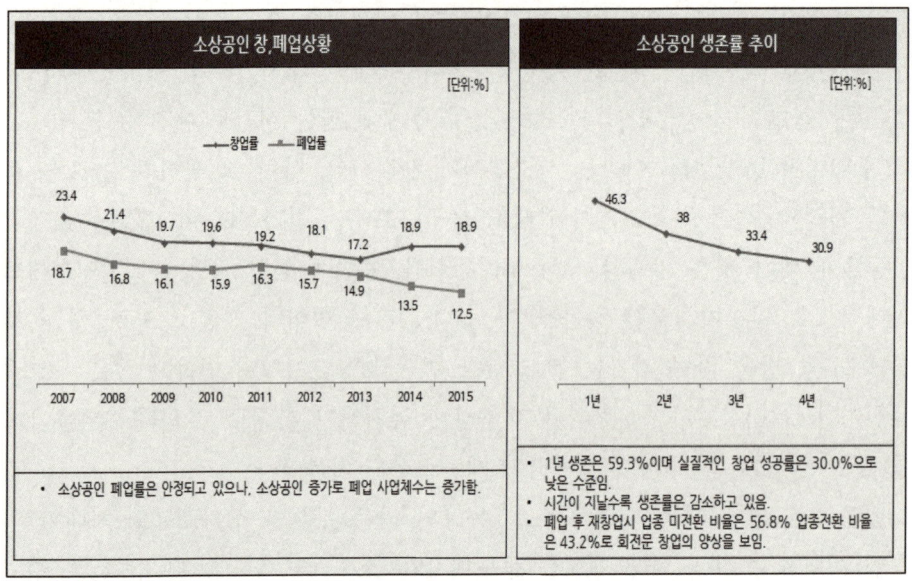

출처: 국세청, 국세통계

8 천재지변을 대처하는 소상공인들의 이야기

> "어쩔 수 없는 천재지변이라면, 사후대책과 지원정책의 현실화가 자영업자들에게 희망을 줄 수 있다."

참으로 안타깝다. 부산을 중심으로 한 경상도 지역에 내린 집중호우의 결과는 참혹하다. 가슴까지 차오르는 불어난 물속에서도 조금이라도 피해를 줄이려 바동거리는 자영업자들의 사투는 눈물겹기까지 한다.

"정말로 막막합니다. 이제는 어찌 살아야 할지…" 뉴스시간에 인터뷰하는 야채가게 주인의 울먹이는 목소리가 아직도 귓전에 맴돌고 있다.

'인재다'. '아니다'의 갑론을박이 필요한 때가 아니다. 어떠한 방법이든 조속한 복구와 삶의 터전으로의 복귀를 준비하고 지원해야 하는 절실함이 남아있을 뿐이다.

창업은 선택이지만 운영은 절박함이다.

수해로 인하여 삶의 터전을 송두리째 잃어버린 소상공인들은 대부분의 자영업자들이다. 남의일 같이 느끼지 않았을 게다. 마치 나에게도 올 수 있는 그런 상황에 대한 안타까움 일게다. 그 당시 비슷한 시간 미국의 플로리다주에서는 태풍 '매튜'의 영향으로 연방정부차원에서의 긴급재난경고 발령은 물론, 미국 대통령까지 나서서 피해의 최소화를 위한 다양한 노력을 한다는 뉴스를 접했다.

우리나라와는 참으로 달라도 너무 다르다. '사후약방문', 늘 들어오던 속담이다. 사전에 미리 점검하고 준비하면 충분히 막을 수 있는 반복되는 재해로 인해 결국 제일 힘없는 소시민이나 소상공인들의 피해만 늘어날 뿐이다. 사후에 정부차원과 민간차원의 다양한 지원정책이 쏟아진다는 것이다

늘 그러했듯이 … 재난지역선포, 긴급피해자금지원, 세금의 한시적 면제, 피해 경중에 따른 지원대책 등, 이러한 단어는 이제 너무나 익숙하게 듣고 있다.

아니 그만 듣고 싶다. 소상공인들은 수해로 피해를 입은데 대한 보상이 아닌 마음 놓고 영업에 정진할 수 있는 환경을 더욱 원하고 있다. 달콤한 지원에 대한 약속도 시간이 지나면서 슬그머니 원칙과 전례를 운운하며 힘 있는 자들의 우선지원과 그들의 주머니를 채우는 결과를 예견할 수 있기 때문이다.

소상공인들은 하루 벌어 하루를 살아갈 정도로 참으로 참담한 생활을 하고 있다. 매출의 하락은 여러 가지 요인에 의해 어쩔 수 없는 상황으로 인식할 수 있지만, 세금이나 카드 수수료, 기타 공과금의 무지막지한 폭탄을 그냥 맨몸으로 막고 있다. 소상공인의 규모가 거의 경제활동인구의 40%를 육박하고 있는 오늘날 그만큼 경쟁이 치열하고 매일의 전쟁을 치루고 있는 실정이다. 그런데 법인세 인하와 같은 혜택도 받을 수 없는 제2의 유리지갑이기도 하다. 그러한 소상공인들이 맘 놓고 안전하게 영업이 매진할 수 있는 환경은 언제 쯤…

참으로 많이 변해야 한다.

참으로 공익이라는 '함께 사는 세상'을 위해 사회적 제도의 마련과 규칙이 절실하다. 소상공인들이 바로 국가경제의 기둥이라는 현실을 직시했으면 한다.

소상공인 폐업 비율

◆ 소상공인 창업 대비 폐업비율은 2009년부터 80%대로 높게 나타났으며, 2012년 87.1%로 가장 높았고, 2015년에는 69.2%로 감소 추세임

[단위:명]

연도	2010	2011	2012	2013	2014	2015
창업자 수①	988,058	994,386	956,409	926,558	1,015,619	1,068,313
폐업자 수②	805,506	845,235	833,195	805,328	761,328	739,420
비율①÷②	81.5%	85.0%	87.1%	86.9%	75.0%	69.2%

*출처: 국세청, 국세통계, 9-8-1 사업자현황 I (연도)

◆ 최근 경기의 어려움으로 인해 소상공인 경영악화가 심각한 실정이고, 폐업의 가장 큰 사유 역시 '사업부진'인 것으로 나타남

[단위:명]

구분	사업부진	행정처분	계절사업	법인전환	면세포기,적용	양도,양수	해산,합병	기타	계
사업체수	326,066	2,854	506	4,963	314	26,335	2,677	426,335	739,420

*출처: 국세청, 국세통계, 9-8-13. 폐업자 현황IV • 폐업사유,지역,업태)

소상공인의 창업 형태와 자금 변화

◆ 창업 동기
- 생 계 형: 2010년 80.2% 〉〉〉 2013년 82.6%
- 사 업 형: 2010년 17.2% 〉〉〉 2013년 14.3%
- 가업 승계: 2010년 1.6% 〉〉〉 2013년 1.3%

◆ 생계형 창업이 꾸준히 증가, 그 외 감소 추세

◆ 창업 비용 변화가 나타남

◆ 향후 사업체 운영계획 중 업종변경자 다수 발생

◆ 전체창업자중 프랜차이즈 창업자는 증가추세

◆ 브랜드 선정시 고려하는 항목의 변화추세

◆ 안전지향적 창업가 브랜드의 쏠림현상 심화

◆ 창업시 관련 된 교육참여 및 정보분석 증가

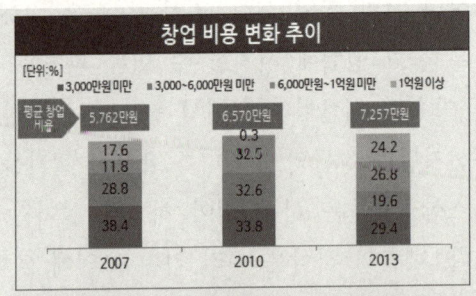

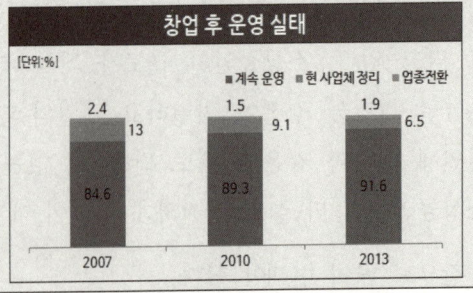

출처 : 창업진흥원

9 촛불집회는 소상공인들의 희망을 위한 다짐이다

"타오르는 작은 촛불의 힘을 모두가 함께 인지해 주길…"

100만 명이 촛불을 치켜들었다. 서울시 인구의 거의 1/10이 참여한 숫자다. 어린 아이들의 손을 잡고 참가한 부모, 열심히 공부해야 하는 중고등학생들, 나이 지긋한 어르신들, 지방에서 상경한 촌부들…

참으로 기가 막힌다. 하야!, 퇴진!, 물러나라!, 내려와라!, 이게 나라인가?… 참으로 다양한 단어와 표현이 난무하는 현장이었다.

그들의 공통된 주장은 하나이다. "잘못에 대해 국정 최고책임자로서 책임져라" 이 한 마디이다. 그들은 단순한 누리꾼도, 데모꾼들도 아닌 이 시대를 살아가는 대한민국의 선량한 국민들의 외침이었다. 마치 축제인양 질서와 법을 준수하며 그들만의 소통 수단으로 그들의 마음속 메아리를 가감 없이 전달했다. 그러하기에 소위 민심을 무겁게 지켜보고 결단내려야 할 중차대한 시기라 하겠다.

대한민국의 소상공인들은 평균 7천여 만원(2017년)의 금액으로 창업을 하였고, 일일평균 12.5시간을 일하고, 한 달 평균 2일의 휴무를 할 수밖에 없는 열악한 환경에서도 열심히 본연의 업무에 최선을 다하고 있다. 그들은 하루의 매출이 그들의 삶의 질을 좌우하기에 단 한 푼이라도 벌기 위해 최선을 다하고 있다. 그런데 소위 힘 있고 권력 있는 분들은 노력에 걸맞지 않게 불로소득의 단위가 최소한 '억'이라는 사실에 수많은 자영업자들의 자괴감과 상실감은 이루 말도 다할 수가 없을게다.

"김영란법"도 소위 잘 나가는 높으신 분들의 잘못된 도덕불감증과 사리사욕으로 건전한 사회를 만들기 위한 취지라지만, 오히려 화훼업종 등 대부분 자영업자의 매출을 위협하는 결과를 양산했다.

참으로 힘들고 어려운 나날이다.

소상공인들의 희망은 오직 하나다. 소상공인들이 원하는 것은 열심히 일한 만큼의 결과를 얻을 수 있는 사회이다.

노력과 결과를 함께 누릴 수 있는 상생하는 사회규범 속에서 노력하고 싶어 한다. 어줍지 않은 권력과 권모술수를 통한 공정치 못한 부의 분배가 아닌 누구나 이해할 수 있는 합리적인 노력에 대한 결과를 소상공인들은 원하고 있다.

　　창업이 그러한 노력에 대한 결과를 예견하기에 한 해에 백만 명 가까운 인원들이 뛰어들고 있다. 그들의 목표수익은 투자대비 많아야 3~4%의 기대수익성을 바라고 있으며 그를 위해 하루에 12시간 이상 노력하고 있다.

　　정말 지도자들의 생각과 행동은 타의 모범이 되어야 한다. 정약용의 "목민심서"에 기록되어 있듯이 스스로의 몸가짐과 행동을 주의하고 올바르게 실천해야 하는 것이다. 그러한 지도자들이 부족하기에 작금의 사태를 야기했다고 단정할 수 있다. 지금도 늦지 않았다. 오히려 세상을 새롭게 바꾸는 기회이기도 하다.

　　특히, 이번 촛불시위 현장에서 보여준 성숙한 시민의식과 행동은 충분히 변화되고 개선될 수 있는 저력과 가능성을 보여준 현장이라 할 수 있다. 이제야말로 충분히 준비하고 실천하는 기회이다. 함께 노력하는 시간을 진정으로 바란다.

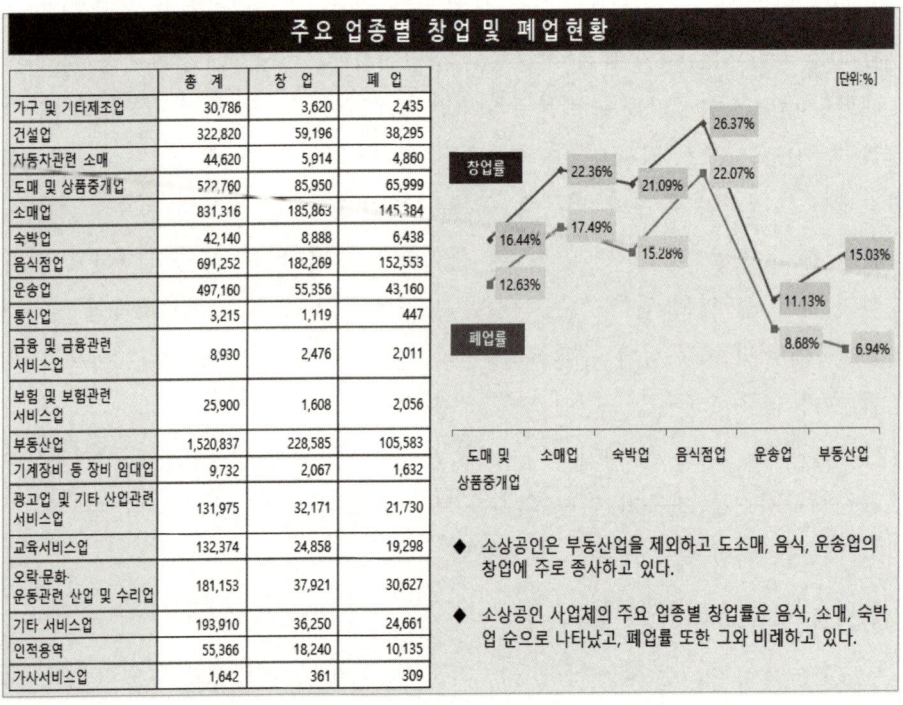

10 최저임금이 가져올 자영업시장의 후폭풍은 …

"사용자와 노동자가 모두 행복한 근로 환경이 필요하다."

경제협력개발기구(OECD)의 2017 "기업가정신 한눈에 보기" 보고서에 따르면 한국의 자영업자 수는 398만 2,000명으로 OECD회원국 중 4번째로 많다고 밝혔다. 한국의 인구대비 그만큼 자영업자가 많다는 이야기다.

자영업자들의 수익성을 저해하는 요수는 크게 4가지로 분석된다. 인건비, 임대료, 원·부재료율, 그리고 세금이다. 그 중 인건비는 매년 증가폭이 가장 많은 항목이었다. 특히, 2018년 16.4%의 상승인 7,530원의 시급은 소상공인의 수익성 악화는 물론, 업종에 따라선 급격한 폐업이 예상되는 문제였다. 그러한 현상이 도처에서 나타나고 있다.

하지만, 정부 관계부처의 장관들이나 유관기관장들은 공공연히 가격인상을 하는 기업이나 브랜드는 세무조사를 한다고 하며, 불이익을 감수해야 한다는 논조의 발언을 서슴지 않고 있다. 이에 따라 현장의 체감경기는 냉랭하다 못해 살벌하다.

오히려 소상공인들은 최저임금 상승으로 인하여 가격인상을 한다는 것은 부담되어 더욱 고민의 고리가 깊어지고 있는 실정이다. 경기의 저점 시에는 모든 소비자들의 구매심리가 저점이며 가격 민감도 또한 증가하기 때문이다. 따라서 이번 최저임금의 상승과 맞물려 소상공인들의 진정한 수익성 강화를 위한 정부의 노력과 방향성을 기대하고 싶다.

창업은 자유시장경제 원칙하에 자율적 가격정책을 시행하는 구조의 형태이다. 소매기업들이 가격을 비싸게 인상할 경우, 그 가치에 대해 고객의 설득과 이해가 부족할시 자연스럽게 시장에서 퇴출되는 순 정화기능을 가지고 있다. 이것이 자유시장의 가격정책 형성이다. 단순히 원·부재료율과 적정 마진율로 가격을 통제할 수 없다는 이야기이다.

만약, 정부에서 가격통제가 필요하다면, 소상공인들의 수익성 상승을 위해 임대료나 카드 수수료 인하 등, 가진 자들에 대한 통제와 억제정책이 우선 필요하다. 그리고 임대차보호법은 개정되었더라도 그 과정과 결과를 지켜볼 필요가 있다. 아울러 카드가맹점에 대한 수수료 관련법 개정도 필요다고 생각한다.

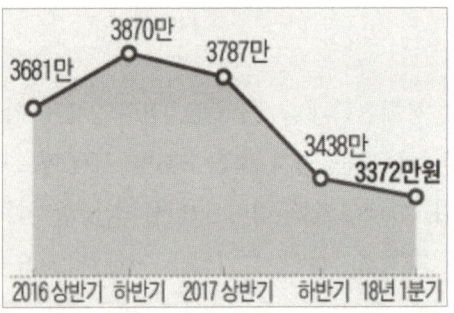

<(사)한국소상공인컨설팅협회를 통한 소상공인들의 사업개선 노력>

Chaptert 3

창업, 이것만은 꼭 실천하자

"실행과 실천 그리고 지속성이 정답이다"

아이템, 입지, 마케팅, 사람... 모두 중요하다.
창업은 중요도를 현장에서 순서대로 고객들에게 서비스하는 것이 실천이고,
실행을 통해서 고객과의 관계와 소통하며, 그리고
만족경영을 통해서 지속성을 유지할 수 있다.

소비자는 꾸준히 변화하고 진화한다.
구매요인도, 구매습관도, 구매주기도...
하지만, 변화에 앞서 고객은 반드시 사전에 무언의 변화를 통보한다.
그것이 데이터 분석과 트렌드 분석에서 나타난다.

한 번에 모든 것이 변화하지 않는다.
다만, 서서히 변화하기에 인지할 수 있는 감각과 분석력이 부족할 뿐이다.

고객을 철저히 분석하고 실천하는 기술이 성공창업을 담보한다.

1 소통(疏通)해야 대통(大統)한다

> "고객과의 대화채널과 의사소통이 제1의 성공창업 법칙이다."

아비규환의 전쟁터처럼 피아식별이 어려운 극적인 순간에 반드시 필요한 요소는 소통의 기술이다. 지휘자의 의도가 병사들에게 정확히 전달되고 공격과 후퇴의 기동이 일사불란한 군대가 승리할 수밖에 없다.

우리가 가장 잘 아는 병법서인 손자병법에서는 전쟁터에서 수없이 많은 병사들의 눈과 귀를 어떻게 통일시킬 것인가를 고민한다. 손자는 먼저 청각을 통한 (audible signal) 의사소통을 제시한다. 또한 시각, 후각을 활용한 의사소통의 중요성을 역설하고 있다. 이는 최근 여러 가지 어려움을 겪고 있는 자영업자들이 당면한 과제이기도 하다.

"아무런 대책이 없어요!"
"장사가 안 되도 이렇게 안 될 수는 없어요!"

생생한 현장의 목소리다. 고객을 위한, 고객에 의한, 고객을 향한 영업 전략이 곧 수익성이다. 모든 자영업자들이 수익성과 매출증대를 위해 혼신의 힘을 다하고 있으나 그 결과는 말로 표현하지 못할 정도로 비참하다.

이는 고객과의 대화채널과 의사소통의 근본이 다르게 나타난다고 볼 수 있다. 고객은 경기상황에 민감하게 작용하며, 그 현상에 대한 두려움을 가지고 있다. 따라서 두려움이 결정을 어렵게 하고, 결정의 어려움이 구매력을 감소시키는 현상으로 나타나고 있다. 고객은 점포운영자에게 합리적 가격과 품질을 요구하고, 점포운영자는 고객에게 정당한 거래와 묵시적인 만족을 요구한다.

결국은 구매와 판매행위 사이에 소통과 대통의 원리적 행위가 필요하다. 고객은 새로운 것에 대한 갈망과 익숙한 것에 대한 친숙함은 항상 대립하며 공존하기 때문에 대립각의 차이만큼 다양한 전략과 마케팅이 필요하며 그러한 요소들을 만들고 실천하려는 노력해야 한다는 것이다.

고객의 구매행위는 '관심' ➡ '관찰' ➡ '흥미' ➡ '타진' ➡ '협상' ➡ '구매'의 과정을 반복한다. 이러한 일련의 과정 중, 대부분의 영업력은 대화에서 시작해 확신으로 마감한다. 확신까지의 출발은 대화이듯이 고객의 입장에서 상품의 특성과 장단점 그리고 구매시 얻을 수 있는 이익적 규모와 가치를 수치로 판단하고 싶어한다. 그 판단의 기준은 고객의 지불금액 범위와 정비례하고 그 비율은 고관여 상품의 구매자들에게서 그 특성을 잘 확인할 수 있다.

불황기 극복을 위한 자영업자들은 역시 소통과 대통의 원리를 이해하고 실천해야 한다. 살아남기 위한 전쟁은 고객의 선택에 대한 갈등을 얼마만큼 줄일 수 있느냐에 있고, 선택 결정에 대한 만족감을 어느 정도 높일 수 있느냐가 그 해답일 것이다. 따라서 현재의 창업시장은 그 어느 때보다 고객에 대한 설득과 서비스 능력이 절실히 필요한 시점이다.

<진화된 소비자 구매행동 과정>

- Attention(주의) : 구매 욕구를 자극하는 상품/서비스와 접촉함.
- Interest(흥미) : 구매 욕구를 자극하는 상품/서비스에 흥미를 가지게 됨.
- Search(검색) : 흥미를 가진 상품/서비스를 인터넷 등을 통해 상세한 정보를 취득함.
- Comparison(비교) : 유사 상품/서비스와의 특징, 가격, 기능 등을 비교함.
- Examination(검토) : 상품/서비스와 구입 쇼핑몰을 검토함.
- Action(구입) : 상품/서비스의 구입 쇼핑몰을 결정하여 구매함.
- Share(정보공유) : 구입한 상품/서비스 사용법과 특징 등을 블로그/게시판 등에 공유함.

출처 : Nielsen KoreanClick

2 위기는 곧 기회이다

> "경상비의 상승 주범은 임대료와 인건비가 가장 큰 포지션을 차지한다. 결국 해결방법은 사회적 협의가 필요하다."

참 힘든 시기다.
나라도, 기업도, 특히 자영업자도…
　지난 한 해를 돌이켜 보면 좋았던 일보다 힘들고 어려움이 많았던 시간이었다. 얼마 전 KBS 경제투데이 인터뷰를 했는데, 경기불황에도 폭등하는 임대시장에 대한 주제로 점차 어려워지는 소상공인에 대한 내용이었다.
　서울 7대 상권의 상가 임대료가 평균 15% 폭등한 반면, 자영업자의 매출은 20% 이상 하락하였다. 또한, 일부 지역이긴 하지만 서울 용산구 해방촌 지역에서는 임대료를 시청, 구청, 건물주, 상가번영회가 협의를 거쳐 6년간 임대료를 동결하자는 합의를 했다는 뉴스도 있었다.
　참 좋은 선례인 듯해서 그나마 자영업자들에게는 희소식이라 생각한다. 하지만, 반대로 상권의 변화로 인하여 울며 겨자 먹기 식으로 어쩔 수 없이 점포운영을 하는 자영업자들도 증가하고 있다.
　중앙일보 기사에 의하면 신촌 근처와 일부 압구정동 가로수길 등이 한때 최고의 상권으로 군림했던 주요 상권에서의 창업자들이 암암리에 부동산을 통해 점포매각을 기다리고 있다는 기사를 접했다.
　맞는 말이다.
　상권은 생물과 같은 존재이기에 고객의 유동성과 소비 기호도의 변화에 따라 상권도 변화한다지만, 더 중요한 사실은 높은 임대료와 인건비를 경상 이익금으로 해결하지 못함에서 오는 절박감 일게다.
　그나마 서울시부터 진행되고 있는 상권별 건물주와 임차인과의 상생협약이 눈길을 끈다. '젠트리피케이션(Gentrification)'이 그것이다. 소기의 성과도 나타나고 있다. 이러한 현상이 전국적으로 더욱 확대되길 희망해 본다.
　자영업자의 점포운영은 '일희일비'하고 있다. 점심매출이 좋으면 저녁매출이

나빠지고, 반대로 점심매출이 나쁘면 저녁매출이 받쳐주는 형국의 반복이다.

고객은 늘 새로운 것을 요구한다.

상품도, 서비스도, 판매방법도, 이벤트도…

새로움이란 고객의 소비 트렌드 변화와 함께 경제적 소비형태의 변화를 의미한다. 또한, 새로운 점포운영이란 고객의 소비주기 변화에 따른 점포운영의 변화에 대한 노력을 의미하며, 단순한 저가격과 끼워주기보다 고객 입장에서의 구매 가성비를 높이는 전략이 필요할 때이다.

1+1, 10% DC, 유사상품 제공 등의 번들 마케팅도 중요하지만, 구매가격 대비 효율성 측면에서의 판매방법을 더 선호하고 있다. 따라서 시간별 판매율, 요일별 판매율과 함께 공헌메뉴와 공헌이익률도 자영업자들의 경영 정상화를 위해 점검할 사항이다.

창업은 전쟁이다.

철저한 고객 분석을 통해 더욱 어려운 경기환경을 개선하는 노력이 필요할 때이다.

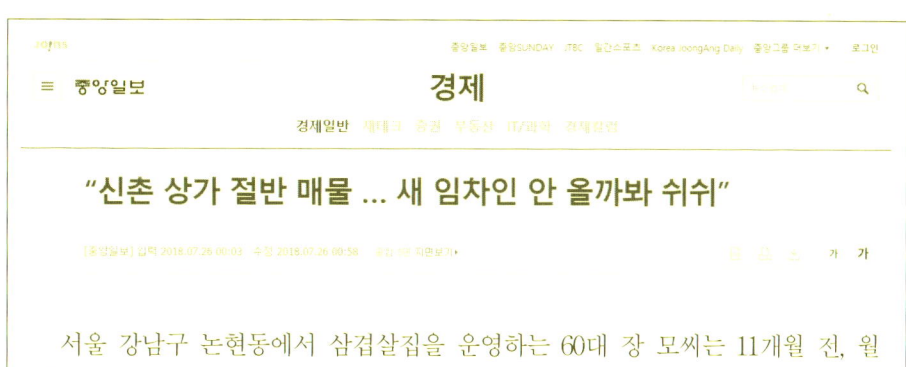

서울 강남구 논현동에서 삼겹살집을 운영하는 60대 장 모씨는 11개월 전, 월세 350만 원짜리 가게를 내놨지만 여전히 영업하고 있다. 매달 적자를 내다보니 하루빨리 가게를 접고 싶은 마음뿐이지만 들어오겠다는 사람이 없어서다. 자신이 지불한 권리금 1억 원을 3,000만원까지 낮춰 내놔도 소용이 없다. 장씨는 "권리금을 챙기려 버텼는데 이대로라면 추석 이후 미련 없이 문 닫을 생각"이라고 말했다.

우여곡절 끝에 가게가 비워져도 새 주인을 찾긴 쉽지 않다. 논현동 한 건물의 46평짜리 1층 가게는 반년 넘게 비어 있다. 원래 일식집이던 이곳 월세는 400만원인데 가게 주인은 영업이 버겁다며 권리금 2억 원도 포기하고 나갔다.

상가 주인 김모씨는 "얼마나 불황인지 (임대를) 물어보는 사람조차 없다"며 "주변에도 다 장사가 안 된다는 말만 들리니 월세를 얼마까지 낮춰야 하나 고민된다"고 털어놨다.

한국감정원의 올해 2분기 상가 공실률을 살펴봐도 논현동의 공실률은 18.4%로 가장 높다. 이곳의 상가 10곳 가운데 2곳은 비어 있다는 소리다. 실제 논현역에서 신논현역 사이 대로변에는 빈 상가를 쉽게 찾아볼 수 있다.

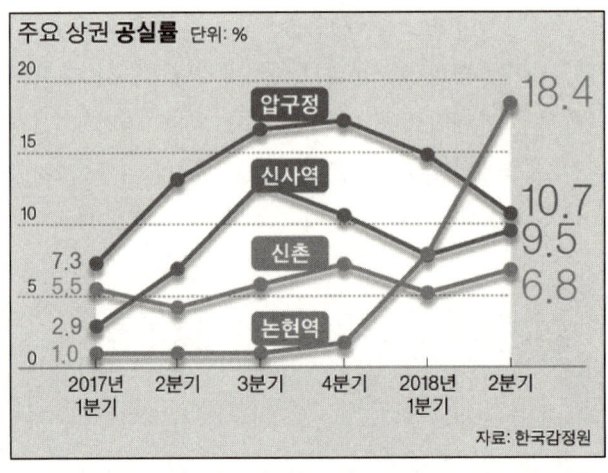

출처 · 중앙일보(2018. 7. 20.)

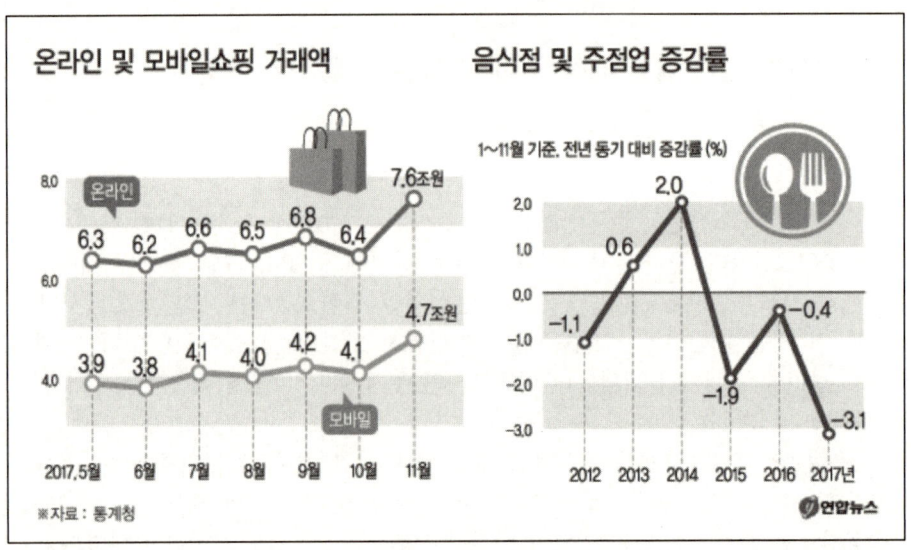

3 성공적인 업종 선정을 위한 7가지 기본 원칙

"창업박람회는 트렌드 변화와 함께 소비자들의 소비심리를 확인하는 장소로 사용하라."

지난 주, 이번 주, 그 다음 주… 연속해서 창업박람회가 여러 전시장에서 개최되었고, 또 개최될 예정이다. 박람회에 참가한 많은 업체들 중에 어떤 업종을 선택할 것인가의 문제는 예비창업자들에게 가장 어려우면서도 중요한 문제이다. 충분한 시간을 가지고 최근의 창업 동향과 사업성 분석을 성실하고 인내심 있는 자세로 하나하나 검토하면서, 다음과 같이 업종을 선정할 때 반드시 명심해야 할 7가지 기본원칙을 고려하여 선정하면 좋을 것이다.

첫째, 시대의 흐름에 맞는 업종을 선택해야 한다. 빠르게 변화하는 창업 환경 속에서 시대의 흐름과 자신에게 맞는 업종을 선정하는 것이 업종 선정의 전제조건이다. 무엇보다도 소자본 창업시장이 앞으로 어떻게 전개될 것인지에 대해 깊은 관심을 가질 필요가 있다.

둘째, 수익성이 높은 업종을 선택해야 한다. 적어도 투자수익률이 3% 이상은 되어야 한다. 예전에는 5~8% 되면 유망업종이라고 했지만, 요즘은 4%대 수익률을 기대하기도 쉽지 않다. 얼마를 투자해서 얼마를 벌 수 있을지 꼼꼼하게 따져봐야 한다.

셋째, 성장성이 있는 업종을 선정해야 한다. 신규업종은 아직 사업성이 검증되지 않아 지속성에 대한 위험이 따른다. 그러나 성장기를 지나 성숙기에 접어든 업종은 점포수가 많아 경쟁이 치열하다. 반면, 사회적 흐름과 소비자 욕구와 일치하는 성장기 업종을 선택하면 성공 가능성이 높다.

넷째, 안정성이 높은 업종을 선정해야 한다. 수익률과 경기변동에 민감하지 않아야 한다. 불경기나 호경기에 관계없이 꾸준히 매출이 발생하는 업종을 선정해야 안정적으로 사업을 진행할 수 있다. 예를 들면, 세탁편의점 같은 생활지원 업종 등이 그렇다.

다섯째. 자신의 성격에 맞는 업종을 선택해야 한다. 자기가 좋아서 하는 일을 하게 되면 일하는 과정이 재미있을 뿐만 아니라 결과에 대한 만족도 크다. 이렇게 되면 아무리 어려운 상황이라도 헤쳐 나갈 수 있는 강한 힘이 자신 속에서 나온다.

여섯째, 경험이나 지식을 활용할 수 있는 업종이어야 한다. 잘 알지 못하는 분야에 진출하는 것만큼 위험한 일은 없다. 자신도 알지 못하는 수많은 함정이 도사리고 있기 때문이다. 따라서 경험이 없는 분야에는 철저한 사전 준비가 필요하다. 어쩔 수 없이 새로운 분야에 진출하게 될 경우에는 사전에 관련 지식과 정보를 취득하거나 실전 경험을 해보는 것도 좋은 방법이다.

일곱째, 자금조달 범위 안에서 업종을 선정해야 한다. 자기자본 비율을 70% 이상 높이는 것이 중요하다. 차입자금이 지나치게 많게 되면 조금만 어려운 상황이 발생해도 위기 대처능력이 급격히 약화된다. 따라서 무리하게 많은 자금이 요구되는 업종이나 입지를 고집하기 보다는 자신이 감당할 수 있는 자금 범위 안에 있는 업종을 선정하는 것이 리스크를 줄일 수 있는 방법이다.

창업은 전쟁이다.

업종 선정진에 자신의 성향과 자금의 상황, 그리고 대내외적인 환경을 철저하게 분석해야만 이길 수 있는 역량을 다질 수 있겠다.

〈프랜차이즈 창업박람회〉

4 창업, 이것만은 반드시 확인하자

> "성공창업을 위한 4요소는 창업자, 자금, 아이템 그리고 입지 전략이다."

최근의 경기환경을 표현하는 단어가 '목숨형 창업'이다. 그만큼 절박하고 힘들게 점포를 운영하고 있다. 특히, 대부분의 자영업자들은 전년 동월대비 약 23% 정도의 매출이 하락하고 경상비는 평균 13.5% 상승해 수지타산을 맞추기가 어려운 실정이다.

소수이긴 하지만 일부 업종은 점포 문을 열어놓는 순간 적자의 연속이다. 그래도 단 한 푼이라도 생계를 위해 열심히 최선을 다하고 있다. 이러한 상황에도 불구하고 살기위해 창업을 계획하고 준비했던 예비창업자들이 반드시 확인해야 할 것은 바로 '창업의 4요소'라고 하는 창업자, 자본, 아이템, 입지(사업장)의 철저한 점검이다.

이 4가지 요소를 충분히 점검하고 이해한 후, 계획성 있게 창업을 준비한다면 성공에 한걸음 더 다가갈 수 있을 것이다.

창업자, 자신 스스로를 돌아보자.

창업에 앞서 나는 어떤 사람인가를 냉정하게 판단하는 것이 필요하다. 아이템을 선정할 경우에도 창업자 자신의 이미지 및 능력에 맞는지 등을 검토해야 하며, 본인의 능력을 최대할 발휘할 수 있는 업종을 선택해야 한다.

창업자의 나이와 취미에 맞는 업종을 선택하는 것도 매우 중요하다. 그 다음으로는 인내력이 필요하다.

점포를 개점한 후 찾아오는 고객들 중에는 각양각색의 성격을 가진 고객들이 존재하기 때문에 어떠한 경우에도 이해하고 너그러이 받아주는 심성이 필요하다. 또한, 장사를 시작하면 일정 정도의 매출이 오르기까지는 어느 정도 시간이 필요하므로 그 동안은 어떤 어려움이 있어도 참고 견디어 나갈 수 있는 인내심, 정신력과 신념이 필요하다. 따라서 창업자, 자신에 대한 정확한 판단과 마음가짐이 새삼 중요하다고 하겠다.

자본, 작은 규모로 차근차근 시작하자.

창업 초보자의 경우에는 자금이 적게 드는 소자본 형태의 창업이 좋다. 물론, 예상 업종에 따라 소요자금이 다르고 또 정확한 예측은 어렵다. 그러나 자금 부분을 사전 개업 준비자금, 고정자본, 운전자금 등으로 구분, 계획대로 예산을 집행하는 것이 차질을 줄일 수 있다. 자금 추정 시에는 사업개시 전에 드는 분석 조사자금도 염두에 두어야 할 뿐만 아니라 점포 소개비와 개점 행사비, 홍보비 등은 별도로 생각해야 한다.

또한, 실제로 사업을 시작, 준비를 하다 보면 예상치 못한 곳에 비용지출이 발생되어 낭패를 당하기 쉬우므로 사전에 대비를 해야 한다. 창업 경험자들은 총 자금의 20% 정도는 예비비로 꼭 갖고 있어야 한다고 강조한다.

아이템, 신중하게 선택하자.

창업 초보자의 경우 고유업종이 나은지, 신규업종이 나은지를 정확히 말하기는 힘들다. 왜냐하면, 아이템 선택이 아무리 훌륭하더라도 창업자의 능력이나 입지, 자본이 받쳐주지 못한다면 성공확률은 낮기 때문이다. 그러나 아이템 선정의 중요성은 아무리 강조해도 지나치지 않는다.

예를 들면, 성장기 아이템은 도입기에서 검증단계를 거쳐 상권 내 관련 유사 아이템이 등장하고, 관련 시장이 성장하는 아이템이라서 유효고객의 접근성 측면이 강조되는 입지가 성공 여건이라고 할 수 있다. 이는 어느 정도 안정된 수익을 원하는 예비창업자라면 적극 검토해 볼 필요가 있다.

사업장, 입지가 성공여부를 가른다.

입지는 점포 사업의 성패를 좌우하는 절대적인 요인이다. 아이템도 중요하지만, 입지가 사업에 미치는 영향은 매우 크다. 따라서 좋은 입지의 점포를 구하는 것은 성공창업을 위한 전제조건이라 할 수 있다. 따라서 좋은 입지의 점포를 구하기 위해서는 먼저 사업을 하고자 하는 지역의 상권을 파악해야 한다. 이때 중요한 것은 창업자가 원하는 입지뿐 아니라 상권 전체를 꼼꼼히 살펴보고 분석해야 한다는 점이다.

소점포 사업을 하여 엄청난 수익을 얻을 수 있는 경우는 극히 드물다. 여러 가지 상황이 쉽지 않은 시기이지만 그래도 성공하는 사업자는 존재한다. 창업의 기본이 되는 4가지요소를 철저하게 살피고 준비해야만 성공의 확률을 높을 수 있음을 명심하자.

입지전략 포인트

- 유동인구에 너무 의존해서는 곤란하다.
- 상권(입지) 접근성이 용이한지 살펴봐야 한다.
- 현재 상권의 성장 가능성과 잠재력이 있는 곳인지를 파악해야 한다.
- 경쟁점의 규모 수를 파악해야 하며, 향후 경쟁점이 들어설 여지도 감안해야 한다.
- 가시성도 꼼꼼히 살펴볼 필요가 있다.
- 마지막으로 적정 점포 임대비용이 3-5-12-2-8 법칙에 맞는지 확인해야 한다.

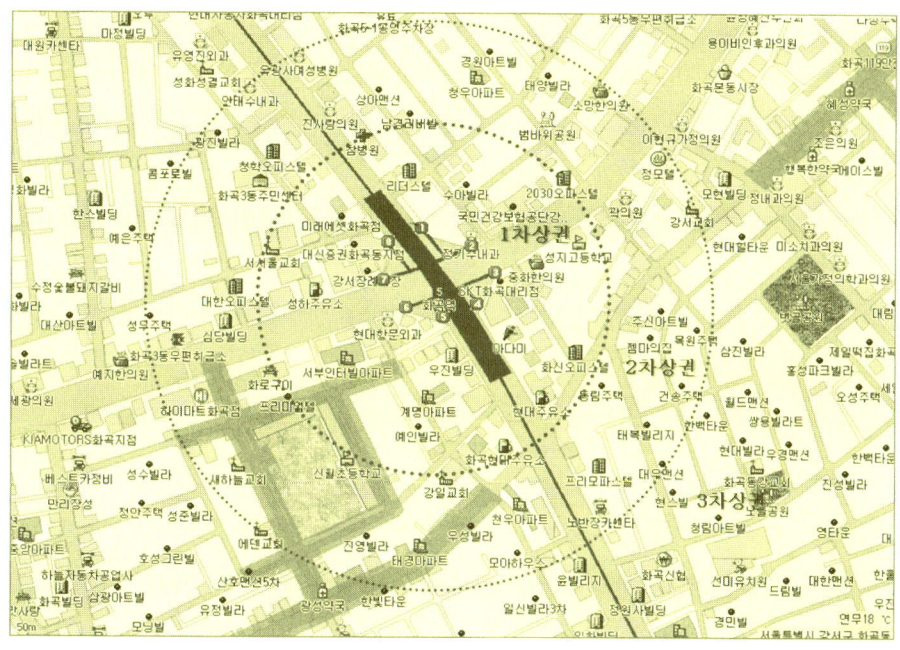

상권이란? 고객이 흡인되는 지리적 범위 속에 상거래 행위가 원활하게 이루어질 수 있는 환경적 범위를 갖추어 상업 활동을 하는 지역 환경을 의미한다.

5 고객 인맥관리가 최고의 경쟁력 …

> "사람, 사람, 사람, 곧 사람과 인맥이 창업의 핵심 요소이다."

성공한 CEO들이 마음속에 담고 있는 한자성어는 어떤 것일까?
"日新又日新(일신우일신)", "三四一言(삼사일언)", "螢雪之功(형설지공)", "臥薪嘗膽(와신상담)", "格物致知(격물치지)", "切磋琢磨(절차탁마)"…

성공한 CEO를 대상으로 "오늘의 내가 있기까지 가장 힘이 되어준 습관은 무엇인가?"라는 질문에 "脣亡齒寒(순망치한)"이라 답한 CEO가 가장 많았다고 한다. "입술이 없으면 이가 시리다"라는 뜻의 이 한자성어에는 사람과의 인연을 소중히 여기고, 관계를 중시하는 성공한 CEO들의 삶의 철학이 깃들어 있다.

예나 지금이나 시대가 변해도 변하지 않는 원칙이다. 바로 사람이 재산이라는 사실이다. 창업에서도 마찬가지다. 수많은 불특정고객이 곧 수익성의 근간임에 틀림이 없다. 그래서 창업은 모두 서비스업이라 한다. 참 어려운 창업시장이다. 필자가 자주 가는 사무실 근처의 칼국수집 노부부들의 한숨에 가슴이 저려온다.

"정말 아무런 대책이 없어요, 어떻게 가게를 꾸려가야 할지…" 할머니의 넋두리에서 자영업자들의 현실을 느낄 수 있었다.

반면에 조금 떨어진 위치에서 야채가게를 운영하는 총각들은 요즘도 싱글벙글 미소 짓고 있다. "힘은 들지만 잊지 않고 찾아주는 손님들이 있어서 그나마 괜찮습니다."라고 했다. 기특하고 고마운 말이다.

창업을 준비하거나 시작하는 자영업자들은 기대와 걱정 속에서 장사를 시작한다. 그러나 기대치가 크면 실망이 크듯, 창업시장의 전쟁 같은 현실에 실망하여 분노를 느끼는 자영업자들이 증가하고 있다.

하지만, 철저히 현실을 직시하자. 모든 창업자들이 힘든 것은 아니다. 오히려 불황과 어려움을 즐기는 운영자들도 주변에선 어렵지 않게 찾아볼 수 있는데, 이는 결국 어떻게 운영하느냐에 따라 확연히 다른 결과를 도출하기 때문이다.

"고객은 왕이다" 몇 해 전까지의 구호였다. 그러나 지금은 "고객은 신이다"라고들 한다. 그만큼 고객의 중요성과 효용성을 설명하는 표현이다.

불황기 영업전략 중, 최선이자 최고의 효과적인 방법이 바로 "단골고객에게 최고의 서비스로 충성하라"라고 할 수 있다. 신규고객을 흡인하기 위한 노동력 대비 투자비용이 단골고객에게 추가 매출을 발생하는데 드는 비용보다 훨씬 높기 때문이다. 따라서 최고의 대안은 선택과 집중 중에서 집중이 필요한 상황이다. 결국, 단골고객을 상대로 하는 세심한 인맥관리가 나의 어려운 상황을 돌파하는 최대한의 경쟁력임은 의심할 여지가 없다.

다들 危機(위기)라고 한다. 위기라는 말뜻에는 危險(위험)과 機會(기회)라는 함축된 뜻을 내포하고 있다.

모든 창업자들은 잘 되어야 한다. 그러기 위해선 기회를 잡아야 하고 기회를 잡기 위해선 고객 인맥관리가 선행지수임을 명심하기 바란다.

읽 에 보 기

日新又日新(일신우일신) : 날이 갈수록 새로워진다.
三四一言(삼사일언) : 세 번 생각하고, 한 번 말한다.
螢雪之功(형설지공) : 반딧불과 눈빛으로 공부하여 이룬 공.
臥薪嘗膽(와신상담) : 목적달성을 위해 온갖 고난을 참고 심신을 단련함.
格物致知(격물치지) : 사물에 대하여 깊이 연구하여 지식을 넓힌다.
切磋琢磨(절차탁마) : 학문과 덕행을 힘써 닦는다.
脣亡齒寒(순망치한) : 입술이 없으면 이가 시리다.(서로 떨어질 수 없는 밀접한 관계)

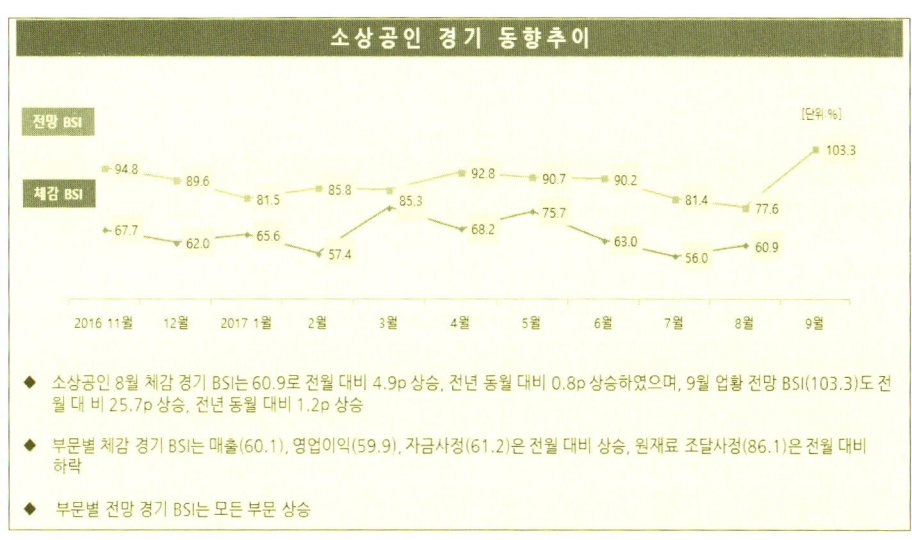

- 소상공인 8월 체감 경기 BSI는 60.9로 전월 대비 4.9p 상승, 전년 동월 대비 0.8p 상승하였으며, 9월 업황 전망 BSI(103.3)도 전월 대비 25.7p 상승, 전년 동월 대비 1.2p 상승
- 부문별 체감 경기 BSI는 매출(60.1), 영업이익(59.9), 자금사정(61.2)은 전월 대비 상승, 원재료 조달사정(86.1)은 전월 대비 하락
- 부문별 전망 경기 BSI는 모든 부문 상승

출처 : 소상공인시장진흥공단

불황에 대처하는 생존전략
- 적극적인 홍보 전략을 세워라.
- 공동 마케팅 전술을 구사하라.
- 고객을 유인할 제품과 가격을 만들어라.
- 덤(1+1)의 전략을 세워라.
- 신규고객보다 충성고객에게 집중하라.
- 고객의 스트레스 요인을 개선하라.

6 창업불패 KOREA 법칙

> "Kind, Original, Rumor, Event, Art가 성공 요소라 할 수 있다."

소비심리 호조, 임금소득 개선, 신정부 출범 등에 의한 기대로 국내 민간소비가 완만한 회복세를 보일 것이라는 전망과 달리 아직까지 소비 개선은 선뜻 와 닿지 않는다.

이로 인하여 창업시장도 영향을 받고 있어 전월 대비 자영업자 수가 감소 추세로 돌아서면서 다소 불안정하다. 하지만, 예비창업자들이 알아야 할 "창업불패 KOREA 법칙"을 점검하면 보다 성공창업에 다가설 수 있다.

창업불패 5가지 법칙, Kind(친절), Original(독창적), Rumor(소문), Event(이벤트), Art(기술)의 첫 글자를 딴 KOREA 법칙은 성공창업 전략의 기본이다.

이 법칙을 마케팅에 적용시킨 창업자들은 매출 상승의 효과를 보고 있다.

Kind(친절) : 친절한 서비스는 고객의 기억에 강하게 남아 단골이 되는 가장 큰 요인으로 작용한다. 그에 따라 점포의 이미지가 달라지고, 판매량도 달라지기 때문에 창업을 준비 중이라면 반드시 탑재해야 할 항목이다. 또한, 고객과의 접점에 있는 자영업자는 자신은 물론, 직원들의 친절교육에 많은 비중을 두어 '꼭 다시 찾는 점포'를 만드는 노력을 해야 한다.

Original(독창적) : 독창적인 아이디어나 맛, 서비스는 높은 매출로 연결된다. 누구나 다 낼 수 있는 맛과 서비스로는 전쟁만큼이나 치열한 창업시장에서 살아남을 수가 없다. 갈수록 까다로워지는 소비자들의 입맛을 사로잡기 위해서는 항상 끊임없는 연구와 노력을 해야 한다. 그 점포에서만 맛볼 수 있는 메뉴가 있다면 먼 길을 마다하지 않고 찾아오는 것이 요즘 고객들이다.

Rumor(소문) : 입소문은 적은 비용으로 큰 홍보 효과를 볼 수 있기 때문에 요즘 창업자들은 블로그, SNS 등을 활용하는 '바이럴마케팅(Viral Marketing)'을 기본적으로 실시한다. 전문업체가 제작한 것 같은 홍보성 콘텐츠(Contents)가 눈치 빠른 고객들에게는 금세 광고로 인식되기 때문에 친절한 서비스와 독창적 아이템을 무기로 고객 스스로 입소문을 낼 수 있도록 만들어야 한다.

Event(이벤트) : 우연히 찾았던 매장에서 생일맞이 이벤트를 해준다면?, 친구들과 가볍게 맥주한잔 하러 갔다가 깜짝 이벤트에 당첨돼 맥주 값을 할인 받는다면?, 고객들은 이 한 번의 이벤트로 오래도록 그 점포를 기억할 것이고, 재미를 느껴 다시 찾게 되는 확률이 높을 것이다. 이 때문에 각 점포에서는 항상 다채로운 이벤트를 마련해 고객들의 발길을 돌아오게 하고 있다. ○○데이 이벤트, 할인 이벤트 등, 전형적인 이벤트를 비롯해 그 점포만의 독특한 이벤트를 항상 구상해야 한다.

Art(기술) : 기술력이 곧 돈이다. 남들이 따라 할 수 없는 기술이 있으면 돈은 저절로 따라온다. 예를 들어, 우리나라의 반도체 산업을 봐도 세계에서 인정하는 기술이 있기 때문에 업계 1위가 될 수 있었던 것이다.

창업시장에도 예외는 아니어서 독특하게 남들이 따라올 수 없는 Goods & Service, 그리고 Idea, Event가 필요하다. 남들과 같은 점포운영으로는 살아남기 힘들다. 따라서 남들만큼이 아닌 그 이상을 요구하는 것이 현실이다.

<차별화된 아이디어와 이벤트는 고객을 움직인다>

7 창업… 기회의 타이밍을 포착하라

> "자영업자의 수익성은 7, 8월과 12, 1월이 제일 우수하다. 결국 창업 시기도 매출 변곡점 전략이 필요하다."

통계청 조사에 따르면 자영업자수는 1년 전 보다 다소 감소하면서 지난해 7월 이후 처음으로 마이너스로 돌아섰다고 한다. 여러 가지 요인이 있겠지만, 경기 활성화의 지체로 인한 매출부진과 영세 자영업자의 폐업이 많은 부분을 차지하고 있는 것으로 보인다.

따라서 문 닫는 점포가 많아지면서 점포 매물이 봇물처럼 쏟아져 나오고 있다. 특히, 권리금이 없는 점포들도 많아 창업을 준비하는 예비창업자들에게는 또 다른 기회로 다가온다. 이처럼 폐업과 창업이 반복되는 현실이지만 창업환경에서는 위기가 기회의 요인이 될 수도 있다.

주식거래에서 타이밍은 투자의 성공과 실패를 결정하는 중요한 요소이다. 즉,

언제 사고 언제 파느냐에 따라 손익에 큰 차이가 나기 때문이다. 주식투자 격언 중에 "무릎에서 사서 어깨에서 팔아라"는 말이 있다. 매수와 매도 타이밍의 중요성을 나타내는 표현이다. 마찬가지로 창업에도 타이밍이 있다.

창업의 4요소로 말하면, '사람, 아이템, 자본, 입지(사업장)'를 완벽하게 갖추고 경기호황으로 어떤 사업을 해도 잘되는 시기가 최상의 창업 타이밍이라는 것이다. 적은 비용으로 유망한 사업아이템과 풍족한 사업자금에 경기 흐름까지 좋을 때 창업하면 장기적으로는 몰라도 사업 초기의 성공은 그야말로 '따 놓은 당상'일 것이다.

하지만, 환상적인 창업 타이밍을 잡기란 쉬운 일이 아니다. 현실적으로 좋은 아이템이 있으면 자본이 없거나 부족하고 아이템과 자본이 있어도 '맨파워'(Man Power)가 부족한 것이 일반적이다. 그러나 창업요소를 모두 갖추고 나서 창업하겠다는 것은, 창업을 하지 않겠다는 것과 같다.

창업환경은 트렌드, 경제상황 등 여러 요인에 의해 빠르게 변화하기 때문에 그렇다면 언제 창업해야 할까? 사업을 하면서 취약한 부분을 점차 보완할 수 있다면, 창업에서 갖추어야 할 4가지 중, 한 가지라도 유리하면 그 때가 바로 창업 타이밍이다. 특히, 초기자본 부담을 덜 수 있다면 예비창업자에겐 더없이 좋은 기회가 될 것이다.

위기가 곧 기회… 두려움을 없애라.

경기 활성화의 지체와 소득정체, 가족구조 변화 등의 영향으로 소비의 규모가 줄어들고, 모든 업종에서 매출부진으로 인해 어려움을 겪고 있지만, 이럴 때의 창업환경은 어느 때보다 예비창업자들에게 유리한 상황이라 할 수 있다. 왜냐하면, 하늘의 별따기 만큼이나 구하기 어려웠던 점포 매물이 증가하고 권리금도 아예 없거나 많게는 수천만 원 이상 하락했기 때문이다.

비싼 보증금과 임대료보다 예비창업자들에게 가장 큰 부담이 됐던 권리금의 하락은 투자대비 창업자금을 절감할 수 있는 기대를 할 수 있다. 하지만, 경기가 나아지길 기다리고 있는 예비창업자들이 알아야 할 사항은 경기가 회복되면, 점포 매물은 줄어들고 권리금은 치솟을 것이다. 뿐만 아니라 임대료나 기타 제반 시설비용도 올라갈 것이다. 그렇게 되면 창업환경은 예비창업자들에게 결코 유리하지는 않을 것이다.

불경기라 탓하며 경제 침체로 모두가 움츠리고 있을 때 과감하게 사업에 뛰어든 창업자는 권리금도 적고, 싼 보증금과 임대료로 기반을 다질 수 있을 것이며, 성공창업으로 일궈낼 수 있는 기회이다.

많은 소비자들이 소비를 줄이고는 있지만, 이때가 창업자들에겐 더없이 유리한 창업환경이라 할 수 있다. 그러나 신중하지 못하게 조급한 마음으로 너무 섣불리 덤벼 창업하는 것은 위험한 행동이다.

하지만, 기회를 기회로 인식하지 못하고 눈감고 좋은 세월만을 기다린다는 것도 또한 어리석은 행동이다. 망설이고 있는 시간만큼 기회는 점점 줄어들고 결국 기회는 사라진다는 것을 명심해야 할 것이다.

아이템 선택 10가지 성공요소

1. 아이템 선정이 사회·경제적 흐름은 물론, 소비자의 요구와 일치해야 한다.
2. 아이템이 취미, 특기, 기술 등과 같은 적성에 맞아야 한다.
3. 아이템이 시장에서 [도입기]나 [성장기]인지를 살펴야 한다.
4. 투자비용이 아이템과 비례하여 적당해야 한다.
5. 만약을 대비해 폐점이나 업종 전환이 쉬워야 한다.
6. 경험이나 지식을 활용할 수 있어야 한다.
7. 자금조달 범위 안에서 선정해야 한다.
8. 가족의 동의나 협업이 가능해야 한다.
9. 아이템의 회전주기를 파악해야 한다.
10. 표적 고객의 소비 지향점을 수치로 파악해야 한다.

8 유망업종의 4가지 필수조건

> "[성장성], [안정성], [수익성], [지속성]이 아이템 선정의 기본 조건이다."

모든 예비창업자가 한결같이 관심을 갖고 있는 문제는 바로 '유망업종은 과연 어떤 업종인가?'이다.

유망업종이 반드시 성공을 가져다주는 것은 아니지만, 확실히 유망한 업종을 선택하면 성공확률을 훨씬 높일 수 있다. 그렇다면 과연 업종의 유망성을 판단하는 기준은 무엇일까? 그 필수조건 4가지는 바로 '성장성', '안정성', '수익성', '지속성'이다. 이 4가지 판단기준에 대해 좀 더 자세히 살펴보자.

첫째, 성장성 : 지금 당장은 큰 수익이 없어도 시장이 확대되면 반드시 전체 매출도 증대할 것이고, 덩달아 돈을 버는 사업자도 많아질 것이다. 때문에 성장성은 유망업종의 판단 여부에 매우 중요한 기준이 된다.

그러나 성장성 요인에도 함정이 있다는 것을 알아야 한다. 성장속도가 빠르다고 하더라도 내가 원하는 수준, 즉 충분히 시장이 성숙될 때까지 걸리는 시간이 너무 길면 소규모 사업자들은 버텨내지 못한다.

소규모 사업자들은 자금력이 절대적으로 부족한 경우가 많기 때문에 창업한 후 6개월 내에는 손익분기점에 도달해야 하고, 창업 1~2년 안에는 투자금 회수가 가능해야 한다.

그리고 업종과 성장성을 보는 또 한 가지 관점은 업종의 라이프 사이클 문제다. 라이프 사이클이 짧은 업종을 유행업종이라 하고, 긴 업종을 고유업종이라 분류하는데, 유행업종의 경우, 반드시 성장단계 초입에 사업을 시작해야 하는 반면, 고유업종은 라이프 사이클이 길기 때문에 성숙기나 쇠퇴기에 창업을 해도 큰 위험은 없다. 결론적으로 성장성과 관련된 업종을 선택할 때 너무 앞서거나 뒤져도 안 된다는 것이다.

둘째, 안정성 : 안정성이 있다는 말은 곧 시장 수요가 충분하다는 것을 의미한다. 신규업종의 경우, 잠재 수요가 충분할 때는 손쉽게 성공할 수 있으나 새로 수요를 창출해야 하는 업종은 성공하기까지 오랜 시간이 소요된다.

따라서 신규 업종을 선택할 때는 숨어 있는 수요, 즉 그 상품을 필요로 하는 사람이 많은지, 아니면 설득을 해서 이 사업에 주목하도록 만들어야 하는지를 잘 따져봐야 한다.

안정성이 높다는 것의 또 다른 의미는 자금의 회전속도와도 관련이 있다. 아무리 장사가 잘되는 업종이라도 과다한 투자를 하여 투자금을 회수하는데 오랜 시간이 걸린다면 안정성이 높다고 말할 수 없다. 또 아무리 성장성이 높고 안정성이 높아도 수익성이 떨어지면 유망한 업종이라고 할 수 없다.

셋째, 수익성 : 수익성을 평가하는 기준은 몇 가지가 있다. 첫째는 마진이다. 마진이 높을수록 수익성이 높아진다는 것은 누구나 아는 사실이다. 둘째는 투자비 문제다. 아무리 장사가 잘될만한 업종도 투자비 부담이 너무 크다면 수익성이 좋다고 할 수 없다. 투자비 부담이 크면 결국 전체적인 수익률을 낮추는 결과를 가져오기 때문이다.

투자비에서 눈여겨봐야 할 것은 회수 안 되는 투자비와 회수할 수 있는 투자비다. 점포 구입에 보증금 등의 돈이 많이 들어간다면 점포 구입비는 대체로 회수되는 돈이므로 안심할 수 있다.

단, 권리금이 많이 드느냐, 월세가 많이 들어가느냐는 좀 다른 문제이다. 여기에서 회수가 가능한 권리금은 장소권리금, 영업권리금 등으로 영업권리금의 경우는 점주의 능력이 떨어지면 회수하지 못할 수도 있다.

또 시설권리금의 경우, 해당 시설을 그대로 사용하면 되는데, 해당 시설을 인수하고 보니 마음에 들지 않아서 다시 리모델링을 하거나 하면 추가로 투자를 해야 하므로 이 또한 잘 따져봐야 한다.

그리고 운영의 경제성이다. 인건비가 많이 드는가, 경상비는 많이 드는가, 재투자비가 많이 드는가, 홍보 및 접대비는 많이 드는가 등의 여부를 생각해 봐야 한다.

넷째, 지속성 : 지속성은 가장 중요한 요소라 할 수 있다. 자영업자 평균 운영기간이 3년을 넘기지 못하는 비율이 전체 창업자의 60% 이상이다.

이 통계는 창업하여 3년 동안 수익성을 실현하지 못했다는 반증이기도 하다. 보통 창업자들이 창업을 실천하기 전 사업계획서를 작성하는데, 당연히 투자금액에 대한 회수기간을 설정한다. 대개 약 40개월을 목표로 타당성 분석과 회수기간을 설정하라고 많은 전문가들이 조언한다. 하지만, 창업 현실이 그러하지 못함이 문제이다.

따라서 창업자들이 고려할 4가지 핵심판단 기준을 어느 것 하나도 소홀하게 점검해선 안 된다.

<성장성·안정성·수익성·지속성은 아이템 선정의 기초조건이다>

9 창업박람회 필수 체크리스트 Top 5

> "창업박람회에는 직접 참가하여 상담하고, 아이템이나 상품을 확인하는 행동이 필요하다."

창업자들이 가장 활발하게 움직이는 시즌에는 전국 주요 전시장에서 여러 창업박람회가 개최된다. 박람회에 참가한 많은 업체들 중에 어떤 업종을 선택할 것인가의 문제는 예비창업자들에게 가장 어려우면서도 중요한 문제이다.

많은 창업자들과 상담을 해보면, 늘 그들의 질문은 아이템에서부터 시작한다. 창업 아이템은 그 시대의 트렌드를 반영한다. 매년 소비자들의 소비지향점은 변화하고 있고 공급자 입장에서는 소비 트렌드의 변화에 따라 다양한 마케팅 전략과 함께 운영의 차별화를 꾀한다. 그런 점에서 창업박람회는 좋은 정보의 장소이자 기회다.

창업박람회는 창업을 준비하는 시점의 사회 전반적 트렌드를 표현하고 있다. 각 회사마다 가지고 있는 브랜드의 장점과 차별화를 다양한 표현방식으로 관람자들에게 보여준다.

하지만, 브랜드마다 가진 차별적 경쟁력을 현실 창업시 소비자들에게 어필할 수 있는 경쟁력인지의 판단하는 일은 창업자의 몫이다. 따라서 창업박람회를 참관할 때 몇 가지 체크리스트를 확인해야 한다.

첫째, 아이템의 유행주기(PLC)를 분석하라

창업은 쉽지만 지속적으로 지키기는 어렵다고 한다. 그 이유는 수익성이 열악할 수 있기 때문이다. 수익성은 아이템을 제공받는 표적고객들의 소비성향이 자주 변화하기 때문이다. 필자가 분석한 결과 보통의 아이템 회전주기는 37.5개월 정도다. 창업자가 37.5개월 동안 점포운영을 하다 보면 고객들로부터 서서히 외면 받는 올드한 아이템으로 변한다는 의미다. 창업시장에서 좋은 아이템이란 오래 운영할 수 있는 것, 즉 유행을 타지 않는 아이템이 우수하다고 말한다. 그만큼 유행 주기가 짧아지므로 한 아이템으로는 수익성이 한계에 부딪히게 된다.

둘째, 기존 가맹점들의 수익성을 반드시 파악하라

창업에서 가장 중요한 항목은 수익성이다. 본사에서 제시하는 수익률이 실 수익률인지 점검해야 한다. 수익률은 원·부재료율과 원가율을 별도로 구분해야 한다. 적정 마진율을 담보하는 원가율 확보가 창업시 수익성의 원천이 된다.

셋째, 아이템보다 본부의 경쟁력을 분석하라

창업 아이템은 창업시 중요하다. 하지만, 성공창업을 위해선 아이템이 가지고 있는 차별적 경쟁력이 무엇인지가 중요한 요소다. 원재료, 소스, 판매방법, 조리법, 지원제도, 브랜드 인지도, 마케팅 지원내용, 마진율, R&D 능력, 물류 공급체계 등 많은 것들을 점검하고 확인해야만 우수한 아이템을 결정할 수 있다.

넷째, 창업박람회에서 실시하는 특강을 적극 활용하라

창업박람회에는 창업에 도움이 되는 창업특강을 실시한다. 창업 전문가로 구성된 전문강사가 창업시 고려해야 할 점검사항이나 수익성을 위한 준비사항, 우수 아이템 선별전략 등 다양한 주제로 많은 정보를 들려준다. 창업자 입장에선 반드시 경청해야 하는 강의다.

다섯째, 반드시 업체와 직접 상담하라

"호랑이를 잡으려면 호랑이 굴에 들어가야 한다." 알고 싶은 아이템이나 브랜드가 있으면 망설이지 말고 들어가서 자세한 상담을 받아야 한다. 창업박람회장에서 수거한 프로그램과 전단지로 아이템과 브랜드를 선택하는 건 실패가 예견되는 최악의 행동이다. 창업은 전쟁이다. 전쟁에서 살아남기 위한 첫 번째 관문이 아이템을 선정하고 본사를 결정하는 작업이다. 창업박람회는 짧은 시간동안 다양한 아이템과 소비 트렌드를 분석할 수 있는 가장 좋은 수단이다. 다만, 옥석을 가르는 능력은 창업자들의 몫이다.

창입박람회는 창업 트렌드 및 관련정보를 가장 많이 접할 수 있는 장소이다. 또한, 소비자들의 소비형태 및 관심사항에 대한 정보도 함께 느낄 수 있다. 하지만, 정확한 정보를 위해서는 과감한 도전정신으로 상담과 현장 확인은 필수이다. 전단지나 브로슈어(Brochure)만을 수집한다면 원하는 정보를 얻을 수 없다.

비즈니스 with BUSINESS watch

[비즈&빅데이터]에서는 공정거래위원회 가맹사업거래 사이트에서 제공하는 정보공개서 데이터를 바탕으로 10대 치킨프랜차이즈(가맹점 수 기준) 창업비용을 비교, 분석했다.

분석결과 10대 치킨프랜차이즈들은 비슷한 면적으로 창업해도 초기비용은 최대 4배까지 차이가 나는 것으로 나타났다. 어떤 브랜드로 창업하느냐에 따라 창업 초기 부담하는 자금이 크게 달라지는 것이다.

▶브랜드별 창업비용, 호식이두마리치킨이 가장 싸고, BBQ가 가장 비싸

10대 치킨프랜차이즈를 점포를 오픈하려면 평균 '4,034만원'의 창업비용이 필요한 것으로 집계됐다. 이 비용에는 가맹본부에 지불해야 하는 가맹비와 계약이행보증금, 인테리어, 주방기기 등, 초기 구축비용이 포함된다. 지역별로 천차만별인 건물 임대보증금과 월세는 제외한 수치다.

[10대 치킨 프랜차이즈 창업비용] (단위 : 만원)

브랜드명	최소기준면적 [㎡(평)]	고정비			변동비(최소기준면적)					총합계
		가맹비	계약이행보증금	합계	인테리어	주방기기	초도물품	기타	합계	
호식이두마리치킨	33(10)	440	300	740	293	586	110		989	1,729
가마로강정	26.4(8)	500	200	700	1,000	600	150		1,750	2,450
처갓집양념치킨	33(10)	440	100	540	1,485	440	220		2,145	2,685
또래오래	26.4(8)	770	100	870	1,056	528	220	220	2,024	2,894
페리카나	40(12)	300	50	350	2,156	423	96		2,675	3,025
네네치킨	33(10)	165	200	365	1,595	770	수시변동	330	2,695	3,060
BHC	26.4(8)	968	300	1,268	1,914	616	300	132	2,962	4,230
교촌치킨	33(10)	1,342	200	1,542	3,058	385	165	754	4,362	5,904
굽네치킨	33(10)	770		770	1,850	3,700	140	659	6,349	7,119
BBQ	19.6(6)	1,408	500	1,908	1,722	2,695	440	642	5,499	7,407

※고정비 중 가맹비는 교육비 포함.
※변동비 중 인테리어는 간판·가구 포함. 기타는 POS·배달장비·고객관리 프로그램 등 포함.
※창업비용 낮은 순
※임대보증금 및 월세는 별도
자료 : 공정거래위원회 정보공개서(2016)

출처 : 비즈니스 와치(2018. 2. 22)

10 콜라보 악재에는 콜라보로 승부하라

> "복합화는 고객의 소비주기를 빠르게 회전함으로 인하여 매출의 시너지를 극대화한다. 하지만, 반드시 점검해야 하는 사항은 시너지 트렌드, 그리고 수익성이다."

최근 정부나 민간 기관에서 발표되고 있는 산업동향과 경영분석 등의 결과에 따르면, 특히 음식숙박업의 경우에 매출액과 영업이익률은 전년대비 거의 절반 수준으로 떨어졌다고 한다. 성장률 감소는 역대 최장기간 지속되고 있고, 또한 그에 따른 자영업 대출은 심각하게 늘어나고 있다.

여러 가지 원인과 악재가 복합적으로 산재해 있어 자영업과 창업시장에서 성장을 위한 돌파구를 찾기가 정말 너무 어려운 현실이다. 하지만, 확실한 대안이 없는 한 함부로 속단하지 말고 신중하게 헤쳐 나갈 방법을 찾아야 한다.

요즘 그 한 가지 방법으로 자영업과 창업시장에서 부는 콜라보(Collaboration)의 바람이다. 즉, 하나의 아이템에 하나를 더하거나 3~4개의 아이템을 콜라보레이션한 경우이다.

이는 경기회복에 대한 불확실성의 지속에 따른 소비 위축을 극복해 보고자 다양한 아이디어로 나타나고 있다. 즉, 콜라보(Collaboration)는 하나의 아이템으로 승부하기 보다는 연계할 수 있는 아이템을 함께 판매해 매출의 시너지 효과를 증가시켜 불황을 탈출하려는 시도인 것이다.

복합화는 저비용으로 다각화하여 매출증대를 꾀하는 대표적인 창업 형태로 인식되고 있으며, 이미 활성화되고 있는 도시락을 더한 편의점뿐만 아니라 AI 등 대외적인 변수에 대처하기 위해 피자나 스파게티, 떡볶이를 더한 치킨 전문점, 프리미엄 샌드위치나 젤라토(Gelato)를 더한 커피전문점, 타코(Taco)와 브리토(Burrito)를 더한 김밥 전문점, 이탈리안 커틀렛(Cutlet)과 파스타(Pasta)를 특화시킨 돈가스 전문점 등이 대표적이다.

심지어 코리안+베트남+타이 음식을 한 곳에서 맛볼 수 있는 요리전문점까지 복합형 창업은 하나의 트렌드로 자리 잡았으며, 창업시장의 모든 분야에서 다양한 형태로 꾸준히 등장하고 있다.

이러한 콜라보(Collaboration) 창업에 성공하려면 다음 사항을 점검해야 한다.

첫째, 단순히 하나의 아이템에 다른 아이템을 추가하는 것이 아니라 시너지 효과를 최대한 높일 수 있는 아이템을 결합하라.
둘째, 변화하는 트렌드를 파악한 후 그것을 반영할 수 있는 업종을 선택하라.
셋째, 꼼꼼하게 따져서 투자대비 수익성이 높을 업종을 선택하라.
넷째, 목표고객의 특징과 선호도 등을 분석한 후 적절한 전략을 구사하라.
다섯째, 운영의 안정성을 고려해 수익률 변동이 크지 않는 업종을 선택하라.

복합형 창업에서 소자본 창업의 경우에는 투자대비 수익성이 높은 업종을 선택해야 한다. 또한, 투자비를 최소화하면서 상품 배열도 고객들이 답답함을 느끼지 않도록 하고, 매장 인테리어에도 특별한 관심을 기울여야 한다.

향후에도 경기에 대한 불안감으로 인하여 리스크를 최소화할 수 있는 복합형 창업은 확산될 것으로 전망된다. 복합형 창업, 여기에 차별화된 콘셉트와 마케팅 전략이 뒷받침 된다면 성공창업에 한발 더 다가갈 수 있다.

11 이제는 글로벌 브랜드를 준비하자

"글로벌 시장으로 도전하라! 세계는 넓고 할일은 많다."

얼마 전 상하이 쉐라톤호텔 컨벤션센터에서 뜻깊은 행사가 있었다. '한류투자설명회'가 있었다. 산업부와 코트라가 중국 상해시와 합동으로 한류산업에 대한 투자촉진설명회를 중국 기업인 300여명이 참석하는 등, 성대하게 개최했다.

'한국콘텐츠진흥원' 강만석 부원장의 콘텐츠 투자환경, '인베스트 코리아' 한기원 대표의 한류투자환경, 그리고 필자는 '한국프랜차이즈' 투자환경에 대한 발표를 했다. 많은 중국 기업인들이 다양한 상품과 브랜드에 대해 관심을 보이며 성황리에 상담을 하였다.

중국에서의 한류는 정점을 치닫는 모습이었다. K-POP, K-Food로 대변되는 한류는 문화콘텐츠를 포함한 다양한 한국 상품에 열광하였고, 비단 중국뿐만 아니라 동남아시아, 유럽, 라틴아메리카에서도 한국 드라마와 K-POP이 하나의 대중문화 코드로 자리 잡는다는 소식은 쉽게 접할 수 있다.

프랜차이즈는 전문성을 규격화로 단순화하는 사업이다. 한국 프랜차이즈산업의 역사도 어언 40여년이 지나고, 약 4,000개의 브랜드가 열심히 고객과의 접점을 만나고 있고, 고용율 8.5%를 육박할 만큼 국가기간산업으로 성장하고 있다. 이는 어느 나라보다도 성장 동력을 가지고 있으며 세계 어느 나라에서도 찾아볼 수 없는 급격한 성장의 한축을 이루고 있다고 할 수 있다.

하지만, 그와 반대로 점점 경쟁 환경으로 어려움을 겪고 있다. 자영업자들과 소상공인들은 개별 창업보다 프랜차이즈 가맹점을 선호하고, 그에 따른 산업의 발전을 꾀하고 있는 실정이다. 따라서 이제는 창업의 대안 중 하나가 글로벌 진출이다. 한류의 대표 상품 중 하나가 프랜차이즈이듯이 우리의 브랜드를 글로벌 경쟁의 중심으로 더 나은 발전을 할 준비를 마쳤다고 표현할 수 있고, 그만큼 차별적인 경쟁력을 가지고 있다. 특히, 한식을 중심으로 한 외식업과 교육, 문화, 뷰티를 중심으로 한 서비스업 등은 국제적인 경쟁력 기반을 확보하고 있다.

따라서 글로벌 진출을 위해서는 다양하고 세심한 준비도 필요하다. 먼저 글로벌 전문가 육성 프로그램을 도입해야 한다, 다국적 언어를 기반으로 한 프랜차이즈 전문가를 육성해야 한다. 이에 한국프랜차이즈산업협회와 한국창업경영연구소에서 공동으로 실시하는 프랜차이즈지도사 자격과정은 그런 점에서 시의적절하다고 할 수 있다. 프랜차이즈 전문가가 갖추어야 할 실무중심의 전문교육과 함께 글로벌 진출을 위한 다양한 교육을 실시하기 때문이다.

또한, 진출국에 대한 다양한 정보와 표준계약 상권정보 진출국 기업과의 상생관계 매칭 시스템도 필요하다. 한류는 다양한 업종에서 교류와 협업으로 성장하고 있다. 그 중, 프랜차이즈는 지식기반의 콘텐츠 산업이다. 누구보다도 한국 브랜드의 우수성으로 성장이 가능한 유망사업 형태라 할 수 있다. 그러기 위해 상공인들 스스로 더욱 견고한 경쟁력을 탑재하기 위해 부단한 노력이 필요하다.

외식기업 해외진출 현황

인력양성, 외식정보, 상생협력 등 외식업계 해외진출 관련 다양한 분야의 45개의 세부과제를 설정 및 추진 완료했으며, 2017년 해외진출 외식기업 수는 193개, 매장 수는 6001개로 2016년 대비 각각 2.6%, 9.6% 증가하였으며, 식재료 수출액은 329억원으로 추정된다.

■ 연도별 해외진출 업체 및 매장수 추이

	'10	'11	'12	'13	'14	'15	'16	'17	전년대비
업체수(개)	51	71	77	95	120	138	188	193	2.60%
매장수(개)	991	1,347	1,485	2,717	3,726	4,656	5,476	6,001	9.60%

중장기 목표는 해외진출 외식기업 수 증가 및 진출국 다변화를 통한 국내산 농식품 수출 확대이며, 올해는 기존 박람회 중심의 사업 지원에서 맞춤형 지원사업, 바이어 초청 상담회 등 지원사업을 다각화해 해외진출 외식기업의 니즈를 충족하고 지원효과를 제고하고 있다.

■ 주요국가별 해외진출 현황(매장수 기준/ 전체 6001개)

	미국	아시아권							기타	계
		중국	일본	필리핀	베트남	인도네시아	싱가포르	기타*		
'14	959	1,505	115	192	307	72	81	244	251	3,726
'15	1,444	1,814	142	195	292	140	72	260	297	4,656
'16	1,188	2,786	62	253	306	182	72	477	150	5,476
'17	1,279	2,942	94	308	322	220	86	598	154	6,001

※ 식재료 수출 금액 추정 : '14) 247억 → '15) 327억 → '16) 340억 → '17) 329억
ㅇ 또한, 해외진출 기업의 유대감 확대 및 협업 강화를 위해 글로벌 협의체 참여기업 중 회원신청 및 사후승인의 절차를 거쳐 「G-bridge」를 운영 중입니다. (현재 88개 기업 등록)
* aT 외식산업 수출지원 사업 참여 시 G-bridge 회원등록 필수

■ G-Bridge 회원사 현황

업종	회원수	업종	회원수	업종	회원수
한식	35	피자	7	분식	7
치킨	15	디저트/음료	14	기타 외국식	10

Chaptert 4

프랜차이즈 창업의 현실

"Franchise Biz"

참 유용한 유통산업의 근간이다.
1972년부터 40여 년 동안 안정적 창업을 원하는, 경험 없이 창업을 하려는
창업자들에게 다양한 노-하우를 제공하여 창업을 지원해 왔다.

그러하기에 약 5,100여개의 브랜드와 4,000여개의 F/C본사가
우리나라에서 사업을 진행하고 있다.

하지만, 가맹점 창업을 하는 창업자들에게 꼭 유익하게, 상호보완적
관계만은 아니라는 점에서 문제가 발생한다.

열악한 지원체계와 부족한 전문성 그리고 한탕주의가 오히려 수많은 창업자들을
사지로 내몰고 있는 본사도 허다하게 많다는 것이 문제로 대두된다.

따라서 철저하게 따지고, 점검해야 하는 것이 프랜차이즈 브랜드 가맹점 창업이다.
그러하기에 더욱 본사의 기능과 역할이 중요하다.

1 상생하는 프랜차이즈가 정답이다

> "진정하게 가맹점과 협업하고 상생하는 브랜드를 선택하라."

얼마 전 공정거래위원회가 발표한 자료를 살펴보면, 지난해 새로 생긴 프랜차이즈 사업체가 1,308개이고, 없어진 사업체가 867개로 집계되었다. 이렇듯 한 해에 생겨났다가 없어지는 사업체가 무려 절반이 넘지만, 프랜차이즈 본사를 통한 창업은 어쩔 수 없는 선택인 것도 분명한 현실이다. 아마도 몇 년 내에 전 업종의 브랜드화가 더욱 가속화될 것으로 예상되고 있으나, 1년 만에 없어지는 준비되지 못한 가맹본사로부터 창업자들이 입는 피해는 점점 늘어나고 있다. 다음의 프랜차이즈 가맹본사의 홍보하는 문구를 살펴보자.

- 우리 브랜드는 전문 슈퍼바이저가 창업자들의 성공창업을 지원합니다.
- 다양한 지원과 프로모션으로 성공창업을 도와드립니다.
- 투자대비 수익성을 최대한 지원하겠습니다.
- 철저한 점검과 검증 시스템을 운영합니다.
- 탁월한 상권 및 입지분석 시스템으로 최적의 점포를 확보합니다.
- 동종업계 최초/최고의 기술력으로 승부하겠습니다.
- 가족 같은 믿음과 신뢰로 최선을 다하겠습니다.

정말 너무 좋은 문구들이다. 모든 프랜차이즈 본사들이 홍보한 문구와 같이 실천하기를 진심으로 바란다. 하지만, 아직도 많은 가맹본사들이 공수표를 남발하는 현실이 안타깝다. 가맹본사는 그저 단순히 가맹점 모집을 위한 감언이설과 준비되지 않은 계획을 마치 시행중인 프로그램인양 호도해서는 절대 안 된다.

창업시장의 불문율이 투자대비 수익성이다. 이는 '가성비'의 효율성이 우수브랜드의 기준으로 보면 된다. 그리고 투자규모와 창업자의 노력과 창업환경이 성공창업 요인이라 할 수 있다.

진정하게 가맹점 창업자와 상생을 위한 프랜차이즈 브랜드라면 다음과 같은 사항들이 필요한 것이다.

- 가맹점 운영사항을 수치로 분석 후 개선 방향을 전문 슈퍼바이저가 지도하는 브랜드.
- 점포별 경쟁브랜드 분석을 통한 매장영업 지도를 실시하는 전문가 지원을 하는 브랜드.
- 슈퍼바이저의 정기/비정기적 매장을 방문하여 운영지원을 하는 프로그램을 실시하는 브랜드.
- 가맹점의 문제점 해결을 위한 지원 프로그램 구비 및 실시하는 브랜드.
- 점주협의체 구성을 통한 브랜드 성장 프로그램 활성화 실시.
- 점포 정리시 본사에서 폐점지원 프로그램을 운영하는 브랜드.
- 수익성이 떨어지는 점포에 대한 회생 프로그램 운영하는 브랜드.

위의 항목들은 가맹본사가 가맹점과 함께 상생하기 위해 준비해야 하는 사항들이다. 가맹점 창업자들은 본사의 조직력과 전문성을 기대하고 바라고 있다. 그러한 믿음으로 창업을 현실화할 수 있는 용기를 내어 시도하게 되는 것이다.

프랜차이즈는 가맹본부와 가맹점이 함께 성장해야 한다. 수많은 예비창업자들 창업설명회나 창업박람회를 찾고 있는데, 가맹본사는 그들에게 전 재산을 걸고 하는 창업이 결코 도박이 아닌 희망임을 전달해야 한다. 그들은 절대적으로 본사의 노하우와 지원능력을 믿고 있다. 그래서 성공에 대한 확신을 갖고 프랜차이즈 가맹점 창업을 선택하려고 한다 해도 과언이 아니다. 따라서 프랜차이즈에 대한 믿음과 신뢰는 가맹본사의 의지와 노력 그리고 협업이 필요하다. 왜냐하면, 창업은 전쟁이지만 과학이기 때문이다.

출처 : 소상공인시장진흥공단

2 가맹점주가 제1의 고객이다

> "프랜차이즈는 본사와 가맹점이 자웅동체(雌雄同體)로 상호보완과 믿음을 통한 Win-Win의 사업 모델이다."

"요즘 가맹점에서 속 썩여서 미치겠습니다. 이번 기회에 몇 개 점포는 폐점시켜야겠어요!" 얼마 전에 만났던 한 프랜차이즈 브랜드 K대표의 말이다.

지난해 말까지 우리나라에는 4,264개의 프랜차이즈 가맹본사가 존재하고, 약 28만 명의 가맹점 사장님들은 오늘도 고객을 왕으로 떠받들며 나날이 줄어드는 매출을 올리기 위해 동분서주하고 있다. 하지만, 4,264개의 가맹본사 대표들이 K대표처럼 가맹점주를 소모품으로 생각한다면, 우리나라 프랜차이즈산업의 가맹점 시장은 암울하기만 할 것이다.

작금의 경제 환경은 소상공인들의 탄식이 터져 나오고 있는 실정이다. 매출은 하락하고, 경상비 및 인건비는 상승을 하고 있는 즈음, 그만큼 자영업자들의 절박한 심정이 탄식으로 표출되고 있는 것이다. 그래도 생계를 위해 한 푼이라도 벌어보겠다고 최선을 다하고 있는 것이 가맹점주들이다. 이러한 상황에 하물며 점포의 어려운 점을 분석하고 대안 제시는 못할망정 폐점을 시켜야 한다는 말을 과연 본사 대표가 할 소린지 묻고 싶다.

물론, 열심히 노력도 하지 않으면서 본사에 대한 원망과 책임을 전가하는 가맹점주도 있을게다. 하지만, 프랜차이즈 가맹점 창업을 하는 순간부터 본사에서 모든 점주교육에는 고객서비스의 중요성을 강조하고 있다. 소위 고객만족 기법이니 표적고객 분석이니 하는 과목으로 말이다. 그렇다면 고객만족 교육을 실시하는 본사 입장에서의 고객은 과연 어디까지를 고객으로 보는가? 가맹점에서 상품/서비스를 구매하는 고객들만이 고객일까? 물론, 그들도 중요한 2차 소비고객이다. 하지만, 가맹본사 입장에서 제1의 고객은 바로 가맹점주이다. 바로 제1의 고객인 가맹점주를 만족시키지 못하면서 과연 2차 소비고객을 만족시킬 수 있을까? 이는 어불성설이며 천만에 말씀이다.

프랜차이즈는 사업자 간의 공동운영을 하는 협업시스템이다. 가맹점의 운영실적이 본사의 수익성과 밀접한 연계성을 가지고 있다고는 하지만, 일부 가맹점의 수익성 악화가 본사의 수익성 악화로 그대로 반영되지는 않는다. 그리고 가맹점 창업을 하는 창업자들의 심리에는 노하우가 없으므로 할 수 없이 프랜차이즈 가맹점을 선택하여 어렵고 힘들 때 본사에 의지하고 싶은 마음은 당연히 존재한다. 그 대가로 가맹본사에 가맹비와 로열티를 지불하는 것이다. 따라서 그 어느 때보다 상생전략이 절실하게 필요한 지금, 점포회생 프로그램과 폐점지원 프로그램을 운영하는 본사에서 영업지원 프로그램을 적용하여 가맹점을 적극적으로 지원해야 할 것이다.

일반적으로 프랜차이즈 브랜드의 홈페이지나 개설 책자를 보면 이러한 문구가 있다. "저희 브랜드는 전문 슈퍼바이저 시스템을 통해 가맹점의 운영을 적극 지원하겠습니다." 혹은 "가맹점이 살아야 본사도 살 수 있다" 이러한 것이 제대로 지켜졌으면 좋겠다. 초심으로 돌아가라는 말이 있다. 가맹본사는 사업 초기에 가졌던 초심으로 진정 가맹점을 위한다면 그 브랜드는 정말 좋은 브랜드, 사랑 받는 브랜드가 될 것이다. 제1의 고객이 가맹점이라는 것을 강조하기 위한 언급을 하였지만, 원데이티칭 프로그램을 운영하는 등의 신뢰할 수 있는 브랜드가 대다수 이다.

출처 : ㈜마세다린 - 가마로강정의 원데이티칭 프로그램 운영

3 과연 유명브랜드가 유망한 브랜드일까?

> "유명한 브랜드가 결코 창업 시 유망하다고 말할 수는 없다."

경기의 영향률은 물론, 변동률도 근 십여 년 만에 최악이라 할 수 있다. 소상공인시장진흥공단에서 매월 발표하는 소상공인 체감지수를 점검해 봐도 아주 저조한 실적을 확인할 수 있다. 2017년과 2018년 참으로 어려운 창업환경이었다. 최저임금 7,530 vs 8,350원 그리고 주간 최대 근무시간 52시간…

창업은 생물이다.

경기가 어렵고 고용률이 저조할수록 상대적으로 창업률은 증가한다. 그만큼 생계를 위해 어쩔 수 없이 창업이 증가할 수밖에 없는 현실이 우리나라의 창업 프로세스다. 특히, 전문성과 경험이 없는 창업자라면 기술을 배우고 창업하는 전수형 창업이나 지원제도를 활용한 프랜차이즈 창업을 선호할 수밖에 없다.

프랜차이즈 창업은 예비창업자들에겐 희망이다.

프랜차이즈는 브랜드의 유명도와 원재료 제공, 경영지도, 물류지원 등 소상공인들이 필요한 모든 지원 사항을 원스톱 프로그램으로 지원하기 때문이다. 그래서 프랜차이즈산업이 성장하는 이유이기도 하다.

최근 들어 프랜차이즈산업협회를 중심으로 윤리경영과 상생경영을 위해 다양한 프로그램을 실천하고 있다. 소상공인으로 대변되는 자영업자들에게 제품교육과 서비스 교육을 지원하고, 차상위계층이나 소외계층들에게 각종 창업지원 프로그램을 운영하는 브랜드들도 많이 늘어나고 있다. 참으로 고무적인 현상이다.

하지만, 일부 프랜차이즈 브랜드들의 먹튀 행위가 문제를 야기한다. 작년과 올해 초에 발생한 프랜차이즈 본부 사장들의 윤리부재와 먹튀 행위로 인해 애꿎은 가맹점의 매출하락과 더불어 브랜드 인지도에 막대한 피해를 주었다.

또한, 유명 브랜드임을 내세워 무분별하게 가맹점 수만 늘려 개점함으로써 동일 브랜드의 가맹점 간에 문제를 발생하기도 하였다. 가맹점 창업자는 전재산을 투자해서 창업했는데…

가맹점 창업자의 평균 투자비용은 7,640여 만원(2017년)이었다. 그 중에서도 40~50%는 대출을 포함한 이자가 발생하는 자금이었다. 창업 후 평균 기대 수익성은 투자비용 대비 월 3.5~4% 정도이다.

그렇다면 현실적인 수익성은 얼마나 될까? 2017년 자영업자들의 평균수익성을 보면 투자대비 월 1.5~2.5% 정도면 현재 운영상 잘하고 있다는 냉소적 반응이 나오고 있다. 그만큼 창업환경이 어렵다는 반증이다. 2016년도엔 1년 만에 400개 이상의 신규 가맹점을 늘린 브랜드가 있었다. 2017년도 상반기에는 300개 이상 신규 가맹점을 개점한 브랜드도 있다. 참으로 대단한 브랜드들이다.

최근 자영업자의 평균 존속율을 보면, 64%가 3.5년 이내에 폐업한다는 데이터가 있다. 그만큼 창업보다 유지하기가 어렵다는 것이다. 또한, 그만큼 아이템 결정을 할 때, 신중하게 고려할 사항이 많다는 반증이기도 하다. 2016년과 2017년에 수많은 가맹점이 생긴 해당 브랜드는 정말로 우수한 지원 프로그램과 아이템이 긴 수명주기를 가지고 있는 걸까?

필자는 회의적이다.

과연 3~4년은 커녕 앞으로 닥칠 겨울철 매출이 걱정된다. 그들도 모두 소상공인들로, 많은 기대수익성 보다 안정적 수익을 원하고 창업을 했을 것이다.

참으로 암울하다.

아이템의 우수성은 성장성, 안정성, 수익성, 지속성의 4가지 요소로 판단할 수 있는데, 그 중 지속성이 창업에선 가장 중요하다. 창업환경에서는 오래할 수 있는 아이템이 필요한 것이다.

창업을 준비하는 예비창업자들에게 꼭 말하고 싶다. "유명한 브랜드나 아이템이 반드시 유망한 브랜드나 아이템이 아니라고", 특히, 4계절이 뚜렷한 우리나라에서는 4계절 고루 표적고객의 구매력이 바탕이 되는 아이템을 선택해야 한다는 명제가 있다.

창업은 생물이다. 변하고 있고 변한다는 것이다.

따라서 창업자 자신도 변화에 민감해야만 살아날 수 있음을 명심하자.

성공창업 포인트

우수 브랜드 조건 점검사항
• 회사의 목표는 무엇인가?
• 프랜차이즈의 시스템의 **본질**을 이해하고 있는가?
• 브랜드에 대한 표적고객의 **소비성향**은 어떠한가?
• 창업 투자자금 대비 점포의 **수익 적합성**은 우수한가?
• 브랜드의 **차별성과 전문성**은 우수한가?
• 프랜차이즈 아이템의 **성공전략**은 무엇인가?
• 최고의 브랜드가 되기 위해 **무엇을 준비**하고 있는가?
• 상품/서비스에 대한 **시장 잠재력**은 어떠한가?
• 직원과 가맹점을 위한 **교육 프로그램**은 우수한가?
• 가맹점 **지원 시스템**의 경쟁력은 우수한가?
• **신제품 개발능력**과 유통체계는 우수한가?
• 현재 운영하고 있는 직영점들의 **매출/수익성**은 양호한가?

※우수 브랜드의 4가지 요소는 '성장성', '안정성', '수익성', '시속성'이다. 그 중 지속성이 창업에서 가장 중요하다.

〈우수 브랜드(예)〉

자료 : naver.com

프랜차이즈별 가맹점 매출(2017)

2017년 프랜차이즈별 가맹점 매출 (단위:만원)

업종	브랜드	점포당 매출	면적당 매출	전년비 증감
편의점	GS25	6억5079	3057	-662
	CU	6억308	2725	-56
	세븐일레븐	4억8129	2400	-605
	미니스톱	6억1304	2360	-1010
치킨	교촌치킨	5억7716	3489	215
	BBQ	4억1898	2901	130
	굽네치킨	3억1108	2087	86
	호식이두마리치킨	2억4576	1795	-609
	bhc	3억930	1784	-16
	네네치킨	2억1207	1522	-55
	페리카나치킨	1억2195	909	9
피자	도미노피자	8억1638	2827	14
	피자알볼로	4억433	2183	-553
	피자헛	6억7230	2018	669
	파파존스	4억990	1741	-50
	미스터피자	3억7522	801	-94
커피	카페베네	2억2650	988	-81
	이디야	2억997	871	-149
	할리스	3억8628	785	-1
	투썸플레이스	5억1838	784	-39
	요거프레소	9992	640	-56
	엔제리너스	2억8596	546	-64
저가 커피·주스	빽다방	2억5237	1980	-183
	더벤티	2억3553	1803	-229
	쥬씨	1억2195	909	-1263
디저트	배스킨라빈스	4억7751	2238	-376

업종	브랜드	점포당 매출	면적당 매출	전년비 증감
디저트	배스킨라빈스	4억7751	2238	-376
세탁	크린토피아	1억605	940	1
생활용품	양키캔들	1억9024	1495	-329
	다이소	10억5167	1381	-110
빵	브레댄코	3억7737	2171	-583
	파리바게뜨	6억6607	미공개	△
	뚜레쥬르	4억5943	1744	-188
외식	김가네김밥	3억3019	2280	-265
	하남돼지집	6억9334	1722	-150
	본죽	1억9192	1628	-64
	본죽&비빔밥카페	3억1412	1581	67
	바르다김선생	2억2550	1441	-460
	맘스터치	3억9339	1381	-178
	원할머니보쌈족발	4억8283	1341	-212
	이삭토스트	1억3713	1333	144
	롯데리아	6억4596	1253	-149
	유가네닭갈비	5억938	1218	256
	파파이스	3억3928	965	23
도시락	본도시락	3억1877	2484	-82
	한솥	3억2933	2387	197
스크린야구	리얼야구존	3억3706	286	-56
	스트라이크존	3억5104	254	6

*자료: 공정거래조정원 정보공개서 취합

출처 : 공정거래조정원 정보공개서 취합

[국내 주요 53개 외식업체 현황(매출액/2017)]

순위	법인명	대표브랜드	매출액 2017년	증감률	2016년
1	파리크라상	파리바게뜨	1,774,316,302,037	-0.16%	1,777,178,739,028
2	스타벅스커피코리아	스타벅스	1,263,460,247,427	25.99%	1,002,814,318,251
3	CJ푸드빌	빕스	1,258,938,457,341	0.68%	1,250,423,221,494
4	롯데GRS	롯데리아	907,065,789,779	-4.41%	948,881,502,698
5	이랜드파크	애슐리	682,431,869,409	-15.27%	805,448,929,846
6	비알코리아	던킨도너츠	523,102,452,315	2.85%	508,589,410,709
7	농협목우촌	또래오래	520,798,386,732	-3.50%	539,706,247,053
8	비케이알	버거킹	345,851,298,350	36.61%	253,165,340,964
9	교촌에프앤비	교촌치킨	318,848,192,102	9.52%	291,134,570,511
10	비에이치씨	bhc	239,115,363,070	2.78%	232,646,951,919
11	제너시스BBQ	BBQ	235,317,350,262	7.08%	219,753,548,128
12	해마로푸드서비스	맘스터치	223,574,322,678	10.75%	201,871,094,029
13	청오디피케이	도미노피자	219,783,586,018	4.53%	210,258,669,230
14	이디야	이디야커피	184,124,914,274	19.92%	153,544,611,986
15	더본코리아	새마을식당	174,084,567,921	-0.45%	174,871,404,102
16	본아이에프	본죽	172,786,466,138	6.71%	161,915,426,742
17	케이에프씨코리아	KFC	161,379,362,353	-8.84%	177,025,154,533
18	자엔푸드	굽네치킨	159,074,529,866	8.24%	146,963,838,585
19	커피빈코리아	커피빈	157,665,821,779	7.97%	146,020,774,483
20	할리스에프앤비	할리스커피	140,861,886,199	9.52%	128,620,870,080
21	놀부	놀부 부대찌개	101,544,103,118	-15.64%	120,371,880,274
22	한솥	한솥도시락	91,232,792,146	8.51%	84,079,119,044
23	탐앤탐스	탐앤탐스	82,387,074,425	-5.20%	86,904,811,559
24	아모제푸드	카페아모제	82,238,515,051	5.83%	77,709,476,186
25	엠피그룹	미스터피자	81,521,072,948	-16.01%	97,057,713,543
26	토다이코리아	토다이	79,980,377,008	5.64%	75,712,432,549
27	원앤원	원할머니보쌈	74,744,418,119	-0.78%	75,335,571,616
28	보나비	아티제	67,162,713,517	11.77%	60,088,009,159
29	디딤	신마포갈매기	65,876,554,787	0.19%	65,752,103,510
30	전한	강강술래	64,289,792,169	2.69%	62,605,427,065
31	엔타스	경복궁	61,677,987,178	-3.95%	64,214,566,518
32	이바돔	이바돔감자탕	61,451,174,310	-7.96%	66,767,418,897
33	멕시카나	멕시카나	56,019,969,702	7.41%	52,154,684,582
34	혜인식품	네네치킨	55,533,582,416	-2.16%	56,759,104,828
35	한국일오삼	처갓집양념치킨	54,612,583,960	12.52%	48,537,304,371
36	공차코리아	공차	54,088,382,529	1.37%	53,358,163,480
37	채선당	채선당	51,664,976,533	-17.20%	62,399,730,192
38	카페베네	카페베네	46,068,951,163	-39.84%	76,579,195,280
39	페리카나	페리카나	44,596,337,869	1.70%	43,851,686,779
40	에렉스에프앤비	우노	42,375,345,131	10.68%	38,287,599,730
41	삼원가든	삼원가든	39,885,338,004	-8.00%	43,353,104,671
42	에땅	피자에땅	39,856,847,177	-19.31%	49,394,367,200
43	신라명과	신라명과	38,680,377,891	7.80%	35,881,327,452
44	한국파파존스	파파존스	34,911,997,688	6.23%	32,864,025,574
45	풀잎채	풀잎채	27,429,089,802	4.70%	26,199,015,580
46	엘에프푸드	마키노차야	26,678,594,735	43.92%	18,537,027,883
47	죠스푸드	바르다김선생	29,912,731,680	-12.02%	33,999,971,133
48	장충동왕족발	장충동왕족발	23,467,607,206	3.74%	22,620,472,607
49	오투스페이스	김탄떡볶이	23,249,756,386	-0.99%	23,481,192,894
50	하남에프앤비	하남돼지집	22,911,054,173	-5.49%	24,241,185,669
51	TS푸드앤시스템	파파이스	22,376,727,331	-13.61%	25,901,062,935
52	삼양에프앤비	세븐스프링스	21,482,199,028	-12.58%	24,573,715,966
53	리치푸드	피쉬앤그릴	20,915,154,588	-3.12%	21,589,040,410
	합계		11,353,405,345,818	2.45%	11,081,996,133,507

출처 : 식품외식경제(2018. 4. 30.)

[국내 주요 53개 외식업체 현황(영업이익/2017)]

순위	법인명	대표브랜드	영업이익 2017년	증감률	2016년
1	파리크라상	파리바게뜨	43,545,110,614	-34.49%	66,466,341,645
2	스타벅스커피코리아	스타벅스	114,406,301,296	34.18%	85,263,869,944
3	CJ푸드빌	빕스	19,069,530,741	150.49%	7,612,835,874
4	롯데GRS	롯데리아	3,162,267,424	-83.59%	19,265,680,668
5	이랜드파크	애슐리	-17,735,589,735	적자지속	-13,042,395,296
6	비알코리아	던킨도너츠	38,411,386,861	-5.17%	40,507,512,902
7	농협목우촌	또래오래	-883,455,133	적자전환	2,388,904,185
8	비케이알	버거킹	1,472,707,993	-86.30%	10,753,419,177
9	교촌에프앤비	교촌치킨	20,413,813,998	15.35%	17,697,273,857
10	비에이치씨	bhc	64,871,236,822	-7.88%	70,419,824,384
11	제너시스BBQ	BBQ	20,438,643,972	6.22%	19,241,840,019
12	해마로푸드서비스	맘스터치	14,525,829,762	-15.83%	17,257,002,377
13	청오디피케이	도미노피자	29,524,961,418	12.91%	26,148,974,237
14	이디야	이디야커피	20,199,892,176	27.97%	15,785,054,983
15	더본코리아	새마을식당	12,807,635,476	-35.19%	19,762,485,426
16	본아이에프	본죽	8,524,119,438	-11.60%	9,643,020,060
17	케이에프씨코리아	KFC	-17,341,013,367	적자지속	-12,262,188,782
18	자엔푸드	굽네치킨	14,461,599,246	2.75%	14,074,334,840
19	커피빈코리아	커피빈	6,146,621,773	-4.19%	6,415,508,347
20	할리스에프앤비	할리스커피	15,371,116,772	20.71%	12,733,558,418
21	놀부	놀부 부대찌개	-3,230,590,996	적자전환	4,471,311,917
22	한솥	한솥도시락	6,769,190,213	12.98%	5,991,409,835
23	탐앤탐스	탐앤탐스	4,117,088,830	74.35%	2,361,398,129
24	아모제푸드	카페아모제	2,200,983,060	흑자전환	-691,750,183
25	엠피그룹	미스터피자	-10,988,290,629	적자지속	-8,906,726,136
26	토다이코리아	토다이	-2,822,937,090	적자전환	1,890,163,061
27	원앤원	원할머니보쌈	889,608,183	-53.34%	1,906,415,161
28	보나비	아티제	-1,417,415,325	적자지속	-2,835,646,562
29	디딤	신마포갈매기	1,609,175,035	-70.91%	5,531,547,755
30	전한	강강술래	6,246,566,874	-0.11%	6,253,723,716
31	엔타스	경복궁	1,618,695,193	-53.69%	3,495,529,796
32	이바돔	이바돔감자탕	205,178,626	-90.07%	2,067,203,965
33	멕시카나	멕시카나	5,627,041,161	-2.60%	5,777,182,972
34	혜인식품	네네치킨	12,962,673,059	-34.98%	19,937,293,688
35	한국일오삼	처갓집양념치킨	6,862,891,276	12.66%	6,091,537,933
36	공차코리아	공차	2,432,287,074	49.35%	1,628,572,813
37	채선당	채선당	2,190,799,252	186.62%	764,365,943
38	카페베네	카페베네	-2,209,596,858	적자지속	-554,827,454
39	페리카나	페리카나	1,903,472,628	0.50%	1,893,960,201
40	에렉스에프앤비	우노	430,624,730	흑자전환	-240,944,547
41	삼원가든	삼원가든	2,036,592,618	-63.78%	5,622,971,375
42	에땅	피자에땅	681,870,142	-32.18%	1,005,412,983
43	신라명과	신라명과	-450,285,748	적자지속	-396,483,511
44	한국파파존스	파파존스	198,745,026	249.78%	56,819,789
45	풀잎채	풀잎채	-2,442,336,916	적자전환	505,472,341
46	엘에프푸드	마키노차야	132,424,709	흑자전환	-1,190,258,818
47	죠스푸드	바르다김선생	1,373,220,506	흑자전환	-1,118,328,702
48	장충동왕족발	장충동왕족발	680,399,237	-24.19%	897,550,375
49	오투스페이스	감탄떡볶이	-982,369,283	적자전환	1,049,088,687
50	하남에프앤비	하남돼지집	2,182,650,116	-45.97%	4,039,924,419
51	TS푸드앤시스템	파파이스	-1,669,219,404	적자지속	-489,799,318
52	삼양에프앤비	세븐스프링스	-5,067,209,019	적자지속	-6,101,937,092
53	리치푸드	피쉬앤그릴	927,014,626	68.57%	549,917,938
	합계		444,391,658,453	-10.31%	497,394,929,734

출처 : 식품외식경제(2018. 4. 30.)

[국내 주요 53개 외식업체 현황(당기순이익/2017)]

순위	법인명	대표브랜드	당기순이익 2017년	증감률	2016년
1	파리크라상	파리바게뜨	32,569,506,259	-40.89%	55,101,759,875
2	스타벅스커피코리아	스타벅스	90,515,859,792	38.72%	65,250,646,249
3	CJ푸드빌	빕스	-40,228,797,066	적자전환	5,213,030,763
4	롯데GRS	롯데리아	-31,190,177,194	적자지속	-11,328,471,862
5	이랜드파크	애슐리	-36,962,314,947	적자전환	-80,415,701,255
6	비알코리아	던킨도너츠	33,666,714,197	-5.82%	35,748,612,156
7	농협목우촌	또래오래	-1,902,654,704	적자전환	176,061,930
8	비케이알	버거킹	-4,159,084,672	적자전환	8,041,478,568
9	교촌에프앤비	교촌치킨	3,573,374,612	-65.42%	10,333,269,262
10	비에이치씨	bhc	54,338,184,857	11.63%	48,679,010,585
11	제너시스BBQ	BBQ	16,764,420,215	176.55%	6,062,082,468
12	해마로푸드서비스	맘스터치	10,310,463,025	10.91%	9,295,865,326
13	청오디피케이	도미노피자	23,189,723,728	11.03%	20,886,060,816
14	이디야	이디야커피	15,375,648,846	37.80%	11,157,627,325
15	더본코리아	새마을식당	5,982,224,171	-68.92%	19,246,938,573
16	본아이에프	본죽	5,681,930,584	-13.15%	6,541,937,183
17	케이에프씨코리아	KFC	-18,827,420,207	적자지속	-18,989,243,531
18	지엔푸드	굽네치킨	10,422,791,432	15.15%	9,051,485,230
19	커피빈코리아	커피빈	4,303,060,481	0.67%	4,274,213,864
20	할리스에프앤비	할리스커피	12,478,543,941	36.94%	9,112,688,828
21	놀부	놀부 부대찌개	-6,873,779,990	적자전환	34,729,365
22	한솥	한솥도시락	6,333,321,366	6.67%	5,937,412,411
23	탐앤탐스	탐앤탐스	4,606,038,813	흑자전환	-2,700,843,324
24	아모제푸드	카페아모제	3,712,267,417	흑자전환	-2,894,719,809
25	엠피그룹	미스터피자	-15,558,417,014	적자지속	-13,169,290,522
26	토다이코리아	토다이	-5,556,438,019	적자지속	-302,769,030
27	원앤원	원할머니보쌈	677,698,691	-35.51%	1,050,809,166
28	보나비	아티제	-1,913,727,687	적자지속	-2,712,714,107
29	디딤	신마포갈매기	2,422,021,530	-37.62%	3,882,856,783
30	전한	강강술래	1,535,479,407	-62.04%	4,044,752,337
31	엔타스	경복궁	6,945,820,394	697.96%	870,450,996
32	이바돔	이바돔감자탕	-692,050,707	적자전환	1,798,530,481
33	멕시카나	멕시카나	4,708,031,065	-3.58%	4,882,720,751
34	혜인식품	네네치킨	14,280,451,925	-11.78%	16,187,197,097
35	한국일오삼	처갓집양념치킨	6,377,040,736	23.74%	5,153,372,637
36	공차코리아	공차	3,847,668,836	10187.16%	37,402,617
37	채선당	채선당	1,444,764,341	278.93%	381,278,372
38	카페베네	카페베네	-38,882,900,286	적자지속	-24,199,662,544
39	페리카나	페리카나	1,564,785,931	-2.77%	1,609,330,943
40	에렉스에프앤비	우노	113,710,765	흑자전환	-1,338,411,525
41	삼원가든	삼원가든	-849,932,278	적자전환	3,972,012,080
42	에땅	피자에땅	1,881,335,143	146.14%	764,329,411
43	신라명과	신라명과	-424,656,509	적자지속	-345,544,293
44	한국파파존스	파파존스	83,672,486	9168.15%	902,796
45	풀잎채	풀잎채	-7,299,317,717	적자전환	482,363,233
46	엘에프푸드	마키노차야	-1,478,558,185	적자지속	-639,169,569
47	죠스푸드	바르다김선생	173,594,291	흑자전환	-1,398,478,120
48	장충동왕족발	장충동왕족발	357,043,471	-50.72%	724,473,710
49	오투스페이스	김탄떡볶이	-160,960,042	적자전환	1,892,299,456
50	하남에프앤비	하남돼지집	1,076,819,357	-62.87%	2,899,953,332
51	TS푸드앤시스템	파파이스	-2,169,296,195	적자지속	-647,983,274
52	삼양에프앤비	세븐스프링스	-8,012,017,421	적자지속	-8,799,946,298
53	리치푸드	피쉬앤그릴	409,350,713	587.44%	59,547,524
	합계		158,580,861,978	-24.83%	210,956,545,436

출처 : 식품외식경제(2018. 4. 30.)

4 창업자의 눈물! 이런 프랜차이즈 조심하라

> "프랜차이즈 가맹점 사업의 근간은 가맹사업법에 의한 계약서 기반형 사업이다."

'103 : 87'. 작년도 신규 창업자 대 폐업자 수치다. 경기불황에도 신규 창업자 수는 꾸준히 증가하고 있지만, 그만큼 폐업자도 늘고 있다. 이와 같은 현상의 원인은 근본적 고용이 불안한 노동시장 구조와 경기 저점현상을 꼽을 수 있다.

"연 4%대의 고소득을 보장합니다."
"최저 창업비용으로 최고의 수익을 드립니다."
"가맹비, 로열티, 교육비, 보증금 없이 창업을 지원합니다."

창업을 준비하는 힘든 예비창업자들을 유혹하는 문구이다. 현재 우리나라의 프랜차이즈산업은 4,300여개의 브랜드와 3,120여개의 본사가 주도하고 있다. 전과 같이 프랜차이즈가 '나쁘다'라는 공식은 더 이상 성립되지 않으며, 전문기술이나 경험이 없는 예비창업자들에겐 고무적인 사업이 바로 프랜차이즈이다.

"가맹사업공정화에 대한 법률"은 2005년부터 시행되어, 본사들의 자정과 윤리의식, 그리고 상생 시스템을 실천하게 함으로써 창업시장을 건전하게 만드는 매개체가 되었다. 또한, 정부의 지원과 프랜차이즈산업협회의 노력으로 자영업자들의 성공창업을 위한 노력도 훌륭한 성과를 거두고 있다.

그러나 이와 같은 지원, 노력, 성과에도 불구하고 아직도 소수의 나쁜 프랜차이즈 본사의 행태는 창업을 꿈꾸는 이들에게 아픔을 안기고 있다.

좋지 않은 브랜드, 유의해야 할 프랜차이즈 브랜드 행태를 살펴보자.

① 대표이사가 자주 교체되는 브랜드
② 가맹점협의체를 인정하지 않거나 없는 브랜드
③ 개점율 보다 폐점율이 높은 브랜드
④ 고소득을 보장하는 듯이 허위과장 광고하는 브랜드
⑤ 기존 가맹점주들의 본사에 대한 평가수준이 나쁜 브랜드

⑥ 재무제표 상 R&D 비용과 교육훈련비를 0.3% 이내로 책정한 브랜드
⑦ 홈페이지가 없거나 고객의 소리 난이 없는 브랜드
⑧ 본사와의 소통 프로세스에 대표자와의 대화창구가 없거나 어려운 브랜드
⑨ 매장관리 전문 인력인 슈퍼바이저 조직이 없는 브랜드
⑩ 표준계약서 상 상권보호규정이 애매하거나 없는 경우의 브랜드

이상의 열 가지 항목에 해당하는 브랜드를 나쁜 브랜드라고 명확히 규정하기는 어렵지만, 좋지 않은 것은 사실이다. 또한, 잦은 브랜드의 출시를 반복하는 회사도 문제일 수 있다. 또한, 본사 직원들의 잦은 이직과 직영점을 위한 투자를 회피하거나 직영점이 없는 브랜드도 우수한 브랜드로 보기엔 문제가 있다.

이러한 문제를 해결하기 위해서는 프랜차이즈전문가 양성이 절대적으로 필요하다. 정부에서 인정한 프랜차이즈전문가(2016-0621호) 자격증이 그것이다.

프랜차이즈는 철저하게 상생을 목표로 한다. "가맹점이 살아야 본사도 산다."라는 슬로건은 참 많은 본사들이 내걸고 이야기하고 있지만, 상생을 위한 어떠한 행위와 규정을 가지고 있는지, 또한 그런 규정을 실천하는지를 분석하고 따져 봐야 한다.

가맹점에게는 철저하게 계약서 문구와 항목을 준수하라고 본사는 지시 혹은 통제한다. 하물며 선용상품과 비 진용상품을 구분하여 특정 상품은 반드시 본사를 통하여 구입하도록 강제하기도 한다. 필요한 사항이기는 하지만, 그러한 물품의 종류를 엄밀한 잣대로 기준을 만들어서 시행해야 한다.

프랜차이즈 가맹점 창업시 좋은 가맹본사 기준

1. 점포회생 프로그램 실행
2. 전문인력을 확보하고 있는 현황
3. 직영물류와 제품개발인력 보유
4. 대표의 현장 경영원칙 존재
5. 홈페이지 또는 카페의 가맹점주 게시판 활성화
6. 점주의 날 행사 실행
7. 폐점 지원 프로그램 실행

5. 프랜차이즈 브랜드의 M&A 과연 득인가? 실인가?

> "브랜드의 M&A를 통해 브랜드 경쟁력과 Identity 향상을 위해 공생할 수 있는 기업으로의 성장이 중요하다."

프랜차이즈가 국내에 도입된 1972년 이후 40여년이 지났다. 산술적으로는 비약적인 성장을 해왔다. 프랜차이즈산업의 성장은 가맹점 창업자들에겐 선택의 기회와 안정된 창업의 기회를 가질 수 있다는 점에선 고무적이다. 하지만, 부실화되는 본사로 인하여 가맹점들의 생존을 위협하는 일도 발생하고 있다.

2000년대부터 크고 작은 브랜드들의 M&A가 이루어지고 있으며, 국내 최대의 한식 브랜드인 '놀부'는 200억 원 이상을 받고 사모펀드회사인 모건스텐리에 넘겼으며, 남성미용 전문브랜드인 '블루클럽'은 그린부산창업투자에 넘겼다. 최근엔 '피자헛', '크라제버거', '깐부치킨' 등 그동안 시장을 주도했던 프랜차이즈 브랜드들이 M&A 시장에 매물로 나와 새로운 주인을 기다리고 있다.

득이 될 수도 있고, 실이 될 수도 있는 M&A 시장에서 성공적인 M&A를 이끌어 내려면, 기본적으로 먼저 평상시 관심 있는 유망분야와 업종을 지속적으로 관찰하면서 냉철한 분석을 거쳐 가능성 있는 업종과 분야를 선정하는 일이 중요하다. 그 후에 선정된 업종 및 분야에서 성공 가능성과 자사와의 통합 시 예상되는 문제점을 파악해야 한다.

특히, 목표회사를 선정한 다음에는 대상 회사의 경영진과 조직구조, 기업문화, 브랜드 가치, 자사와의 시너지 효과 등에 대한 세부적인 분석을 한 후, 회사의 역량을 총동원하여 M&A를 성사시킨 다음, 자사와 문제없는 통합으로 마무리해야 한다. 또한, M&A의 성공을 위해 다음과 같은 세부적인 전략을 수립하는 것도 매우 중요하다.

첫째, M&A의 목적을 어디에 둘 것인가부터 생각해야 한다.

신규사업 진출인지, 기존사업의 확대인지, 가지고 있는 핵심역량 강화가 목적인지, 시장 지위향상이 목적인지, 아니면 회사 경쟁력 확보가 목적인지를 결정해야 한다. 그리고 명확하고 구체적인 성장전략을 가지고 성장목표와 방향성을 확실히 해야 한다. 무턱대고 싼값에 끌려 M&A를 시도하는 실수를 범해서 안 된다. 또한, 미래전략 방향에 대한 경영자의 확고한 신념과 신속한 결단이야말로 M&A 성공의 출발점이 된다는 것을 알아야 한다.

둘째, 협상 파워가 극대화되는 최적기(Timing)를 활용하라.

호황기 때는 치열한 인수경쟁이 벌어져 인수가격이 상승하여 불리하지만, 불황기에는 우량기업도 유리한 가격에 살 수 있다. 또한, M&A는 필수가 아니라 선택임을 간과해서는 안 된다. 성장 방향성이 확실하다면 일단 기존의 핵심 사업에서 유기적으로 성장할 수 있는 모든 옵션을 검토·분석하여 과연 M&A가 불가피한 대안인지에 대해 진지하게 고민해 볼 필요가 있다. 그를 바탕으로 M&A 프로그램의 미래 계획을 수립하여, 어떠한 우선순위로 어떠한 기업을 인수하여야 하는지에 대한 포괄적인 실행지침과 원칙을 세워 시나리오 별로 어떻게 인수자금을 조달할 것인지에 대한 복안이 수립되어야 한다.

셋째, 규모 확대보다 역량 확보에 초점을 두어야 한다.

핵심기술, 유통채널, 브랜드 등, 성장전략을 실행해 나가는데 빈드시 필요한 핵심역량 강화나 자체적으로 진출하기 어려운 시장에서의 점유율 확보 등이 가능한 거래를 우선적으로 검토해야 한다. 또한, M&A를 통하여 월등한 가치를 창출하려면 자기의 몸집보다 작은 규모의 기업을 인수해야 하며, 보유하고 있는 비핵심 사업 매각도 동시 추진해야 한다. 비핵심 사업 매각은 단순히 인수자금을 마련하기 위한 목적일 수도 있지만, 경영자의 입장에서는 M&A뿐만 아니라 핵심 사업에 재투자나 현금흐름 관리도 병행해야 하기 때문에 적정가격이라면 비핵심 사업의 적극 매각도 필요하다.

이상과 같이 프랜차이즈 사업 활성화를 위한 방법과 전략은 다양하겠지만, 유망 프랜차이즈가 경영악화로 인해 일시적인 어려움에 처한 경우, 자체적인 해결이 가능하면 다행이지만 그렇지 못하다면 가맹본부 M&A를 고려하여 적극 활용할 필요가 있다.

특히, 회생이 불가능한 가맹본부를 건실한 프랜차이즈 기업에서 M&A를 통해 회생시킴으로써 인수기업의 가치와 시장규모 확장은 물론, 매도 기업의 폐업으로 인한 종사자들의 실직이라는 고통을 줄이는 긍정적인 형태의 M&A는 득이라 할 수 있다.

사모펀드에 인수된 주요 외식프랜차이즈

업체명	매각 시점	인수 사모펀드
놀부	2011년	모건스탠리
버거킹코리아	2012년 (2016년 재매각)	VIG파트너스 (어피니티)
bhc	2013년	CVCI
할리스커피	2013년	IMM
크라제버거	2014년	나우IB
KFC코리아	2014년 (2017년 재매각)	CVC캐피탈 (KG그룹)
공차코리아	2014년	유니슨캐피탈
한국피자헛	2017년	오차드원

출처 : 조선일보

6 징벌적 손해배상과 예상매출 공개, 로얄티 전환 강요는 누구를 위한 조항인가?

"본사의 투명한 운영과 정확한 자료가 창업자들의 선택과 희망을 기준할 수 있다."

강화된 가맹사업법은 프랜차이즈산업의 건전성과 발전을 위해 반드시 필요한 것임에는 틀림이 없다. 이는 가맹본사(갑)에 대해 가맹점주(을)들의 권리를 보호하고 상생을 목적으로 한 균형 발전법이라 하겠다.

가맹사업법상 추가된 징벌적 손해배상제도는 허위정보제공, 기만적 정보제공, 부당거래의 거절에 한하여 3배의 범위에서 손해배상이 가능하게 되어 있다. 또한, 특수 관계에 의한 매출과 수익성을 공개해야 하며, 전용상품 공급에 따른 본사의 수익규모를 사전에 공개해야 한다. 참. 원칙적으론 동의하기 어려운 공정위의 결정이다.

허위 과장된 정보제공 사례는 객관적 근거 없이 가맹 희망자에게 예상수익 상황을 제공하거나 사실과 다르게 가맹본부가 최저수익 등을 보장하는 것처럼 하는 행위와 상권분석에 대한 사항이 확인되지 않은 정보를 제공하는 경우와 지식재산권의 거짓정보 제공 등의 조항으로 이루어져 있다. 모두 필요한 조항임엔 틀림이 없다. 하지만, 우리나라의 프랜차이즈산업의 현실을 직시할 필요성도 대두된다. 가맹본사가 가맹점 사업자들이 필요로 하는 정확한 정보와 자료를 제공하여 합리적 결정과 함께 상생을 위한 협업의 산업을 추구하는 기본적 취지에는 동감하지만, 아직도 국내 프랜차이즈 본사의 열악한 재무 상태와 전문성 부족을 고려한다면 시기적으로 일정한 준비기간이 필요하다고 생각된다.

금번 실시되는 조항 중 허위정보 제공에 따른 배상은 당연히 필요하다. 그러나 허위정보의 기준을 이미 실시하고 있는 정보공개서의 강화와 벌칙을 가중함으로써 해결이 가능하며, 기만적 정보 제공에 따른 손해배상은 업계에서의 퇴출과 징벌조항의 강화도 고려되어야 한다. 다만, 부당거래의 경우에는 다양한 내용을 들여다봐야 할 것이다.

모든 가맹사업은 성문법 기반의 계약서 기반형 사업이다. 계약서 소항 중, 본사의 의무와 권리조항이 있듯이 가맹점 또한 권리와 의무가 반드시 존재한다. 외식업의 경우, 원·부재료의 통일성과 조리 매뉴얼의 단순화를 통해 균일한 물품을 제공하는 사업이지만 일부 브랜드에서는 원·부재료의 공급과 수급으로 인한 법률적 다툼도 종종 발생하고 있다.

본사에서는 많은 시간과 자금을 투자해서 메뉴를 개발하고 제품을 생산하지만, 일부 가맹점주들은 가격, 품질, 시간 등의 이유를 들면서, 사용할 수 있고 없고를 본사와 다투고 있다. 그와 관련해서 출고정지와 가맹해지를 공공연히 남발하고 있는 것도 사실이다. 그러한 분쟁을 막기 위해 정보공개서와 표준약관에 전용상품과 비 전용상품으로 공급 상품의 중요도에 따라 구분하였다.

즉, 브랜드만의 통일성과 차별성을 유지하는 범위 내에서, 다만 전용상품과 비 전용상품의 판단기준의 애매함이 문제의 여지를 남기고 있고, 공정위가 해당 내용의 기준을 세부적으로 구분 작업을 하고 있지만, 사후 약방문과 같은 느낌을 지울 수 없다.

이번 공정위의 결정, 권고사항 중 프랜차이즈 본사의 수익성을 물류 마진 수익성 위주가 아닌 로열티 수익 위주로 그 기조와 정책을 바꾸라고 권고나 유도하고 있는 내용이다. 참 막막하다고 본사들은 느낄 대목이다. 공정위에서는 본사의 수익성을 물류마진을 통한 편취가 아닌 로열티를 징수하는 방법으로 변경하라고 윽박지르고 있다. 당연히 전체매출의 일정한 수준의 로열티를 징수하는 방식도 나쁜 방식은 아니다.

현재 미국(IFA)에서의 프랜차이즈 본사는 가맹점의 매출액 대비 일정 비율의 로열티를 징수하는 방식을 택하고 있다. 하지만, 우리나라의 환경은 미국과는 사뭇 다르다. 아직 로열티의 개념도, 로열티를 받을 수 있는 만큼의 전문성도 부족한 현실을 직시해야 한다. 따라서 우리나라에서는 좀 이른 감이 있다.

또한, 예상매출액 제공의 근거와 입증자료의 투명성과 정확성은 참으로 요원한 조항이다. 매출액을 규정하는 많은 외생변수들은 무궁무진하다. 대부분의 전문가들이 제시하는 것은 상권, 입지, 유동성, 경쟁환경, 소득수준, 연령분포, 차량유동성, 소비성향, 구매력 등, 참으로 많은 변수를 점검하고 분석해야 한다는 것이다.

다만, 그러한 문제를 인식하여 동일한 지역 내 가맹점 5개 지점의 매출 중, 상위 1개점, 하위 1개점의 매출을 제외한 3곳 매출의 평균을 제공하도록 규정하였다.

프랜차이즈산업은 국가의 핵심성장 동력이 될 수 있는 사업이다. 지난 40여 년 간 우리나라의 프랜차이즈산업은 많은 성장을 이루었다. 이제부터가 중요한 시기이다. 더욱 강화된 규제도 필요하지만, 프랜차이즈산업의 부흥을 위한 지원도 필요한 시점임을 인지해야 할 것이다.

프랜차이즈 차액가맹금 등의 정보공개서 기재 확대

앞으로 프랜차이즈 가맹본부가 구입요구 품목을 통해 수취하는 차액가맹금, 가맹본부의 특수관계인이 가맹사업에 참여하면서 취하는 경제적 이득의 내용을 정보공개서에 기재해야 한다.

이를 기반으로 하는 규정한 가맹거래법 시행령 개정안이 26일, 국무회의를 통과했다. 이번에 개정된 시행령 내용 중 정보공개서 기재사항 확대와 관련된 내용은 오는 2019년 1월 1일부터 시행되고, 점포환경개선비용 지급절차 개선, 심야영업 단축가능 시간 확대에 관한 내용은 공포된 날부터 즉시 시행된다.

<가맹거래법 시행령 주요 개정 내용(2018년 3월 26일 국무회의 통과)>
① 정보공개서 기재사항 확대 (안 별표 1. 개정)
  • 차액가맹금 관련 정보, 특수관계인 관련 정보, 판매장려금 관련 정보 등
② 점포환경개선비용 지급절차 개선 (안 §13의2⑥항 신설)
  • 가맹본부 또는 가맹본부가 지정한 자가 점포환경개선 공사를 한 경우 지급청구 불필요
③ 심야영업 단축시간 확대 및 그 판단기준 완화 (안 §13의3①항 개정)
  • 단축할 수 있는 심야영업 시간대를 1시간 확대하고, 그 판단기준을 3개월로 단축

공정위는 개정된 시행령 내용을 반영하여 '가맹사업거래 정보공개서 표준양식에 관한 고시'를 개정할 계획이다. 또 이번 시행령에 반영된 내용이 정보공개서에 정확히 기재될 수 있도록 공정위는 앞으로 가맹본부의 정보공개서를 심사하는 과정에서 면밀히 살펴볼 계획이다.

쓰레기통, 세제 등과 같이 브랜드 통일성과 무관한 단순 공산품까지 구입을 강제하여 점주의 비용부담을 높이는 행위에 대해서도 더욱 감시를 강화해 나갈 계획이다.

또한, 금년에 ▲가맹점단체 신고제 도입, 판촉행사에 대한 가맹점사업자의 사전동의 의무화 등 가맹점주의 권익보호 강화를 위한 가맹거래법 개정을 추진하고, ▲정보공개서 등록·심사업무의 지자체 참여 등 지난해 발표된 '가맹분야 불공정관행 근절 대책'의 실천 과제들도 차질 없이 이행해 나갈 계획이라고 강조했다.

출처 : 머니S(2018. 3. 28.)

7 정말 나쁜 프랜차이저(Franchisor)를 고발합니다!

> "참 나쁜 프랜차이저(Franchisor)가 많다. 엄밀히 말하면 나쁜 가맹 본사 보다 나쁜 사장이 많다는 말이 맞다. 역시 사람이 프랜차이즈산업에서도 중요하다."

국내 프랜차이즈 업계가 안팎으로 어려운 시기이다. 외형적으로는 연매출 150조원을 상회하고 있지만, 수준 낮은 가맹본사의 갑질은 여전하며, 가맹점주들과의 갈등은 지속적으로 증가하고 있다. 한국공정거래조정원에서 발표한 자료만 보더라도 지난해 분쟁 건수가 총 280건으로 전년에 비해 28% 증가했다고 하니 외형이 커진 만큼, 그에 걸맞은 내적 성장을 이루기에는 아직 갈 길이 멀다.

요즘 창업을 "목숨형 창업"이라고 한다. 그만큼 힘들고 어려운 현실을 대변하는 단어이다. 특히, 가진 것을 모두 털어 넣을 정도로 대부분의 창업자들은 대출도 모자라 제2금융권에서 자금지원을 받기도 한다. 그러한 현실에서 믿고 의지했던 프랜차이즈 본사가 도와주지는 못할망정 나 몰라라 하며 오리발을 내민다면 어느 창업자들이 성공창업자가 될 수 있을까?

필자가 그 동안 창업 현장에서 느낀 정말 나쁜 본사의 유형은 크게 3가지로 구분 할 수 있다.

첫째, '감언이설형'이다.

"정말 몸만 들어가서 영업만 하면 될 수 있도록 다 준비해 드리겠습니다.", "최고의 점포관리 전문가들이 가맹점주님의 사업을 책임지겠습니다.", "점포운영을 그만 둘 때는 권리금만 해도 두 배의 이익을 보장합니다.", "언제든지 말씀만 하시면 점포를 좋은 가격에 팔아 드리겠습니다.", "철저한 상권분석과 매출예측으로 성공창업을 보장합니다." 이러한 대화가 만연하고 있다.

가맹점 창업은 42가지의 결정이 필요한 중요한 사업이다. 그 많은 결정 중 하나라도 잘못되면 성공이란 단어는 물 건너 간 것으로 봐야 한다. 따라서 위에 열거한 내용의 감언이설을 하는 브랜드가 있다면, 절대 가맹을 해선 안 되며. 혹 결정을 한다면 반드시 관련 대화에 대한 확인서를 받아두어야 한다.

둘째, '나 몰라라형'이다.

가맹점 창업 계약을 마친 후 대부분의 일정은 점포실측⇨시설공사⇨창업교육⇨인허가사항 준비⇨현장교육⇨오픈 전 관리⇨오픈⇨오픈 후 관리⇨점포운영… 순으로 이루어진다.

보통의 경우 허가증, 사업자등록증, 보건증, 소방검열 등의 공부서류는 창업자가 직접 해당 관공서에서 교육받고 발급받아야 한다. 하지만, 누구나 창업이 초보일 때는 번거롭고 우왕좌왕할 수밖에 없으나 본사 직원의 도움을 전혀 받을 수 없는 경우가 다반사이다.

교육수준도 겨우 조리교육 정도를 1~3일 정도 교육하며, 그나마도 형식적, 고압적, 설렁설렁(?)하는 경우가 많다. 시설공사에 있어서도 시방서와 일정표, 도면(평면도, 측면도, 입면도, 천장도, 3D도면 등)을 꼼꼼히 점주와 사전확인 후, 시공하고 각 공정별 마감확인 등의 사전 조율이 필요할진데, 거의 본사 직원은 현장에 나타나지도 않고, 시설공사 작업 인부들만 있는 경우가 대부분이다.

처음 매장을 운영할 땐 누구나 초보이다. 이때가 정말 본사의 지원과 관심, 그리고 배려가 필요한 시점이다. 하지만, 담당자의 얼굴 보기도 어려울 뿐만 아니라 전화도 안 되는 경우가 많다. 또한, 인테리어나 집기 등에 대해 A/S 요청을 하면, 무조건 기다리란 대답만 하는 무책임한 본사도 비일비재하다.

프랜차이즈의 장점은 전문가(슈퍼바이저)들이 매장운영에 관한 수치분석과 대책수립을 지원하는데, 이를 통칭하여 슈퍼바이징이라 한다. 하지만, 자격 미달인 슈퍼바이저가 활동하는 본사도 꽤 있다. 단지, 본사 정책에 대한 지시, 감독, 통제의 기능만이 존재하는 본사를 말한다.

셋째, '독불장군형'이다

보통의 경우, 예비창업자 시절과 경력이 쌓인 후의 가맹점주 시절과는 차이가 많다. 그러나 창업 초기의 가맹점주 입장에서는 본사를 의지하고 기대려면 가급적 본사 직원과 잘 지내려 노력할 수밖에 없다. 그러한 점을 악용하여 마치 주종관계의 하인 다루듯 하는 본사나 직원들도 많이 존재한다.

즉, 일방적인 지시와 폭언 그리고…. 제품가격 등의 변화가 있을 때도 전혀 사전 협의 없이 언제부터 인상한다는 일방적 통보식의 강압을 의미한다.

따라서 창업은 매우 신중하게 철저히 준비해야 한다. 경우에 따라 최선이 아니면 차선을 선택할 수 있는 현명한 기지를 발휘해야 할 것이다.

 성공창업 포인트

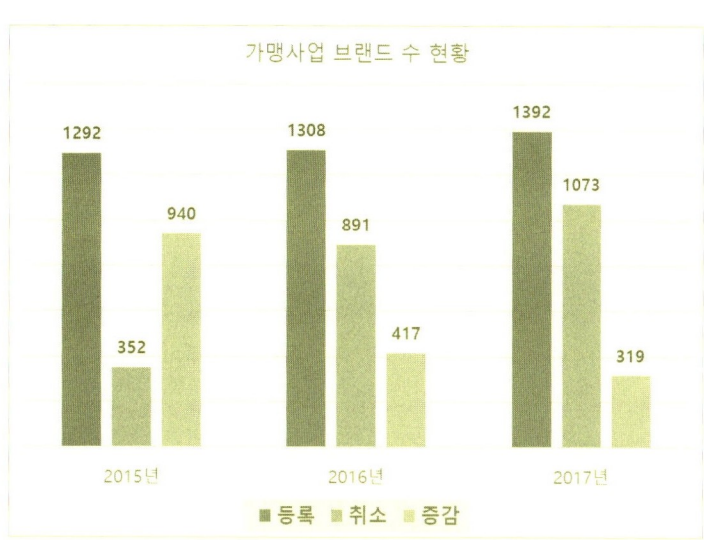

※ 매년 새로 약 1,300개의 브랜드가 새로 등록되고, 300개 이상의 브랜드가 취소된다. 특히, 2017년 취소된 브랜드 1,073개 중 공정거래조정원의 직권으로 340개의 브랜드가 등록 취소되었다.

※ 프랜차이즈 가맹점 성공창업을 위해서는 좋은 브랜드의 필수 조건을 반드시 점검해야 한다.

8 나쁜 프랜차이즈 vs 착한 프랜차이즈

> "프랜차이즈 사업의 기준은 가맹 사업법상 공개의 의무다. '정보공개서'와 '표준계약서'를 기반으로 한다.."

현재 프랜차이즈 사업을 하겠다고 등록된 브랜드는 2018년 상반기 약 5천 2백 여개이고, 매달 평균 약 100여개씩 생겨나고, 반대로 약 70여개씩 사라지고 있다.

신뢰와 상생을 기반으로 해야 하는 프랜차이즈산업이 최근에 몇몇 가맹 본사들로 인해 연일 많은 질타를 받았다. 성장하는 겉모습만큼 내실이 다져지지 않아 발생한 결과인 것 같아 프랜차이즈 전문가인 필자의 어깨도 무거움을 느낀다.

"옥석(玉石)을 가린다."라는 말이 있다.

즉, 돌 더미 속에서 보석을 가리는 것처럼 그 기준은 상품의 가치와 희소성에 대한 판단을 의미한다. 오랫동안 지속되어 온 좋지 않은 경기상황과 고용사정에 따라 여전히 많은 소시민들이 생계를 위해 창업시장에 도전하고 있지만, 프랜차이즈 브랜드는 약 5천 여백여개가 등록되어 있는 만큼 창업자들 스스로가 어느 프랜차이즈가 우수한지를 판단하기가 쉽지 않다.

정답은 수많은 브랜드 중 유명한 브랜드가 반드시 우수하지 않다는 것이 사실이다. 비근한 예로 국내 유명 B치킨전문점은 유명도에 비해 가맹점주들의 원성이 자자하다. 이러한 원성을 토해내고 한숨을 쉬기 전에 실패하지 않는 창업을 위해서 우수한 브랜드의 가치기준을 반드시 따져봐야 한다.

지나친 개설광고, 높은 수익성 표방, 조기계약 강요, 매장운영 프로그램 미흡, 직영점 미운영, 홈페이지에 게시판 기능 삭제, 폐업지원 프로그램 전무, 영업조직 비대 등이 표면적으로 도출되는 곳이 나쁜 프랜차이즈라고 보면 된다.

반면, 착한 프랜차이즈라 할 수 있는 브랜드의 한 예를 들면, 닭강정 브랜드 가마로강정이 실시하고 있는 점주협의체운영, 점포회생 프로그램 활성화, 전문인력 확보, 직영물류와 제품개발인력보유, 사장의 현장 경영원칙 시행, 홈페이지에 게시판 기능이 활성화되고 있는 등이 가맹점주나 예비창업자들이 믿고 따를 수 있는 브랜드라고 볼 수 있다. 이 외에도 또 착한 프랜차이즈로 볼 수 있는 곳이 세탁편의점 브랜드 월드크리닝의 경우는 점주와 상생을 위하여 브랜드 마케팅비를 전액 본사가 부담을 하고 있으며, 매주 우수 가맹점을 대상으로 점주의 날 행사를 진행하고 있다. 점주의 날 행사에는 본사의 담당 슈퍼바이저와 본사 직원들이 참여하여 하루 동안 가맹점주를 위해 매장 청소부터 유동고객에 대한 가두 판촉 및 전단배포 등의 행사를 실시한다.

이처럼 가맹본사에서 가맹점이 함께 성장해야 한다는 인식이 건강한 브랜드들이 프랜차이즈산업을 이끌어 간다고 할 수 있다.

프랜차이즈산업은 원칙적으로 상생에 기반을 둔 협업사업 형태이다. 따라서 본사의 의무와 역할 중 가맹점에 대한 지원과 관리, 지속적인 마케팅과 상품 개발을 통하여 가맹점에게 운영상 지원과 관리지도가 생명이라 할 수 있다. 또한, 가맹점도 본사의 목표와 전략을 이해하고 현장에서 협업을 통해 브랜드의 성장과 함께 매출 극대화를 위한 책임과 의무를 준수해야 한다.

최근 공정위에서 "을의 눈물"을 위한 갑질을 하는 본사에 대한 강력한 드라이브와 제재를 가하고 있다. 이는 가맹사업법이라는 관련법규의 개정을 통해 합법적으로 시행되어지는 투명한 프랜차이즈산업을 위한 조치라 하겠다.

반면, 이러한 시책을 오인하여 오히려 '을'이 오만한 행위를 하는 가맹점도 발생되고 있다. 당연히 프랜차이즈는 계약 기반형으로 사업자 간의 협약이 기준이다. 그것을 가맹계약서라고 단정을 지을 수 있다. 따라서 가맹점 사업자도 반드시 계약서 내용을 준수, 실천해야 한다.

계약조항을 부정한다면 그는 가맹계약을 파기하고 독립창업으로 전환하는 것이 좋을 것이다. 왜냐 하면, 본사로부터 편의와 지원은 받으려고만 하면서 가맹점주로서의 의무와 역할을 회피하려고 하기 때문에 협업적 사업 파트너로서의 지위를 스스로 포기하는 것과 같기 때문이다.

한 가지 더 살펴봐야 할 것은 무엇보다도 브랜드의 건실도와 전문성을 검토해야 한다. 재무제표 상의 연구개발비와 교육훈련비의 투자, 그리고 점포당 수익성을 보면 해당 브랜드의 건실도를 알 수 있다. 그리고 가맹본사의 대표이사는 물론, 본사직원들의 업계경력과 업무에 대한 전문성, 관련된 투자 여력 등도 꼭 점검해 봐야 한다. 착한 브랜드들은 먼저 가맹점과의 상생전략을 실천하는 실행 프로그램을 반드시 가지고 있다.

　브랜드에 대한 포장과 치장에 뛰어난 브랜드들이 우수하다는 일반적 시각이 부실 브랜드와 부실 가맹점을 양상시킨다는 사실을 명심해야 한다.

출처 : ㈜마세다린 - 가맹점협의회 정기회의

9 갑질의 프랜차이저(Franchisor)와 기업가 정신

"프랜차이저의 갑질에 대한 사회적 분노는 그 수위가 대단하다. 가맹본사는 가맹점주의 눈물을 보듬으려는 노력이 필요하다."

기업은 이윤 추구도 목적이지만, 그 보다 더 중요한 것은 사업의 영속성이다. 그리고 기업의 생존과 성장을 통하여 고용을 창출하고 국민경제를 발전시키는 사회적 책임의 완수가 중요하다. 최근 공정위의 법률 강화와 갑질 논란으로 프랜차이즈 기업들도 전환기를 맞은 시점에서 기업의 사회적 책임이라는 중요한 사명에서 제외될 수는 없다.

기업경영에서 목적과 영속성을 실현하는데 가장 중요한 것이 기업의 경영이념이며, 경영이념은 경영자의 직업관을 기본으로 한다. 경영이념은 경영자가 품고 있는 신조(creed), 신념(belief), 이상(ideal), 이데올로기(Ideologie) 등의 가치를 말한다. 따라서 프랜차이즈 기업가도 합리적이고 미래지향적인 경영이념이 있어야 한다. 기업가의 경영이념과 자질은 기업성장에 직간접적으로 많은 영향을 미친다. 성공하는 기업가의 자질에 대해서는 많은 사람들이 주장하는 바에 의하면, 공통적인 것은 정직성, 공정성, 지성, 솔직성, 대담성, 신뢰감, 협동성, 창의력, 배려, 결단력, 야망, 자제력, 독립성 등으로, 우리나라의 경우 종업원에 대한 인간적 배려를 중시하는 인간 중시의 경영과 솔선수범하는 자세 등을 경영자의 중요한 행동 특성으로 꼽고 있다. 다음의 기업가 자질을 살펴보자.

첫   째, 기업이 당면하고 있는 문제에 대해 신속하게 올바른 판단을 내릴 수 있는 능력이 있어야 한다.
둘   째, 새로운 아이디어나 색다른 관점을 포용할 수 있는 개방적 심성이 필요하다.
셋   째, 조직의 대표로서 권력욕구 보다는 성취욕구를 위해 행동하며, 정서적으로 안정되어 있어야 하고, 정직과 신뢰를 바탕으로 임해야 한다.
넷   째, 수직 하달보다는 수평적으로 적절하게 사람을 다룰 수 있어야 한다.
다섯째, 기업경영과 관련된 전문지식을 반드시 갖추어야 한다.

특히, 프랜차이즈 기업은 다른 일반기업 경영과는 매우 다르기 때문에 프랜차이즈 기업가는 프랜차이징(Franchising)에 대한 전문지식은 물론이고 일정기간 경험을 쌓은 후에 시작하는 것이 바람직하다. 그리고 대외적으로 자신의 기업과 경영능력을 과시하기 위해 많은 돈을 사용해서는 안 된다.

특히, 우리나라의 프랜차이즈 기업가들은 대외적으로 과시하기 위하여 너무 많은 돈을 사용하는 경향이 있다. 즉, 좋은 건물의 화려한 사무실과 고급 승용차, 박람회에서의 넓은 부스 사용, 비싼 광고비 등은 프랜차이즈 사업을 하는 사람들에게는 사실 불필요한 것들이다. 물론, 나름대로 이유가 있겠지만, 현재 우리나라 프랜차이즈 본사 최고 경영자들의 일부는 하지 말아야 할 것과 하여야 할 것에 대하여 잘 모르고 있는 듯하다.

프랜차이즈 기업도 큰 사업임에는 틀림없다. 자선사업을 하는 것이 아니다. 분명 이윤을 생각하고 사업계획을 세우면서 브랜드 가치를 높이는데 주력해야 하지만, 이윤을 추구하는데도 정도(正道)는 있는 법이다. 이를 무시하고서는 프랜차이즈 기업을 경영한다고는 할 수 없고 기업가라고 할 수가 없다.

하지만, 사회적 기업으로서의 의무와 역할을 위해 고민하고 노력하는 프랜차이즈 기업의 대표들도 많이 존재한다. 직원들의 복지를 위해 개별 적금을 시행하는 대표, 점주나 종업원들의 학비를 전액 또는 일부분을 지원하거나 사회적 약자들을 위한 창업학교나 지원제도를 실천하는 대표도 있으며, 매월 지역적으로 소외기관이나 단체에 크고 작게 지원을 실시하는 등, 좋은 일을 알게 모르게 실행하는 대표들도 있다. 이와 같은 사례는 많이 있다.

그러나 그동안 프랜차이즈 기업들의 운영실태는 최악이었다. 라고 한다. 하지만, 일부 프랜차이저(Franchisor)의 갑질 등으로 인하여 2018년은 참 어려운 한 해를 보냈다. 연일 공정위의 서슬퍼런 조사와 가맹법 개정을 통하여 모든 프랜차이즈 기업을 옥죄어왔고, 또한 무엇보다 최저임금 인상으로 매출부진과 함께 임대료 상승 등에 의한 가맹점 경영환경의 어려움이 고스란히 가맹본사의 경영악화로 나타났다.

프랜차이즈 가맹본사와 가맹점들은 사회적인 분위기 탓으로 돌렸다. 일부 인지도 높은 브랜드들도 수개월이 지나서야 신규 가맹점 개설을 할 수가 있을 정도였다. 하지만, 이런 와중에도 브랜드 가치가 높은 기업들은 코스닥에 상장하기도 했다. 이는 프랜차이즈 운영 시스템이 잘되어 있기 때문이다.

따라서 프랜차이즈산업의 준비와 시작은 오랜 시간이 걸리더라도 철저하게 준비하여 10년, 20년… 영속할 수 있는 프랜차이즈 시스템과 브랜드를 만들어 우리나라도 세계적인 브랜드를 가질 수 있도록 올바른 기업가 정신이 무엇인지 깊이 고민해야 할 것이다.

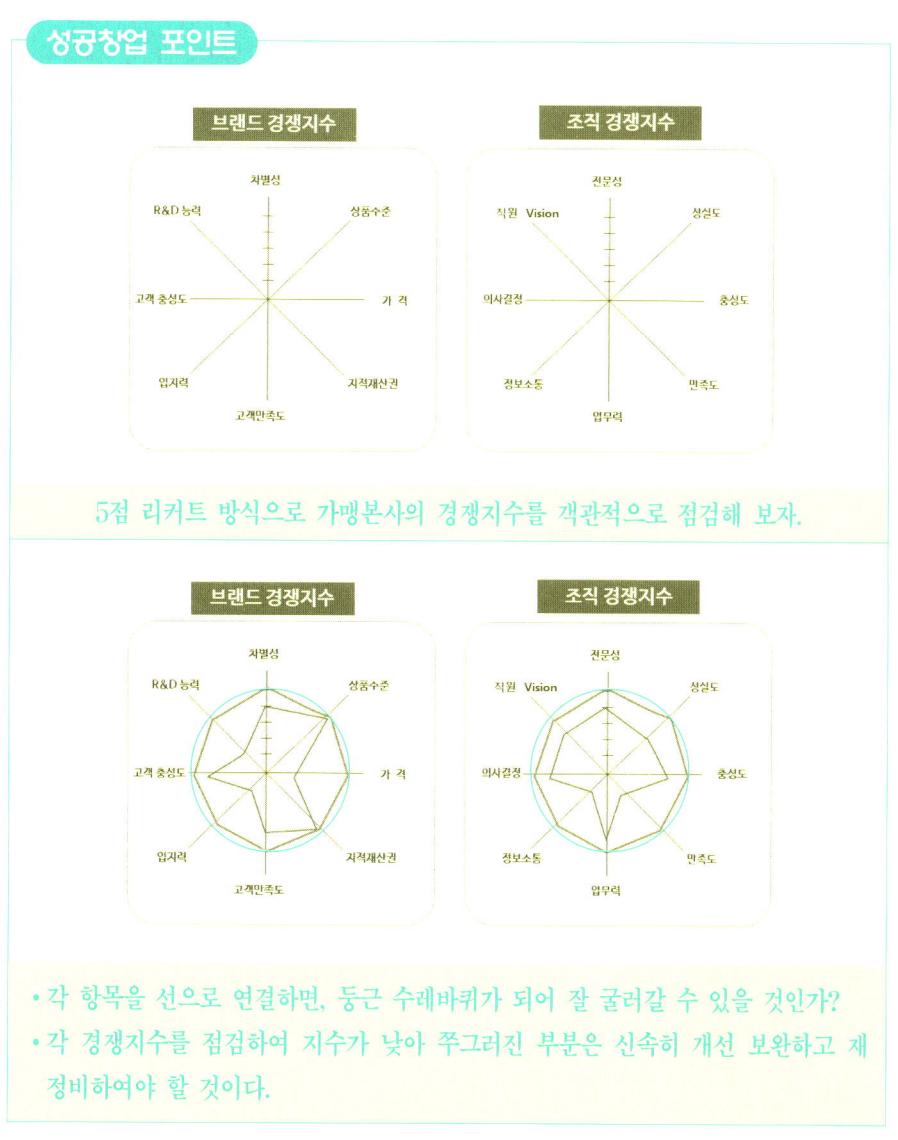

10 가맹점과 상생경영을 추구하는 참 좋은 브랜드도 있다

> "가맹점과의 협치와 협업은 브랜드의 성장과 발전의 근간이다."

프랜차이즈 가맹점 창업은 다양한 창업 조건을 검토하고 점검해 봐야 한다. 많은 창업자들은 유명한 브랜드가 성공창업을 담보한다고 믿는 경향이 많다.

물론, 브랜드의 인지도나 상품에 대한 익숙함이 초기 운영시 고객들의 인지도나 흡인력을 발휘할 수는 있다. 하지만, 창업시장에서는 인지도의 유명함과는 정비례하지는 않는다.

인지도란? 노출의 빈도에 따른 고객들의 시청각에 익숙함을 의미한다. 소위 유명한 브랜드들은 연예인이나 스포츠 스타를 모델로 하여 많은 매체에 브랜드와 상품을 홍보한다. 따라서 그 브랜드와 상품이 매체를 통해 잦은 노출로 인하여 고객의 입장에선 친근함이 극대화되었기 때문에 인지도(Awareness)가 높다.

인지도를 위한 투자는 당연히 1차 고객인 창업예비자들에게 성공의 환상을 줄 수 있는 광고가 될 것이고, 2차 고객인 소비자에게는 구매력과의 상관관계를 가질 수 있다.

그러나 유명한 브랜드라고 반드시 상생을 실천하는 유망브랜드라는 편견은 지워야한다. 상생이란 서로의 목적 달성과 궁극적으로 수익성의 분배를 위한 공정한 운영을 하는 것이 필요하다. 그렇다면 어떤 브랜드의 조건이 상생을 위해 필요할까? 맞아 죽을 각오로 좋은 브랜드의 조건을 나열해 본다.

첫째, 가맹점 지원인력이 전문성과 효율성을 탑재해야 한다.

프랜차이즈는 가맹점과 상생하는 지원시스템이다, 고로 전문 지원인력의 적정성과 전문적 경영분석능력, 마케팅 지원능력은 필수사항이다.

예를 들면, 치킨&강정 전문점 "가마로강정"을 운영하는 마세다린은 가맹점과의 상생은 직원들의 전문성을 회사의 모토로 전체 직원들이 관련 교육을 받고 자격증을 취득하도록 하고 있다. 따라서 프랜차이즈지도사, 서비스경영지도사,

슈퍼바이저, 상권분석전문가 등, 관련 교육을 받고 자격증을 취득한 전문가들로 구성되어 실질적으로 가맹점을 효율적으로 직접관리를 실시하고 있다.

또한, 커피전문점 "이디아"는 점주자녀와 아르바이트 직원들의 학비를 지원하는 정책을 통해 상생노력을 실시하고 있다.

맥주전문점 "바보스"는 직원들에게 업무의 전문성을 위해 외부 교육기관의 교육비 전액을 지원하는 제도를 시행중이다.

치킨전문점 "서기치킨"은 직원들의 조리와 매장관리의 전문성을 위해 일본 등, 선진 외국의 브랜드 연수를 무료로 실시하고 있다.

본사로서 이러한 지원정책은 쉽지 않은 일들이다. 본사의 수익성만을 생각한다면 감히 흉내조차 내기가 어려운 정책들이다.

둘째, 서비스 가격의 권장 가격제를 실시해야 한다.

가격은 소비자의 충성고객 확보전략 시 매우 중요한 요소이다. 지역과 계절, 경쟁관계를 무시한 일률 가격제는 오히려 가맹점주의 생존권과 경쟁력을 저하시키는 요인이다.

따라서 전체 상품 중 70%는 일률 가격을 적용하되 나머지는 입지와 경쟁정도 등을 고려해 자율성을 어느 정도 보장해줘야 상생적 관리체계라 할 수 있다.

예를 들면, 세탁전문 브랜드 '월드크리닝'은 지역별 서비스 가격의 단계별 차등 적용을 실시하여 고객들로부터 좋은 반응을 얻고 있다. 즉, 품목별, 요일별 지역의 경쟁력과 계절별 지수에 따라서 가격의 차등화는 고객의 선택적 효율성을 높이고, 고객 서비스 만족을 극대화하는 좋은 경영전략이다.

셋째, 고객 맞춤형 개설 지원제도를 시행해야 한다.

보통의 브랜드 개설기준은 동일한 기준을 적용한다. 창업자의 환경과 자금 그리고 상권의 특징에 따라 고객 맞춤형 개설조건을 탄력적으로 운영해야만 협치적 상생관계의 상호 호환적 시스템이라 할 수 있다.

예를 들면, 국수 덥밥 전문점 "국수시대 바베더퍼"는 개설조건을 창업자의 창업환경과 창업자금에 따라 다양한 맞춤형 개설정책을 실시하고 있다.

즉, 인테리어 비용을 절감하고 기존 집기와 시설을 재활용하는 이코노믹 창업으로 경기의 하락과 불안한 창업시장에 또 다른 경제적이고 합리적 창업지원 사례이다.

넷째, 점포회생 프로그램과 폐점지원 프로그램을 시행해야 한다.

근본적으로 프랜차이즈 가맹점 창업은 본사의 역할과 지원을 기본으로 창업자들이 선택하는 것이다. 따라서 가맹점 운영 중, 여러 가지 문제가 발생했을 시 다양한 지원과 해결을 본사에 의지할 수밖에 없다.

문제 발생에 대한 최고의 가맹점 지원체계는 경쟁점포 출현, 상권의 변화, 매출의 급격한 하락, 점주의 신상 문제발생 등의 심각한 문제이다. 이러한 문제 발생시 지원체계가 반드시 필요하다.

또한, 가맹계약 만료 시에 어떠한 지원으로 본사에서 도움을 주느냐 하는 것도 중요한 과제다. 예를 들어, 친환경관리 브랜드인 "반딧불이"는 가맹점을 위한 지원 프로그램을 운영하여 모든 문제에 대하여 전 가맹점에 상생 지원하고 있는 우수한 사례라 할 수 있다.

11 가맹사업, 과연 상생할 수 있는 방법은 없는가?

> "공정거래위원회의 가맹사업법 위반 행위에 대한 기준은 표준계약서와 정보공개서 항목이다."

연일 프랜차이즈에 대한 좋지 못한 소식들이 전해지고 있다. 그 내용들을 종합해 보면 '갑질', '보복출점', '통행세', '일방적 통제', '강요' 등이다. 모두 가맹본사의 절대적 권한에 의한 약자의 의무항목 때문이다. 그러한 중심엔 프랜차이즈 사업이 성문화된 계약서 기반의 갑·을 관계의 사업형태에서 비롯된 것이다.

작금에 공정위로부터 과징금이나 시정명령을 받은 브랜드가 많이 나타나고 있다.(2017년, 2018년) 특히, 본사에서 가맹점에 보상하라는 판결이 봇물을 이룬다. 내용을 살펴보면 표준계약서 내용과 정보공개서의 내용에 대한 위배사항 때문이다. 그 사례를 살펴보면, 전용, 비전용 상품에 대한 기준 미준수, 전용상품에 대한 해석의 불균형과 함께 구입 강요에 따른 불공정 행위로 주류나 음료의 지정 브랜드 사용에 의한 수수료 착복, 가맹사업법상 기준 고시된 항목에 대한 미준수 여부 등으로 가맹본사에 시정명령 또는 과징금을 부과했다.

현재 우리나라 자영업 시장은 포화상태라는 지적을 받고 있다. 통계청 자료에 의하면, 올해 전체 취업자수 2,674만 명 중, 비임금 근로자는 686만 명으로 25.6%에 달한다고 했다. 반면, OECD국가들의 평균은 15% 미만이다. 수요에 비해 공급이 너무 많아 공생하기가 힘든 환경을 가지고 있다는 반증이기도 하다. 또한, 창업자 중, 종업원을 둔 자영업자는 22%에 불과하다. 나머지는 나홀로 사장이거나 가족이 함께 하고 있다.

그만큼 창업시장은 어려움을 지나 암울하기까지 하다. 특히, 7,530원으로 대변 되어지는 최저임금 인상은 더욱 그러하다. 그러나 많은 창업자 들이 소위 "목숨형 창업" 전선에 합류하고 있는데, 이들은 당연히 노하우나 경험부족으로 어쩔 수 없이 프랜차이즈 가맹점 창업을 선호할 수밖에 없다.

가맹점 창업은 철저한 계약서 기반형 사업이지만, 대다수의 창업자들은 가맹사업법이 정한 계약 전 사전에 제공 의무사항인 "정보공개서"나 "가맹계약서"를 자세히 살펴보는 경우는 극히 일부일 뿐이다. 이러한 현실 속에 악순환을 개선할 방법은 없는 것일까?

먼저, 프랜차이즈 가맹사업자에 대한 허가제를 실시한다는 것이다. 즉, 일정한 조건과 업력 그리고 전문성과 공정성을 기준으로 사전 심의와 허가기준을 강화해야 한다는 것이다. 또한, 가맹계약서의 세부항목에 대한 철저한 검증과 통제 조항을 조목조목 심사를 통해 갑질로 야기될 수 있는 항목에 대한 사전 점검 시스템의 도입도 절실하다. 이는 공정거래위원회의 필요한 역할이기도 하다.

아울러 논란의 중심에 있는 가맹금의 범위와 전용상품과 비전용 상품에 대한 명확한 기준도 필요하다. 예를 들어, 대법원 판례를 보면, 특정 브랜드의 콜라와 사이다는 전용상품이고, 또 특정 브랜드의 맥주는 비전용 상품이라는 해석도 있듯이 그 기준이 모호한 사례가 많다.

한국프랜차이즈산업협회가 발표한 "자정실천안"을 업계 스스로의 자성과 상생 노력, 솔선수범으로 반드시 실천되어야만, 피눈물 흘리는 가맹점 사업자의 눈물을 멈추게 할 수 있을 것이다.

> **TIP**
>
> **가맹점주 및 창업자에 대한 가맹본부의 정보공개 강화**
>
> 1. 『구입 요구 품목의 차액 가맹금』에 대한 정보공개 대상에서 자체 생산품은 제외(차액 가맹금 수취여부, 가맹점주 1인당 연평균 차액 가맹금 지급액수 등 공개)
> 2. 『구입요구금액』에 관한 정보는 공개 의무자에게 편의점 등, 종합 소매업종은 제외(차액 가맹금 수취여부, 공급가격, 상·하한가 등)
> 3. 공개되는 『특수관계인 매출액』은 구입 강제품목 관련 가맹사업 매출액으로 한정
> 4. 『다른 유통채널』을 활용한 상품·용역의 공급 계획은 공개 대상에서 제외(정보공개서 제공 당시에 존재하고 있는 공급 현황만 공개)
> 5. 『심야시간 단축 가능시간』을 현행 01~06시 방안에 대해 24시~06시 방안 추가

12 "피자, 치킨값을 떨어뜨려서 감사합니다" 라는 덕담의 속뜻은?

> "소비자 판매가격은 시장가격 결정방식에 맡겨야 한다. 정부나 기관에서 조정이나 관여는 기본적으로 시장의 자율경쟁 질서를 위반하는 행위이다."

"공정위는 물가관리기관이 아니다.", "그런 차원에서 시장에 개입하는 일은 없을 것이다" 지난해(2017년) 6월 기자 간담회에서 밝힌 공정거래위원장의 말이다. 그러나 현실은 철저히 시장경제 기반을 흔들고 있다.

공정위는 지난해 7월부터 프랜차이즈업체 실태조사와 함께 소비자 가격인상을 못하게 하였다. 또한, 정부에서도 다양한 압박수단과 무 개념적 사고를 통해 소상공인들의 생존권을 인위적으로 강제하고 있다.

자영업자들의 경상비 중, 가장 높은 비중을 차지하는 것은 당연히 인건비와 임대료이다. 오히려 임대차보호법과 각종 세금, 수수료를 인하하여 인건비 상승에 따른 부담을 줄일 수 있는 상쇄효과가 필요하다. 그런데 무작정 판매가격 인상을 물리적으로 억제한다면 약 540만 자영업자의 수익을 정부가 책임질 것인가? 역대 어느 나라에서 소비자 판매가격을 강제한다는 것인가? 그러한 발상은 과연 민주주의인가를 의심케 한다. 특히, 공정한 시장경제를 확립하겠다는 공정위의 처세도 의심스럽다. 공정위에서 평소 강조하는 '공정한 시장경제'가 실현되려면 우선 시장의 현실과 법칙에 따라 움직이는 '시장경제'부터 보장돼야 할 것이다. 소비자 판매가를 결정하는 방법은 다양한 이론과 방법이 존재한다. 보통의 경우, 원가와 경상비용에 적당한 마진을 결합하여 판매가격을 결정한다. 또 다른 방법은 비슷한 시중 경쟁상품의 가격을 비교하여 진입 초반이거나 브랜드력이 경쟁상품에 비하여 떨어질 경우, 기존 상품의 가격보다 10~20%를 인하하여 고객의 구매력과 매출신장을 위한 가격결정을 하는 것이다. 마지막으로는 다양한 마케팅과 판촉을 통해 가격의 동일함을 각종 프로모션으로 고객의 소비력을 증대시키는 방법으로도 시행되어 진다.

하지만, 정부가 그것도 공정거래위원회라는 공정(公正)을 기본으로 표방하는 기관에서, 그 기관의 장이라는 사람이 어찌 시장가격을 통제하려고 하는지 도무지 이해할 수 없다. 시장가격은 자연스럽게 시장에 맡기고 가격의 흐름이나 독점적 형태에 의한 담합 등을 감독하는 본연의 기능에 집중해야 할 것이다.

자유시장경제의 원칙은 자율적 운영과 시장구조의 선순환에 대한 이해로부터 시작된다. 특히, 가격이란 자유시장 경쟁에서 공급자가 취할 수 있는 가장 강력한 전략적 무기이자 홍보 수단이다. 그러한 차별화할 수 있는 전략의 핵심을 정부에서 통제하겠다는 발상이 참으로 경악스럽다. 판매가격을 올리는 브랜드에 대하여 세무조사나 직권조사를 하겠다는…

가격은 원가와 함께 기업들이 가지고 있는 경상비를 반영한 채산성을 고려하여 결정하는 것인데, 최근 자영업자들 판매마진이 원가를 제외하면 순수마진이 아주 미약하다고 한다. 소위 어쩔 수 없이 팔고 있다는 볼멘소리뿐이다. 공정위는 제발 제대로 현 상황을 이해하고 판단하길 바랄뿐이다.

공정거래위원회는 정부 각 부처들이 오히려 최저임금 인상에 따른 소상공인의 부담을 덜기 위해 여러 현상을 세세히 살펴 신중하게 좀 더 준비하고 대책을 세워야 함에도 여전히 현실을 반영하지 못한 탁상행정에 대한 경종을 울리는데 집중하길 바란다. 올해 최저 임금 16.4% 인상이 자영업자들에게 시름과 한숨, 나아가 폐업에 직면한 엄청난 현실임을 직시해야만 한다.

제발…

세계일보

공정거래위원회가 프랜차이즈 기업들에게 제품원가와 영업이익 등 경영 전반에 대한 정보공개를 요구하고 나서 업계가 크게 반발하고 있다. 정부가 기업에 원가공개를 요구하고 나선 것은 초유의 일로, 법조계는 헌법에서 보장하는 기업의 자율성 등을 침해하는 행위로 위법소지가 있다고 지적한다. 27일 프랜차이즈 업계에 따르면 공정위는 최근 치킨·피자·커피·분식·제빵 등 외식업종 50개 가맹본부에 제품원가와 가맹점 공급가 등을 제출할 것을 요구했다. 공정위가 업체에 보낸 '필수 물품 관련 서면실태조사'를 보면 △품목명 △제조사 △단위 △매입단가 △공급가격 △거래 형태 등에 대해 상세히 기록할 것을 주문했다. 구체적인 가이드라인까지 제시했다. 제출기한을 8월9일로 못 박았고, 자료를 제출하지 않거나 거짓 자료를 제출할 경우 5,000만 원 이하의 과태료 처분을 받을 수 있다고 경고했다.

공정위의 '엄포'는 여기서 그치지 않는다. 공정위 가맹거래과 공무원이 직접 업체에 전화를 걸어 압박 수위를 높인 것으로 확인됐다. '경제검찰'로 불리는 공정위 측의 요구에 대해 업체들은 당혹감과 함께 불만을 토로하고 있다.

설문조사 설문지

[영업표지 :   ]

1. 귀사의 가맹사업자들이 반드시 귀사로부터 구입해야 하는 물품(이하 '필수물품'이라 한다)에 대한 다음 내역을 작성해 주십시오.

(기준 : 2016. 12. 31.)

구분	품목명	제조사	단위	매입단가(원)	공급가격(원)	거래형태 (자체제작/주문생산/일반 공산품)
초도	오븐기	㈜대성	1ea	700,000 (680,000~720,000)	800,000 (780,000~820,000)	일반 공산품
초도	반팔티셔츠	㈜세종사	1ea	7,000	10,000	주문생산
:	:	:	:	:	:	:
계속	식용유	㈜오뚜기	18L	10,000	13,000	일반 공산품
계속	샐러드 용기	㈜케이엘	50ea	50,000	70,000	주문생산
:	:	:	:	:	:	:

공정위가 프랜차이즈 기업들에 보낸 '필수 물품 관련 서면실태조사' 목록.

A프랜차이즈 관계자는 "정부가 원가를 공개하라는 것은 (시장경제에서) 가격을 통제하겠다는 것과 마찬가지다"며 "이는 시장경쟁을 촉진해 원가 경쟁력을 갖추고 이 혜택이 소비자에게 돌아갈 수 있도록 감시해야 하는 공정위 본연의 업무와 맞지 않는다."고 비판했다.

실제로 2011년 관세청이 커피(아메리카노) 한 잔의 원가를 123원이라고 공개해 파장을 일으켰다. 커피 원가 123원은 물류비, 인건비, 임차료, 부자재 가격, 각종 세금 등을 모두 뺀 원두(10) 원가다. 당시 아메리카노 한 잔을 4,000~5,000원에 팔던 커피전문점들은 '폭리를 취한다'는 소비자들의 항의에 시달렸다.

법조계에서도 우려의 목소리를 내고 있다. 조현구 변호사는 "정부가 기업에 원가 등을 공개하라는 것은 헌법에서 보장하고 있는 기업의 자율성을 침해하고 재산권 보장을 위반하는 중대 위법행위"라며 "특히 김밥, 피자, 치킨 등 소비생활과 밀접한 프랜차이즈 업체의 '영업비밀'이 일반에 공개될 경우 그 파장은 걷잡을 수 없을 것"이라고 우려했다.

출처 : 세계일보(2017. 7.27.)

13 창업 아이템은 끊임없이 진화한다

> "창업 아이템은 끊임없이 진화한다. 진화의 예측은 결국 소비자의 소비성향 분석이 정답이다."

창업시장을 주도하는 아이템은 끈임 없이 변화하고 진화하고 있다. 경제상황이나 사회적 이슈나 트렌드 또는 유행에 민감한 아이템들이 수시로 출현했다가 출몰하는 중에도 장수 아이템이 있는가 하면, 반짝 아이템으로 전락하기도 한다.

경제상황에 따라 저가형 외식업소가 봇물을 이뤄 저가격을 무기로 한 삼겹살집, 치킨전문점, 김밥전문점들이 많이 나타나기도 했다. 또한, 스트레스 해소에 좋다는 매운맛 열풍이 몰아치면서 불닭을 비롯한 매운 음식의 인기가 대세를 이루기도 했다. 그리고 저가격 생활용품 전문점 다이소는 현재도 인기를 구가하고 있는 중이다.

지금 저가격 아이템과 함께 건강을 생각하는 아이템들도 꾸준히 증가하는 추세를 보이고 있다. 따라서 무엇이든 몸에 좋은 것과 환경을 생각하는 아이템들의 급격한 성장도 예상되고 있다. 또한, 향후 창업시장에서 경제력과 구매력을 갖춘 여성과 노년층을 겨냥한 아이템을 주목할 필요가 있다.

특히, 여성들은 소비생활을 주도하는 계층으로서 여성의 사회적 영향력은 점점 확대되고 정치·사회·경제·문화 등, 여러 영역에 걸친 여성의 역할 증대는 이미 마케팅의 한 축으로서 자리를 잡고 있다. 20~30대 여성이 이러한 '여심마케팅'의 주요한 소비시장으로, 장년층이나 청소년층과는 달리 자기만족도가 높으면서도 경제력을 구비하고 있어 매력적인 시장이다.

또한, 고령화 사회로 진입하면서 '실버산업'이 블루오션 아이템으로 부상하고 있으며, 60세 이상의 실버세대들은 직장에서 퇴직하여 부업을 하는 경우가 대다수이고, 레저 등의 여가, 건강, 이성에 대한 관심이 높다. 따라서 실버계층을 겨냥한 관련업종이 새로운 유망 아이템으로 떠오르고 있다고 전문가들은 지적하고 있다. 뿐만 아니라 창업시장에서 '녹색바람'도 거세질 전망이다. 친환경적인 요소를 소비의 기준으로 삼는 그린 컨슈머(Green Consumer)가 새로운 소비

세력으로 떠오르고 있으므로 녹색 소비혁명이 창업의 모든 업종으로 이어지고 있다. 따라서 친환경도 창업 아이템의 하나로 자리 잡고 있다.

'그린 마케팅'은 대기업에서 시작하여 점차 소규모업체에까지 영향력을 확대할 것으로 예상되고 있는 즈음, 진드기 퇴치, 청소전문업 등의 분야에 대한 관심도 높아지고 있는데, 최근 가정의 먼지나 진드기 등이 해충을 퇴치하는 업종도 등장하고 있다. 이처럼 창업 아이템의 순환주기를 잘 살펴보면, 앞으로 등장할 아이템의 예상도 그리 어려운 일은 아닐 것이다.

한국창업경영연구소(www.icanbiz.co.kr)의 설문내용을 종합해 보면 "빠르게 변하는 소비심리와 치열한 생존경쟁을 이겨내기 위해서는 사회 트렌드에 부합하는 아이템 선정이 필요하며, 변화하는 사회 트렌드에 부합되는 창업 아이템을 분석해 보면 그 중요성을 알 수 있다"고 말했다.

이와 함께 "각 업종별이나 아이템별로 정도의 차이는 있겠지만 고객 유치로 인한 매출증대가 창업의 기본 목적인 이상 앞으로는 소비 트렌드에 부합하는 창업전략을 세우는 것이 무엇보다 필요하다"고 강조했다.

아이템의 진화는 곧 소비자들이 즐기며 좋아하는 변화를 대변하는 자료이기도 하다. 따라서 소비자의 구매심리와 행동의 변화를 파악하고 분석하는 노력이 필요하다.

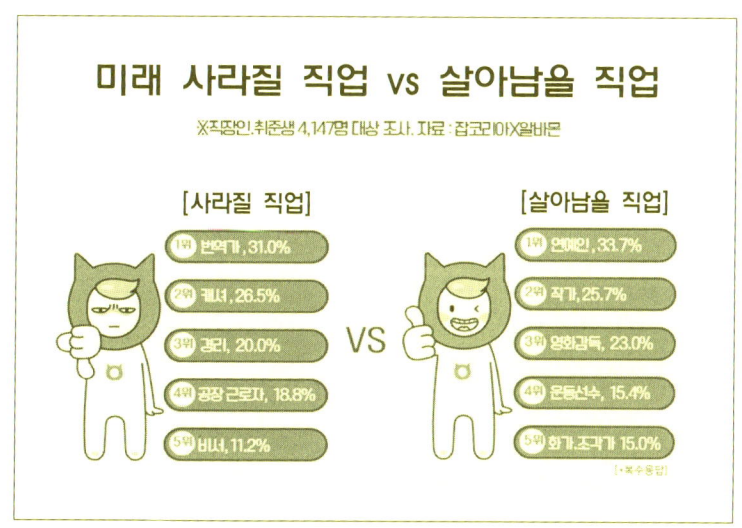

출처 : 잡코리아, 알바몬

14 가맹본사 갑질에 따른 불이익, 창업 전 반드시 확인하자

> "가맹사업법의 개정은 기본적으로 가맹본사의 을에 대한 권리와 의무를 강화하기 위한 법률이다."

지난해부터 그 어떤 정부부처보다 부당함과 불이익 개선에 많은 힘을 쓰고 있고, 또한 가장 바쁘게 움직이고 있는 기관이 바로 공정거래위원회가 아닌가 싶다. 근래 일부 개정된 '가맹사업거래의 공정화에 대한 법률'을 들여다보면 창업을 준비하는 프랜차이즈 가맹 희망자의 권익을 보호해 주기 위한 개정사항들이 아주 자세하게 반영되어 있다.

물론, 프랜차이즈산업의 전반적인 구조를 잘 파악하지 못하여 '구입요구 품목의 차액가맹금 공개' 등의 조항에는 다소 아쉬운 점이 있으나 창업자 입장에서 꼼꼼히 살펴 알아두어야 할 유리한 사항들이 주를 이룬다.

공정거래위원회는 가맹본부의 여러 가지 정보제공 의무를 강화함으로써 예비창업자들의 불공정한 피해를 줄일 수 있고, 나아가서는 가맹본부가 스스로 불공정 행위의 법 위반을 예방하여 좀 더 성숙한 프랜차이즈산업 환경을 만들어 가자는 것이 그 취지인 듯하다.

창업자가 선택한 가맹본부는 '계약체결 14일 전에 정보공개서를 미리 제공해야 한다.'라는 사항은 많은 예비창업자들에게 알려져 있다. 이번 시행령에는 가맹점의 수익상황 관련 정보도 객관적인 근거를 기반으로 하여 서면으로 받을 수 있도록 개정되었는데, 매출액, 매출이익 등을 비롯하여 가맹점을 운영할 경우 지출하게 될 비용까지 현실적으로 반영되었는지 꼭 확인해야 한다.

특히, 가맹본부에서 제공하는 매출 근거자료가 특정 자료만 선별하여 반영하는 경우가 있다. 따라서 연평균 매출액이 아닌 성수기 매출액만을 반영하여 제공하는지, 또는 가맹점 개점 직후 소위 오픈빨로 인한 일시적인 매출 상승이 예상 매출액으로 제공되지는 않았는지 꼼꼼히 따져봐야 한다.

또한, 가맹본부가 예비창업자에게 제공하는 상권분석 정보도 실제사항과 다를 경우가 있다. 예를 들면, 오픈 예정 점포 근처에 현재는 존재하지 않는 상가나

오피스텔 등이 입주할 것을 예상하여 유동인구에 포함시켜 과장된 부분이 없는지의 여부도 매의 눈으로 살펴볼 필요가 있다.

이러한 과정을 거쳐 가맹사업을 시작했다고 하더라도 가맹본사의 일방적인 영업지역 변경금지 조항이 추가되어, 가맹계약 갱신 시 영업지역에 대해 본사의 일방적 변경은 못하도록 의무화되었으며, 각종 분쟁조정이나 본사의 위반 신고 등에 따른 보복조치도 금지하도록 법제화되었음을 알아두자.

공정위는 프랜차이즈 본사와 예비 가맹점주 및 현재의 가맹점주와 상생협력 관계를 공고히 하여 프랜차이즈 본사와 가맹점 간의 경쟁력을 높이고 양극화를 해소함으로써 동반성장을 달성할 수 있도록 함과 동시에 중간에서 국민경제의 지속적인 성장기반을 마련하는데 중점을 두는 것이 공정위의 업무라고 생각하며, 추후 개정안에서도 많은 의견들이 반영되어 상생하는 프랜차이즈산업이 되기를 기대해 본다.

창업은 전쟁이다. 가맹점 창업은 전쟁에서 살아남기 위해서 먼저 나를 알고, 그 다음 내가 선택하는 가맹본부가 어떤 상황인지 알고 선택·결정해야 한다. 즉, 항상 무엇이 정확한 정보인지 철저하게 파악하여 접근하는 창업전략이 필요하다는 것이다.

비즈니스 with BUSINESS watch

'미니스톱' 등 편의점 최저수입 보장 '파격'
'이디야'는 점주 자녀들에게 '학자금'도 지급

지난해 갑질 논란으로 홍역을 치른 프랜차이즈 본부들이 상생경영을 강화하고 있다. 업종별로는 편의점과 커피 프랜차이즈가 가장 적극적이다. 편의점은 대기업 가맹본부가 대다수를 차지하다 보니 상대적으로 상생에 더 신경 쓸 수밖에 없다. 커피 프랜차이즈의 경우 치열한 출점 경쟁을 돌파하려는 방안의 하나로 상생에 나서고 있는 것으로 풀이된다.

구체적으론 미니스톱을 비롯해 GS리테일과 BGF리테일 등 편의점 운영자들은 대부분 최저수입 보장제 등을 도입해 가맹점주를 지원하고 있다. 이디야커피는 필수 구입 품목을 줄이고, 아르바이트생과 가맹점주 자녀에게 학자금을 지원하는 등 다양한 방법을 시도하고 있다.

■ **공정위가 꼽은 프랜차이즈 상생 모범은**

공정거래위원회는 지난 2월 김상조 위원장이 취임한 이래 가맹업계의 상생 협약 확산을 위해 5차례의 간담회를 진행했다. 지난 16일 간담회에선 상생 정책에 적극적으로 협조한 8개 업종 19개 가맹본부가 모범 사례를 발표했다.

여기엔 •CU, •GS25, •세븐일레븐, •미니스톱, •이마트24 등의 편의점 프랜차이즈 5개사와 •빽다방, •커피베이, •탐앤탐스커피, •이디야커피, •쥬씨, •엔제리너스 등 커피 프랜차이즈 6개사, •롯데리아, •맥도날드, •파리바게뜨, •뚜레쥬르 등의 햄버거·제빵 프랜차이즈 4개사, •본죽, •교촌치킨, •이니스프리, •바르다김선생 등이 포함됐다.

공정위가 각 사로부터 제출받은 자료를 보면 편의점 프랜차이즈의 상생제도가 가장 돋보였다. 편의점 업계는 전체 가맹점 모집 업종을 통틀어 유일하게 '점주 최저수입 보장제'를 운영하고 있다. 프랜차이즈 상생의 주된 취지가 가맹점주의 수입 보장임을 고려하면 호응이 클 수밖에 없는 제도다.

■ **이디야를 비롯한 커피업종도 적극적**

출점 경쟁이 치열한 커피 프랜차이즈도 상생에 적극적이다. 커피 프랜차이즈들은 원재료 부담이 큰 업종의 특수성을 반영해 상생 안을 운영하고 있다. 점주의 원재료 구입 부담을 덜어주는 상생 방식은 커피업종을 시작으로 식음료 분야 전반으로 보편화하는 추세다.

전국에 2,700여 가맹점을 보유한 최대 커피 프랜차이즈 이디야커피가 특히 적극적이다. 이디야커피는 최근 필수 구입품목의 수를 종전 259개에서 117개로 줄이고, 구매가 잦은 일회용 컵과 냅킨 등 12개 품목의 가격을 최대 40%나 내렸다.

최홍수 이디야 부사장은 "상생을 위해 45억 원 규모의 지원을 결정했다."면서 쉽지 않은 결정이었는데 "상생을 최우선으로 목표했기에 가능했다"고 소개했다.

이어 "마케팅과 AS 비용은 가급적 본부가 부담하고, 연간 각각 3억 원, 2억 원 규모로 아르바이트생과 가맹점주 자녀의 학자금을 지원하는 등 여러 상생방안을 계획하고 있다."면서 "토종 커피인 이디야 가맹점이 매장 면적당 최고 매출을 낼 수 있도록 노력하겠다."고 강조했다.

출처 : 비즈니스워치(2018. 3. 20.)

15 건실한 중견 프랜차이즈 기업의 억울한 피해

"악법도 법이다. 그러나 힘없는 국민이 절대 권력이나 힘 있는 자
들로부터의 보호를 하는 것이 선진국의 저력이다."

창업자가 프랜차이즈 업종을 선택할 때 고려해야 할 바람직한 가맹본사의 요건 두 가지는 '점포회생 프로그램'을 가지고 있느냐와 '폐점지원 프로그램'을 가지고 있느냐이다. 가맹점이 잘되어야 결국엔 가맹본사가 더불어 성공할 수 있다는 기본적인 마인드를 현실적으로 실천하기는 쉬운 일이 아니다. 가맹점과 상생경영을 실천하며, 위의 두 가지 시스템을 갖춘 몇 되지 않은 업체 중, 한 업체는 가맹점 222개, 연매출 249억 원, 4개의 브랜드를 운영하고 있는데, 이 건실한 외식전문 프랜차이즈 기업의 대표는 시장에서 밑바닥부터 시작하여 성공을 일궈낸 프랜차이즈 업계의 롤 모델적인 인물이다. 그런데 최근 이런 건실한 업체가 불법적인 도시개발 사업으로 하루아침에 도산의 위기에 직면했다.

사업을 열심히 성장시켜, 상생경영을 실천하며, 보다 나은 상생을 위해 수백억 원을 들여 연구개발실과 물류시스템이 구축된 현재(용인 수지)의 본사로 이전을 하였으나, 모 대기업 건설사의 불법 명의신탁과 토지매입을 이용한 도시재개발사업 강행으로 본사 건물을 강제로 철거당하는 안타까운 상황에 놓이게 되었다. 해당 관계 기관과는 재개발 무효에 대한 행정소송이 진행 중이지만, 최적의 시스템을 만들어 놓은 현재 건물에서 본사가 강제퇴거 집행으로 쫓겨나야 하는 위기에 처해 있다. 본사의 위기는 곧 가맹점주의 위기로 직결되며 본사의 운영이 정지될 경우, 어려운 시기를 힘들게 버티고 있는 가맹점의 줄도산은 뻔한 일이라 생각되어 안타까운 마음을 금할 수 없다.

불법적인 토지 매입을 자행한 대기업과 이를 묵인하고 사업시행을 허가해 준 해당 시의 탁상행정으로 인한 피해는 고스란히 가맹본사는 물론, 가맹점 소상공인들의 피해로 이어지는 어처구니없는 상황이 발생한 것이다. 소상공인 가맹점 자영업자들은 망연자실하였고, 대기업과 행정관청으로부터 억울한 피해를 보고 있는 중견 프랜차이즈 기업의 임직원들은 탄식하고 있는 실정이었다.

좀 더 나은 세상은 언제 되려는지 답답하기만 하다.

하지만, 악법도 법이다. 해당 관련법을 꼼꼼히 살펴보니 법률적 측면에서도 문제가 있다고 할 수 있지만, 해당 지역 관청에서의 유권해석에 따르면 문제가 더욱 심각하게 느껴졌다.

도시개발법은 기본적으로 해당 지역의 토지소유자와 거주자의 일정비율 이상의 찬성이 있을시 시행이 가능하게 법률적으로 되어 있다. 그런데도 일부 건설사, 대행사 혹은 이권을 노리는 불법 세력들이 허위로 조합원을 만들고 찬성 자료를 만들어, 지역에서 오랫동안 삶을 영위해 온 원주민이나 기업을 내몰아 쫓아내는 상황이 자행되기도 한다는 것이다. 결국, 해당 인·허가권을 갖고 있는 행정부서나 기관과의 결탁도 의심되는 이유이기도 하다. 참으로 가관이다.

상생의 시장경제를 지키는
브릿지경제

가마로강정-용인시 법정다툼, 왜?… 지자체 마구잡이 개발로 도산위기에 처한 중견 프랜차이즈 업체

가마로강정으로 유명한 중견 외식업체 마세다린이 본사 사옥에서 쫓겨날 위기에 처했다. 경기도 용인시 수지구 동천동에 위치한 본사 사옥부지 일대가 도시재개발지역으로 지정됐기 때문이다. 마세다린 측은 용인시의 불법 난개발로 도산위기에 처했다는 주장이다. 현재 마세다린은 용인시에 행정소송을 제기, 2심이 진행 중이며 퇴거청구소송 패배로 강제퇴거 위기에 처했다.

문제의 발단은 마세다린 본사 사옥과 물류센터, 연구소 등이 위치한 지역이 용인시의 동천2지구 도시개발 사업부지로 선정, 2014년 조합설립인가가 나면서 불거졌다. 마세다린 측은 이에 앞서 경매를 통해 해당 부지를 매수하고 2013년 6월 본사를 이전 설립한 상태였다. 문제는 토지 수용조건이 일방적인데다 재개발 사업 진행도 불법성이 짙다는데 있다.

도시개발법상 개발계획을 수립하거나 조합설립인가를 받으려면 '토지면적의 3분의 2이상, 토지소유자 총수의 2분의 1이상의 동의'를 받아야 한다. 하지만 마세다린을 포함해 일대 부지 소유자들의 재개발 반대에 부딪혀 동의요건을 충족시키지 못했다. 이후 재개발 사업 시행사인 디에스삼호 측은 부지를 직접 사들였고 이를 불법 명의신탁해 제3자에게 소유권을 이전, 소유자 수를 허위로 확보했다. 이는 이후 마세다린 측의 고소로 수원지방검찰청 수사결과 밝혀져 해당 인물들은 벌금 등 처벌을 받았다.

또한, 마세다린 측은 디에스삼호가 재개발 대상인 인근 부지를 소유한 성심사회복지법인과 '감보(토지개발시 기존 토지 권리자의 땅을 수용한 후 공공용지에 소용된 만큼 면적을 공제한 후 환지해주는 것)가 없는 환지'를 해주기로 밀약했다는 의혹도 제기했다.

이처럼 불법 명의신탁으로 동의 요건을 충족한 시행사는 재개발을 강행 추진했고 용인시는 이에 대한 인가를 내줬다. 결국 마세다린은 본사 건물을 강제로 철거해야 하는 상황에 놓이게 된 것.

현재 용인시와 재개발 무효에 대한 행정소송이 진행 중이지만 용인시는 퇴거 강제집행을 강행하겠다는 입장이다.

마세다린 관계자는 "토지에 대한 청산금을 지급받지 못해 이전 부지나 공장건물을 마련할 자금이 없어 결국 도산이 이를 수밖에 없는 상황"이라며 "전국 222개의 가맹점도 영업을 지속하기 어려워 폐업할 수밖에 없다"고 토로했다.

이 관계자는 또 "환지계획 자체가 엉터리로 만들어져 회사 측 부지에 적용되는 감보율이 높아 환지받는 토지도 턱없이 줄어들게 된다"면서 "현재 사용하는 면적을 사용하려면 74억 원에 달하는 추가부담금을 납부해야만 하는 상태"라고 억울함을 호소했다. 이어 그는 용인시에 대해 "기업에 대한 편의도 바라지 않는다. 정직하게만 평가해 달라는 것인데 이마저도 묵살하고 있다"며 부당함을 토로했다.

한편 마세다린은 외식 프랜차이즈업체로 가마로강정, 사바사바 치킨, 국수시대, 바베더퍼 등 전국 222개의 가맹점을 두고 있다. 지난 2003년에 사업자등록을 마친 이래 2015년도 매출액이 249억 원에 달하며 직원 70명을 고용하고 있다.

출처 : 브릿지경제(2017. 3. 23.)

16 글로벌 브랜드로의 성장을 위해서는 프랜차이즈 지도사의 역할이 중요하다

> "프랜차이즈 지도사가 한국 프랜차이즈의 세계화에 주도적 역할을 할 수 있을 것이다."

세계적으로 프랜차이즈산업은 국가경쟁력을 기반으로 성장하고 있다. 브랜드 경쟁력이 기간산업의 경쟁력이기 때문이다. 오늘날 수많은 브랜드 중, 국가를 대표하거나 세계인의 소비지향성에 따라 증가하는 다국적 브랜드의 힘이 국가경제의 핵심으로 자리 잡고 있는 것이 현실이다. 예를 들면, 맥도널드, 스타벅스, 버거킹, 피자헛, 타코벨은 소비자들이 매일, 혹은 자주 즐겨 찾는 브랜드들이다.

브랜드의 국적은 중요치 않다. 단지 무엇을 어떻게 제공하고, 서비스 만족도가 어떤가에 따라 충성고객이 증가하게 되는 것이다. 그렇다면 우리나라의 토종 브랜드 중, 세계인들의 충성도가 우수한 프랜차이즈는 어떤 브랜드가 있을까?

40여년 프랜차이즈산업의 역사를 갖고 있는 우리나라는 이제야 겨우 몇몇 한국 브랜드가 몇 개의 국가에서, 그나마도 일부 지역에서만 자리를 잡아가고 있을 뿐이다. 이유가 무엇일까?

다국적 브랜드의 명성과 성장을 지속하는 브랜드와 국내 브랜드의 차이는 전문성과 차별성 그리고 규격화의 차이다. 이제는 우리의 브랜드도 국가적 지원을 통하여 세계적 브랜드로의 성장할 수 있는 환경이라 할 수 있다.

프랜차이즈산업은 한 국가에서만 성장·확대하는 사업이 아닌 글로벌 시장으로 확장을 추구하는 브랜드 사업의 꽃이라 할 수 있다.

프랜차이즈는 시스템과 교육 사업이라 할 수 있다. 따라서 시스템과 교육 매뉴얼을 운영하는 주체는 사람이다. 그러므로 전문성을 체계적으로 탑재한 전문인력 양성이 프랜차이즈산업 발전의 근간임을 의미한다.

성장한 브랜드의 공통적 특징을 분석해 보면, 브랜드 기획, 마케팅, 빅데이터 분석기법, 표적고객분석 등을 전략적으로 전개한다는 공통점을 찾을 수 있다. 그동안의 브랜드 성장전략 기획자는 현장에서 오래 근무한 경험자가 최적의 인력이라 했다. 하지만, 단계별 성장전략의 세부적 기획과 실행력이 부족함으로써 브랜드가 패착하기 때문에 반복되는 브랜드의 단명을 해결하고자 한국프랜차이즈산업협회에서는 전문적 실무교육 프로그램을 진행하게 되었다.

결국, 프랜차이즈는 전문인력이 핵심이며, 국내 최고의 프랜차이즈 전문가 집단이 '프랜차이즈 지도사'들이다. 이 지도사 양성을 위한 교육활동은 글로벌 브랜드로 발전하기 위해서는 반드시 사업전개 전략과 진출방식의 현지화를 기본으로 하고 있다. 이러한 콘텐츠를 교육하는 것이다.

국제프랜차이즈협회(IFA : International Franchise Association)에 우리나라는 10여 년 전에 가입하여 주도적 선도국가로서의 역할을 하고 있다. 특히, 아시아권에서는 국제프랜차이즈대회를 개최할 정도로 프랜차이즈산업의 성장성을 인정받고 있다. 하지만, 프랜차이즈산업의 성장 규모에 비해 글로벌 프랜차이즈로의 성장은 미흡한 실정이다. 이제 우리나라의 프랜차이즈 브랜드도 글로벌 진출을 증대하기 위해서는 그만큼 전문가를 육성해야 하는 것이 목적이다.

수치분석능력은 경쟁력의 근간이다.

빅데이터를 활용하여 통계분석을 통한 전략기획이 성장 동력이다. 따라서 프랜차이즈 지도사는 반드시 수치분석에 의한 실행기획과 실행력이 필수이다. 국가별 성장동력을 프랜차이즈산업이 주도하고 있는 즈음, 현재 한국의 프랜차이즈 브랜드가 약 30여 개국으로 진출하여 다양한 업종에서 활발하게 움직이고 있다. 이는 바로 한국 프랜차이즈의 경쟁력을 갖추어가는 과정이라는 반증이기도 하다.

특히, 동남아권에선 한류를 중심으로 K-POP, K-Culture, K-Food, K-Life 등, 다양하게 한류가 한국을 대표하는 산업으로 발전하고 있다. 그 중 프랜차이즈 브랜드들의 약진도 다양한 업종과 업태로 발전하고 있는 오늘날 전문성을 갖춘 인재들의 역할이 어느 때보다 필요한 시기이며, 그 중심에 프랜차이즈 지도사가 핵심인력으로 자리하고 있다.

프랜차이즈는 유통산업의 최상위 시스템이다. 유통산업은 제조업과 서비스업의 매개적 연관 사업으로 소비자의 만족도를 유지 발전시키는데, 브랜드의 가치가 절대적이어야 한다.

요즘 대부분 소비자들의 브랜드 충성소비가 증가하고 있음에 따라, 소비의 절대적 가치를 가지고 있는 브랜드는 소비성향의 목적이라 할 수 있고, 또한 브랜드 사업이란 프랜차이즈 사업을 의미한다.

　이와 같이 프랜차이즈산업은 국가 위상과 경제에 영향을 미치는 중요함을 인지하고, 프랜차이즈 지도사 등의 전문가 육성에 대한 투자와 지원이 절실하다.

<이상헌 소장과 프랜차이즈지도사 자격과정 수강생>

　　<프랜차이즈지도사 수료증 수여>　　　<프랜차이즈지도사 자격증>

17 공정위는 상생경영을 위한 노력이 우선이다

"상생의 시작은 믿음과 신뢰 그리고 자율에서부터 시작이다."

참으로 무섭다.

마치 어릴적 TV에서 보았던 저수지 관리원과 주민들과의 사회적 문제를 주제로 한 미니시리즈 "완장"을 보는 느낌이 들었다. 국민을 위해 봉사하라고 부여된 감투가 마치 세상을 다 호령하고 통제하려는 무소불위의 권력으로 보이는 이유는 무엇일까?

논어에 나오는 고사성어 "과유불급(過猶不及)"이 생각나는 현실이다. 공정거래위원회의 최근 행위가 그렇게 느끼게 한다. 프랜차이즈산업은 독자적 지식 서비스 산업의 핵심으로 국가적 성장을 지원해야 하는 산업이다.

세계 각국에서는 자국의 브랜드 가치 상승을 위해 국가적 지원을 통해 경쟁력을 갖추는 노력을 더욱 강화하고 있다. 한 예를 보면, 말레이시아에서는 "프랜차이즈진흥위원회"라는 국가기관을 만들어 자국 브랜드의 경쟁력을 강화하는 정책을 시행하여 성과를 내고 있는 것을 알고 있을 것이다.

우리나라는 프랜차이즈산업은 40여 년의 역사를 가진 경쟁력을 갖춘 국가이다. 매년 많은 브랜드들이 해외로 진출하여 대한민국의 위상을 알리는 한편, 마스터 프랜차이즈 진출방식 등으로 상당한 로열티를 받고 있을 정도로 프랜차이즈산업이 유망한 국가산업으로 성장하고 있다. 물론, 이만큼 성장하기 위해 많은 시행착오와 함께 폐해도 있었다.

미국의 경우, 1960~1970년대에 프랜차이즈산업이 사회적 문제로 대두되는 과정이 있었고, 그 후 관련 연방법의 정비와 정부차원의 지원으로 지금과 같은 성장을 촉진시켰다.

우리나라도 마찬가지다. IMF 이후 고용의 불안과 일자리의 부족으로 생계형 창업이 증가했으며, 소상공인들이 관련 시장에 진입하기 위한 수단으로 프랜차이즈 가맹점 창업을 선택했다. 그 와중에는 관련법규도 미비했고, 프랜차이즈에 대한 노하우나 전문성도 갖추지 못한 브랜드와 가맹본사로 인하여 많은 사회적 문제를 야기했던 것도 사실이다. 하지만, 작금의 프랜차이즈는 "가맹사업공정화에 대한 법률"의 제정과 함께 상당한 발전과 통제를 겪으면서 건실한 산업으로 성장 중에 있다. 그러나 지금 공정위에서 상생과 협치를 내세워 무소불위의 칼날을 프랜차이즈 업계에 전혀 상생을 위하지 않는, 절차도 무시한 권력을 휘두르고 있다는 느낌을 지울 수 없다.

물론, 잘못된 관행과 갑질에 대해서 시정하도록 해야 하는 의무는 당연히 공정위의 업무이고, 책임이다. 하지만, 프랜차이즈 업계에 시정할 수 있는 방법을 정확히 제시해 주고, 업계 스스로의 노력을 지켜보면서 기다려줘야 한다.

프랜차이즈는 통일성의 기본 정책 하에 사업자들 간의 계약서에 의한 계약서 기반형 사업으로 가맹본사와 가맹점 양 당사자가 모두 지키고 협력해야만 공정한 거래가 이루어지기 때문에 공정위는 더욱 시간을 두고 기다리며, 지켜보면서 지도, 감독과 아울러 지원을 해 주어야 할 것이다.

우리나라의 프랜차이즈산업은 연간 150조 이상의 물동량과 함께 고용률 상승의 절대적 지표가 프랜차이즈이다. 따라서 기간산업으로서의 육성도 가능한 산업이다. 때문에 정부에서는 차제에 잘못은 바로잡되, 오히려 프랜차이즈가 더욱 성장하여 글로벌 진출이 활발하도록 재무상태가 열악한 프랜차이스 기업의 경영지들에게 독려와 적극적인 지원 정책이 필요한 시기라고 생각한다.

우리나라의 프랜차이즈산업은 태생적으로 열악한 재무구조를 가지고 있고 그로 인하여 상품의 마진을 기초로 한 유통 마진을 기반으로 사업을 꾸려가고 있는 실정이다. 미국이나 독일과 같은 로열티 기반의 수익성은 아직 시기상조라 할 수 있다. 따라서 시간이 필요하며, 좀 더 산업의 이해와 함께 성숙한 환경이 조성되기를 기대해 본다.

"쥐도 빠져나갈 공간이 있어야 순응한다"라는 속담이 있다. 공정위의 개혁 요구 속도가 프랜차이즈산업의 성장에 걸림돌이 되지 않기를 바래본다.

18 참 수상한 프랜차이즈 브랜드에 대한 정부 포상 …

"공정한 평가, 공정한 기준, 공정한 표창, 그리고 공정한 협회가 산업을 성장시킬 수 있다."

매년 연말이면 각 부분별 우수한 회사나 브랜드에 대한 정부 훈·포상이 실시된다. 각 기관이나 정부단체가 수여하는 포상과 언론사나 단체에서 실시하는 포상이 언론지면에 홍보되고 있다. 여기에 국민들은 공식적인 훈·포상에 대한 신뢰와 믿음을 어느 정도 가지고 있을까? 당연히 정부의 훈·포상을 수상한 브랜드에 대한 믿음은 더욱 안심소비의 대상으로 자리 잡을게다.

하지만, 훈·포상 심사의 객관성과 공정성을 의심하는 눈초리는 매년 증가하고 있다. 철저한 객관성과 전문적 공정성을 기반으로 우수하게 운영하고 상생하는 브랜드들이 혹시나 불이익을 받는 심사절차라면 차라리 소비자의 선택 기준점이 될 수 있는 각종 포상 제도를 다시금 점검해야 할 것이다.

매년 프랜차이즈 관련단체나 기관 등의 주관으로 일 년 동안 열심히 상생과 성장을 위해 노력한 브랜드에 대통령상과 국무총리상, 장관상, 기관장상 등의 다양한 표창을 수여하고 있다. 그러나 매년 수상 브랜드 관련 잡음이 끊이질 않는 이유는 무엇일까?

수상에서 배제된 브랜드와 유관업종 출입기자들 사이에서 의심의 눈초리가 계속되었다. 수상 브랜드 중, 가맹점에 대한 보복출점 등 상생과 오히려 역행한 브랜드가 수상 브랜드에 포함되기도 했고, 신규개설보다 폐점이 많아 매출의 큰 폭 하락과 함께 재무적 결손이 많은 브랜드들도 다수 포함되기도 했다. 또한, 브랜드 대표의 윤리의식 결여로 지탄을 받은 브랜드, 해당 브랜드 가맹점과의 소송이나 분쟁이 많은 브랜드 등 많은 문제를 가지고 있거나 문제점이 노출된 적이 있었던 브랜드들도 다수 정부 포상에 포함되었다는 사실이 문제로 지적되고 있다. 특히, 몇 년 전 부터는 가맹점과의 상생과 오너의 윤리의식이 크게 부각되고 있었다. 그러한 시기에 공정성과 객관성이 의심되는 심사결과에 업계 스스로 자정과는 동떨어진 수상 결과가 참으로 아쉽다. 물론, 정말로 열심히 가맹점과의 협업과 상생을 위한 노력에 최선을 다하는 다수의 브랜드가 수상을 했다고 믿고 있지만, 일부에서는 광고비나 참가비 혹은 여러 가지 명목으로 상을 사고파는 관행도 자행된다는 의심의 눈초리들도 보내고 있다.

　일부에서 계속적으로 해당 포상주체기관에 평가결과의 공개를 요구하고 있다. 투명하고 공정성이 있는 평가 결과라면 당연히 인정하고 축하해 줄 것이다. 하지만, 어느 기관에서도 평가에 대한 결과를 공개하지 않고 있다. 그것이 더 의혹을 증폭시키는 이유이다. 한편으론 평가자에 대한 전문성과 공정한 인사가 아니라는 의심도 가지고 있다. 그러한 모든 의혹이 해소된 형태의 포상이 진정 소비자들이 신뢰하고 믿을 수 있는 브랜드에 대한 포상일 것이다. 이러한 일부 불안한 시선으로 바라보고 있던 브랜드에 대한 수상에 진정성을 의심하는 건 주관기관이나 협회 등에서 스스로 자초한 결과라 생각된다.

　프랜차이즈산업은 국가적으로 성장을 주도할 지식산업이며, 매년 성장의 속도와 품질, 또한 우수한 미래 성장의 동력이기도 하다.

포상 종류	주최/주관/후원 기관
한국프랜차이즈 대상	주최 : 한국프랜차이즈산업협회, 산업통상자원부 후원 : 농림축산식품부, 식품의약품안전처
국가대표 브랜드 대상	주최 : 매경비즈, 매경닷컴 후원 : 산업통상자원부, 과학기술정보통신부, 농림축산식품부
대한민국 우수브랜드 대상	주최 : 한국경제매거진, 한경비지니스 주관 : 한국마케팅포럼
고객만족 브랜드 대상	주최 : 한국경제매거진, JOB&JOY 주관 : 한국마케팅포럼
소비자만족 브랜드 대상	주최 : 제이와이네트워크 후원 : 중앙일보
고객감동 서비스 지수 1위	주최 : 스포츠서울, G밸리뉴스 주관 : 한국미디어마케팅진흥원
고객이 신뢰하는 브랜드 대상	주최 : 한경비즈니스 주관 : 한국미디어마케팅진흥원 / 후원 : G밸리뉴스
대한민국 고객만족브랜드 대상	주최 : 주간동아, G밸리뉴스 주관 : 한국미디어마케팅진흥원 / 후원 : 동아일보
대한민국 NO.1 대상	주최 : 조선일보 주관 : 한국미디어마케팅진흥원
한국소비자 만족지수 1위	주최 : 한경비즈니스 주관 : 한국미디어마케팅진흥원 / 후원 : G밸리뉴스
고객감동 우수브랜드 대상	주최 : 제이와이네트워크 후원 : 중앙일보

19 공정위의 공정치 못한 프랜차이즈에 대한 잣대

> "프랜차이즈산업의 현실에 대해 좀 더 많은 점검과 이해가 필요한 실정이다."

참 대단하다.

최근 일부 유망 브랜드에 대한 공정위의 제재가 참 대단하다. 과징금의 금액도 금액이려니와 제재 내용 또한 관련 전문가로서 도저히 이해하기가 어렵다. 기준 잣대가 정말 공정한 기준인지, 업계의 실무적 범위를 이해하고 있는지 조차 의심되는 항목도 있다.

프랜차이즈산업은 공정성과 투명성을 위해 정보공개서와 계약서를 사전에 제공하고 그것을 검토하는 기능을 가지고 있다. 또한, 가맹사업을 하는 모든 브랜드는 사전에 공정위에 해당 서류를 제출하여 심의를 받는 과정이 필수이다.

그런데, 어느 해당 브랜드의 경우 2016년과 2017년 정보공개서 수정 등록시 관련 사항에 대하여 제재나 수정보완을 요청받은 사항도 없음에도 공정위 기준의 잣대로 과징금을 부과하기도 했다. 과연 정말 공정한 거래를 확립하기 위한 기관의 행태일까? 주방용품 등에 대한 폭리와 전용구매 품목의 불법성은 일부 그러한 점도 있으나 가맹점의 편리성을 위해 본사에서 지원하는 서비스 품목이기도 한 것이 그동안 관행이었다.

프랜차이즈산업은 통일성과 규격화 그리고 협업 구조형 사업이다. 또한, 가맹점과 상생을 위한 지원 시스템이 우수한 것이 프랜차이즈 가맹점 창업자에게는 좋은 조건이라 할 수 있다. 이번에 과징금 부과를 처분을 받은 해당 브랜드는 업계에서 보기 드물게 가맹점 지원활동 및 상생 프로그램을 열심히 실천하는 브랜드이기도 한데, 공정위의 과징금 보도를 접한 해당 브랜드 가맹점협의회에서 조차 본사의 불법, 구매강제는 없다고 말하고 있다.

진정 프랜차이즈산업의 공정성과 상생을 위한다면, OEM이나 ODM 상품을 노하우와 경쟁력 없이 난발하고, 구매를 강제하는 업체에 대한 규제가 먼저일 것이다.

공정위의 전용상품에 대한 판단기준이 참 애매하다. 그들이 주장하고 있는 전용상품의 기준은 제품상에 브랜드 로고가 인쇄되어 있으면 전용상품으로 치부하고 있다는 것이다. 즉, 흔히 사용하는 냅킨에 브랜드 로고를 인쇄해서 1~2원을 더 가산하여 출고가격을 책정하면 전용상품이고, 건강상이나 출고가격 상승요소를 없애기 위해 로고를 인쇄하지 않고 출고하면 전용상품이 아니라는 논리이다. 이러한 판단의 기준과 잣대가 공정하지 않다고 생각한다. 과연 무엇이 상생을 위한 노력인지 명확하게 납득하여 인정할 수 있는 기준을 만들기 바란다.

정말 공정한 규제와 기준으로 상생을 위해 노력하는 브랜드가 막강한 힘의 논리에 좌초되는 일이 없기를 기대해 본다.

THE DAILY 스포츠월드

공정거래위원회로부터 과징금 5억여 원을 부과 받은 가마로강정의 점주협의체가 공정위에 실력행사를 예고했다.

최근 서울 양재동 엘타워에서 개최한 가마로강정 점주협의체 전체회의에서 최용우 협의체 대표(수내롯데점주)는 "실추된 브랜드 명예와 매출감소에 대한 보상을 공정위에 정당히 요구하겠다."고 밝혔다.

가마로강정 브랜드를 운영하는 마세다린은 지난 12월 쓰레기통 등 주방용품을 가맹점주들에게 강매했다며, 공정위로부터 과징금 5억 5,100만원을 부과 받았다.

하지만, 공정위의 발표 직후, 강매를 강요받았다는 당사자인 가맹점주들이 오히려 점주협의체 이름으로 불공정한 강매나 불이익을 받은 적이 없다는 공식 보도자료를 배포했었다.

이날 행사에 참석한 정태환 마세다린 대표는 가마로강정 점주들에게 감사함을 표함과 함께 2018년 10대 운영공약을 발표했다. 2018년 가맹점공급가 동결을 비롯해 월1회 이상 경영지원행사, 분기별 신메뉴개발, 포장용기 고급화, 치킨무 용량증가 및 동일가격 공급, 3가지 맛 메뉴 출시, 책임점포제 실시, 점주의 날 지원, 점주협의체 정부등록운영 등을 약속하며 국내 최고의 브랜드를 만들자고 역설했다.

점주협의체 회의에서는 이번 공정위의 과징금 부과에 대해 기자간담회 개최, 협의체 명의의 손해배상소송, 공정위 항의방문, 행정기관 신문고 호소 등 공정거래위원회를 상대로 지속적 불복행사를 진행하기로 결의했다. 이날 참석한 가맹점주들은 "가장 공정해야할 공정위가 탁상행정, 거수행정을 자행하는 가장 불공정한 기관"이라며 공정위의 발표 내용을 성토했다.

출처 : 스포츠서울(2018. 1. 24)

성공창업 포인트

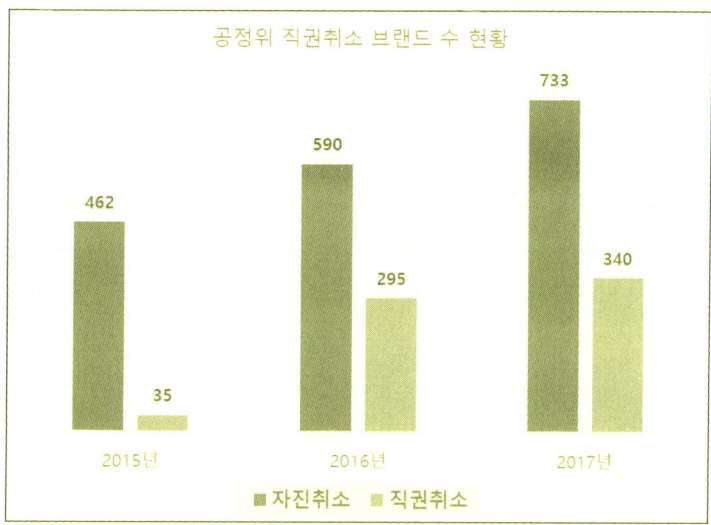

2017년 취소된 브랜드 1,073개 중 공정거래조정원의 직권으로 340개의 브랜드가 등록취소가 되었다. 물론, 부실한 브랜드가 대부분이겠지만, 가마로 강정의 사례처럼 불공정하게 직권이 남용되지 않는지 철저하게 공정한 입장에서 신중한 법집행이 이루어져야 하겠다.

알고갑시다

▶ 프랜차이즈 수준평가제도

프랜차이즈 수준평가는 프랜차이즈 가맹본부를 대상으로 자율신청에 따라 가맹본부의 역량을 평가와 프랜차이즈 시스템 구성요소 간의 관계 등을 평가하며, 이에 따라 수준별 연계지원을 실시하기 위한 제도이다.

- ■평가기관 : 소상공인시장진흥공단
- ■평가대상 : 정보공개서를 등록한 가맹본부로서 ① 직영점 1개와 가맹점을 10개 이상 운영 중인 브랜드, ② 가맹점을 20개 이상 운영 중인 브랜드.

  [직영점 범위]
  - 소유의 귀속주체 ⇨ 법인기업 : ① 본사, ② 대표자, ③ 대표자의 배우자
  　　　　　　　　 ⇨ 개인기업 : ① 본인, ② 대표자의 배우자, ③ 대표자의 형제, ④ 대표자의 자녀

  ※가맹사업 업력 1년 미만, 완전자본잠식 상태, 대기업인 가맹본부는 제외한다.

- ■평가방법 : 프랜차이즈 특성을 감안한 5개 분야(가맹본부, 계약, 가맹점 지원, 관계, 시스템 성과)를 100점 만점으로 평가하고 설문조사 결과와 합산하여 최종결과 산출

[1단계] 현장실사 및 설문조사 실시
- 가맹본부 현장실사 : 수준평가심사원 2인이 3일 이내 가맹본부 현장실사 실시
  - 현장실사 일정은 공단에서 해당 가맹본부에 배정한 심사원과 가맹본부 담당자가 직접 일정 조율
- 가맹점 설문조사 : 가맹점 중, 무작위 선정으로 설문조사 실시(공단에서 실시)
  - 설문조사 대상 수 산정방법 : 10 + (가맹점 수 × 0.1), 최대 20개

[2단계] 운영위원회 개최
- 심사원 평가결과와 설문조사 결과를 공단에서 취합·확인 후, 운영위원회를 개최하여 평가결과 최종 승인

- **등급분류와 지원혜택**
  - **유효기간** : 최종결과 승인일로부터 1년간 유효하며, 1회에 한하여 재무구조 및 성과 중심의 기본 평가에 따라 1년 유효기간 연장이 가능함.
    - 유효기간 연장 시 별도의 심사비는 없으며, 등급변동 불가함.
  - 가맹본부 수준을 Ⅰ~Ⅳ 등급으로 분류

[프랜차이즈 수준평가 등급분류와 지원혜택] (100점 만점)

등급	분류	등급별 후속지원 내용
Ⅰ	80점 이상	• 우수프랜차이즈 지정 및 브랜드 홍보지원 • 3년 연속 1등급의 경우 '명예의 전당' 헌정
Ⅱ	70점 이상	• 우수프랜차이즈 지정 및 브랜드 홍보지원 • 브랜드 디자인·IT환경구축 지원(최대 400만원 한도)
Ⅲ	60점 이상	• 브랜드 디자인·IT환경구축 지원(최대 400만원 한도)
Ⅳ	60점 미만	
공 통		• 수준평가 결과에 대한 지도 • 가맹본부 임직원 및 가맹점주 교육지원 등 • 중소 프랜차이즈 페스티벌 참가지원

중소기업청 고시 제 2016-34호 프랜차이즈 수준평가제도 운영요령 개정·고시 (2016년 5월 24일 중소기업청장)

- 제정 2010. 8. 2. 중소기업청 고시 제 2010-27호
- 일부개정 2012. 4. 13. 중소기업청 고시 제 2012-11호
- 일부개정 2015. 6. 11. 중소기업청 고시 제 2015-36호
- 일부개정 2016. 5. 24. 중소기업청 고시 제 2016-34호

- **평가 내용**
  - 5개 범주(가맹본부, 계약, 가맹점지원, 관계, 시스템성과) 평가(100점 만점)
  - 평가항목 범주별 평가요인

1. 소규모

범주	요인	변수
A. 가맹본부 특성	리더십	• 경영자의 지속가능 리더십
	기업특성	• 사업역량, • 경영 시스템
	자원	• 본부 매뉴얼
B. 계약특성 (설문조사)	계약절차	• 모집광고 신뢰성, • 계약과정 건전성, • 계약에 대한 설명
	계약조건	• 부과비용 적절성
C. 가맹점 지원	초기지원	• 초기교육, • 가맹점 매뉴얼, • 매장개설 지원
	지속지원	• 슈퍼바이저 지도, • 광고·판촉비, • 보수교육
D. 관계품질 (설문조사)	관계의 질	• 양방향 의사소통, • 가맹본부 신뢰, • 가맹본부 갈등, • 거래 공정성, • 가맹사업자의 몰입도
	가맹사업자의 만족	• 만족 여부
E. 시스템 성과	가맹본부 성과	• 시스템 수익성, • 시스템 성장성, • 시스템 안정성
	가맹점 성과	• 수익성, • 성장성

2. 중규모

범주	요인	변수
A. 가맹본부 특성	리더십	• 경영자의 지속가능 리더십, • 사회적 책임과 공헌
	기업특성	• 사업역량, • 경영 시스템
	자원	• 본부 매뉴얼, • 지적자산, • 인정·수상
B. 계약특성 (설문조사)	계약절차	• 모집광고 신뢰성, • 계약과정 건전성, • 계약에 대한 설명
	계약조건	• 부과비용 적절성
C. 가맹점 지원	초기지원	• 초기교육, • 가맹점 매뉴얼, • 매장개설 지원
	지속지원	• 슈퍼바이저 지도, • 광고·판촉비, • 보수교육
D. 관계품질 (설문조사)	관계의 질	• 양방향 의사소통, • 가맹본부 신뢰, • 가맹본부 갈등, • 거래 공정성, • 가맹사업자의 몰입도
	가맹사업자의 만족	• 만족 여부
E. 시스템 성과	가맹본부 성과	• 시스템 수익성, 시스템 성장성, 시스템 안정성
	가맹점 성과	• 수익성, 성장성

※측정항목 : 외식업 73개, 도소매업 74개, 서비스업 72개

Chaptert 5

수익성을 위한 전술전략 창업지침서

"3·5·2·12·8의 법칙이 창업시장에는 존재한다"

한 달 30일 기준으로
'3(임대료), 5(인건비), 2(제경비), 12(원·부자재비), 8(수익)'로 구분한다.
결국, 창업자는 업종에 따라 상이하지만 평균 8일의 매출이 수익성이라는 사실이다.
2018년 시급이 7,350원이다. 하지만, 주휴수당과 4대 보험 등, 각종 지출경비를 합산하면
실제 사업주 부담금은 10,664원이다. 2019년은 8,350원으로 결정되었다.
결국, 매출과 수익률을 향상시키는 방법이나 지출경비를 줄이는 방법만이
채산성을 극대화하는 방법이다.

'하늘이 무너져도 솟아날 방법이 있다' 당연하다.
정도경영과 지속경영이 정답이다. 하나씩 꼼꼼이 준비해 보자.
반드시 해결할 수 있다.

1 창업자금 5:4:1의 법칙을 지켜라

> "창업자금의 합리적 배분은 매출과 수익성을 위해 필요한 조건이다."

　창업을 계획하고 준비하고 있는 예비창업자들은 반드시 확인해야 할 것 중, 하나가 바로 자신의 상황을 객관적으로 판단하는 것이다. 즉, 창업자금, 신용도, 매장 입지 등의 수치로 판단 가능한 부분부터 분석하는 것과 아울러 창업자 자신의 성격, 가정환경, 보유한 기술 등의 수치로 판단 불가능한 부분까지 모든 부분을 객관적으로 분석해야 한다는 것이다.

　특히, 창업에서 가장 중요한 자금운영 계획을 철저하게 수립해 두어야 한다. 창업 소요자금은 크게 점포비용, 시설비용, 기타 운영비용으로 구분할 수 있다.

　창업자금 투입비율은 5 : 4 : 1 법칙에 입각해 산출해야 한다. 즉, 점포임대비용 50%, 시설비용 40%, 기타 운영비용 10%가 소요될 수 있도록 창업자금 투입비율을 할당하여 활용하라는 것이다. 그러나 아이템 특성에 따라 점포비용이 많이 소요되는 업종이 있는가 하면 시설비용이 많이 소요되는 아이템이 있을 수도 있다.

　예를 들어, 창업자금이 총 1억 원이라고 가정했을 때, 점포비용이 높게 드는 상권의 1층 10평 규모의 점포를 얻는데 5,000만원이 소요된다고 하면, 시설비용에는 4,000만원이 소요되는 아이템 중, 상품의 원가나 소요경비 등을 산출하여 수익성이 보장되는 업종을 접목시켜야 한다는 것이다.

　반대로 점포비용이 낮은 3,000만원의 점포를 얻을 수 있는 상권이라면 시설비용은 5,000만원으로 하여 시설에 투자를 할 수 있는데, 이때에도 상품의 원가와 소요경비 등을 산출하여 수익성이 보장되는 업종을 접목시켜야 한다.

　그러나 막상 일을 진행하다 보면 이 법칙이 지켜지지 않을 수도 있다. 하지만, 창업자금에 대해서는 계획적으로 효율적인 관리가 필요하므로 창업 이전에 단계별로 자금 활용계획을 5 : 4 : 1의 법칙에 준하여 시행해야 한다는 것이다.

　장사가 잘될 수 있는 점포의 목에 따라 성공여부가 좌우될 수 있지만, 그렇다고 점포 구입비용이 60~70%를 차지한다면, 투자가치나 점포운영 수익으로 그 부분을 충당할 수 있는지를 꼼꼼히 판단해 보아야 할 것이다. 그런 다음에 결정해야 한다.

창업자금의 분배는 지역이나 상권규모에 따라 달리 적용되기도 하는데, 원칙적 분배율이 경영상 리스크를 줄이는 방법이기에 가급적 5 : 4 : 1의 법칙을 준수해야 한다는 것이다. 또한, 경기의 영향에 따라 점포 마련 비용이 증가되는 경향이 있을 수도 있다. 이는 매출의 증가 가능성을 보고 고객의 흡인율을 극대화하기 위함일 것이다.

최근 창업자들의 창업자금 흐름을 살펴보면, 대다수의 창업자들은 외부자금, 즉 이자비용이 발생하는 자금을 조달하고 있다. 그만큼 경기상황을 고려한 자금의 유동성이 떨어진다는 반증이기도 하다. 따라서 좀 힘들어도 가급적 이자비용이 적은 창업자금을 마련하는 전략이 필요하다. 따라서 창업자금 조달은 자기자본 비율을 70% 이상 투입하는 것을 고려해야 한다. 차입자금이 지나치게 많으면 조금만 어려운 상황이 발생해도 위기대처 능력이 약화될 수 있기 때문이다.

성공창업 포인트

정책자금 지원절차

신청·접수 (공단, 지역센터)	신용평가 (신용보증기관)	대출실행 (은행)
정책자금 지원대상 확인서 발급	신용보증서 발급 (신용·재정상태·경영능력 ·사업성 등 평가 후)	신용, 담보, 보증 등을 통해 대출

◆ 신청접수
  - 전국 59개 소상공인시장진흥공단(지역센터)에서 접수
  - 당해연도 정책자금 예산 범위 내에서 대출실행 순서에 따라 선착순 지원

◆ 채권확보
  - 신용보증서: 신용보증기관 (신용보증재단, 신용보증기금, 기술보증기금)에서 평가후 발급
  - 순수신용, 부동산 등 물적담보 : 대출 취급은행에서 평가

◆ 대출실행 (19개 금융기관)
  - 국민, 기업, 신한, 우리, KEB하나, 한국씨티, 부산, 대구, 광주, 전북, 경남
    한국스탠다드차타드, 제주은행, 농협은행, 산업은행, 저축은행중앙회, 수협은행, 새마을금고, 신협중앙회

지원기관	제 목	금 액 (보증한도)	대출기간	대출금리	대출조건 (지원내용)	문 의
소상공인 시장진흥공단	창업자금 (창업초기 소상공인)	업체당 최고 7천만원 이내	5년 (2년거치)	연 2.31% 단, 소상공인 창업학교 졸업생 연 2.16%	① 사업자등록증 기준 업력 1년 미만의 소상공인 ② 중소벤처기업부 장관이 정한 교유과정을 12시간 이상 수료한 소상공인	1357
	일반 경영안정자금	업체당 최고 7천만원 이내	5년 (2년거치)	기준금리에서 0.6%p 가산 (변동)	사업자등록증 기준 업력 1년 이상의 소상공인	
	청년고용특별자금 (구.청년드림자금)	업체당 1억원 금융기관 대리대출	5년 (2년거치)	기준금리에서 0.4%p 가산 (변동)	청년 소상공인(만39세 이하) 상시근로자 중 과반수 이상 청년 근로자 (만29세 이하)를 고용 중이거나 최근 1년 이내 청년 근로자 1인 이상 고용한 소상공인	
	여성가장지원	업체당 최고 7천만원	5년 (2년거치)	기준금리에서 0.6%p 가산 (변동)	경제활동 능력이 없는 부양가족만 있는 여성가장 소상공인	
	협업화 지원	업체당 최고 7천만원	5년 (2년거치)	기준금리에서 0.6%p 가산 (변동)	소상공인 협동조합 활성화사업에 선정되어 지원협약을 체결한 협동조합 또는 소상공인	
서민금융 진흥원 (구.미소금융)	창업자금	7천만원	6년이내	연4.5%	① 신용등급 6등급 이하 ② 기초생활수급자 및 차상위계층 이하 ③ 근로장려금 신청자격 요건에 해당	1397
신용보증기금	창업보증기금	10억원 (시설포함)		0.7% 고정	창업 5년이내 중소기업	1588-6565
한국여성 경제인협회	여성가장창업자금	최고 5천만원	2년 (2회연장 최대6년까지)	연2.0%	저소득 여성가장이면서 생계형 창업을 희망하는 자(신용등급 1~7등급, 부양가족 1인 이상인 자, 저소득계층)	02-369-0900
우리은행	우리 프랜차이즈 론	운전 최고2억 시설최고 1.5억원	1년 이내 5년 시설	기준금리+ 신용가산금리	우리은행 소호 신용등급 5등급 이상 개인 사업자	1599-8300
KEB 하나은행	프랜차이즈 가맹점 대출	창업자금 최대 1억원	1년 최장 3년	연4.539%	우수 프랜차이즈 가맹점에 대해서 창업자금 및 운영자금을 지원하는 프랜차이즈 가맹점	1588-3555
KB 국민은행	KB 프랜차이즈 대출	신용대출한도 담보한도 내	1년 최장 5년	신용도에따른 고정 또는 변동금리	국민은행이 프랜차이즈 대출대상 브랜드로 선정한 본사와 계약을 체결한 가맹점주	1588-9999

자기자본 비율은 70% 이상 투입하는 것을 고려해야 한다. 차입자금이 지나치게 많게 되면, 조금만 어려운 상황이 발생해도 위기대처 능력이 급격히 약화됨을 명심하자.

2 차별화된 운영전략을 세워라

> "장사는 전략이다. 같은 상품을 판매하더라도 어떻게 전략적으로 포장하느냐에 따라 결과가 달라진다."

모든 환경은 항상 변하고 있다. 몹시도 무더웠던 여름이 지나가고 가을로 접어들었지만, 풍요로운 가을을 느끼기에는 아직 이르다. 어느 늦여름의 푸념이다. 매일매일 날씨가 같은 날이 없듯이 창업시장과 사업운영도 카멜레온처럼 항상 변한다. 사업도 대내외적으로 다양한 변화에 따라 흥망을 되풀이 하고 있다. 따라서 사업자들은 변화의 다양성 범위를 줄이고 흥하기 위한 적극적인 자세와 의지, 차별적인 전략을 가지고 성공에 한 발 더 다가가기 위한 전략을 다시 한 번 꼼꼼히 점검해 보는 것이 좋다.

차별적 전략은 창업시장에서 특히 점포운영을 하려는 창업자는 반드시 고려해야 할 사항이다. 경쟁점포와의 차별화는 '다름'이 결국 경쟁력이다. 경쟁력을 갖기 위해서는 고려해야 할 사항도 많지만, 지나친 차별화는 지속성에 배치된다는 사실이다. 따라서 '보편적 차별화'가 필요하다. 그렇다면 보편적 차별화란 무엇을 의미하는가? 그 말의 의미는 보통의 소비자들이 인지하는 범위에서의 차별화와 독특함을 의미한다. 다음을 살펴보자.

첫째, 덤의 전략을 세워라

고객의 구매심리에 있어 소폭의 할인은 별 의미가 없다. 매출 극복을 위한 경기지수는 모든 업종의 가격세일 문구에서 느끼게 된다. 적게는 10% 미만에서 많게는 50~70%까지, 세일 문구가 점포의 출입구나 매장 내를 장식하게 된다.

그러나 고객이 느끼는 할인 폭은 예상외로 무감각하다. 점포 입장에서는 세일 폭만큼 점포이익을 축소하여 판매하는 것임에도 야속하게 고객들은 사업자의 그러한 절박함을 잘 느끼지 못한다. 따라서 할인보다는 덤을 줘라. 음료나 주류 등 작은 사은품이라도 덤으로 주는 것이 덤의 원가에 비해 두 배나 되는 충족감을 고객에게 줄 수 있다.

둘째, 콜라보 마케팅 전술을 구성하라

콜라보 마케팅은 수익성이 악화되는 시기나, 양호한 시기나 항상 필요한 전술이다. 고객의 호환이 가능한 업종끼리 구매고객을 공유하는 마케팅을 말하며, 고객에게 보다 다양한 서비스를 함께 제공할 수 있고, 고객은 저가격으로 상품/서비스를 구매했다고 느끼는 것이 장점이다. 예를 들어, 삼겹살 전문점과 맥주전문점, 노래방이 동일 고객의 호환이 가능한 콜라보 마케팅 업종이라 할 수 있다.

셋째, 고객 유인 제품과 가격을 만들어라

불황기일수록 생활지원 업종과 저가형 업종이 늘어난다. 고객의 눈높이에 맞추기 위해서는 가격 장점과 독특한 제품은 기본이라고 할 수 있다. 따라서 제품의 특이성이나 호환성, 차별화된 가격을 느낄 수 있는 제품을 통해 고객을 유인토록 하여 전반적인 매출 상승을 유도해야 한다.

넷째, 신규고객보다 충성고객에게 노력하라

매출이 하락할수록 한 사람의 단골이 큰 힘이 될 수 있다. 신규고객을 개척하는 시간과 비용에 비해 고정고객을 관리하여 매출의 고정화를 이루는 것이 더 안정적 수익을 위한 방법이다. "3:8 법칙을 상기하라."

3:8의 법칙이란, 전체 내점고객 중, 30%의 충성고객이 전체 매출의 80%를 차지한다는 불변의 법칙이다. 따라서 충성고객 관리는 절대적이라 할 수 있다.

창업성공 코드 7계명
1. 거울 앞에서 웃는 연습을 하라.
2. 메모하는 습관은 돈을 만든다.
3. 낮에는 발품팔고 밤에는 책을 뒤져라.
4. 인맥관리는 휴대폰 문자 메시지로 하라.
5. 짜투리 시간을 효율적으로 활용하라.
6. 온라인 개인용 DB를 구축하여, 세상의 정보를 수집하라.
7. 아침형 인간보다 건강 추구형 인간이 되어라.

3 삼시세끼 차별화된 메뉴/서비스가 매출이다

"고객의 핵심 소비시간은 업종에 따라 상이하다. 창업은 표적고객의 객단가와 회전률을 고려한 전술이 필요하다."

가정간편식(HMR) 시장이 성장하고 있고 1인가구가 증가하고 있지만, 그래도 삼시세끼 식사가 일반적이다. 삼시세끼 중, 가정이 아닌 외식(매식) 가능성은 점심과 저녁이 당연히 높다. 그리고 점심과 저녁 매출에는 차이가 있다.

점심매출은 비교적 운영시간에 제약을 받는다. 점심식사는 한 시간 남짓 정해진 시간에 식사를 마쳐야 하기 때문에 가볍고 저렴한 메뉴를 선호한다. 따라서 테이블 당 객단가가 낮기 때문에 점포경영 측면에서는 한정적인 시간 내에 고객회전률을 높여야 하는 과제를 가지고 있다. 반대로 저녁식사의 경우는 시간이 여유롭다. 퇴근을 한 고객들은 시간의 제약이 없기 때문에 간단한 식사보다는 주류와 함께 여유로운 식사를 즐길 수 있어 테이블 당 객단가도 높게 나타난다.

예를 들어 점심 때, 세 사람이 고기전문점을 찾았다고 가정하자. 점심은 가벼운 메뉴인 갈비탕이나 설렁탕 등의 식사가 일반적일 것이다. 점심식사의 가격대가 7,000~8,000원대라면 세 사람에게 기대할 수 있는 객단가는 2만 여원으로 추가매출은 기대하기 어렵다. 하지만, 저녁에는 달라진다. 고기 3~4인분에 술 서너병과 공기밥 또는 냉면 등의 식사를 포함해서 테이블 당 4~5만원은 훌쩍 넘는다. 따라서 점심과 저녁의 테이블 객단가가 적게는 2배에서 2.5배 이상 차이가 나게 된다.

테이블 회전율은 점심은 한 시간 정도 남짓한 시간에 테이블 당 회전율이 1회전에서 1.5회전이 되면 훌륭한 현실이다. 그러나 저녁의 경우에는 서너 시간 동안 테이블 당 2회전에서 2.5회전은 가능하다. 그러므로 점심과 저녁 매출의 객단가와 회전율을 비교해 보았을 때 매출 차이가 나는 것은 자명하다. 따라서 점심 매출보다는 저녁 매출에 치중해서 판매전략을 세울 필요가 있다.

점심때는 테이블 회전율을 높일 수 있도록 가급적 반찬 구성을 간소화하고 서비스는 빠른 속도에 중점을 둔다. 그러나 저녁때는 접객, 서비스, 메뉴

구성 등, 전반적인 상품/서비스 분위기를 달리하여 접객 서비스에 역량을 집중시킬 필요가 있다. 메뉴는 단품 위주보다는 정식이나 세트메뉴가 훨씬 집객성이 우수하므로 고객 선호도가 높은 메뉴나 수익성이 높은 식자재의 복합구성을 통해 고객충성도를 높이는 것이 좋다.

이와 같이 전체적 메뉴구성을 점심과 저녁으로 이원화하는 것이 좋다. 점심메뉴를 오늘의 메뉴 중심으로 기획 메뉴를 구성했다면, 저녁에는 푸짐함과 여유로움을 느낄 수 있는 전략 메뉴 구성이 필요하다.

고객의 충성도는 맛, 가격, 분위기, 위치, 서비스 등에 좌우된다. 그 중 서비스는 충성고객, 즉 단골을 만드는 절대적 도구이자 경쟁력이다.

고객은 DC 행사보다 무료추가 서비스를 선호한다. 무료추가 서비스가 수익성 면에서도 훨씬 유리한 마케팅 방법이다. 고객의 입장에서 바라볼 때, 최상의 고객 서비스로 고객이 만족하고 흡족하도록 하는 것이 결국 매출의 안정성을 유지하는 방법임을 명심하자.

출처 : ㈜마세다린(한국, 베트남, 태국음식 한 번에 즐기는 '코베타이')

고객은 숲이다

- 창업은 업종과 업태를 불문하고 모두 서비스업이다.
- 서비스업은 고객에게 만족감 제공으로 수요의 지속성을 유지하는 것이다.
- 따라서 확실한 성공창업은 할인과 덤의 전략도 좋지만, 고객에게 지속적인 감동과 만족을 극대화하여 제공하는 것이다.

4 저가형 창업일수록 더 철저하게

> "저가격의 기본속성은 박리다매이다. 점포이익은 주관적으로 줄일 수 있으니 구매는 고객의 몫임을 명심하라."

경기지수가 조금 나아지는가 싶더니 각종 먹거리 파동과 대외적인 요인들로 인해 소비자들의 체감경기는 낮아지고 소비심리가 위축될 때, 창업시장도 마찬가지여서 위험부담을 느낀 창업자들이 소자본 창업, 1인 창업, 저가형 창업 등에 관심을 보이고 있다.

특히, 가성비를 따지는 저가형 창업형태는 경기가 침체기 일수록 인기를 끈다. 고객은 싸게 구입해서 좋고, 창업자는 수익성 측면에서 다소 미온적이기는 하나 그래도 장사는 많이 팔아야 하기에 박리다매 방식을 영업 전략으로 생각할 수 있으므로 저가형 창업은 지속적으로 창업자의 관심을 끌 것으로 보인다.

하지만, 무조건 저가판매 전략을 고집한다고 해서 모두 성공하는 것은 아니다. 일부 아이템 중에는 저가형 판매를 영업 전략으로 내세웠다가 생각한 만큼의 수익성이 나오지 않아 고전하는 경유도 있는 것이 현실이다.

이런 업종의 대부분은 외식업이 주를 이루고 있는데, 남이 하는 것을 보니 잘되고 있기에 나도 하면 잘될 것 같아서 기대심리 속에 유사 경쟁업체가 우후죽순처럼 생겨남으로 인하여 식재료 공급 부족현상이 발생하여 그로 인해 원가율 상승을 불러오게 되었고, 이는 곧 수익성과 연결되면서 일부 아이템 중에는 팔아도 안 남는 상황이 발생하기도 했다.

저가전략, 즉 가격파괴 전략이란 박리다매를 원칙으로 한다. 이는 가격을 낮추고 판매를 늘린다는 이론적 배경을 가지고 있지만, 현실적인 매출과의 상관관계를 따져봐야 한다. 경기상황 상 가격을 낮추는 건 주관적 범위이니까 가능하다. 그러나 많이 팔릴 것이라는 추측적 매출상승을 기대하기엔 부적절한 것이 현실이다. 그러한 현실이 한계성이다.

이런 현실을 극복하기 위해서는 다양한 판매 전략으로 저가시장을 공략해야 할 것이다. 예를 들면, 어떤 치킨전문점처럼 '내점, 배달, 테이크아웃'이라는 3가지 형태로 구분하여 판매가를 달리 정하던가, 또는 셀프서비스로 원가절감 방식을 도입하던가 하는 전략을 세워야 할 것이다. 이처럼 저가형 창업도 생산성, 소비성, 수익성 등이 동시에 이루어져야만 창업시장에서 살아남을 수 있다.

또한, 창업자가 저가격 정책으로 고객의 입맛 및 만족도를 고려한 고품질 유지정책을 실현할 수 있는지와 더불어 수익성을 창출할 수 있는 경영시스템이 보안되어 있는지가 사업 성패를 좌우할 수 있는 기본적 핵심요소이므로 이를 잘 생강하고, 저가격의 박리다매 전략이 상반기에 이어 하반기에도 각광을 받을 것인가를 생각해야 한다.

이는 가성비를 따지는 소비자들이 늘어나면서 가치와 만족을 동시에 누리려는 구매심리 때문이다. 따라서 수익성 확보를 위한 원가절감 노력과 고객만족을 위한 고품질을 유지하는 노력이 있어야 생존할 수 있을 것이며, 누차 강조하지만, 눈으로 보기에는 장사가 잘된다고 하여 그냥 방치하면 겉으로는 남고 속으로는 밑지는 장사가 될 수 있다. 따라서 다시 한 번 철저하게 수익성을 따져봐야 함을 명심해야 한다.

체험 마케팅의 5가지 유형

- **감각 마케팅** : 고객의 감각을 자극할 때 미적인 즐거움에 초점을 맞춘다.
- **감성 마케팅** : 고객의 기분과 감정에 영향을 미치는 감성적인 자극을 통해 브랜드와 유대관계를 강화한다.
- **지성 마케팅** : 고객의 지적 욕구를 자극하여 고객으로 하여금 창의적으로 생각하게 만든다.
- **행동 마케팅** : 체험 행동을 하는데 다양한 선택권을 알려주어 육체와 감각에 자극되는 느낌들을 극대화하고 고객으로 하여금 능동적 행동을 취하도록 한다.
- **관계 마케팅** : 브랜드와 고객 간의 사회적 관계가 형성되도록 브랜드 커뮤니티를 형성하는데 중점을 둔다.

※체험 마케팅은 브랜드 이미지 개선과 경쟁업체와의 차별화에 유용한 전략 중 하나라 할 수 있다.

5 직원의 자기주도적 실행력이 매출이다

> "직원들의 자기주도적에 의한 성과몰입은 보상과 격려, 그리고 환경의 변화에서 시작된다."

정부의 여러 가지 지원정책에도 불구하고, 소상공인의 사업운영 여건 개선이 아직 많이 어려워 보인다. 특히, 소시민의 애환이 서려 있는 자영업자는 16.4%가 상승한 인건비 감당이 여전히 버겁고, 회복 기미가 보이지 않은 체감경기에 주눅 들어 있다.

점포운영을 하는 여러 자영업자들이 더 고통스러워하는 것은 현재의 어려운 상황이 언제 끝날지 예측 불가능하다는 사실이다. 또한, 최저시급 인상으로 인하여 휴식시간 통제나 근무시간 조정 등으로 점포를 운영하기에는 한계가 있다. 그렇다면 지금과 같은 시기에 점포운영을 좀 더 활성화시켜 조금이나마 매출을 향상시킬 수 있는 방법은 무엇일까?

그 정답은 직원들의 성과몰입(Work Engagement) 운영전략이다. 성과몰입이란 직원들이 점포의 이익과 경영합리화를 위해 자발적으로 행동하는 자기주도적 노력을 의미한다.

한 조사기관의 자료에 의하면 점포의 수익성을 위해 전체 직원의 29%가 최선을 다하고, 55%는 수동적으로 자신에게 주어진 역할만을 주어진 시간만큼만 한다고 한다. 따라서 이의 해소를 위해 성과몰입 전략을 적용하는 것이다.

성과몰입을 극대화하기 위해서는 반드시 성과에 대한 보상과 격려, 협업이 필요하다. 직원은 주어진 임금에 대한 만큼 일을 하고파 한다. 그것은 임금의 규모가 주어진 업무에 대한 몰입도를 결정하는 요소라는 반증이기도 하다.

직원의 성과몰입이 매출에 미치는 영향을 나타내는 마케팅 용어가 '30일 효과'이다. 이는 직접적 동기부여와 노력을 통해 매출의 변화가 현실로 나타나는 기간을 의미한다. 그만큼 동기부여와 실행력이 지금과 같은 위기를 극복하는 최선의 방법인 셈이다. 자영업자들은 평균 2.5명의 직원들을 고용하고 있다. 따라서 점주를 포함한 직원들의 역할과 기능, 그리고 고객만족 극대화를 위한 노력이 곧 점포의 수익성이다.

점포운영 시간을 늘린다는 것도, 내점 고객수를 증대시킨다는 것도, 판매단가를 올리는 것도 현실적으로의 매우 어렵다. 결국, 주어진 여건 속에서 고객의 재방문율 증가와 충성고객수를 증가시키는 방법이 최상의 마케팅이다. 그러기 위해선 직원들을 격려하고, 최선의 실천 환경을 조성해 주어 동기부여와 역할분담으로 성과몰입형 점포운영이 필요하다.

　최근 즉석 샌드위치와 커피를 판매하는 한 샌드위치 전문점은 직원들에게 평균 객단가 이상의 판매를 하면, 매출 수익에 대한 인센티브 제도를 도입했다. 그 결과 적극적인 권유판매와 친절한 상품설명, 고객회원제 활용 등을 통해 상당한 매출증가와 함께 충성고객 수도 향상된 결과를 얻고 있다. 이는 동기부여에 의한 직원들의 자발적 행동으로 성과몰입 경영을 통한 매출 상승의 결과를 이룬 사례다.

　고객은 다양한 서비스를 원한다. 따라서 그 서비스를 행하는 주체는 역시 사람일 수밖에 없다. 즉, 직원들이 고객 서비스를 하기 때문에 위기일수록 직원들에 대한 통제보다는 동기부여를 통해 맡은바 업무에 몰입할 수 있도록 가장 기본적인 이슈 점검과 실행력이 필요하다는 사실을 깨달아야 한다.

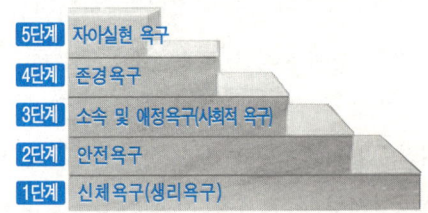

매슬로우(Maslow)의 욕구단계 이론

5단계 자아실현 욕구
4단계 존경욕구
3단계 소속 및 애정욕구(사회적 욕구)
2단계 안전욕구
1단계 신체욕구(생리욕구)

- Maslow의 욕구단계 이론에 의하면 인간의 욕구는 1단계부터 5단계까지 낮은 단계에서부터 충족도에 따라 높은 단계로 성장해 간다는 것이다.
- 모든 욕구를 충족시킬 수는 없지만, 크게 충족된 욕구는 더 이상 동기부여가 되지 않는다. 따라서 어느 직원에게 동기부여를 하려면, 그 직원의 현재 욕구가 어느 수준에 있는지를 파악하여 그 수준 이상의 욕구를 충족시키는데 초점을 맞춰야 한다.

6 차별화된 메뉴는 매출향상의 기본

"소비자는 구매욕구가 자극되는 상품을 선택한다."

프랜차이즈 본사들은 신메뉴 개발과 출시 준비에 심혈을 기울이고 있다. 하지만, 근 몇 년간 선보여진 몇몇 프랜차이즈 본사들의 차별성 없는 유사한 메뉴 출시는 못내 아쉽기만 하다. 그렇다면 본사들이 브랜드 가치를 높이고 가맹점들의 수익성을 높이기 위해서 취할 수 있는 방법은 무엇일까? 그것은 바로 고객을 중심으로 연구·개발하여 차별화된 메뉴를 제공해야 한다는 것이다. 메뉴를 보는 시각이 고객의 입장과 기업의 입장이 완전히 다를 수 있기 때문이다.

따라서 고객의 메뉴 선택방식을 알아야 하는 것이 차별화된 신메뉴 개발 전략에 있어서 필수적이다. 프랜차이즈 기업(가맹본부)의 관점에서 보면 유망한 신메뉴가 될 수 있으나 고객의 구매 욕구를 자극하기에는 미흡한 메뉴일 수도 있다. 실제 그러한 경우가 많은 것이 사실이다.

성공하는 메뉴인지 아닌지는 고객이 결정하는 것이므로 이제까지 없었던 차별화된 새로움을 고객이 인정한 메뉴이어야만 성공 가능성이 높다. 따라서 고객이 지금 무엇을 원하고 있는가를 찾아내는 기준은 가맹본부가 고객들의 가심비 만족을 위해 무엇을 하면 될 것인가를 궁리하는 것이 새롭게 차별화된 메뉴 개발의 전제가 된다고 할 수 있다. 이를 좀 더 구체적으로 설명하면 다음과 같다.

첫째, 메뉴의 차별화 전략이 필요하다.

메뉴 차별화 전략은 자사의 메뉴가 경쟁점의 메뉴와 구별되도록 하여 남들이 따라올 수 없는 독보적인 경지를 구축함으로써 고정고객의 이탈을 막고, 신규고객의 흡인에 중요한 역할을 하도록 해야 한다.

둘째, 브랜드 이미지 전략에 연계성이 있도록 계획적이어야 한다.

전혀 브랜드와 동떨어진 메뉴 구성이 아닌 일관성이 있는 메뉴이어야 한다. 즉, 본사가 고객에게 보여 주고자 하는 콘셉트와 브랜드의 이미지도 경영자원의 중요한 요소 중의 하나이기 때문에 브랜드와의 연계성이 있어야 한다.

셋째, 구체적인 메뉴 개발 기획을 해야 한다.

신메뉴 개발을 위해서는 가맹본사 자체의 내부 의견도 중요하지만 최소한 사전에 시장조사·분석을 하여 그 자료를 근거로 하여 구체적으로 메뉴 개발 기획을 하여야 한다.

그리고 시장조사·분석 자료를 기초로 하여 기술적, 경제적 및 시장적인 가치를 재검토, 확인함으로써 시장 및 고객의 욕구를 만족시킬 수 있는 메뉴와 맛(품질)과 가격의 수준을 설정한다. 특히, 근래 고객들은 가성비를 넘어 가심비를 중요시하기 때문에 이를 최우선적으로 생각하고 개발해야 한다는 것이다.

요즘처럼 저성장 경기가 장기간 지속되면서, 각종 마이너스 지표는 자영업 시장에서도 많은 영향을 미치고 있다. 이러한 어려운 상황 속에서 프랜차이즈 기업들이 본사도 살고 가맹점들도 살리기 위해서는 좀 더 적극적으로 고객들의 눈높이에 맞는 메뉴 개발에 중점을 두어야 한다.

성공적 차별화 전략을 위한 8가지 질문
1. 고객, 경쟁 및 전반적인 환경에 대해 철저한 이해를 하고 있는가?
2. 목표 고객층에 대하여 경쟁사보다 우수한 가치를 제공하는가?
3. 핵심역량에 입각한 지속적인 경쟁우위를 창출하고 있는가?
4. 한정된 경영자원을 효율적으로 활용하고 있는가?
5. 전략목표가 명확하고 성공을 염두에 두고 있는가?
6. 전략 안은 경제적 타당성을 갖고 있는가?
7. 예상되는 위험요인은 무엇이며, 어떻게 극복할 것인가?
8. 기업의 비전 달성을 위한 장기적인 안목을 유지하고 있는가?

7 진실의 순간에 찾아오는 선택

"MOT(Moments of Truth)는 진실의 순간을 의미한다."

빠른 변화가 예상되는 것으로 점포운영의 형태가 유인운영에서 무인운영으로의 전환이다. 이는 인건비 상승과 기술의 발전, 소비자 성향변화 등의 원인은 있겠지만, 그러나 고객을 향한 기본적인 서비스 마인드의 바탕은 변하지 않는다.

서비스 마인드 중, 진실의 순간(Moments of Truth)은 고객이 점포에 첫발을 들여놨을 때, 만족함을 느끼고 개념을 파악하는 그 순간 고객의 기대 수준에 부합하는 서비스 제공을 위해 반드시 고객접점에서 활용되어야 하는 포인트이다.

MOT(Moments of Truth)는 결정적 순간, 인상에 남는 순간, 만족과 불만을 판단하는 0.1초의 짧은 순간을 의미한다. 이는 투우사가 투우 경기의 마지막에 긴 창으로 황소의 급소를 찌르는 순간에서 유래하였는데 '피하려 해도 피할 수 없는 순간' 또는 '실패가 허용되지 않는 매우 중요한 순간'을 말한다. 즉, 고객과의 접점에서 고객은 서비스가 제공되는 순간 점포에 대한 판단과 평가를 내리고 만족과 불만족을 느끼게 되는 순간을 의미한다.

일반적으로 MOT는 고객이 종업원과 접촉하는 순간 발생하지만, '전단지를 보는 순간'이나 '점포의 간판, POP를 보는 순간' 심지어 '배송트럭의 광고를 보는 순간' 등과 같이 점포의 여러 매체에 대해 고객이 직·간접적으로 접하는 순간에 발생할 수도 있다. 이 순간들이 하나하나 쌓여 결정적으로 서비스 전체의 품질이 평가된다. 따라서 고객을 대하는 짧은 순간에 그들로 하여금 최선의 선택을 했다는 생각이 들도록 만들어야 한다. 이를 MOT 성공이라 한다.

고객이 주차장 입구에서부터 만나는 발렛파킹, 엘리베이터, 음식점 입구, 예약 확인 데스크 등의 고객접점에서부터 식사를 마치고 다시 주차장 입구를 통해 들어갈 때나 마지막 떠날 때까지의 모든 순간을 이해하고, 어느 한 접점의 실수로 인해 전체 서비스 품질에 좋지 못한 영향을 주지 않도록 해야 한다.

서비스 제공자가 함정에 빠지기 쉬운 것 중의 하나는 자신이 고객의 기대와 요구를 고객 이상으로 잘 알고 있다고 생각하는 것이다. 이는 잘못된 생각이며,

서비스 제공자와 고객의 시각이 같을 수 없기 때문이다.

흔한 예로, 직원 본인은 청소를 깨끗하게 했다고 생각하지만 의자에 앉은 고객의 시각에서는 아직 처리되지 못한 지저분한 것들을 발견하는 경우다. 이는 직원의 시각은 홀 전체 큰 곳에 있지만, 고객의 시각은 자신이 앉은 테이블의 세심한 곳을 보기 때문에 직원이 보지 못한 곳이 고객의 눈에는 보이기 때문이다. 그러므로 개점 청소를 완료한 후 몇 곳의 테이블에 앉아 고객의 시각에서 다시 한 번 점검하는 것이 필요하다.

이처럼 서비스 제공자와 고객은 기본적 시각이 다른 경우가 많기 때문에 MOT를 효과적으로 관리하기 위해서는 항상 고객의 소리에 귀를 기울이고, 고객의 관점에서 모든 서비스에 대해 되돌아보아야 한다. 실전에 아직 미숙하다면 접객 서비스에 관련된 매뉴얼, 즉 접점의 순간 인사말부터 행동, 주의점, 화법 등을 세부적으로 작성하여 숙지하는 것도 실 수 없도록 하는 좋은 시작이다.

출처 : http://www.taekwonmaru.com/2510698

서비스의 어원

라틴어의 『세르부스(Servus)/시중들다』라는 단어에서 유래 되었다고 한다. 즉, "나는 당신의 봉사자입니다."라는 의미가 있다.

- 특히, 인적 서비스는 비분리성(Inseparability)으로 고객의 구매시점과 동시에 생산되고 곧바로 소비되는 특성을 가지고 있으며, 재고가 없고, 보관도 할 수 없다. 따라서 인적 서비스는 고객과의 접점 순간, 고객의 만족과 효용을 함께 추구해야 한다.

8 점포운영은 소비자와의 전쟁이다

"고객의 판단기준은 철저히 가성비와 가심비에 의해서 결정된다."

"정말이지 고객은 냉정하다. 단골이란 단어는 이제 거의 사라졌다고 봐야 한다." 강남에서 제법 큰 음식점을 운영하는 김사장의 푸념이다. 점포운영이 창업보다 어려운 이유는 지속적인 고객관리를 통한 수익성 확보가 어렵기 때문이다.

소위 대박 났다는 점포들을 분석해 보면 일정한 규칙이 있다. 필자가 약 십년 전 SBS의 "해결 돈이 보인다."라는 프로그램에 대박맨으로 출연했었다. 그 프로그램은 외식업을 중심으로 소위 쪽박점포를 대상으로 컨설팅을 통해 대박집으로 전환시키는 창업 프로그램이었다. 당시 그 쪽박점포를 분석해 보면, 크게 세 가지의 문제점이 있었다. '맛'과 입지에 맞지 않는 '메뉴' 그리고 '마케팅'의 부재였다. 필자는 해당 매장의 분석을 위에서 거론한 세 가지보다 먼저 창업자, 즉 점포운영자를 집중 점검했다. 왜냐하면, 결국, 사람이 장사하기 때문이다. 이는 고객에 대한 분석과 그 실행을 할 수 있는 사람이냐를 판단하기 위함이었다.

참 묘하게도 창업자의 진단결과는 그의 생각은 딱 매출과 수익성이었다. 그만큼 운영자의 수익에 대한 맘이 절대적이라는 사실이다. 따라서 소비자의 구매력을 증진시키기 위한 방법이 무엇이 있는지 알아보자.

첫째, 고객의 소비성을 철저히 분석한다.

고객의 구매요인을 계절별, 월별, 주간별, 시간별로 나누어 상품의 판매율을 분석하고, 그 분석자료에 의해 진열방법과 SIZZLE(판매를 도와주는 그림이나 글씨 등 홍보물)물을 선택하여 유도판매를 해야 하는 것이다.

예를 들어, 수직진열은 진열된 상품 간 회전률 차이는 없지만, 수평진열보다 고객이 훨씬 편하게 느낀다. 수평진열은 상품군별로 시각적 비교의 장점을 가지고 있다. 그리고 포스터 등 홍보물을 통한 상품의 진열은 잘 팔리는 상품과 함께 진열함에 따라 후광구매가 가능하게 하는 장점이 있다. 즉, 시각적으로 고객의 흡인력을 강조하는 전략이 필요하다는 것이다. 이는 고객의 구매심리에 따라

고객 흡인력과 구매력이 매출을 상승시키는 효과가 있다는 것이다.

둘째, 작은 것이 고객을 감동시킨다.

고객은 상품의 품질(맛)과 기능(영양)을 위주로 구매하지만 궁극적으로는 가치를 중요시한다. 가치란 브랜드 가치와 함께 고객의 가치를 존중해 주는 서비스적 가치를 의미한다. 판매 행위에 앞서 상품을 소개하고 판매를 유도하는 행위에 고객을 배려하는 진실함을 상품화한다는 것이다. 예를 들어, 접객인사를 할 때 목소리 톤을 파, 솔 음계 정도의 톤으로 계절적, 시간적 응대화술로 고객에게 기분과 느낌을 전달한다. 음식점의 경우, "맛있게 드세요.", "감사합니다.", "더 필요한건 없으세요?", "조금 늦어 죄송합니다." 등…

셋째, 점포운영에 수치를 적절히 활용한다.

매장 내에 홍보물의 위치, 접객시 고객과의 아이컨택, 주문시 고객과의 거리, 모든 것이 수치로 적정성이 요구된다. 즉, 82cm, 50cm, 138cm, 15도, 26.7% 등 다양한 수치를 접객시 활용하는 것이다. 82cm는 서비스업과 판매업의 매장 진열에서 매대 높이는 82cm 정도가 고객들의 평균 신장으로 볼 때 편하게 상품을 볼 수 있는 높이를 말한다. 물론, 구매력도 높다. 50cm는 고객과 상품 매대와의 가장 이상적인 거리를 말한다. 138cm는 고객의 시각적 흥미로움이 좋은 높이는 138cm~151cm 사이가 구매력이 가장 좋다는 것이며, 15도는 고객의 시선 각도가 상향 15도가 일반적으로 가장 자연스럽고 편한 각도라는 것을 말한다.

26.7%는 진열장 높이별 구매율을 점검해 보면 138~151cm 높이의 진열상품 구매율이 전체 매출의 26.7%를 차지할 정도로 월등한 매출을 올리고 있다는 것이다. 이와 같이 수치를 활용해야 한다.

넷째, 지역사회와 함께 상생노력이 필요하다.

결국, 일정한 지역 내에서 수익의 기반을 활성화 노력을 해야 한다는 것이다. 따라서 고객과 함께하는 프로모션을 지역주민에게 일부 환원하는 이벤트를 실시한다. 소년소녀가장, 독거노인, 양로원, 고아원 등 지역을 위한 봉사와 헌신하는 노력이 결국, 지역에서의 생존과 성장을 위하게 되는 것이다. 창업은 누구나 할 수 있지만, 지속적 운영은 전략과 실행능력이 반드시 필요함을 알아야 한다.

9 긴 줄 점포 만들기 차별화 전략

"고객은 자신의 이름을 기억하여 불러 주는 것에 감동한다. 이것이
진정한 고객관리 서비스이다."

작년 하반기 전국 8대 업종의 폐업률이 2.5%로, 창업률 2.1%보다 높은 것으로 나타났다. 그만큼 사라지는 자영업자들이 많음을 의미하며, 불황과 불경기의 지속에 따라 폐업처리 전문업체 조차도 문을 닫는 상황이 발생하고 있다.

그러나 자영업자 모두가 이런 상황을 만성적인 현상이라 하며, 당연한 것으로 치부한다면 누구에게도 희망은 없다. 부정적인 상황임에도 잘되는 점포들은 반드시 존재하며, 그러한 점포는 반드시 나름대로 잘되는 이유가 있다. 또한, 점포 앞에 긴 줄을 세우는 점포들은 그들의 공통적인 성공 요인들도 존재한다. 소위 대박집이라고 하는 명소들은 이 불황에도 고객들의 긴 줄을 볼 수 있다. 그곳에는 악천후 속에서도 고객은 줄을 서고 기다림을 당연시하고 있다. 그렇다면 파리 날리는 점포와 기꺼이 긴 줄을 서서 기다리는 점포와의 차이는 무엇일까?

여러 가지 요인을 찾아볼 수 있다. 맛, 가격, 서비스, 환경, 성분, 취식방법, 입지, 상권 등이 있지만, 가장 중요한 요인은 바로 주인이 직접 변함없는 상품/서비스를 제공하고 있는 경우가 가장 많다. 고객은 자신이 지불한 가격보다 더 가치 있는 상품/서비스를 원하며, 기다리는 시간에 대한 보상도 기대한다. 그 보상을 무엇으로 돌려줄 수 있는지가 관건이다.

출처 : 네이버블로그, 쉑쉑버거

첫째, 긴 줄 점포의 점주는 고객을 기억한다.

고객의 입장에서는 단지 한 번 가볍게 한 끼 때우려 들렀을 뿐인데, 긴 줄 점포의 점주는 그 고객이 재방문 시 기억해 주고 지난 번 먹었던 메뉴까지 기억하면서 보다 친근하게 다가가는 것이었다. 이는 고객의 개별욕구에 적합한 마케팅 활동을 통해 차별적화 한 고객 각자의 니즈를 충족시켜 줌으로써 만족도를 극대화시키는 관계마케팅 전략을 실천하는 것이다. 다음과 같이 하나씩 살펴보자.

둘째, 긴 줄 점포는 고객을 위한 세심한 감성표현을 매장 곳곳에 붙여 놓는다.

예를 들어, 가파른 계단이 있는 점포에서는 점주가 고객이 걸어 오르는 계단 수를 계산하여 칼로리 소모량을 세심하게 적어 놓는다면, 고객의 다이어트를 걱정해 주는 세심한 점주라는 인상을 심어주게 될 것이다.

셋째, 긴 줄 점포의 매장은 구석구석 깨끗하다.

청결은 점포운영의 가장 기본적인 항목이지만, 오픈 후 일정기간이 지나면 분명 소외되는 공간이 존재한다. 하지만, 잘되는 점포는 소홀함 없이 구석구석 깨끗함을 항상 유지한다. 처음과 같은 청결 유지는 필수이다.

넷째, 긴 줄 점포의 직원들은 항상 친절하게 웃는다.

직원들의 기계적인 친절함은 교육과 훈련으로 할 수는 있다. 하지만, 고객에게 마음을 담은 친절함은 점주가 직원들을 대하는 것이 거울처럼 반영되어 고객에게 그대로 표출된다. 고객들은 그 것을 아주 잘 감지한다. 그렇다면 점주는 어떻게 해야 할까?

다섯째, 긴 줄 점포는 차별화된 홍보 센스를 가지고 있다.

고객에게 전해지는 전단지나 매장 안의 포스터 등을 구성할 때, 잘되는 점포의 점주는 세심한 아이디어와 센스 있는 문구로 그 시대 트렌드를 앞서가고 있다. 즉, 고객에게 차별화된 문구를 표현하여 고객에게 즐거움을 제공함으로써 점포에 대한 긍정적인 이미지를 심어 인식을 높일 수 있다는 것이다.

창업보다는 수성(Defense)이 어렵다고 한다. 아무리 힘든 시기라고 하지만, 분명히 성공 요건은 존재한다. 따라서 기본적인 항목에 충실하면서 고객에게 조금이라도 세세하게 접근할 수 있도록 많은 노력을 기울인다면, 그 여러 노력들이 매출과 이어지면서 차차 긴 줄 점포로 성장하게 될 것이다.

출처 : http://www.stfccm.org/

권리금이 비싼 점포라고 무조건 장사가 잘될까?

• 권리금이 비싼 곳이라고 반드시 장사가 잘되는 것은 아니다 •
입지여건이 아무리 좋아도 업종 선정이 잘못되면 낭패를 볼 수 있다. 이는 점포의 권리금에 너무 많은 비용을 들였을 경우, 일정액의 매출이 오르고 있더라도 이익 발생이 전혀 안 될 수 있다. 이런 점포는 마진율이 높은 업종이나 고가품 취급 점포로 사업을 전환해야 승산이 있다.

10 창업은 점포의 매출분석이 수익성의 기본이다

> "공헌이익률이 높은 상품이 창업성공의 핵심 MPCS라 할 수 있다."

경기가 좋지 않아 장사가 잘 안 된다고 한숨만 쉬고 있을 것이 아니라 그럴수록 더욱 허리띠를 졸라매고 점포운영의 활성화를 위해 노력해야 한다.

매장의 포스를 활용한 품목별 매출분석은, 모르고 있었던 매출을 20% 이상 올릴 수 있는 무기이기도 하다. 이는 매장별 매출의 변동곡선과 요일별 매출, 품목별 매출을 전월대비, 전년도대비, 전체 매장 평균매출대비 정량분석자료를 분석하는 일부터 시작이다.

즉, 매장의 운영을 수치화하는 작업부터 경영을 개선하는 작업을 시작하는 것이다. 일일, 주간, 월별 운영자료를 세부적으로 분석하여 내 점포의 경영상황 중 부족한 내용을 파악, 개선하는 작업이 수익성이다.

점포운영은 업종별, 계절별, 매출의 이격 범위를 가지고 있다. 특히, 계절별 이격에 대한 매출 하락을 막기 위해 배달판매와 권유판매 등 마케팅 방법의 다양성이 중요하다. 따라서 직접 점주들이 배달하는 비중도 늘어나고 있다. 2016년 1월 대비 13.6%의 증가 하였고, 또한 배달전문 업체와의 연계배달 비중도 21.3%의 증가를 보였다. 특히, 날씨가 추워지는 겨울은 일부를 제외한 전업종의 매출하락이 항상 발생하는 현상이 나타난다. 주로 치킨, 피자, 족발 등 외식업 중에서 간식 아이템이 가장 많은 영향을 받는다. 따라서 찾아가는 서비스, 즉 배달로 매출을 유지, 향상시키는 방법이 최선임을 인지해야 한다.

매장별 공헌이익 상품과 이익률을 꼼꼼히 따져 봐야 한다.

메뉴별 매출을 살펴보면, 가장 대중적 상품이나 그 점포의 대표상품 매출이 점포마다 매출규모와 순위가 상이하게 나타난다. 특히, 점포에 따라 공헌이익률과 공헌이익 상품도 상이한 결과를 볼 수 있다.

"공헌이익률"이란 점포 내 상품별 매출과 이익금액의 분석을 통해 전체 이익금 중, 수익률 상의 가장 많은 이익을 내는 판매 상품의 판매율을 의미한다. 따라서 공헌이익 상품과 이익률이 점포의 실 이익률에 영향을 끼치고 있다. 그러므로 점포의 영업 분석은 중요한 경영지표라 할 수 있다.

창업은 과학이다. 때문에 점포운영에 대한 종합적이고 세분화된 분석을 통해 경쟁력과 차별화를 준비해야 한다. 고객은 항상 새로운 것을 기대하고 원하고 있다. 새롭다는 건 신선하다는 의미도 있지만, 그만큼 경쟁력 있는 차별화를 요구한다고도 볼 수 있기 때문이다.

성공창업을 위한 핵심 MPCS

M (Merchandising/상품)   P (Price/가격)
C (Clean/청결)   S (Srevice/서비스)

메뉴별 판매현황 분석(예)

No	메뉴명	판매단가	수량	수량비율	매출액	금액비율
1	대박이네김밥	2,800원	2,136	21.2%	5,980,800원	12.8%
2	직화숯불김밥	4,300원	1,493	14.8%	6,419,900원	13.8%
3	참치셀러드심밥	3,700원	871	8.7%	3,222,700원	6.9%
4	직화제육쌈김밥	4,300원	870	8.7%	3,741,000원	8.0%
5	제육볶음밥	7,000원	482	4.8%	3,374,000원	7.2%

"공헌이익률" 이란 매장 내 상품별 매출과 이익금 분석을 통해 전체 이익금 중, 수익률상 가장 많은 이익을 내는 판매 상품과 판매율을 의미한다.

11 인력(종업원)의 효율적 관리가 생명이다

> "최저임금에 대한 대비는 인력의 전문성과 매뉴얼, 그리고 복지에 있다."

여전히 많은 창업자들이 성공을 위해 멈추지 않는 도전을 하고 있지만, 아이템 선정부터 창업자금 마련, 창업하고자 하는 분야에 대한 경험 등의 여러 가지 만족시켜야 할 사항들이 있다. 그 중 한 가지라도 어긋나면 절대 창업에서 성공하기 힘든 게 현실이다.

그 모든 항목을 만족시켜 창업을 했다고 하더라도 그것은 시작일 뿐 창업 후 성공을 위한 가장 중요한 조건은 바로 '인력의 효율적 관리'라는 것을 잊어서는 안 된다. 한마디로 종업원에 대한 관리를 어떻게 하느냐에 따라 총 매출과 수익에 커다란 영향이 있다는 것이다.

따라서 매장운영이 아무리 전산화되고 시스템화, 매뉴얼화 되었다고 해도 사람이 해야 하는 일이 따로 있다는 것을 염두에 두어야 한다. 설령 기술의 발달이 되어 로봇이 음식을 대신 만들고 서비스를 하는 시대가 올 수 있지만, 사람의 마음과 감정까지 대신할 수는 없기 때문에 점포운영에서 인력관리가 중요한 것도 이러한 이유다. 특히, 지금과 같은 구인이 어려운 시기에 인력관리는 더욱 중요한 것이다.

그러나 많은 자영업자들이 인력관리를 잘 해야 하는 사실은 알지만 과연 어떻게 해야 하는지에 대해서는 제대로 인지하지 못하고 현재 나타나는 이익만을 생각해 비용 줄이기에만 몰두하거나 혹은 남들이 하는 방법을 무조건 따라하는 식으로는 성공할 수 없다.

물론, 종업원 관리에는 정답이 없다. 일반적으로 통용되는 방법론은 있지만, 그 방법이 모든 업체에 적용될 수도 없다. 따라서 효율적인 인력관리는 현재 업체의 현실 상황을 냉정히 판단하고 향후 계획을 설정한 후 그에 맞는 방법을 강구하는 것이 무엇보다 중요하다. 제품이나 맛, 가격, 분위기 등도 창업 성패의 중요 요인임에 틀림없지만, 그 보다 우선하는 것이 사람에 대한 신뢰라 할 수 있다. 결국, 사람을 통해서 제품을 권유하고 설명하고 구매하는 일련의 절차가 수익성의 근본이기 때문이다.

점포운영 시에 인력관리에 드는 비용은 인건비와 각종 복리후생비로 구분되는데, 대개 점포운영자들은 경기불황 시 인력감축, 급여삭감, 근무시간 단축, 각종 복리후생비의 중단 및 삭감 등을 통해 비용을 절감하려 한다.

하지만, 비용절감 시에는 무조건 절감이 아닌 중단해도 큰 문제가 발생하지 않는 항목에 대해 일정기간 없애는 방법도 고려할 수 있다.

이때 중요한 것은 종업원들과의 현 상황에 대한 공유다. 무조건 줄이거나 없앤 후 통보하기 보다는 여러 가지 상황에 대한 설명과 함께 종업원들이 이해할 수 있도록 설득해야 한다. 특히, 인력감축은 종업원들이 납득할 수 없는 당장의 수치적인 효과만을 위한 방법은 오히려 우수인력의 유출, 근무의욕 상실, 생산성 저하 등의 역효과를 낼 수 있다. 이런 경우, 경기가 회복됐을 때는 인력 및 인재 부족으로 인해 성장이 아닌 퇴보라는 어려움을 겪을 수도 있다.

최저임금이 2019년 8,350원으로 인상됨에 따른 부담이 따르겠지만, 인건비 절감은 사업운영의 어려움을 극복하기 위한 수단이지, 절감 자체가 목적이 될 수는 없다. 오히려 근무시간과 형태의 적절한 변화를 통해 효율적인 인력의 재편 효과를 얻는 방법을 권하고 싶다.

업종에 따라 편차가 있지만 핵심 점포운영 시간과 사전준비 시간을 1, 2, 3조로 근무시간을 차등 적용해 전반적 근무시간을 단축하는 방법도 적용해 볼 수 있다. 즉, 준비조, 운영조, 마감조로 근무시간을 조율하는 방법으로 상생전략이 필요하다.

Chaptert 6

마케팅이 성공창업이다

" MARKETING "

'팔아야 수익성이다' 맞는 말이다.

매출이 있어야 마진율을 논할 수 있고 수익성을 기대할 수 있다.
소비자가 정답이다.

판매자, 즉 공급자적 시각이 아닌 소비자의 Needs나 Wants가 정답이다.

정답을 찾기 위한 수단이 마케팅 이며, 그 마케팅 방법이나 수단은
끊임없이 진보하고 있다.

1+1=2 라는 개념은 틀렸다. 1+1=0일 수도, 1+1=10일 수도 있는 환경이
창업이기 때문이다.

자! 도전하라. 길은 반드시 있다. 그것이 마케팅이다.

1 세분화된 전략과 '관계마케팅'으로 매출향상 공략

> "YOLO 마케팅은 CRM의 세분화에서 시작된다."

욜로(YOLO) 라이프의 트렌드가 2018도에 반영되었듯이 불특정 대상 고객을 상대로 펼치던 마케팅 전략이 특정고객 중심으로 변화되면서 좀 더 세분화되고 직접적인 관계를 형성하는 마케팅이 요구되고 있다.

고객들과 일대일 관계를 맺는다는 의미로 관계마케팅이라 불린다. 고객의 개별욕구에 적합한 마케팅 활동을 통해 차별적으로 고객 각자의 니즈를 충족시켜 줌으로써 고객의 만족도를 극대화시키는 전략을 말한다.

근래 몇 년간 소비자들은 개개인의 주관이 더욱 뚜렷해지면서 불필요한 소비를 과감히 줄이거나 자신의 욕구에 적합하지 않는 서비스는 수용하지 않는 경향을 보인다. 또 고객 나름대로의 가치를 부여하면서 망설이지 않고 그때그때의 욕구와 관련된 소비활동을 선호함에 따라 소비형태 또한 세분화·다양화되고 있다.

이에 따라 창업시장에도 획일적인 마케팅 전략에서 탈피해 더욱 다양화, 개성화된 사회적 추세와 함께 1:1 맞춤 소비를 원하는 라이프 스타일의 변화로 인해 CRM(Customer Relationship Manigement)에 의한 좀 더 세분화된 마케팅 실행에 들어가야 한다. 이 같은 관계마케팅이 성공하기 위해서는 다양한 마케팅이 필요하다.

첫 번째, 타깃 고객에 대한 정보관리가 선행되어야 한다.

모든 고객에게 융단폭격 식의 마케팅이 아닌 고객들의 가려운 곳을 찾아 욕구(Needs)를 충족시켜 줘야한다는 것이다. 이를 위한 데이터베이스(DB) 구축은 필수다.

두 번째, 판매되는 상품의 핵심 포인트를 결정하는 일이다.

고객에게 어떤 내용과 콘셉트로 각인시킬 것인지를 정해야 한다. 이미 목표

고객이 선정되어 있으면, 그들에게 접촉해 어필할 수 있는 상품이 필요하다.

세 번째, 판매되는 상품이 타 브랜드에 비해 경쟁력을 가지고 있어야 한다.

경쟁력은 큰 빌딩을 짓는데 필요한 기초 공사와 같다. 경쟁력이 없는 상품은 어느 고객에게도 사랑받지 못한다. 경쟁력이란 비슷한 가격대와 품질, 성능, 서비스, 만족도 등을 고려해 앞서가는 상품을 말한다. 즉, 고객의 가치 만족을 자극시키는 효과적인 수단을 말한다.

마지막으로 필요한 것은 상품을 알리는 홍보다.

아무리 좋은 보물도 알리지 못하면 판매는 물론, 제 값 받기도 힘들다. 특정 고객에게 어필하는 직접적인 관계마케팅은 고객이 찾아다니기 보다는 잠자고 있는 고객에게 접근하여 구매 욕구를 불러일으키는 전략적 시도가 될 것이다. 이를 통해 고객과의 일대일 대면을 시도, 매출 신장을 도모할 수 있다.

길어지고 있는 불황의 시대에 살아남기 위해서는 좀 더 세분화된 전략을 세워 고객에게 조금이라도 세세하게 접근하여 매출과 이어질 수 있도록 많은 노력들이 필요함을 절실하게 느낀다.

CRM(Customer Relationship Management)

고객 관계관리. 기업이 고객 관계를 관리해 나가기 위해 필요한 방법론이나 소프트웨어 등을 가리키는 용어이다. 현재의 고객과 잠재 고객에 대한 정보 자료를 정리, 분석해 마케팅 정보로 변환함으로써 고객의 구매 관련 행동을 지수화하고, 이를 바탕으로 마케팅 프로그램을 개발, 실현, 수정하는 고객 중심의 경영기법을 의미한다.

2 매출 20% 상승을 위한 마케팅 전략

> "고객의 80%는 구매할 상품보다는 상품 군을 결정하고 내점할 뿐이다."

지난 달 한국은행에서 발표한 CI(소비자소비지수)가 100을 기준으로 97.3이라는 발표와 함께 CLI(6개월 소비 예상지수)가 98.5를 예상한다는 수치가 더욱 어려운 현실을 짐작하게 하고 있다.

경기가 회복되는 조짐을 기다리기에는 너무 벅찬 현실이다. 그렇다고 그냥 앉아 있을 수만도 없는 노릇이다. 자주 가는 식당 사장님의 하소연이 귓가에 맴돌고 있다. 매월 지출해야 하는 고정비는 늘어만 가고, 매출은 떨어지고, 판촉이나 이벤트를 해보려 해도 매출 신장이 된다는 보장도 없고…, 그렇다고 안할 수도 없고…

필자가 창업컨설턴트라고 해답을 달라고 했다.

아마도 그 사장님의 하소연은 대한민국에서 자영업을 하시는 모든 사장님의 현실임을 잘 알고 있다. 작은 것부터 실천해 봐야 한다.

대부분의 자영업 사장님들은 어떻게 해서든지 새로운 고객들을 점포로 유인하기 위해 다양한 마케팅을 실시하려 한다. 하지만, 현실적으로 새로운 고객을 유인하기가 기존 고객들을 유지하려는 노력에 비해 효과는 미미한 실정에 어려움을 겪고 있다.

전단지, 시식행사, 이벤트, 프로모션, 1+1…

소위말해 가격적인 만족감을 고객들에게 제공해서라도 그들을 붙잡기 위한 처절한 행위를 할 수밖에 없을 것이다. 하지만, 그러한 방법은 노력에 비해 작은 결과를 예상할 뿐 정답의 결과로 나타나지 않는다.

왜냐하면, 고객의 소비 형태는 "한계구매가격"이라는 금액을 누구나 설정하고 구매를 하기 때문이다. 대개 고객은 얼마 정도는 구매할 수 있다는 금액을 사전에 설정하는 소비 형태를 가진다는 뜻이다.

점포운영은 살아있는 유기체와 같아서 그 운영이 결코 쉬운 일이 아니다. 그러나 길이 없는 것도 아니다. 수많은 자영업자들 중 영업이 어려운 점포에는 반드시 그 원인이 있을 것이다. 그 원인으로는 운영자의 적극적인 실행의지 부족과 점포를 활성화하는 마케팅 부재 그리고 고객 분석의 실패가 있을 수 있다.

최근 점포운영의 영업환경을 "출구 없는 공포"라고 한다.

이러한 불경기는 단기간의 상황이라고 인식하는 사람은 아무도 없을 것이다. 오리려 언제까지가 불황이지 보다, 어떻게 극복하느냐에 관심이 집중해야 한다. 이런 환경일수록 마케팅 전략의 차별화가 필요하다.

불경기의 마케팅 전략으로는 충성지수를 높이는 '구전마케팅', '관계마케팅', '권유마케팅'이 효과적이다. 또한, '번들마케팅, 니치마케팅, 케즘마케팅, 귀족마케팅, 단수가격마케팅, 3·3·3 마케팅' 등 다양한 마케팅이 실행되고 있으나 불경기 때 그 효과는 투자대비 효율성이 떨어지는 현상이 나타난다.

점포운영에서 다양한 마케팅을 위해선 시간과 비용 그리고 노동력이 필요하다. 하지만, 성공지수를 높이기 위해선 가장 적절한 방법과 계획이 필수라 하겠다. 새로운 고객을 유치하기 위한 노력으로 홍보나 사은행사, 판촉행사보다 단골고객에 대한 서비스와 관심 노력이 훨씬 매출에 기여도가 큰 마케팅이다.

소위 단골에게 더욱 집중하는 판매전략이 소비의 회전주기를 앞당길 수 있고 판매효율도 높일 수 있다. 즉, 고객과의 관계에 집중하는 관계마케팅이 효과적이라 할 수 있다.

고객은 목적성 구매고객과 준목적성 구매고객 그리고 비목적성 구매고객으로 나뉜다. 전체 소비자 중 목적성 구매고객(정확하게 품목을 결정하고 구매하는 소비자)은 15% 정도이고, 준목적성 구매고객(구매할 품목군을 결정한 소비자)은 35%, 그리고 비목적성 구매고객(즉흥적 상황에 따른 구매자)이 50%를 차지한다. 특히, 외식업의 경우는 더욱 편차가 크다.

예를 들어, 식당에서 메뉴를 결정하고 주문을 하는 경우는 50% 미만이다. 대부분은 메뉴판을 보거나, 점주나 종업원에게 문의 후 주문을 한다. 따라서 이러한 경우는 접객방식과 주문방식의 변화만 가지고도 자연스럽게 매출의 10%는 올릴 수 있다.

따라서 권유와 세심한 설명, 그리고 신상품 권유전략, 1+1서비스, 덤의 전략 등을 통해 1인당 구매금액을 20% 정도 상승시키는 마케팅은 아주 자연스럽게 실현될 수 있다. 특히, 준목적성 구매고객과 비목적성 구매고객에게는 상당한 효과가 있는 마케팅이다.

'**권유마케팅**'은 상품을 결정하지 못한 고객에게 자연스럽게 구매를 촉진시키기 위해 권유하는 행위의 마케팅이라 할 수 있다. 이렇듯 마케팅이라는 것은 수익성 증대를 위해 필요한 행위이다. 구매를 결정하는 요소는 구매심리를 자극하고 소비금액 대비 만족지수를 충족시키는 방법이 훌륭한 것이다. 즉, 이러한 것이 마케팅의 힘이라는 것을 명심해야 한다.

3 고객 마케팅의 필수 아이템, 서비스

"SESS(Speed · Efficiency · Smart · Smile)가 마케팅의 필수 요소다."

마케팅의 아버지 필립 코틀러(Philip Kotler)가 남긴 명언 중 '모든 비즈니스는 서비스업이다'라는 말이 있다. 최근 필자가 컨설팅 하고 있는 여러 기업체의 경영자들에게 '서비스가 무엇입니까?'라고 물어보았더니 나름대로 여러 답변을 들을 수 있었다. 일부는 맞는 것도 있고 일부는 애매한 부분도 있었다.

그만큼 서비스의 범위가 광범위하고 다양하기 때문에 아직 어떠한 이론서에서도 명확하게 정의되어 있지 않다.

다만, 서비스의 어원이 라틴어 세르부스(Servus)에서 유래되어 '나는 당신의 봉사자입니다.'라는 의미를 담고 있다. 그러면, 지금 운영하고 있는 자신의 점포에서 활용할 수 있는 실전 서비스의 기본전략과 방법에 대해 알아보자.

마케팅에서 기본 중의 기본인 서비스의 기본은 무엇일까?

그것은 아름다운 매너와 자세, 적극적인 마음가짐 그리고 친절한 말씨와 세련된 화술 등으로 고객만족을 위한 전반적인 언어와 행위라 할 수 있다. 한마디로 말해 고객을 기분 좋게 하는 것이 서비스의 기본이다.

따라서 모든 고객에게 애정을 가지고 친절하고 공정하게 대우하고, 진실한 마음에서 우러나오는 자발적인 서비스를 해야 한다는 것이다. 무엇보다 고객을 섬기며 서비스를 제공하는 사람으로서의 보람과 긍지를 갖고 접객에 임해야 고품질의 서비스를 할 수 있다.

그 실천방법으로는 SESS가 있다. 즉, Speed, Efficiency, Smart, Smile을 말한다.

Speed(신속) : 기다리는 것을 좋아하는 고객은 없다. 고객을 맞이할 때는 밝은 표정으로 정중하게 행동해야 한다. 고객이 점포의 문을 열고 들어올 때는 일체의 행동을 중지하고 먼저 보고 먼저 인사하며, 고객을 응대할 준비를 해야 한다. 주문 받은 상품이나 고객이 원하는 사항에 대해서는 기민하게 대응해야 한다.

Efficiency(능률) : 업무의 능률을 올리기 위해 매사에 적극적이고 능동적인 자세로 맡은 바 업무를 수행하고, 업무의 흐름을 숙지하여 효과적으로 처리할 수 있도록 능률을 향상시켜 고객에게 불편이 없도록 최선을 다한다.

Smart(깔끔한, 맵시 있는) : 근무자의 단정한 복장, 밝은 모습의 건강한 얼굴, 명랑한 음성 등을 통하여 고객에게 신뢰와 만족을 제공하는 것이다. 처음 만난 사람이라도 단정한 용모와 깔끔한 복장을 하고 있으면, 왠지 모르게 믿음이 가기 마련이다. 사람의 몸가짐을 보고 그 사람의 품격을 짐작할 수 있다. 따라서 용모와 복장을 단정하게 하는 것은 자신의 인격을 표현하는 하나의 전략이요, 수단이다.

Smile(미소) : 친절한 사람을 떠올리면 항상 미소짓는 사람이 떠오르기 마련이다. 판매/서비스를 하는 직원은 항상 밝고 미소를 머금은 얼굴로 고객을 응대하여 즐거움을 제공해야 한다. 미소짓는 표정은 친근함과 다정함 그리고 편안함과 친절함을 느끼게 한다.

좋은 인간관계의 시작에 있어 가장 중요한 것은 첫 인상이고 첫인상을 좌우하는 것은 Smile이라 할 수 있다. 스마일이란 치아가 살짝 보일 정도로 웃는 것을 말한다. 사람의 얼굴 표정은 무려 7천 가지나 된다고 하니, 혹시 '무표정하다'거나 '차갑다'거나 '얼굴이 안됐다'는 소리를 들은 적이 있는지를 생각해 보고, 거울을 보면서 자신의 표정을 스스로 관찰하여 표정관리를 하는 것도 필요하다.

서비스는 제공하는 동시에 발생하고 소멸하지만 그 이미지를 고객들은 영원히 기억하게 될 것이다. 따라서 좋은 이미지건 나쁜 이미지건 한 번 제공한 서비스는 자신은 물론, 점포에도 영향을 미치게 되므로 평소에 훌륭한 습관을 가져야 한다.

그러한 훌륭하고 좋은 습관은 자연스럽게 마음에서 우러나는 고객 중심의 서비스로 '고객을 기분 좋게 하는 서비스', '고객을 먼저 생각하는 서비스', '고객을 위한 서비스'를 제공하게 되는 것이다. 그리고 고객이 원하는 것이 무엇일까를 스스로에게 물어보고 끊임없이 답을 찾는 것이 바로 마케팅의 시작이다.

출처 : 경기신문

마케팅의 개념

기업의 생존과 성장 목표를 달성하기 위해 소비자를 만족시키는 제품·가격·유통·촉진에 대한 활동을 계획하고 실행하는 관리 과정이며, 마케팅 목표를 달성하기 위해서 기업의 다양한 기능적 활동을 통합하는 최적의 방법을 찾아 실천하는 것이다.

4   성공창업! 살아 있는 유기체와 같다

> "투자대비 수익성, 즉 가성비의 만족도는 창업시장의 불문율이다."

수많은 창업자들이 생계를 목적으로 창업을 현실화하고 있는 즈음, 누구나 대박을 위해 노력하고 그 꿈을 좇아서 최선을 다하고 있다. 하지만, 그 꿈을 현실화하고 있는 창업자는 소수에 지나지 않는다.

성공과 실패를 가름하는 척도는 고객의 행동지수에 있다고 할 수 있으므로 이제 우리는 창업 이후에 맞닥뜨리게 되는 점포운영에 대해 연구하고 실천하는 전술적 개념을 살펴볼 시점이다.

창업보다 수성이 어렵다고 한다. "아무리 견고한 성벽이라도 전쟁에서 지키려고만 한다면, 흙벽돌처럼 무너진다."라고 손자병법에서 말하고 있다. 점포운영자들은 마케팅이라고 하면 지나치게 쉽게 생각하거나 또는 지나치게 어렵게 생각하는 경향이 있다.

그러나 이제 점포운영도 엄연한 사업체이므로 글로벌 소매기업으로 향해 가고 있는 오늘날 체계적인 경영이나 마케팅은 더욱 더 반드시 필요하다.

마케팅은 그 대상을 선정하는 작업에서 출발한다. 많은 업종과 업태가 있지만, 그들 모두 주요 핵심대상은 소비자이다. 그 중에서도 표적고객은 항상 존재한다. 그 표적고객은 사업의 근간이자 원동력이며 핵심 수입원이다.

우선 표적고객의 충성지수를 높이기 위해서는 고객을 철저하게 분석하는 기술이 필요하다. 연령, 성별, 구매동기, 구매사유, 구매단가, 구매주기, 흡인요소, 경쟁지수 등의 주 고객층과 부 고객층의 소비지수는 마케팅을 계획하고 실행하는 근간이 되기 때문에 철저히 분석해야 하는 것이다.

점포는 살아있는 유기체와 같다.

고객의 구매충동지수는 시간과 계절, 날씨, 트렌드 등과 같은 외부적 환경요소와 매장구성, 상품배열 시즐물(사진, 포스터, POP, 간판 등), 접객요소, 종업원 등 내부적 환경요인으로 수시로 다양하게 변하고 있다.

필자는 대박컨설턴트로 활동 중, 앞에서도 언급되었지만, 창업시장의 화제가

된 방송 프로그램 "해결 돈이 보인다."에 출연할 때, 당시 수많은 쪽박집(부실자영업점포)을 분석하고 클리닉 프로그램(Clinic Program)을 가동해 점포회생전략을 수립, 실행한 경험이 있다. 수많은 자영업자들 중 영업이 어려운 점포에는 반드시 그 원인과 대책이 있다. 그 원인으로는 운영자의 적극적인 점포운영 실행의지 부족과 고객분석의 실패를 꼽을 수 있었다. 즉, 점포를 활성화하는 마케팅 부재이었다. 그만큼 마케팅은 점포운영에 반드시 필요한 수익의 근간이다. 최근에 소상공인의 영업환경을 '대책 없는 공황'이라고 하지만, 어려운 환경에서도 살아남기 위한 최상의 전략은 반드시 있다.

앞에서 언급되었지만, 불경기의 마케팅 전략으로는 충성지수를 높이는 "구전마케팅"과 "관계마케팅", "권유마케팅"이 가장 효과적이며, 번들마케팅, 니치마케팅, 케즘마케팅, 귀족마케팅, 단수가격마케팅, 3.3.3 마케팅 등 다양한 마케팅이 상용되고 있으나 불황기 때 그 효과는 투자대비 효율성이 떨어진다.

투자대비수익성, 즉 가성비의 만족도는 창업시장의 불문율이다. 점포운영에서 다양한 마케팅을 위해선 시간과 비용 그리고 노동력이 필요하지만, 성공지수를 높이기 위해서는 가장 적절한 방법과 계획이 필수라 하겠다.

조 바이텔(Dr. Joe Vitale) 박사의 저서 '끌어당김의 성공학'에 "새로운 고객을 발굴하려는 노력을 매장에 있는 고객에게 집중하라"고 했다. 이는 새로운 고객을 유치하기 위한 노력으로 홍보나 사은행사 판촉행사보다 단골고객에 대한 서비스와 관심 노력이 훨씬 매장 매출에 기여도가 큰 마케팅이라는 것이다. 이것이 고객과의 관계에 집중하는 관계마케팅이다.

매출분석 시 자주 사용하는 법칙이 2:8의 법칙이다. 그 뜻에 내포된 의미처럼 충성고객에게 집중하여 안정적인 수익성관리가 효과적이라는 것이다.

고객은 항상 진화하고 이동한다.

고객은 항상 진화하여 새로운 방향으로 이동하고 있으므로 구매를 결정하는 요소는 구매심리를 자극하고 소비금액 대비 만족지수를 충족시키는 방법이다. 즉, 마케팅 파워를 명심해야 한다는 것이다.

마케팅은 사람이 실천을 통해 결과를 도출한다. 때문에 종업원들과 함께 점포운영자는 고객의 요구에 맞는 새롭게 차별화된 운영전략을 세워 기다림의 미학과 적극적인 실행력을 동시에 추구해야 된다는 것을 알아야 한다.

5 순실이네 국밥집은 대박!

"고객은 카멜레온이다. 고객이 원하는 이득을 철저히 실천하라."

인터넷에 떠도는 최근 대박 자영업 점포란다. "순실이네 국밥"은 문전성시를 이루고 있다고 한다. 그만큼 '순실'이라는 이름으로 대변되는 작금의 사태를 단편적으로 인지할 수 있는 내용이었다. 또한, 매스컴에 '촛불특수'라는 광화문 근처 점포들의 매출 상승효과를 보도한 내용도 보았다. 참으로 아이러니하다.

창업은 운영자의 노력과 열정, 그리고 경기영향에 의해 매출이나 수익성이 좌우되는 경향을 가지고 있는 것이 사실이다. 하지만, 나라 전체가 대통령에 대한 실망감으로 힘들고 어려워하는 상황인데 그로인한 특수를 누리고 있다는 기사는 왠지 씁쓸하기까지 한다. 하지만, 이러한 현상도 점포운영에 일시적이나마 영향을 미친다는 것을 알아두면 좋을 것 같다.

어찌되었든 2016년은 합리적 가격, 건강과 환경, 여성과 어린이, 복고, 재미를 핵심으로 대변되는 해였다.

'합리적 가격'이란 점포 수익성을 줄여서 적당한 마진을 확보할 수 있는 판매가격 정책을 의미하며, '건강과 환경'이 중요한 이유로 떠오른 이유는 소비생활에서도 건강을 목표로 한 소비성향이 증가하고 있기 때문이다. 또 불황일수록 경기의 영향을 덜타는 소비계층이 '여성과 어린이' 관련 산업은 매출 지향점이 타 업종에 비해 타격을 덜 받는다는 것이다. 그리고 "할빠", "할마"라는 신조어가 몇 년 전부터 등장했는데, 이는 경기 영향에 따라 부모들의 지출형태가 생활지원 업종에 국한되는 성향이 있으나 시니어 세대로 대변되는 새로운 소비의 주체가 나타났기 때문이다. 따라서 경제력이 있는 할아버지와 할머니들이 손자와 외손자들을 위해 지출되는 구매력이 부모의 구매력을 넘어서는 새로운 소비계층으로의 부상했다는 의미이다.

여성가족부의 통계자료에 의하면 우리나라에 평균 35세 되는 기혼 여성들의 평균 자녀수는 1.07명이며, 40세 기혼여성의 자녀수는 1.78명으로 나타나고 있다. 이는 그만큼 저 출산의 풍조로 인하여 나만의 아이에게 오히려 다자녀보다

투자 금액과 범위가 증가한다는 반증이기도 하다. 또한, 시니어 세대들의 구매력이 증가함에 따라 옛날 사용했던, 혹은 먹어봤던 음식이나 소비재에 대한 향수 마케팅이 적적(寂寂)하게 효과를 얻고도 있다.

참으로 힘든 시기임엔 틀림이 없다. 창업도 힘든 결정이지만 수성 또한 녹녹치 않다. 하지만, 다음과 같이 준비해 보자.

첫째, 서비스 재화에 대한 가격전략을 기획가격과 전략가격으로 구분하자.

기획가격이란 고객이 느끼는 시각적 가격을 싸다고 느낄 수 있는 가격결정을 의미하며, 전략가격이란 충분한 마진을 볼 수 있는 경쟁력 있는 가격을 의미한다.

둘째, 덤의 전략이 정답이다. 고객은 무엇이든 공짜거나 덤을 좋아 한다.

세트상품이든, 끼워주는 번들 마케팅이던 고객의 시각적 차별화를 줄 수 있는 판매방법을 점검해 보자.

예를 들어, 치약에 칫솔을 끼워주는 방법이나 고추장에 쌈장을 끼워주는 판매방식을 말한다.

셋째, 꾸준한 홍보를 해보자.

고객에게 꾸준히 상품과 장점을 설명하고 브랜드에 대한 정보를 줄 수 있는 방법을 찾아서 실행해 보는 것이다.

그러기 위해선 고객의 DB를 취합해야 하고 그들에게 꾸준한 정보를 줄 수 있는 방법을 모색하여 실천해야 한다.

고객은 카멜레온이다.
고객은 직접적인 이득을 원한다.
카멜레온 같은 고객, 직접적인 이득을 원하는 고객, 그곳에 시기적절하게 준비하고 알리는 기능이 어려운 시기를 헤쳐 나가는 방법이라는 것이다.

6 불황극복 "상품의 복합화"로 승부하라!

"복합화는 고객의 구매주기와 객단가를 높이는 좋은 마케팅 전략이다."

"매출을 올릴 수 있는 좋은 방법을 알고 싶습니다."

필자의 블로그에 가장 많이 올라오는 질문들이다. 자영업자들의 점포운영에 대한 고민은 역시 매출 확대다. 따라서 불경기에는 같은 영업시간과 같은 환경에서 매출을 극대화할 수 있는 방법을 누구나 모색하기 마련이다.

매출을 올리는 방법은 크게 두 가지 방법이 있다. 첫째, 고객수를 증가하는 방법과 둘째, 판매에 따른 수익성, 즉 객단가를 높이는 방법이다.

고객수를 증가는 방법은 점포의 차별화라고 할 수 있는 아웃테리어나 상품구성 그리고 마케팅의 다양화를 먼저 점검해 볼 필요가 있다.

<일본 오사카 한 매장의 다양한 시즐물>

점포 내 간판·썬팅, 포스터, 가격표, 와이드 필름, 냄새, BGM 등의 다양한 시즐(Sizzle)물과 대외적 환경에 의해 고객의 흡인성 및 구매력이 달라진다.

접객방법, 대고객 서비스, 상품 경쟁력, 가격, 종업원의 친절도, 인테리어와 시설물의 차별화, 청결도 등 대내적 환경도 중요한 요소들이다.

하지만, 시각적 차별성을 구성하기 위해선 새로운 투자가 선행되어야 하는 현실적 어려움이 따른다. 따라서 판매에 따른 수익성 극대화 전략, 즉 객단가를 증가시키는 전략이 정답일 수 있다.

경기지수 하락은 소비성의 둔화, 합리적 구매증가, 구매주기의 변화, 소비성향의 변화 등으로 나타난다. 경기지수 하락에 따른 불황일수록 전문점보다 복합점포에 대한 집객성이 우수하다. 그러한 추세를 반영하는 형태가 동종 아이템 간 복합화와 혹은 이종 아이템 간의 복합화로 대변된다. 예를 들어, 편의점에 화원과 즉석가공식품 상품이 입점하는 경우와 커피전문점에 인테리어 소품이나 아로마, 허브와 같은 선물용품을 진열 판매하는 사례가 대표적이다. 그러나 전략적으로 시너지를 분석하지 않은 복합화는 오히려 독이 될 수 있다. 따라서 면밀하게 상권과 입지, 그리고 주변업종 분석을 기초로 한 복합화가 반드시 필요하다. 전략적이고 세부적 실행 프로그램이 없이 단순한 복합화는 오히려 점포의 정체성을 훼손시키는 결과를 가져올 수 있기 때문이다.

경기하락을 극복하기 위해 다양한 업종에서 다양한 상품과의 콜라보를 진행하고 있다. 충분히 이해가 되는 환경이다. 따라서 시간별 마케팅의 차별화를 통한 1점포 2개 업종도 시도되고 있다. 즉, '커피전문점과 맥주전문점', '라면전문점과 이자까야', '스파게티전문점과 맥주전문점', '이동통신대리점과 커피전문점' … 등은 마케팅 전략에 의한 고객의 소비형태의 중복화와 영업시간의 차등화를 고려한 복합화라 할 수 있다. 복합화의 출발은 고객이 같은 연령과 성별을 기초로 준비하는 마케팅이다. 즉, 판매형태의 중복이 가능한 업종의 복합화를 준비한다는 반증이기도 하다.

창업은 효율성을 위한 승부처라 한다.

가성비의 극대화는 투자금액에 따른 효과성과 수익성을 어떻게 나타날지는 바로 소비자의 소비 기호도의 변화가 정답이기 때문이다. 따라서 이종 간이건, 동종간이건, 세트상품 구성과 번들마캐팅 등의 다양한 복합화는 소비자의 구매력 및 만족도를 높이는 좋은 영업전략 임엔 틀림이 없다.

충성고객은 없다. 2000년대 초반만 해도 열 번을 구매할 때, 한 점포에서 7번을 구매하는 소비자를 단골고객, 즉 충성고객이라 분류했다. 그러나 이제는 열 번 중, 4번을 구매해도 단골고객이라 분류하고 있다. 그만큼 고객의 충성도를 기대하기가 어렵다는 반증이다. 따라서 복합화는 불황을 이겨내는 최상의 방법임에는 틀림이 없다. 하지만, 고객의 심리지향점을 충분히 고려하여 실행하는 것이 반드시 필요하다.

7 빅데이터, IOT 시대… 그래도 직접 보고, 듣고, 체험하자

"창업정보 습득에도 가성비는 필수이다."

창업시장도 예제 해가 갈수록 어려움이 지속될 것으로 전망되면서, 창업에 있어서도 가성비가 중요 키워드로 자리 잡고 있다. 따라서 경기가 어려울수록 안정적이고 지속적인 운영이 가능하면서도 인건비 등 고정비를 절감하는 창업 아이템을 선택하는 것이 좋다.

가성비 좋은 창업 아이템 관련 정보는 인터넷과 SNS를 통해서도 많은 정보를 얻을 수 있고, 주위의 가맹점이나 다양한 매체를 통해서도 얻을 수 있다. 또 서점에 가면 창업과 관련된 많은 서적에서도 정보를 얻을 수 있다. 하지만, 우리가 4차 산업혁명시대를 살고 있음에도 불구하고, 오프라인 창업박람회에 참가한 관심업체의 담당자에게 실질적인 정보를 얻을 수 있다. 그곳에서 실제로 어떤 제품이며, 서비스는 어떤지 몸소 체험해 보는 것이 가장 가성비가 좋은 창업 아이템 정보를 습득할 수 있는 방법이 된다.

창업박람회에 가보면 업체의 로고가 크게 인쇄된 커다란 쇼핑백을 어깨에 둘러메고 브로슈어와 안내책자, 전단지 등 참가업체가 제공하는 각종 안내물을 잔뜩 모아 쇼핑백에 담아 손으로 들 수 없어 어깨에 둘러멘 채 이곳저곳으로 옮겨 다니는 예비창업자들을 쉽게 목격할 수 있다.

특히, 외식관련 업체들은 시식코너를 통해 자사의 음식을 조금씩 맛보게 하면서 홍보를 하는 등, 예비창업자들의 눈길을 끌기도 한다. 예비창업자들은 이것 저것 먹어 보기도 하고 맛에 대한 평가를 내리기도 하는 즐거움(?)도 있다. 그 광경에서 생계가 걸린 창업을 시도하는 지극한 정성을 엿볼 수 있었다. 그러나 쇼핑백 속에 가득 들어 있는 각종 안내물은 집으로 돌아가는 동시에 휴지조각으로 변할 확률이 매우 크다.

창업박람회 관람업체 수가 늘어날수록 업체에서 제공하는 기념품이나 홍보물로 쇼핑백은 점점 무거워만 가고 시식용으로 마련한 음식을 먹어보다 보면 어떤 업종을 선택하는 것이 가장 좋을지 선택하기에도 쉽지 않다. 결국, 하루 종일 발품을 팔고 다녔지만 실제로 얻는 것은 아무것도 없는 헛수고에 그치는 경우도 종종 발생하게 된다.

   창업정보의 습득에도 가성비를 따져야 한다. 수많은 자료 중에서 정말로 내게 필요한 정보만을 골라 담을 수 있는 지혜가 필요한 것이다. 창업박람회에 가면 우선 어떤 업종을 창업할 것인가를 미리 정하고 신중하게 정확한 정보를 습득하기 위해 집중적으로 조사해야 한다. 담당자 또는 본사의 대표를 만나서 궁금한 점을 속이 시원할 때까지 질문도 해보고, 알아보고 과연 믿을 수 있는 것인지에 대한 판단도 해야 한다.

   창업박람회에서의 자료수집이나 정보 습득은 곧바로 성공창업을 위한 첫 단계가 될 수 있다는 것을 깊이 인식하고 귀한 시간을 내어 관람한 이상 진정으로 창업에 도움이 되는 자료와 질 높은 정보를 습득하는데 힘써야 할 것이다. 그리고 정보 수집단계에서부터 가성비를 따져 보는 것이 좋다.

<프랜차이즈 창업박람회(한국창업경영연구소 제공)>

8 성공전략은 4M 전략이 있다

"고객은 끊임없이 변화를 요구한다. 따라서 Menu, Manpower, Marketing, Management가 필요하다."

1인가구가 급증하면서 외식 서비스 업계가 혼밥족 등을 잡기 위한 다양한 전략에 나서고 있다. 통계청에 따르면 2016년 현재 1인가구의 비중은 27.6%이며, 2020년에는 29.6%, 2035년에는 34.3%로 증가할 것이란 전망이다. 이미 사회 곳곳에도 솔로-이코노미(Solo Economy) 트렌드가 자리 잡고 있다.

새로운 트렌드를 이끌어 가야하는 창업시장에서도 성공을 꿈꾸며 미래를 준비하고 노력하는 창업자는 분명 좋은 결과와 역동성이 따를 것이지만, 빠르게 변화하는 시장의 트렌드를 어떻게 반영하여 신바람 나는 운영을 하면서 고객과 긍정적인 공감대 형성을 위한 마인드를 지닐까하는 생각은 창업자가 항상 고민해야 할 영업 전략이다.

특히, 외식업 점포운영에서 가장 중요한 것은 '상품관리(Menu)'와 가장 어렵고 연구해야 할 '인사관리(Man Power)', 매출증대를 위한 '마케팅(Marketing)', 마지막으로 원활한 운영에 필요한 여러 가지 '경영이론(Management)' 등 4가지 부분으로 나눌 수 있다. 이러한 이론에 근거한 현장능력은 실무형 개념이 있어야만 성공할 수 있다. 이론을 위한 과제는 운영상 복잡한 순서만 도식할 수 있음을 인지해야 한다.

고객은 다양성을 추구하는 동시에 변화에 발 빠르게 적응하기를 싫어한다. 그러한 고객의 습성을 인지한 마케팅이 현장에선 필요한 것이다.

고객은 수익의 대상이기 이전에 내부적 관찰자라고 할 수 있다. 따라서 내부적 관찰자인 고객은 외부적 조언자보다 더 비판적이고 날카롭다. 그러하기에 고객의 Need보다 고객의 Want를 먼저 파악하는 전략이 필요하다.

고객은 끊임없이 진화한다.

고객은 구매성향에서 구매주기, 구매요인 등 상황에 따라 그들만의 이익을 위해 변화하고 있다. 그러한 변화의 주기에 어떻게 대응하고 결정하느냐가 중요한 요인으로 생각된다.

고객은 철저하게 새로운 무언가를 요구하고 기존의 것보다 나은 서비스 나은 상품/서비스를 원한다. 그 변화는 요구하는 영역 별로 다르게 나타나지만, 근본적 고객의 욕구를 충족시킬 수 있는 변화를 준비해야 된다. 그러기에 창업은 과학이자 전쟁이라고 말한다.

고객 지향적 경영전략은 …

전략의 3C
- 고객(Customer)
- 경쟁(Competitor)
- 자사(Company)

위의 3C에 대한 깊은 이해를 바탕으로 고객에게 경쟁업체 보다 우월한 가치를 제공해야 하는 것이다.

9 유명 브랜드가 유망한 것인가? 소비심리의 대명사 "파노플리 효과"

> "브랜드에 대한 소비자들의 충성적 구매력은 파노플리 효과에서 기인한다."

창업을 준비하고 있는 예비창업자라면, 소비시장의 현재를 가늠하는 "파노플리 효과(Panoplie Effect)"를 반드시 이해해야 한다.

이는 집합(Set)이라는 뜻으로 판지에 붙어 있는 장난감 세트처럼 동일한 맥락을 가진 상품의 집단을 말한다. 어린이가 장난감 경찰놀이세트를 사용하면 마치 경찰관이 된 것 같은 기분을 느끼는 것을 말하며, 마찬가지로 파노플리 효과를 이루는 상품을 소비하면, 그것을 소비할 것이라고 여기는 집단에 소속될 것 같은 환상을 준다. 이를 파노플리 효과(Panoplie Effect)라 한다.

예를 들어, 3,000원의 분식으로 점심을 때우고 유명브랜드의 5,000원짜리 커피를 마시는 소비형태가 극단적인 "파노플리 현상"이라 할 수 있다.

커피전문점의 커피는 그들만의 독특한 차별성을 가지고 있으며, 우선 과거의 다방커피와는 달리 종류가 매우 다양하다. 아메리카노, 에스프레소. 카프치노, 카페라떼… 등, 많은 종류들을 다시 어떤 원두로 어떻게 갈고, 로스팅(Roasting)했느냐에 따라 맛과 가격이 달라진다. 다소 과장하면, 소비자의 수만큼 커피의 종류가 존재한다고 해도 과언이 아니다.

대표적인 파노플리 효과의 소비 브랜드를 꼽자면 아마도 스타벅스와 같은 유명브랜드 커피와 빕스 등의 유명 패밀리레스토랑, 그리고 샤넬, 구찌 등의 명품 사용자들이 추구하는 형태가 아닐까 생각한다.

창업시장도 마찬가지의 효과를 누리고 있다. 소위 명함형, 자기과시형 창업 아이템들이 그러하다. 수많은 창업자들이 생계를 위해, 아니면 자아실현을 위해 창업시장에 도전하고 있다.

창업의 궁극적 목적은 수익성 극대화이다. 하지만, 창업자의 일부는 과거의 지위나 학벌 등의 체면 때문에, 또는 주변의 시선 때문에 보여주기 위한, 과시하고 싶은…, 그래서 소위 쪽팔리지(?) 않은 아이템을 선정하여 창업한 사례가 비일비재하다. 그러나 창업은 현실이다. 현실을 인정하고 자신의 능력과 환경을 고려하여 주변을 의식할 것이 아니라 자신에게 알맞은 창업 아이템을 선정하고 노력했다면, 단언 컨데 아마도 실패한 자영업자는 대폭 줄어들었을 것이다.

대부분의 창업자들은 실패보다 성공을 예견하고 창업을 단행한다. 당연히 성공이라는 장미 빛이 그들에겐 희망이고 이상이기 때문이다.

창업은 전쟁이다.

아니 어찌 보면 철저한 자기와의 싸움이다. 결코 남의 이목도, 체면도, 화려한 과거도 별 도움이 되지 않는다. 내가 곧 자신만이 정답 일뿐이다.

창업은 브랜드의 유명도가 표적고객의 소비성향에 근접하는 흡인성을 가지고 있는 것이 사실이다. 하지만, 유명브랜드가 성공창업의 조건은 절대 아니다.

작금에 꾸준히 개최되고 있는 창업박람회에서 수많은 브랜드들이 그들만의 장점과 차별성을 부각시키기 위해 많은 준비를 하고 보여주고 있다. 그러나 옥석을 가리는 혜안은 창업자의 몫이다. 즉, 혜안을 가지고 자신에게 알맞은 아이템을 가리는 것은 바로 창업자의 몫이기 때문에 유명한 브랜드가 반드시 유망한 브랜드가 아니라는 이유의 설명을 대신할 수 있다. 유명 브랜드가 성공의 밑받침이 될 수는 있을지언정 성공을 담보할 수는 없기 때문이다.

따라서 성공창업을 위해서는 먼저 자신의 습관과 장단점을 알아나가는 과정부터 준비해야만 한다. 창업은 그만큼 처절한 자기와의 싸움이다.

10 창업은 수치와의 전쟁이다

> "점포운영에서 실질적 수익성을 판단하는 것은 수치(數値) 분석에서 시작된다."

창업을 준비하는 예비창업자들이 분주한 계절은 보통 3~6월과 9~11월이 창업박람회나 설명회가 많이 열리고 있다. 창업박람회를 관람하다 보면, 매년 트렌드 변화와 소비자의 구매반응에 따라 다양한 아이템들이 나타났다가 사라지곤 한다.

성공창업과 대박창업은 오직 창업자의 노력과 실천에 의해서만 가능할 뿐이지만, 많은 박람회나 세미나들이 성공창업을 외치고 있다.

어떠한 이유와 근거로 대박 아이템이라고 홍보하는 걸까?

참으로 궁금하다.

성공창업, 대박창업이라고 홍보하는 것을 살펴보면 트렌드분석, 성공사례, 투자비용 대비 고수익, 유행아이템, 매스컴 출연사례, 스타사장이나 스타전문가 또는 유명모델을 앞세운 아이템 등으로, 이러한 것들을 나열하여 홍보하는 사항들이 과연 성공창업을 담보하는 이유일까? 최소한 그럴 수도 있다. 성공을 위한 많은 요소 중 몇 가지 이유일 수는 있다. 하지만, 그러한 이유만으로 예비창업자들이 창업 목표로 하는 성공의 기준으로 보기에는 미흡하다.

창업은 철저한 수치분석이 필요하다.

"장사는 목이다"라고도 하지만, 창업의 성공 여부를 결정하는 것은 여러 요인 중 제일 중요한 것이 수치의 정확성이다.

고객유동량, 성별비율, 경쟁업소현황, 평균구매력, 구매주기, 권리금 및 보증금, 실평수와 가동률, 예상매출 등 모든 것이 수치로 분석·검토되고 그 수치가 평가기준이 되어야 한다.

또한, 시설과 설비 및 그에 따른 인테리어까지 모든 것은 수치로 효율성을 검토해야 한다. 즉, 매대의 규격과 크기, 주방동선의 길이, 주방과 업장의 비율 등 모든 것을 수치가 조율한다.

점포운영에서 실질적 수익성을 판단하는 것은 더욱 수치가 중요하다. 객단가, 마진율, 한계가격, 구매주기, 로스율, 고객 내점빈도, 용품별 수치, 시간별·일별·월별 매출수치 분석, 반품율, 품목별 회전율 등, 모든 것을 수치로 분석하고 제어해야 효율적인 경영을 통한 성공창업을 실현할 수 있다.

창업 점포들의 평균 마진율은 판매가 대비 25~35% 정도이다. 결국, 경상비를 줄이는 운영전략이 수익성을 극대화할 수 있다는 것이다. 수익성은 정량분석과 수치통제로부터 가능하기 때문에 창업은 수치와의 전쟁이라는 것이다.

창업은 전쟁이다.

고객의 구매력을 증가시키기 위한 노력으로는, 경영분석을 통해 계획하여 실천하면 가능하다.

성공창업 포인트

창업의 현실	수익성의 현실
1. 아이템의 회전주기가 짧다 (유행 아이템이 너무 많다)	1. 기대 수익성 VS 현실 수익성 (3.5~4.5% VS 2.2~2.8%)
2. 소비성향의 잦은 변화 (소비자들의 팔색조 소비형태)	2. 4대 경상비 지출의 효율성 (인건비, 임대료, 원부재료비용, 세금)
3. 평균 수익성 하락 (매출↓ 원부재료율↑)	3. 평균 매장 운영기간의 경쟁력 (27.3개월에서 탈피 필요)
4. 차별적 마케팅 부재 (누구나 다하는 홍보 방법)	4. 마진구조의 효율성 (원가구조의 개선 필요)
5. 경영전략 부족 (고객분석, 소비분석, 판매전략 등)	5. 판매가격 결정의 과학화 (기획가격 VS 전략가격)

순수익 30%, 재료비 35%, 임차료 12%, 인건비 15%, 일반관리비 8%

창업자가 바라는 기대 수익성은 현실과 차이가 있음을 명심하자

Chaptert 7

반드시 알아야 할
핵심실전 법칙

"어떻게 해야 하나요"

실창업자들은 내게 마지막으로 묻는 말이 있다.

'그래서 어떻게 해야 하나요?'
이런저런 강의와 컨설팅을 받았으나 실행에 옮기기엔 두렵고, 어렵다고 느끼기 때문이다.

창업자들에게 꼭 필요한 것을 설문해 봤다.

> 1. 사업계획서를 작성하는 양식이나 작성요령이 부족함.
> 2. 예상매출을 도출하는 공식이나 사례 찾기가 어렵다 함.
> 3. 최상의 입지를 찾는 상권분석 방법을 알고 싶어 함.
> 4. 점포운영에 필요한 점검표 등을 알고 싶어 함.

크게 4가지에 대한 실무가 필요하다는 결론이다.
한 번 그들의 눈높이에 맞게 정리해 보았다.

'구슬이 서 말이라도 꿰어야 보배라'
잘 점검하고 다듬어 울릉하게 정리하여 활용하기를 진심으로 바란다.

1 점포경영을 분석하고, 수치화하여 개선하라

창업의 승패는 얼마나 정확한 데이터 기준으로 운영에 대한 기획과 계획 그리고 실천을 하느냐가 제일 중요한 요인들이다.

어느 아이템으로 창업하느냐 하는 것도 물론 중요하다. 하지만, 현재의 운영상황에 대한 정확한 분석을 통해 개선사항을 도출하고 변화와 시정요인을 재구성하는 전략적 실무가 철저한 수익성을 위한 절차이여야 한다.

경영분석을 위해서는 먼저 현 운영상황에 대한 인식이다. 즉, 판매요인과 매출에 대한 데이터의 기준이다. 상품별 매출과 요인별, 시간별, 회전률별의 매출분석과 함께 각 상품별 공헌 이익률과 함께 전체 매출대비 수익성에 대한 정확한 통계를 도출해야 한다.

한편으론 경쟁사의 브랜드나 업장에 대한 경쟁력 분석도 중요한 요인이다. 즉, 같은 지역 내, 경쟁상권 내 운영하는 브랜드들의 경쟁력을 파악해 봐야 한다. 다음의 사례에서 보여주듯이 김밥이라는 아이템을 운영하는 매장이라면 김밥이 주 메뉴인 경쟁 브랜드도 조사 분석해야 하지만, 분식을 판매하는 유사 브랜드도 경쟁상대라 할 수 있다. 따라서 동종내지 경쟁, 유사브랜드의 차별성과 경쟁요소를 철저하게 시장조사를 하여 가감 없이 운영하고 있는 브랜드나 점포의 차별지수에 대한 파악은 필수적이다.

또한, 매출대비 경상비의 분류를 통한 수익의 건전성과 적당한 마진구조와 함께 수익성에 대해 안정성을 가지고 있는지에 대한 ROI 분석도 중요한 경영분석 항목이다.

수익성은 고객의 구매력과 구매주기 그리고 회전률로부터 시작된다. 한 마디로 소비자들의 소비성향 분석이 판단의 바로미터라는 말이다. 좀 더 철저한 분석을 위해 다음의 사례를 통해 성공창업을 위한 기초 자료를 활용하면 유익할 것이다.

1. 이상헌 김밥 경영관리 분석(Ⅰ)

1. ROI 분석
2. 월 매출 분석
3. 매출 현황 분석
4. 메뉴 유형별 판매 분석
5. 요일별 매출 분석
6. 메뉴별 판매 분석
7. 시간대별 매출 분석

(1) ROI 분석 [33㎡(10평) 기준(2018년)]

이상헌 김밥 브랜드 예상손익을 분석한 결과, 경상이익이 약 5,985천원 (22.2%)이며, BEP는 일매출 630천원, 전체 가맹점 투자금 2억원 기준 ROI는 3.0%로 추정됨.

< 가맹점 평균 손익 분석 (33㎡ 기준) >

(단위 : 천원)

항목	금액	%	비 고
일매출	900		33㎡(10평) 기준 가맹점 예상 손익
월매출	27,000		월 30일 운영
총 월매출	27,000	100.0%	
상품원가	9,720	36.0%	식자재비, 부자재비 포함
매출원가 소계	9,720	36.0%	
매출이익	16,200	64.0%	
인 건 비	6,000	22.2%	점주 인건비 제외(주방1/보조1/홀1)
임 차 료	3,240	12.0%	외식업 평균 12%
제세공과금	1,080	4.0%	전기세, 보험, 가스 등/매출액의 4%
카드수수료	475	1.8%	매출액의 80% 카드매출/수수료 2.2%
기타 운영비	500	1.9%	
지출합계	11,295	41.8%	
영업이익	5,985	22.2%	

< 가맹점 ROI 분석 >

영업이익/총 투자비 = 5,985천원/200,000천원

따라서 ROI = 약 3.0%

< 가맹점 BEP 분석 >

(단위 : 천원)

고정비		변동비	
항 목	금 액	항 목	%
인건비	6,000	매출원가	40.0%
임대료	2,500	제경비	7.6%
고정경비	500		
소계	9,000	소계	52.4%
손익분기점		18,908	
일매출		630	

(2) 월 매출 분석

< 월별/일별 매출현황(분당점 2018년 1월~4월) >

(단위 : 천원, VAT포함)

구 분	1월	3월	4월	평 균
월별 매출	40,897	46,668	48,610	45,391
일별 매출	1,319	1,505	1,620	1,481

<월별 매출현황(분당점 2017년 1월~12월)>

(단위 : 천원, VAT포함)

월별 매출		일 평균매출	
1월	30,109	1월	971
2월	24,997	2월	892
3월	34,065	3월	1,099
4월	34,773	4월	1,159
5월	37,437	5월	1,248
6월	26,165	6월	872
7월	32,857	7월	1,095
8월	38,328	8월	1,236
9월	35,273	9월	1,260
10월	46,084	10월	1,487
11월	43,800	11월	1,460
12월	37,096	12월	1,197
월평균	**35,081천원**	**일평균**	**1,173천원**

<월별 매출 Graph(분당점 2017년)>

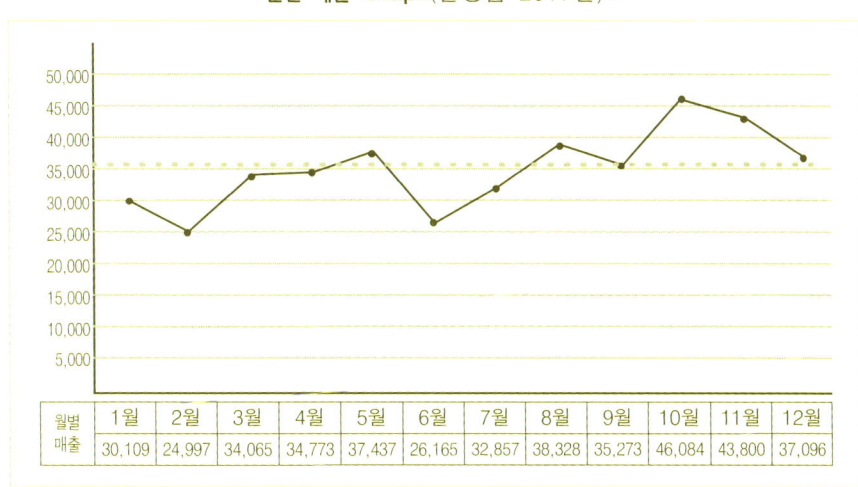

월별	1월	2월	3월	4월	5월	6월	7월	8월	9월	10월	11월	12월
매출	30,109	24,997	34,065	34,773	37,437	26,165	32,857	38,328	35,273	46,084	43,800	37,096

2017년 월평균매출 : 35,081천원 (점선 - - - - - - - - - - - - -)

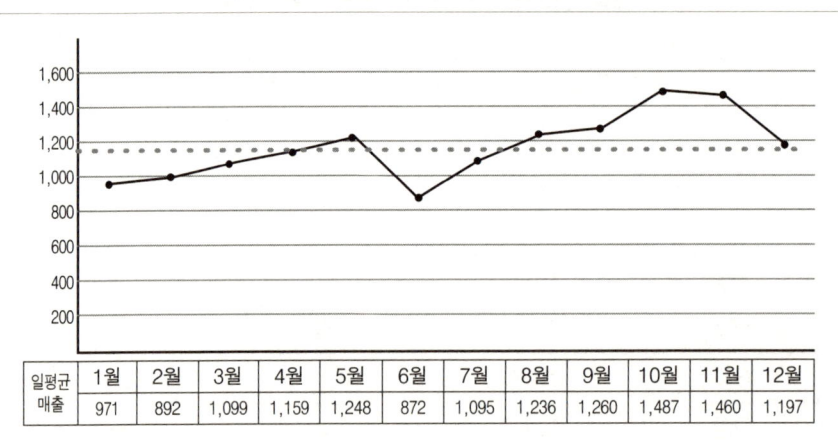

< 각 월별 일평균 매출 Graph(분당점 2017년) >

일평균 매출	1월	2월	3월	4월	5월	6월	7월	8월	9월	10월	11월	12월
	971	892	1,099	1,159	1,248	872	1,095	1,236	1,260	1,487	1,460	1,197

2017년 일평균매출 : 1,173천원 (점선 ·············)

(3) 매출현황 분석

< 3월 매출현황(분당점 2018년) >

(단위 : 천원, VAT포함)

점포명	판매금액		판매비율		소 계	비 고
	식사류	음료	식사류	음료		
분당점	46,401	266	99.4%	0.6%	46,668	일평균 : 1,505

< 월평균 매출현황(분당점 2018년) >

(단위 : 천원, VAT포함)

점포명	판매금액		판매비율		소 계	비 고
	식사류	음료	식사류	음료		
분당점	45,146	244	99.5%	0.5%	45,391	일평균 : 1,531

2018년 3월 분당점 월매출 : 46,668천원
2018년 3월 분당점 일평균 매출 : 1,505천원
⇒
2018년 분당점 월평균 : 45,391천원
2018년 분당점 일평균 매출 : 1,531천원

<3월 판매수량 현황(분당점)>

점포명	판매수량		수량비율		소계	비고
	식사류	음료	식사류	음료		
분당점	9,901개	155개	98.5%	1.5%	10,056개	일평균 : 330개

<월평균 판매수량 현황(분당점 2018년)>

점포명	판매수량		수량비율		소계	비고
	식사류	음료	식사류	음료		
분당점	9,620개	140개	98.6%	1.4%	9,760개	일평균 : 325개

2018년 3월 분당점 월 판매수량 : 10,056개
2018년 3월 분당점 일 판매수량 : 330개
➡
2018년 분당점 월평균 판매수량 : 9,760개
2018년 분당점 일평균 판매수량 : 325개

(4) 메뉴 유형별 판매 분석

<메뉴 유형별 판매현황(2018년 3월)>

(단위 : 원, VAT포함)

No	분류	구분	판매수량	수량비율	매출액	매출비율	일평균수량	일평균매출	비고
1	식사류	김밥류	7,038	70.0%	26,377,600	56.5%	227	850,890	
2		밥류	1,167	11.6%	8,169,000	17.5%	38	263,516	
3		면류	233	2.3%	1,165,000	2.5%	8	37,581	
4		돈까스	498	5.0%	4,205,200	9.0%	16	135,652	
5		세트류	580	5.8%	4,060,000	8.7%	19	130,968	
6		계절메뉴	336	3.3%	2,352,000	5.0%	11	75,871	
7		기타류	49	0.5%	73,000	0.2%	2	2,355	
	소 계		9,901	98.5%	46,401,800	99.4%	319	1,496,832	
8	음료류	음료	155	1.5%	266,900	0.6%	5	8,610	
	소 계		155	1.5%	266,900	0.6%	5	8,610	
	합 계		10,056	100.0%	46,668,700	100.0%	324	1,505,442	

< 요일별 판매현황 Graph(2018년 3월) >

(단위 : 원, VAT포함)

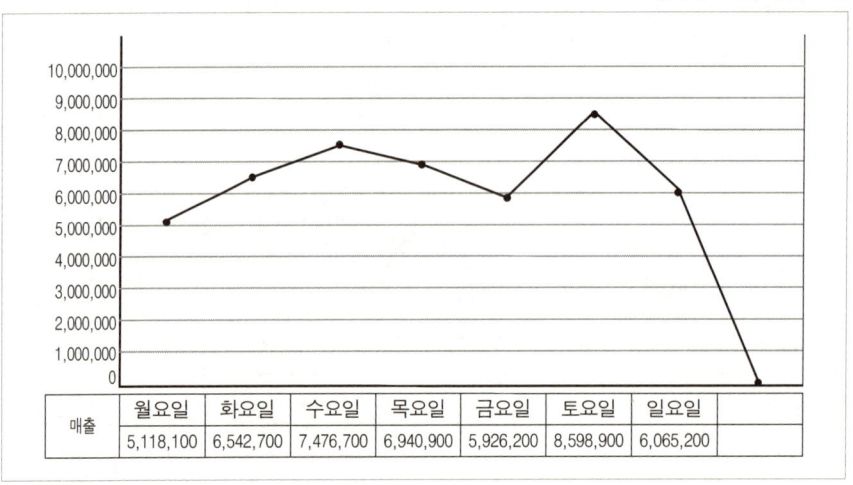

매출	월요일	화요일	수요일	목요일	금요일	토요일	일요일
	5,118,400	6,542,700	7,476,700	6,940,900	5,926,200	8,598,900	6,065,200

< 월평균 메뉴 유형별 판매현황(2018년) >

(단위 : 원, VAT포함)

No	분류	구분	판매수량	수량비율	매출액	매출비율	일평균수량	일평균매출	비고
1	식사류	김밥류	6,819	69.9%	25,552,409	56.3%	227	851,747	
2		밥류	1,157	11.9%	8,099,000	17.8%	39	269,967	
3		면류	227	2.3%	1,134,289	2.5%	8	37,810	
4		돈까스	483	4.9%	4,078,700	9.0%	16	135,957	
5		세트류	565	5.8%	3,952,974	8.7%	19	131,766	
6		계절메뉴	323	3.3%	2,259,524	5.0%	11	75,317	
7		기타류	46	0.5%	69,735	0.2%	2	2,324	
	소 계		9,620	98.6%	45,146,631	99.5%	321	1,504,888	
8	음료류	음료	140	1.4%	244,400	0.5%	5	8,147	
	소 계		140	1.4%	244,400	0.5%	5	8,147	
	합 계		9,760	100.0%	45,391,031	100.0%	325	1,513,034	

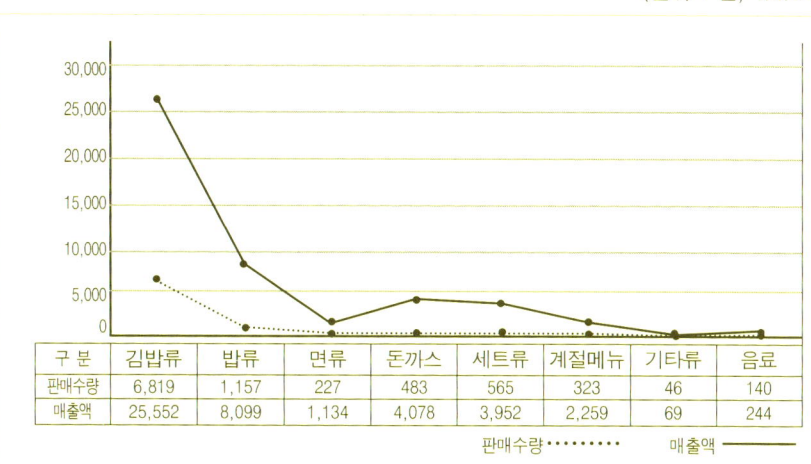

(5) 요일별 판매 분석

<월별 판매현황(2018년 3월)>

(단위 : 원, VAT포함)

No	요일	매출현황			비 고
		총매출	건수	건별단가	
1	월요일	5,118,100	569	8,988	
2	화요일	6,542,700	714	9,153	
3	수요일	7,476,700	806	9,269	
4	목요일	6,940,900	804	8,613	
5	금요일	5,926,200	730	8,093	
6	토요일	8,598,900	869	9,882	
7	일요일	6,065,200	569	10,629	
	합 계	46,668,700	5,061	9,205	

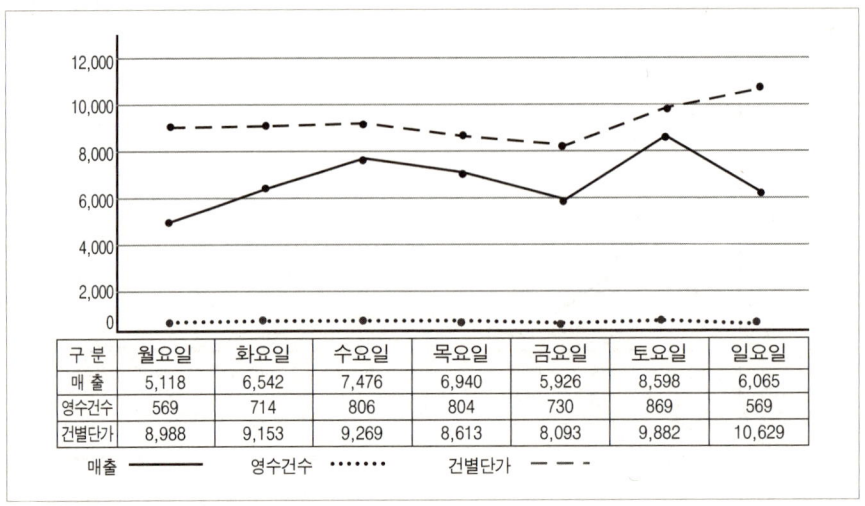

< 요일별 판매현황 Graph(2018년 3월) >

(단위 : 원, VAT포함)

구 분	월요일	화요일	수요일	목요일	금요일	토요일	일요일
매 출	5,118	6,542	7,476	6,940	5,926	8,598	6,065
영수건수	569	714	806	804	730	869	569
건별단가	8,988	9,153	9,269	8,613	8,093	9,882	10,629

매출 —— 영수건수 ······ 건별단가 ----

(6) 메뉴별 판매 분석

< 메뉴별 판매현황 >

(단위 : 원, VAT포함)

No	메뉴명	판매단가	수량	수량비율	매출액	금액비율	일평균수량	일평균매출	비고
1	이상헌김밥	2,800	2,136	21.2%	5,980,800	12.8%	69	192,929	
2	직화숯불김밥	4,300	1,493	14.8%	6,419,900	13.8%	48	207,094	
3	직화제육쌈김밥	4,300	870	8.7%	3,741,000	8.0%	28	120,677	
4	매콤멸치건과김밥	4,300	361	3.6%	1,552,300	3.3%	12	50,074	
5	순수야채김밥	3,700	268	2.7%	991,600	2.1%	9	31,987	
6	직화소불고기왕쌈김밥	4,800	267	2.7%	1,281,600	2.7%	9	41,342	
7	더블치즈김밥	3,800	409	4.1%	1,554,200	3.3%	13	50,135	
8	참치셀러드김밥	3,700	871	8.7%	3,222,700	6.9%	28	103,958	
9	튀김가득김밥	4,500	363	3.6%	1,633,500	3.5%	12	52,694	
10	더덕비빔밥	7,000	126	1.3%	882,000	1.9%	4	28,452	

⬇ continually

↓ continually

11	불고기볶음밥	7,000	351	3.5%	2,457,000	5.3%	11	79,258
12	닭가슴살볶음밥	7,000	208	2.1%	1,456,000	3.1%	7	46,968
13	제육볶음밥	7,000	482	4.8%	3,374,000	7.2%	16	108,839
14	이상헌국수+숯불고기	7,000	210	2.1%	1,470,000	3.1%	7	47,419
15	이상헌비빔국수+숯불고기	7,000	368	3.7%	2,576,000	5.5%	12	83,097
16	이상헌모밀국수+숯불고기	7,000	2	0.0%	14,000	0.0%	0	452
17	꽃게튀김짬뽕	7,000	249	2.5%	1,743,000	3.7%	8	56,226
18	오뎅탕	7,000	79	0.8%	553,000	1.2%	3	17,839
19	오뎅탕(매운맛)	7,000	8	0.1%	56,000	0.1%	0	1,806
20	이상헌국수	5,000	146	1.5%	730,000	1.6%	5	23,548
21	이상헌비빔국수	5,000	86	0.9%	430,000	0.9%	3	13,871
22	이상헌모밀국수	5,000	1	0.0%	5,000	0.0%	0	161
23	왕돈까스	8,900	271	2.7%	2,411,900	5.2%	9	77,803
24	치즈돈까스	7,900	227	2.3%	1,793,300	3.8%	7	57,848
25	기타	1,000	25	0.2%	25,000	0.1%	1	806
26	고기추가	2,000	24	0.2%	48,000	0.1%	1	1,548
27	사과주스골든메탈	3,900	9	0.1%	35,100	0.1%	0	1,132
28	스파클링사과주스	3,900	4	0.0%	15,600	0.0%	0	503
29	스프라이트	1,500	40	0.4%	60,000	0.1%	1	1,935
30	웰치스포도	1,500	35	0.3%	52,500	0.1%	1	1,694
31	코카콜라	1,500	59	0.6%	88,500	0.2%	2	2,855
32	에비앙물 500ml	1,900	8	0.1%	15,200	0.0%	0	490
	합 계		10,056	100.0%	46,668,700	100.0%	324	1,505,442

<메뉴별 판매현황(순위)>

기간 : 2018. 3. 1~31 (단위 : 원, VAT포함)

No	메뉴명	판매단가	수량	수량비율	매출액	금액비율	수량순위	매출순위	비고
1	이상헌김밥	2,800	2,136	21.2%	5,980,800	12.8%	1	2	
2	직화숯불김밥	4,300	1,493	14.8%	6,419,900	13.8%	2	1	
3	참치샐러드김밥	3,700	871	8.7%	3,222,700	6.9%	3	5	
4	직화제육쌈김밥	4,300	870	8.7%	3,741,000	8.0%	4	3	
5	제육볶음밥	7,000	482	4.8%	3,374,000	7.2%	5	4	
6	더블치즈김밥	3,800	409	4.1%	1,554,200	3.3%	6	12	
7	이상헌비빔국수+숯불고기	7,000	368	3.7%	2,576,000	5.5%	7	6	
8	튀김가득김밥	4,500	363	3.6%	1,633,500	3.5%	8	11	
9	매콤멸치견과김밥	4,300	361	3.6%	1,552,300	3.3%	9	13	
10	불고기볶음밥	7,000	351	3.5%	2,457,000	5.3%	10	7	
11	왕돈까스	8,900	271	2.7%	2,411,900	5.2%	11	8	
12	순수야채김밥	3,700	268	2.7%	991,600	2.1%	12	17	
13	직화소불고기왕쌈김밥	4,800	267	2.7%	1,281,600	2.7%	13	16	
14	꽃게튀김짬뽕	7,000	249	2.5%	1,743,000	3.7%	14	10	
15	치즈돈까스	7,900	227	2.3%	1,793,300	3.8%	15	9	
16	이상헌국수+숯불고기	7,000	210	2.1%	1,470,000	3.1%	16	14	
17	닭가슴살볶음밥	7,000	208	2.1%	1,456,000	3.1%	17	15	
18	이상헌국수	5,000	146	1.5%	730,000	1.6%	18	19	
19	더덕비빔밥	7,000	126	1.3%	882,000	1.9%	19	18	
20	이상헌비빔국수	5,000	86	0.9%	430,000	0.9%	20	21	
21	오뎅탕	7,000	79	0.8%	553,000	1.2%	21	20	
22	코카콜라	1,500	59	0.6%	88,500	0.2%	22	22	
23	스프라이트	1,500	40	0.4%	60,000	0.1%	23	23	
24	웰치스포도	1,500	35	0.3%	52,500	0.1%	24	25	
25	기타	1,000	25	0.2%	25,000	0.1%	25	28	
26	고기추가	2,000	24	0.2%	48,000	0.1%	26	26	
27	사과주스골든메탈	3,900	9	0.1%	35,100	0.1%	27	27	
28	에비앙물 500ml	1,900	8	0.1%	15,200	0.0%	28	30	
29	오뎅탕(매운맛)	7,000	8	0.1%	56,000	0.1%	29	24	
30	스파클링사과주스	3,900	4	0.0%	15,600	0.0%	30	29	
31	이상헌모밀국수+숯불고기	7,000	2	0.0%	14,000	0.0%	31	31	
32	이상헌모밀국수	5,000	1	0.0%	5,000	0.0%	32	32	

(7) 시간대별 매출 분석

< 분류별 시간대별 판매현황(오전) >

기간 : 2018. 3. 1~31 (단위 : 원, VAT포함)

No	메뉴명	구분	07시	08시	09시	10시	11시	12시	13시	14시
1	김밥류	수량	118	176	412	550	1,082	777	579	502
		매출	371,900	646,200	1,567,600	2,100,800	4,011,500	2,897,300	2,145,300	1,921,500
2	밥류	수량	-	8	31	108	193	164	83	69
		매출	-	56,000	217,000	756,000	1,351,000	1,148,000	581,000	483,000
3	세트류	수량	2	6	8	44	66	84	41	37
		매출	14,000	42,000	56,000	308,000	462,000	588,000	287,000	259,000
4	계절메뉴	수량	-	7	20	26	41	67	33	24
		매출	-	49,000	140,000	182,000	287,000	465,500	231,000	168,000
5	면류	수량	-	-	6	14	57	44	18	12
		매출	-	-	30,000	70,000	285,000	220,000	90,000	60,000
6	돈가스류	수량		1	12	36	58	71	33	29
		매출		8,900	101,800	307,400	498,200	601,900	281,700	245,100
7	기타류	수량	-	7	8	2	1	7	1	1
		매출		8,000	10,000	4,000	1,000	14,000	1,000	2,000
8	음료	수량	-	1	2	8	12	16	7	9
		매출	-	3,900	3,000	14,400	18,000	28,800	11,300	13,900
	소계	수량	120	192	483	784	1,508	1,216	793	681
		매출	385,900	798,000	2,105,400	3,734,600	6,911,700	5,935,500	3,626,300	3,148,500

<분류별 시간대별 판매현황(오후)>

기간 : 2018. 3. 1~31 (단위 : 원, VAT포함)

No	메뉴명	구분	15시	16시	17시	18시	19시	20시	21시	22시
1	김밥류	수량	545	754	854	640	491	195	94	4
		매출	2,076,300	2,851,200	3,182,000	2,423,250	1,790,950	715,100	334,200	15,700
2	밥류	수량	100	122	170	103	68	29	7	-
		매출	700,000	854,000	1,190,000	721,000	476,000	189,000	49,000	-
3	세트류	수량	60	55	53	69	48	27	4	-
		매출	420,000	385,000	371,000	483,000	336,000	189,000	28,000	-
4	계절메뉴	수량	17	33	47	38	18	8	1	-
		매출	119,000	231,000	329,000	266,000	126,000	56,000	7,000	-
5	면류	수량	14	23	24	14	17	2	-	-
		매출	70,000	115,000	120,000	70,000	85,000	10,000	-	-
6	돈가스류	수량	51	56	82	50	32	2	5	-
		매출	421,900	468,400	693,800	422,000	274,800	16,800	40,500	-
7	기타류	수량	2	3	7	5	-	2	-	-
		매출	4,000	3,000	14,000	9,000	-	3,000	-	-
8	음료	수량	13	12	23	29	11	11	1	-
		매출	24,300	19,600	36,900	47,500	23,700	19,300	1,500	-
	소계	수량	798	1,052	1,246	938	685	272	112	4
		매출	3,827,500	4,921,200	5,908,700	4,423,750	3,112,450	1,192,200	460,200	15,700

<메뉴별 시간대별 판매현황(오전)>

기간 : 2018. 3. 1~31   (단위 : 원, VAT포함)

No	메뉴명	구분	07시	08시	09시	10시	11시	12시	13시	14시
1	이상헌김밥	수량	85	62	116	137	352	251	193	132
		매출	238	174	325	384	986	703	540	370
2	직화숯불김밥	수량	12	40	101	140	209	152	121	114
		매출	52	172	434	602	899	654	520	490
3	직화제육쌈김밥	수량	2	20	48	64	112	107	78	61
		매출	9	86	206	275	482	460	335	262
4	매콤멸치견과김밥	수량	4	9	34	38	62	34	21	19
		매출	17	39	146	163	267	146	90	82
5	순수야채김밥	수량	-	5	10	38	47	25	20	19
		매출	-	19	37	141	174	93	74	70
6	직화소불고기왕쌈김밥	수량	-	4	22	17	54	31	14	36
		매출	-	19	106	82	259	149	67	173
7	더덕비빔밥	수량	-	-	3	18	17	28	10	10
		매출	-	-	21	126	119	196	70	70
8	불고기볶음밥	수량	-	4	11	13	57	38	22	30
		매출	-	28	77	91	399	266	154	210
9	더블치즈김밥	수량	2	10	8	28	77	48	37	37
		매출	8	38	30	106	293	182	141	141
10	닭가슴살볶음밥	수량	-	2	5	19	24	30	19	10
		매출	-	14	35	133	168	210	133	70
11	이상헌국수 + 숯불고기	수량	2	3	1	20	32	30	19	8
		매출	14	21	7	140	224	210	133	56
12	이상헌비빔국수 + 숯불고기	수량	-	3	7	24	34	53	22	29
		매출	-	21	49	168	238	371	154	203
13	이상헌모밀국수 + 숯불고기	수량	-	-	-	-	-	1	-	-
		매출	-	-	-	-	-	7	-	-
14	참치셀러드김밥	수량	12	21	57	60	134	87	63	55
		매출	44	78	211	222	496	322	233	204
15	제육볶음밥	수량	-	2	12	58	95	68	32	19
		매출	-	14	84	406	665	476	224	133
16	고기추가	수량	-	1	2	2	-	7	-	1
		매출	-	2	4	4	-	14	-	2

⬇ continually

			07시	08시	09시	10시	11시	12시	13시	14시
					↓continually					
17	튀김가득김밥	수량	1	5	16	28	35	42	32	29
		매출	5	23	72	126	158	189	144	131
18	꽃게튀김짬뽕	수량	-	-	7	23	29	55	28	23
		매출	-	-	49	161	203	382	196	161
19	오뎅탕	수량	-	6	11	3	8	12	5	1
		매출	-	42	77	21	56	84	35	7
20	오뎅탕(매운맛)	수량	-	1	2	-	4	-	-	-
		매출	-	7	14	-	28	-	-	-
21	이상헌국수	수량	-	-	4	12	36	33	15	4
		매출	-	-	20	60	180	165	75	20
22	이상헌비빔국수	수량	-	-	2	2	20	11	3	8
		매출	-	-	10	10	100	55	15	40
23	이상헌모밀국수	수량	-	-	-	-	1	-	-	-
		매출	-	-	-	-	5	-	-	-
24	기타	수량	-	6	6	-	1	-	1	-
		매출	-	6	6	-	1	-	1	-
25	왕돈까스	수량	-	1	7	23	40	41	21	16
		매출	-	9	62	205	356	365	187	142
26	치즈돈까스	수량	-	-	5	13	18	30	12	13
		매출	-	-	40	103	142	237	95	103
27	사과주스골든메탈	수량	-	-	-	-	2	-	-	-
		매출	-	-	-	-	8	-	-	-
28	스파클링사과주스	수량	-	1	-	1	-	-	-	-
		매출	-	4	-	4	-	-	-	-
29	스프라이트	수량	-	-	2	-	8	6	1	3
		매출	-	-	3	-	12	9	2	5
30	웰치스포도	수량	-	-	-	6	4	1	1	2
		매출	-	-	-	9	6	2	2	3
31	코카콜라	수량	-	-	-	1	-	7	3	3
		매출	-	-	-	2	-	11	5	5
32	에비앙물 500ml	수량	-	-	-	-	-	-	2	1
		매출	-	-	-	-	-	-	4	2
	합 계	수량	120	208	499	797	1,526	1,245	823	691
		매출	386	814	2,125	3,743	6914	5,964	3,628	3,153

3·5·2·12·8의 법칙

< 메뉴별 시간대별 판매현황(오후) >

기간 : 2018. 3. 1~31 (단위 : 원, VAT포함)

No.	메뉴명	구분	15시	16시	17시	18시	19시	20시	21시	22시
1	이상헌김밥	수량	151	220	279	156	171	38	27	1
		매출	423	616	781	434	479	105	76	3
2	직화숯불김밥	수량	151	193	200	114	82	39	11	1
		매출	649	830	860	490	350	166	45	4
3	직화제육쌈김밥	수량	84	90	97	82	67	22	25	2
		매출	361	387	417	353	286	90	103	9
4	매콤멸치견과김밥	수량	14	33	49	29	23	10	3	-
		매출	60	142	211	125	99	39	13	-
5	순수야채김밥	수량	19	17	28	42	6	12	9	-
		매출	70	63	104	150	22	35	24	-
6	직화소불고기왕쌈김밥	수량	13	34	19	32	13	5	1	-
		매출	62	163	91	144	62	22	5	-
7	더덕비빔밥	수량	8	3	14	9	9	4	-	-
		매출	56	21	98	63	63	21	-	-
8	불고기볶음밥	수량	37	52	43	33	19	10	2	-
		매출	259	364	301	231	133	70	14	-
9	더블치즈김밥	수량	24	52	32	58	28	21	4	-
		매출	91	198	122	220	106	80	15	-
10	닭가슴살볶음밥	수량	17	19	44	21	13	5	3	-
		매출	119	133	308	147	91	35	21	-
11	이상헌국수+숯불고기	수량	19	25	18	23	15	3	-	-
		매출	133	175	126	161	105	21	-	-
12	이상헌비빔국수+숯불고기	수량	41	30	35	46	32	24	4	-
		매출	287	210	245	322	224	168	28	-
13	이상헌모밀국수+숯불고기	수량	-	-	-	-	1	-	-	-
		매출	-	-	-	-	7	-	-	-
14	참치셀러드김밥	수량	52	81	98	80	83	35	7	-
		매출	192	300	363	296	307	130	24	-
15	제육볶음밥	수량	38	48	69	40	27	10	2	-
		매출	266	336	483	280	189	63	14	-
16	고기추가	수량	2	-	7	4	-	1	0	-
		매출	4	-	14	8	-	2	-	-

⬇ continually

			15시	16시	17시	18시	19시	20시	21시	22시
17	튀김가득김밥	수량	37	34	52	47	18	13	7	-
		매출	167	153	153	212	79	50	29	-
18	꽃게튀김짬뽕	수량	15	26	32	26	6	6	-	-
		매출	105	182	224	182	42	42	-	-
19	오뎅탕	수량	2	7	15	12	10	2	1	-
		매출	14	49	105	84	70	14	7	-
20	오뎅탕(매운맛)	수량	-	-	-	-	2	-	-	-
		매출	-	-	-	-	14	-	-	-
21	이상헌국수	수량	7	12	15	7	11	1	-	-
		매출	35	60	75	35	55	5	-	-
22	이상헌비빔국수	수량	7	11	9	7	6	1	-	-
		매출	35	55	45	35	30	5	-	-
23	이상헌모밀국수	수량	-	-	-	-	-	-	-	-
		매출	-	-	-	-	-	-	-	-
24	기타	수량	-	3	-	1	-	1	-	-
		매출	-	3	-	1	-	1	-	-
25	왕돈까스	수량	19	26	46	27	22	1	1	-
		매출	169	231	409	240	196	9	9	-
26	치즈돈까스	수량	32	30	36	23	10	1	4	-
		매출	253	237	284	182	79	8	32	-
27	사과주스골든메탈	수량	-	-	1	1	3	1	-	-
		매출	-	-	4	4	12	4	-	-
28	스파클링사과주스	수량	2	-	-	-	-	-	-	-
		매출	8	-	-	-	-	-	-	-
29	스프라이트	수량	2	3	1	13	2	1	-	-
		매출	3	5	2	20	3	2	-	-
30	웰치스포도	수량	2	2	4	7	3	-	1	-
		매출	3	3	6	11	5	-	2	-
31	코카콜라	수량	7	3	17	4	3	8	-	-
		매출	11	5	26	6	5	12	-	-
32	에비앙물 500ml	수량	-	4	-	4	-	1	-	-
		매출	-	8	-	8	-	2	-	-
	합 계	수량	831	1,089	1,276	959	715	282	113	4
		매출	3,836	4,927	5,937	4,442	3,112	1,198	460	16

(8) 경영개선안 제안

[경영개선제언]

- 요일별 매출분석 결과 객단가가 높은 일요일의 매출이 부진한 걸로 나타남. 주말 마케팅을 강화하여 가족, 친구, 연인 등의 2인 이상의 객단가가 높은 고객들을 위한 전략적인 마케팅이 필요함.

- 그에 따른 제언으로 전략적인 세트메뉴 개발을 통아여 2인 이상 고객에 사이드 메뉴를 통한 추가매출을 발생시키는 전략이 필요함.

- 점점 강화되고 있는 옴니채널 쇼핑 트렌드에 맞는 Take Out 메뉴개발 및 배달대행 업체를 통한 배달메뉴 강화가 필요할 것으로 사료됨.

- 배달앱(배달의 민족, 요기요) 마케팅 채널을 통한 배달고객 비중확대가 필요함.

- 인근 정기적인 단체고객(교회, 어린이집, 동창회)의 확보를 통한 안정적인 매출확대 전략도 필요함.

2. 이상헌 김밥 경영관리 분석(Ⅱ)

1. 점포 판매 분석	4. 자사 분석
2. 메뉴 판매 분석	5. Unit 표준화
3. 메뉴 원가 분석	

(1) 이상헌 김밥 매출 분석

이상헌 김밥 판매 분석 추진은 1단계 분당점 최근 1년간(2017년 12개월 기준) 판매 분석을 통해 2018년 월간 매출과 비교 분석 후 매월 판매 현황에 대한 대책 수립을 하고자 함.

① 점포 매출 분석

<판매금액 및 판매비율>

기간 : 2018. 01. 01~01. 31 (단위 : 원, VAT포함)

점포명	판매금액		판매비율(%)		소 계	비 고
	식사류	음료	식사류	음료		
분당점	40,655,600	234,400	99.4%	0.6%	40,890,000	일평균 : 1,319천원

2017년 분당점 월평균 매출 : 35,081천원	➡	2018년 분당점 1월 : 40,890천원
2017년 분당점 일평균 매출 : 1,173천원		2018년 분당점 일평균 매출 : 1,319천원

<매출수량 및 매출비율>

기간 : 2018. 01. 01~01. 31 (단위 : 원, VAT포함)

점포명	판매수량		매출비율(%)		소 계	비 고
	식사류	음료	식사류	음료		
분당점	8,630	124	92.0%	1.3%	9,379	

② 점포 판매 분석

이상헌 김밥 요일별 시간대별 매출 분석을 통하여 선조리 및 예측 생산을 통하여 매출 증진 가능성에 대한 분석을 목적으로 함.

<요일별 시간대별 판매현황(분당점)>

기간 : 2018. 01. 01~01. 31 (단위 : 천원, VAT포함)

요일 \ 시간	요일합계	08시	09시	10시	11시	12시	13시	14시	15시	16시	17시	18시	19시	20시	21시	22시
일	5,482	57	226	319	509	996	665	352	269	347	481	562	398	217	76	9
월	5,385	21	26	179	549	1,127	681	390	323	338	416	565	410	244	116	
화	5,515	53	43	181	374	1,005	779	400	301	395	572	584	461	150	209	7
수	5,696	31	117	350	453	1,275	704	379	355	263	568	413	432	247	94	14
목	5,004	14	54	153	512	1,159	571	262	277	227	655	565	274	150	128	5
금	6,349	7	79	154	458	1,172	776	420	361	322	766	784	544	297	199	11
토	7,460	140	235	162	592	1,216	1,534	627	445	472	497	724	452	279	73	13
시간별 합계		323	779	1,497	3,447	7,949	5,710	2,831	2,331	2,364	3,956	4,197	2,971	1,584	895	58
Total	40,891															

<요일별 시간대별 일평균 판매현황(분당점)>

기간 : 2018. 01. 01~01. 31 (단위 : 천원, VAT포함)

요일 \ 시간	요일평균	08시	09시	10시	11시	12시	13시	14시	15시	16시	17시	18시	19시	20시	21시	22시
일	1,096	11.4	45.1	63.8	101.8	199.1	133.1	70.5	53.7	69.5	96.1	112.4	79.6	43.4	15.2	1.7
월	1,346	5.4	6.5	44.7	137.2	281.7	170.2	97.6	80.7	84.4	104.1	141.3	102.6	61.1	29.1	.0
화	1,379	13.2	10.8	45.2	93.5	251.3	194.7	100.1	75.3	98.9	143.1	146.1	115.3	37.5	52.3	1.8
수	1,424	7.7	29.3	87.5	113.3	318.8	176.1	94.7	88.8	65.8	142.1	103.2	108.1	61.7	23.5	3.5
목	1,251	3.5	13.5	38.3	128.0	289.7	142.8	65.4	69.3	56.6	163.8	141.2	68.4	37.5	32.0	1.1
금	1,270	1.4	15.7	30.8	91.6	234.4	155.1	84.1	72.1	64.5	153.2	156.9	108.7	59.3	39.9	2.2
토	1,492	28.0	47.0	32.4	118.4	243.2	306.8	125.4	89.1	94.3	99.4	144.7	90.3	55.8	14.6	2.5
시간별 평균		10.1	23.9	48.9	111.9	259.7	182.6	91.1	75.5	76.3	128.8	135.1	96.1	50.9	29.5	1.8
일평균	1,322															

< 메뉴별 시간대별 판매현황(분당점) >

기간 : 2018. 01. 01~01. 07 (단위 : 원, VAT포함)

No	상품명	구분	08시	09시	10시	11시	12시	13시	14시	15시
1	이상헌김밥	수량	22	12	12	41	52	57	34	35
		매출	61,600	33,600	33,600	114,800	145,600	159,600	95,200	98,000
2	직화숯불김밥	수량	7	16	27	40	67	52	26	24
		매출	30,100	68,800	116,100	172,000	288,100	223,600	111,800	103,200
3	직화제육쌈김밥	수량	1	3	9	21	24	36	8	15
		매출	4,300	12,900	38,700	90,300	103,200	154,800	34,400	64,500
4	매콤멸치견과김밥	수량	1	2	5	6	12	5	3	5
		매출	4,300	8,600	21,500	25,800	51,600	21,500	12,900	21,500
5	순수야채김밥	수량	-	-	3	8	13	6	5	3
		매출	-	-	11,100	29,600	48,100	22,200	18,500	11,100
6	직화소불고기왕쌈김밥	수량	-	-	6	3	8	4	-	3
		매출	-	-	28,800	14,400	38,400	19,200	-	14,400
7	더덕비빔밥	수량	1	-	1	1	4	5	4	2
		매출	7,000	-	7,000	7,000	28,000	35,000	28,000	14,000
8	불고기볶음밥	수량	1	1	1	7	17	10	3	7
		매출	7,000	7,000	7,000	49,000	119,000	70,000	21,000	49,000
9	더블치즈김밥	수량	2	1	5	9	13	10	8	6
		매출	7,600	3,800	19,000	34,200	49,400	38,000	30,400	22,800
10	닭가슴살볶음밥	수량	-	-	-	3	16	9	1	5
		매출	-	-	-	21,000	112,000	63,000	7,000	35,000
11	이상헌국수+숯불고기	수량	-	-	-	2	16	13	3	1
		매출	-	-	-	14,000	112,000	91,000	21,000	7,000
12	이상헌비빔국수+숯불고기	수량	1	1	-	6	5	9	2	2
		매출	7,000	7,000	-	42,000	35,000	63,000	14,000	14,000
13	이상헌모밀국수+숯불고기	수량	-	-	-	-	-	-	1	-
		매출	-	-	-	-	-	-	7,000	-
14	참치셀러드김밥	수량	-	8	5	14	23	19	8	7
		매출	-	29,600	18,500	51,800	85,100	70,300	29,600	25,900
15	제육볶음밥	수량	1	-	-	4	30	17	10	8
		매출	7,000	-	-	28,000	210,000	119,000	70,000	56,000

<메뉴별 시간대별 판매현황(분당점)>

기간 : 2018. 01. 01~01. 07 (단위 : 원, VAT포함)

No	상품명	구분	16시	17시	18시	19시	20시	21시	22시	소계
1	이상헌김밥	수량	28	76	26	25	13	14	-	447
		매출	78,400	212,800	72,800	70,000	36,400	39,200	-	1,251,600
2	직화숯불김밥	수량	22	32	31	19	11	10	1	385
		매출	94,600	137,600	133,300	81,700	47,300	43,000	4,300	1,655,500
3	직화제육쌈김밥	수량	12	13	13	15	7	1	-	178
		매출	51,600	55,900	55,900	64,500	30,100	4,300	-	765,400
4	매콤멸치견과김밥	수량	5	2	2	8	2	2	-	60
		매출	21,500	8,600	8,600	34,400	8,600	8,600	-	258,000
5	순수야채김밥	수량	2	2	9	4	5	-	-	60
		매출	7,400	7,400	33,300	14,800	18,500	-	-	222,000
6	직화소불고기왕쌈김밥	수량	2	4	2	1	1	-	-	34
		매출	9,600	19,200	9,600	4,800	4,800	-	-	163,200
7	더덕비빔밥	수량	1	2	2	4	-	-	-	27
		매출	7,000	14,000	14,000	28,000	-	-	-	189,000
8	불고기볶음밥	수량	-	10	4	6	5	2	-	74
		매출	-	70,000	28,000	42,000	35,000	14,000	-	518,000
9	더블치즈김밥	수량	4	3	2	3	5	-	-	71
		매출	15,200	11,400	7,600	11,400	19,000	-	-	269,800
10	닭가슴살볶음밥	수량	5	7	6	4	1	-	-	57
		매출	35,000	49,000	42,000	28,000	7,000	-	-	399,000
11	이상헌국수+숯불고기	수량	2	1	8	3	1	2	-	52
		매출	14,000	7,000	56,000	21,000	7,000	14,000	-	364,000
12	이상헌비빔국수+숯불고기	수량	6	6	6	5	4	1	-	54
		매출	42,000	42,000	42,000	35,000	28,000	7,000	-	378,000
13	이상헌모밀국수+숯불고기	수량	-	-	-	-	-	-	-	1
		매출	-	-	-	-	-	-	-	7,000
14	참치셀러드김밥	수량	8	18	6	6	5	2	-	129
		매출	29,600	66,600	22,200	22,200	18,500	7,400	-	477,300
15	제육볶음밥	수량	2	6	11	6	3	2	-	100
		매출	14,000	42,000	77,000	42,000	21,000	14,000	-	700,000

< 메뉴별 시간대별 판매현황(분당점) >

기간 : 2018. 01. 01~01. 07 (단위 : 원, VAT포함)

No	상품명	구분	08시	09시	10시	11시	12시	13시	14시	15시
16	고기추가	수량	-	1	-	3	-	-	-	-
		매출	-	2,000	-	6,000	-	-	-	-
17	튀김가득김밥	수량	1	-	4	6	11	7	3	3
		매출	4,500		18,000	27,000	49,500	31,500	13,500	13,500
18	꽃게튀김짬뽕	수량	-	-	-	-	1	-	-	-
		매출	-	-	-	-	7,000	-	-	-
19	이상헌국수	수량	-	-	1	8	14	3	2	-
		매출	-	-	5,000	40,000	70,000	15,000	10,000	-
20	이상헌비빔국수	수량	-	-	-	1	3	-	-	-
		매출	-	-	-	5,000	15,000	-	-	-
21	기타	수량	-	-	-	-	-	-	1	-
		매출	-	-	-	-	-	-	1,000	-
22	왕돈까스	수량	-	1	4	-	17	2	5	5
		매출	-	8,900	35,600	-	151,300	17,800	44,500	44,500
23	치즈돈까스	수량	1	1	-	1	10	14	7	2
		매출	7,900	7,900	-	7,900	79,000	110,600	55,300	15,800
24	사과주스골든메탈	수량	-	-	-	-	-	-	-	-
		매출	-	-	-	-	-	-	-	-
25	스파클링사과주스	수량	-	-	-	-	-	-	-	-
		매출	-	-	-	-	-	-	-	-
26	스프라이트	수량	1	-	-	-	3	-	-	-
		매출	1,500	-	-	-	4,500	-	-	-
27	웰치스포도	수량	-	3	-	-	-	1	-	1
		매출	-	4,500	-	-	-	1,500	-	1,500
28	코카콜라	수량	-	-	-	-	3	-	-	1
		매출	-	-	-	-	4,500	-	-	1,500
29	에비앙물 500ml	수량	-	-	-	-	1	-	1	-
		매출	-	-	-	-	1,900	-	1,900	-
소 계		수량	40	50	86	209	390	312	135	137
		매출	149,800	194,600	359,900	779,800	1,808,200	1,326,600	627,000	613,200

< 메뉴별 시간대별 판매현황(분당점) >

기간 : 2018. 01. 01~01. 07 (단위 : 원, VAT포함)

No	상품명	구분	16시	17시	18시	19시	20시	21시	22시	소계
16	고기추가	수량	-	-	-	-	-	-	-	4
		매출	-	-	-	-	-	-	-	8,000
17	튀김가득김밥	수량	2	4	7	6	2	-	-	56
		매출	9,000	9,000	9,000	27,000	9,000	-	-	252,000
18	꽃게튀김짬뽕	수량	-	-	-	1	1	-	-	3
		매출	-	-	-	7,000	7,000	-	-	21,000
19	이상헌국수	수량	1	1	3	3	1	1	-	38
		매출	5,000	5,000	15,000	15,000	5,000	5,000	-	190,000
20	이상헌비빔국수	수량	-	-	1	1	3	-	-	9
		매출	-	-	5,000	5,000	15,000	-	-	45,000
21	기타	수량	1	-	2	-	-	-	-	4
		매출	1,000	-	2,000	-	-	-	-	4,000
22	왕돈까스	수량	4	3	4	4	-	1	-	50
		매출	35,600	26,700	35,600	35,600	-	8,900	-	445,000
23	치즈돈까스	수량	2	4	6	6	1	1	-	56
		매출	15,800	31,600	47,400	47,400	7,900	7,900	-	442,400
24	사과주스골든메탈	수량	1	-	-	-	-	-	-	1
		매출	3,900	-	-	-	-	-	-	3,900
25	스파클링사과주스	수량	1	-	-	-	-	-	-	1
		매출	3,900	-	-	-	-	-	-	3,900
26	스프라이트	수량	-	-	-	1	-	-	-	5
		매출	-	-	-	1,500	-	-	-	7,500
27	웰치스포도	수량	-	-	1	1	-	-	-	7
		매출	-	-	1,500	1,500	-	-	-	10,500
28	코카콜라	수량	-	-	1	1	-	-	-	6
		매출	-	-	1,500	1,500	-	-	-	9,000
29	에비앙물 500ml	수량	1	-	-	-	-	-	-	3
		매출	1,900	-	-	-	-	-	-	5,700
	소 계	수량	134	216	163	142	79	39	1	2,133
		매출	496,000	824,800	741,800	641,300	325,100	173,300	4,300	9,065,700

(2) 이상헌 김밥 메뉴 판매 분석

① 유형별 판매 분석

분당점 유형별 판매 분석은 POS Data를 기준으로 판매수량을 분석한 결과이며, 추후 메뉴 개선을 위한 메뉴 계획과 개발 기준, 메뉴의 식재료 원가, 수익을 극대화할 수 있는 판매가격 선정을 도출하기 위한 조사임.

< 유형별 판매현황(분당점) >

기간 : 2018. 01. 01~01. 31 (단위 : 원, VAT포함)

No	구 분	판매량	매출액	판매점유율	일평균 판매량	일평균 매출액	비고
1	김밥류	6,066	22,603,400	55.3%	195.7	729,142	
2	볶음밥류	1,188	8,316,000	20.3%	38.3	268,258	
3	세트류	505	3,535,000	8.6%	16.3	114,032	
4	계절메뉴	30	210,000	0.5%	1.0	6,774	
5	면류	331	1,973,000	4.8%	10.7	63,645	
6	돈까스류	468	3,943,200	9.6%	15.1	127,200	
7	사이드류	42	75,000	0.2%	1.4	2,419	
8	음료	124	234,400	0.6%	4.0	7,561	
	합 계	8,754	40,890,000	100.0%	282.4	1,319,032	

② 점포 메뉴 판매 점유율

메뉴별 분석은 판매된 아이템을 비율로 구분함. 위의 자료를 토대로 판매율(메뉴 판매 비율)을 분석 추후 상품성에 대한 평가치 참조 자료로 활용할 것 임.

< 메뉴 판매 점유율 및 순위(분당점) >

기간 : 2018. 01. 01 ~ 01. 31   (단위 : 원, VAT포함)

No	메뉴명	판매량	판매점유율	수량순위	매출액	매출점유율	판매순위	비고
1	이상헌김밥	1,939	22.1%	1	5,426,400	13.3%	2	
2	직화숯불김밥	1,391	15.9%	2	5,981,300	14.6%	1	
3	직화제육쌈김밥	795	9.1%	3	3,418,500	8.4%	3	
4	참치샐러드김밥	605	6.9%	4	2,238,500	5.5%	6	
5	제육볶음밥	454	5.2%	5	3,178,000	7.8%	4	
6	불고기볶음밥	395	4.5%	6	2,765,000	6.8%	5	
7	더블치즈김밥	377	4.3%	7	1,432,600	3.5%	12	
8	튀김가득김밥	273	3.1%	8	1,224,000	3.0%	13	
9	이상헌비빔국수 + 숯불고기	266	3.0%	9	1,862,000	4.6%	8	
10	순수야채김밥	262	3.0%	10	969,400	2.4%	16	
11	닭가슴살볶음밥	248	2.8%	11	1,736,000	4.2%	10	
12	왕돈까스	246	2.8%	12	2,189,400	5.4%	7	
13	매콤멸치견과김밥	245	2.8%	13	1,053,500	2.6%	15	
14	이상헌국수+숯불고기	236	2.7%	14	1,652,000	4.0%	11	
15	치즈돈까스	222	2.5%	15	1,753,800	4.3%	9	
16	직화소불고기왕쌍김밥	179	2.0%	16	859,200	2.1%	17	
17	꽃게튀김짬뽕	159	1.8%	17	1,113,000	2.7%	14	
18	이상헌국수	132	1.5%	18	660,000	1.6%	18	
19	더덕비빔밥	91	1.0%	19	637,000	1.6%	19	
20	이상헌비빔국수	40	0.5%	20	200,000	0.5%	20	
21	코카콜라	34	0.4%	21	51,000	0.1%	23	
22	고기추가	33	0.4%	22	66,000	0.2%	22	
23	스프라이트	30	0.3%	23	45,000	0.1%	26	
24	웰치스포도	29	0.3%	24	43,500	0.1%	27	
25	오뎅탕	23	0.3%	25	161,000	0.4%	21	
26	에비앙물 500ml	13	0.1%	26	24,700	0.1%	28	
27	스파클링사과주스	12	0.1%	27	46,800	0.1%	25	
28	기타	9	0.1%	28	9,000	0.0%	31	
29	오뎅탕(매운맛)	7	0.1%	29	49,000	0.1%	24	
30	사과주스골든메탈	6	0.1%	30	23,400	0.1%	29	
31	이상헌모밀국수 + 숯불고기	3	0.0%	31	21,000	0.1%	30	
	합 계	8,754	100.0%		40,890,000	100.0%		

(3) 메뉴 원가분석

① 메뉴별 기초원가

기초원가를 기준으로 매장 판매 메뉴 평균 원가를 구하여 매장 수익 조정을 목적으로 함.

<메뉴별 기초원가(분당점)>

기간 : 2018. 01. 01~01. 31 (단위 : 원, VAT포함)

No	구분	메뉴명	매장 판매가	판매 가격	원재 료비	원가율	비 고
17	계절메뉴	오뎅탕	7,000	6,364	1,824	28.7%	
18		오뎅탕(매운맛)	7,000	6,364	2,134	33.5%	
		소 계				31.1%	
19	면류	이상헌국수	5,000	4,545	917	20.2%	
20		이상헌비빔국수	5,000	4,545	1,280	28.2%	
21		꽃게튀김짬뽕	7,000	6,364	1,843	29.0%	
		소 계				25.8%	
22	돈까스류	왕돈까스	8,900	8,091	1,954	24.2%	
23		치즈돈까스	7,900	7,182	2,192	30.5%	
		소 계				27.3%	
24	사이드류	고기추가	2,000	1,818	820	45.1%	
25		기타	1,000	909	400	44.0%	
		소 계				44.6%	
26	음료	사과주스골든메탈	3,900	3,545	1,032	29.1%	
27		스파클링사과주스	3,900	3,545	1,032	29.1%	
28		스프라이트	1,500	1,364	530	38.9%	
29		웰치스포도	1,500	1,364	523	38.3%	
30		코카콜라	1,500	1,364	580	42.5%	
31		에비앙물 500ml	1,900	1,727	701	40.6%	
		소 계				36.4%	
		합 계				32.8%	

② 예상운영 원가율

판매 점유율을 기준으로 하여 분당점의 예상 운영원가를 산정하였고 이것을 통하여 실제 점포운영 사항을 비교하여 운영 원가절감을 목적으로 함.

<예상운영 원가 분석(분당점)>

기간 : 2018. 01. 01~01. 31 (단위 : 원, VAT포함)

No	구 분	메뉴명	매장 판매가	판매 가격	원재료비	원가율	판매량	매출액	판매 점유율	원가 구성율	비고
1	김밥류	이상헌김밥	2,800	2,545	1,097	43.1%	1,939	5,426,400	22.1%	9.5%	
2		직화숯불김밥	4,300	3,909	1,598	40.9%	1,391	5,981,300	15.9%	6.5%	
3		직화제육쌈김밥	4,300	3,909	1,614	41.3%	795	3,418,500	9.1%	3.7%	
4		매콤멸치견과김밥	4,300	3,909	1,297	33.2%	245	1,053,500	2.8%	0.9%	
5		순수야채김밥	3,700	3,364	1,391	41.4%	262	969,400	3.0%	1.2%	
6		직화소불고기왕쌈김밥	4,800	4,364	2,238	51.3%	179	859,200	2.0%	1.0%	
7		더블치즈김밥	3,800	3,455	1,369	39.6%	377	1,432,600	4.3%	1.7%	
8		참치샐러드김밥	3,700	3,364	1,283	38.1%	605	2,238,500	6.9%	2.6%	
9		튀김가득김밥	4,500	4,091	1,473	36.0%	273	1,224,000	3.1%	1.1%	
		소 계				40.5%	6,066	22,603,400	69.3%	28.5%	
10	볶음밥	더덕비빔밥	7,000	6,364	2,625	41.3%	91	637,000	1.0%	0.4%	
11		불고기볶음밥	7,000	6,364	1,340	21.1%	395	2,765,000	4.5%	1.0%	
12		닭가슴살볶음밥	7,000	6,364	1,249	19.6%	248	1,736,000	2.8%	0.6%	
13		제육볶음밥	7,000	6,364	1,315	20.7%	454	3,178,000	5.2%	1.1%	
		소 계				25.6%	1,188	8,316,000	13.6%	3.0%	
14	세트류	이상헌국수+숯불고기	7,000	6,364	1,737	27.3%	236	1,652,000	2.7%	0.7%	
15		이상헌비빔국수+숯불고기	7,000	6,364	2,100	33.0%	266	1,862,000	3.0%	1.0%	
16		이상헌모밀국수+숯불고기	7,000	6,364	2,152	33.8%	3	21,000	0.0%	0.0%	
		소 계				31.4%	505	3,535,000	5.8%	1.8%	
17	계절메뉴	오뎅탕	7,000	6,364	1,824	28.7%	23	161,000	0.3%	0.1%	
18		오뎅탕(매운맛)	7,000	6,364	2,134	33.5%	7	49,000	0.1%	0.0%	
		소 계				31.1%	30	210,000	0.3%	0.1%	
19	면류	이상헌국수	5,000	4,545	917	20.2%	132	660,000	1.5%	0.3%	
20		이상헌비빔국수	5,000	4,545	1,280	28.2%	40	200,000	0.5%	0.1%	
21		꽃게튀김짬뽕	7,000	6,364	1,843	29.0%	159	1,113,000	1.8%	0.5%	
		소 계				25.8%	331	1,973,000	3.8%	1.0%	
22	돈까스류	왕돈까스	8,900	8,091	1,954	24.2%	246	2,189,400	2.8%	0.7%	
23		치즈돈까스	7,900	7,182	2,192	30.5%	222	1,753,800	2.5%	0.8%	
		소 계				27.3%	468	3,943,200	5.3%	1.5%	
24	사이드류	고기추가	2,000	1,818	820	45.1%	33	66,000	0.4%	0.2%	
25		기타	1,000	909	400	44.0%	9	9,000	0.1%	0.0%	
		소 계				44.6%	42	75,000	0.5%	0.2%	
26	음료	사과주스골든메달	3,900	3,545	1,032	29.1%	6	23,400	0.1%	0.0%	
27		스파클링사과주스	3,900	3,545	1,032	29.1%	12	46,800	0.1%	0.0%	
28		스프라이트	1,500	1,364	530	38.9%	30	45,000	0.3%	0.1%	
29		웰치스포도	1,500	1,364	523	38.3%	29	43,500	0.3%	0.1%	
30		코카콜라	1,500	1,364	580	42.5%	34	51,000	0.4%	0.2%	
31		에비앙물 500ml	1,900	1,727	701	40.6%	13	24,700	0.1%	0.1%	
		소 계				36.4%	124	234,400	1.4%	0.5%	
		합 계				32.8%	8,754	40,890,000	100%	36.5%	

(4) 자사분석

① 이슈분석

이상헌 김밥의 가장 큰 문제로 지적되어온 원가율 문제점 해결을 위해서는 메뉴구성(원재료 구성, 메뉴 판매가 등) 방식의 변화가 있어야 만 함.

과제 도출

- 과다한 원가율 발생 - 34.3%(2018년 1월)
    - 예상운영원가 : 36.5%
    - 차이 발생 원인 : 매월 재고 조사 실시 여부확인 필요.
- 매출 평형 대비 높은 인건비(2018년 1월)
    - 13,517,480원
    - 33.1%
- 메뉴 재구성 필요.
    - 김밥류 과다한 원가율 : 40.5%
    - 이익 메뉴의 부재.

과제 해결 방안

- 외식업 기준 prime cost 는 매출 기준 60%이내여야 한다.
    - 적정 food cost : 30% 이내.
    - FC 본부 직영점 P1(매입가) 기준으로 30% 이상 발생시 프랜차이즈 사업 진행 불가능.
- 매장 평형 대비 인건비율은 25% 이내 설정 필요.
    - 시간대별 운영 인력에 대한 재구성 필요.
    - PART별 시간별 근무 스케쥴 조정 필요.
- 호객 메뉴와 이익메뉴에 대한 구분이 필요.
    - 운영 원가 절감에 기여 할 수 있는 메뉴 개발 필요.
    - 김밥류 원가율 조정 필요.
    - 김밥류 중 이익메뉴 구성 필요.

※ Prime cost란 원재료비+인건비를 합한 것을 말한다.

과제 도출

- 김밥류 높은 원가율 메뉴
  - 이상헌 김밥 : 43.1%
  - 직화숯불김밥 : 40.9%
  - 직화 제육쌈김밥 : 41.3%
  - 순수야채김밥 : 41.4%
  - 직화소불고기왕쌈김밥 : 51.3%

- 판매순위 및 판매금액 낮은 메뉴 개선
  ① 매콤멸치견과김밥
  ② 순수야채김밥
  ③ 직화소불고기왕쌈김밥

과제 해결 방안

- 김밥류에 대한 원가 구성 작업 진행 필요
  - 김밥류 판매 전략에 대한 재 설정 필요
  - 김밥 속재료 전체 비율 조정을 통한 재 설정
  - 판매가에 대한 검토
  - 김밥 속재료 원가에 대한 조정 필요
  - 속재료 중량 조정을 통한 원가 개선 가능성 검토

- 판매 순위 조정을 위한 마케팅 전략 수립 필요
  - 메뉴판 순서 조정
  - 메뉴 특장점 부각 유도
  - 메뉴 cut-off에 대한 연구 필요
  - Cut-off 기준점 설정 필요
      ex) 메뉴 일 판매 수량에 따른 기준점 설정
      ex) 일 10개 미만 메뉴에 대한 대응 전략
  - 2018년 1월 푸드 메뉴 일평균 판매 갯수 : 12개

<일평균 메뉴 판매 분석(분당점)>

기간 : 2018. 01. 01~01. 31 (단위 : 원, VAT포함)

No	구분	메뉴명	매장 판매가	일평균 판매량	판매 점유율	일평균 매출액	매출 점유율	수량 순위	판매 순위	비고
1	김밥류	이상헌김밥	2,800	62.5	22.1%	175,045	13.3%	1	2	
2		직화숯불김밥	4,300	44.9	15.9%	192,945	14.6%	2	1	
3		직화제육쌈김밥	4,300	25.6	9.1%	110,274	8.4%	3	3	
4		매콤멸치견과김밥	4,300	7.9	2.8%	33,984	2.6%	13	15	
5		순수야채김밥	3,700	8.5	3.0%	31,271	2.4%	10	16	
6		직화소불고기왕쌈김밥	4,800	5.8	2.0%	27,716	2.1%	16	17	
7		더블치즈김밥	3,800	12.2	4.3%	46,213	3.5%	7	12	
8		참치샐러드김밥	3,700	19.5	6.9%	72,210	5.5%	4	6	
9		튀김가득김밥	4,500	8.8	3.1%	39,484	3.0%	8	13	
		소 계		196	69.3%	729,142	55.3%			
10	볶음밥	더덕비빔밥	7,000	2.9	1.0%	20,548	1.6%	19	19	
11		불고기볶음밥	7,000	12.7	4.5%	89,194	6.8%	6	5	
12		닭가슴살볶음밥	7,000	8.0	2.8%	56,000	4.2%	11	10	
13		제육볶음밥	7,000	14.6	5.2%	102,516	7.8%	5	4	
		소 계		38	13.6%	268,258	20.3%			
14	세트류	이상헌국수+숯불고기	7,000	7.6	2.7%	53,290	4.0%	14	11	
15		이상헌비빔국수+숯불고기	7,000	8.6	3.0%	60,065	4.6%	9	8	
16		이상헌모밀국수+숯불고기	7,000	0.1	0.0%	677	0.1%	31	30	
		소 계		16	5.8%	114,032	8.6%			

② 기초원가

<메뉴별 기초 원가(분당점)>

기간 : 2018. 01. 01~01. 31 (단위 : 원, VAT포함)

No	구분	메뉴명	매장 판매가	판매 가격	원재료비	원가율	비 고
1	김밥류	이상헌김밥	2,800	2,545	1,097	43.1%	
2		직화숯불김밥	4,300	3,909	1,598	40.9%	
3		직화제육쌈김밥	4,300	3,909	1,614	41.3%	
4		매콤멸치견과김밥	4,300	3,909	1,297	33.2%	
5		순수야채김밥	3,700	3,364	1,391	41.4%	
6		직화소불고기왕쌈김밥	4,800	4,364	2,238	51.3%	
7		더블치즈김밥	3,800	3,455	1,369	39.6%	
8		참치샐러드김밥	3,700	3,364	1,283	38.1%	
9		튀김가득김밥	4,500	4,091	1,473	36.0%	
		소 계				40.5%	
10	볶음밥	더덕비빔밥	7,000	6,364	2,625	41.3%	
11		불고기볶음밥	7,000	6,364	1,340	21.1%	
12		닭가슴살볶음밥	7,000	6,364	1,249	19.6%	
13		제육볶음밥	7,000	6,364	1,315	20.7%	
		소 계				25.6%	
14	세트류	이상헌국수+숯불고기	7,000	6,364	1,737	27.3%	
15		이상헌비빔국수+숯불고기	7,000	6,364	2,100	33.0%	
16		이상헌모밀국수+숯불고기	7,000	6,364	2,152	33.8%	
		소 계				31.4%	

(5) Unit 표준화

① 직영점 손익분석

손익계산서는 이상헌 김밥 2018년 01월 분당점 손익 계산서이며 손익 개선 과제 도출을 목적으로 함.

＜ 손익계산서 과제도출(분당점) ＞

기간 : 2018. 01. 01～01. 31　　　　　　　　　　　　　　　(단위 : 원, VAT포함)

구 분	%	금 액	비 고
Ⅰ. 영 업 수 입	100.0	40,890,000	
영 업 매 출	100.0	40,890,000	
1. 카드 매출	81.4	33,286,400	
2. 현금 매출	18.6	7,603,600	
Ⅱ. 영 업 원 가	93.3	38,130,107	
(1) 재 료 비	34.3	14,031,244	
1. 본사사입	32.5	13,276,084	
2. 기타매입	1.8	755,160	마트사입
(2) 노 무 비	33.1	13,517,480	
1. 급료	33.1	13,517,480	정직원
(3) 경 비	25.9	10,581,383	
1. 4대보험	0.4	182,520	
2. 통신비	0.1	38,000	
3. 전력비	1.6	637,590	
4. 도시가스	1.3	550,000	
5. 상하수도료	0.6	249,385	
6. 지급임차료	16.1	6,600,000	
7. 수선비	0.8	333,260	일반관리비
8. 보험료	0.1	52,000	
9. 소모품비	2.2	891,000	포장용기등
10. 월자동이체금액	0.2	61,900	렌탈비
11. 지급수수료	1.6	665,728	카드지급
12. 잡비	0.8	320,000	세무,노무사등
Ⅲ. 경 상 이 익	6.7	2,759,893	

과제 도출

- 임대료 대비 낮은 매출
  - 40,890,000원 / 월
  - 1,319,032원 / 일
- 시간당 매출 증진 방안 구축 필요
- 매장 매출 외 단체 매출 영업 필요
- 높은 영업원가 : 93.3%
- 과도한 재료비 : 34.3%
- 높은 인건비
  - 13,517,480원 / 33.1%
- 평형 대비 적정 인력 구조 연구 필요

② 직영점 손익 개선안

본 이상헌 김밥 분당점 손익 개선 방향 설정을 목적으로 함.

<손익계산서 및 손익계산 안(분당점)>

기간 : 2018. 01. 01~01. 31 (단위 : 원, VAT포함)

구 분	%	금 액	비 고
Ⅰ. 영 업 수 입	100.0	48,000,000	
영 업 매 출	100.0	48,000,000	
1. 카드 매출	81.4	39,072,000	
2. 현금 매출	18.6	8,928,000	
Ⅱ. 영 업 원 가	77.3	37,083,655	
(1) 재 료 비	30.0	14,400,000	
1. 본사사입	28.0	13,440,000	
2. 기타매입	2.0	960,000	마트사입
(2) 노 무 비	25.0	12,000,000	
1. 급료	25.0	12,000,000	정직원
(3) 경 비	22.3	10,683,655	
1. 4대보험	0.4	182,520	
2. 통신비	0.1	38,000	
3. 전력비	1.3	637,590	
4. 도시가스	1.1	550,000	
5. 상하수도료	0.5	249,385	
6. 지급임차료	13.8	6,600,000	
7. 수선비	0.7	333,260	일반관리비
8. 보험료	0.1	52,000	
9. 소모품비	1.9	891,000	포장용기등
10. 월자동이체금액	0.1	61,900	렌탈비
11. 지급수수료	1.6	768,000	카드지급
12. 잡비	0.7	320,000	세무,노무사등
Ⅲ. 경 상 이 익	26.7	10,916,345	

과제 도출

- 매출 향상 필요
  - 48,000,000원 / 월
  - 1,600,000원 / 일
- 최소 외식업 임대료 대비 8배~10배의 외형 매출 필요
- Food cost 30%로 절감
  - 전체 메뉴 원가 재 설정
  - 김밥류 속재료 비율 조절
- 인건비 25%로 절감
  - OEM, ODM 생산 제품 화 전략
  - 인당 생산성 조사

3. 타 브랜드 손익(안)

(1) 방화점 A 김밥 손익계산서

<A 김밥 손익계산서(방화점)>

기간 : 2018. 01. 01~01. 31 (단위 : 원, VAT포함)

구 분	%	금 액	비 고
I. 영 업 수 입	100.0	35,600,000	
영 업 매 출	100.0	35,600,000	
1. 카 드 매 출	78.0	27,768,000	
2. 현 금 매 출	22.0	7,832,000	
II. 영 업 원 가	73.4	25,719,600	
(1) 재 료 비	32.2	11,036,000	
1. 본사사입	29.0	10,324,000	
2. 공 산 품	3.2	712,000	마트사입/부재료
(2) 노 무 비	27.0	9,600,000	
1. 급료	22.5	8,000,000	정직원
2. 잡급	4.5	1,600,000	일당,파출비용
(3) 경 비	14.3	5,083,600	
1. 수도광열비	4.5	1,602,000	
2. 지급임차료	6.2	2,200,000	관리비포함금액
3. 지급수수료	1.6	569,600	카드수수료
4. 잡비	2.0	712,000	화장지외
III. 경 상 이 익	27.8	9,880,400	

과제 도출
• A김밥 방화점 • 영업원가율 : 73.4% • Food cost : 32.3 % • 인건비 : 27.0%

(2) 방화점 B 김밥 손익계산서

< B 김밥 손익계산서(방화점) >

기간 : 2018. 01. 01 ~ 01. 31 (단위 : 원, VAT포함)

구 분	%	금 액	비 고
Ⅰ. 영업수입	100.0	30,000,000	
영업매출	100.0	30,000,000	
1. 카드매출	78.0	23,400,000	
2. 현금매출	22.0	6,600,000	
Ⅱ. 영업원가	79.2	24,000,000	
(1) 재료비	39.2	12,000,000	
1. 본사사입	36.0	10,800,000	
2. 공산품	4.0	1,200,000	마트사입/부재료
(2) 노무비	24.0	7,200,000	
1. 급료	24.0	7,200,000	정직원
(3) 경비	16.0	4,800,000	
1. 수도광열비	2.5	750,000	
2. 지급임차료	8.0	2,400,000	관리비포함금액
3. 지급수수료	1.6	480,000	카드수수료
4. 잡비	3.9	1,170,000	화장지 외
Ⅲ. 경상이익	20.0	6,000,000	

과제 도출

- B 김밥 점포 평균 매출
- 영업원가율 : 79.2%
- Food cost : 40.0%
- 인건비 : 24.0%

[최종 경영개선전략(안)]

- 지나치게 높은 식사류 비중(김밥류, 볶음밥류)은 낮은 객단가와 식재료 사용의 효율을 떨어뜨리는 주범이므로, 식사류 매출의 비중은 낮추고, 다양한 세트메뉴 구성을 통해 2인 이상 및 단체고객 유입을 유도할 필요성이 있음.

- 매출 및 판매율을 고려하여 효율적인 김밥 속재료를 활용한 메뉴를 개발하여 원가율을 떨어뜨려 일정 수준의 경상이익률을 확보할 필요성이 있음.

- 배달메뉴의 강화로 홀 인원과 주방 인력을 최소화하여 상승하는 임금 인상분의 위협을 소구하는 메뉴전략 구성이 필요함.

- 표준 매뉴얼 생성을 통해서 효율적인 주방동선, 식재료 사용의 표준화를 통해 경영의 효율성을 높일 필요성이 있음.

- 증가하는 옴니채널(배달 및 테이크아웃) 마케팅 강화가 필요함.

2 사업계획서 작성은 어떻게 하는가?

> "사업계획서는 투자한 자금을 가장 효과적으로 회수하기 위한 계획서이다"

사업계획서란 사업을 개시하기 전에 사업에 관한 모든 사항(사업의 목적, 수요예측, 투자내용, 생산 및 판매계획, 추정재무제표 등)을 판단할 수 있도록 현재의 상황과 미래의 상황을 추정해 일목요연하게 정리하고 계수화하는 것을 말한다.

사업계획서의 용도는 추진업체 또는 경영자의 판단에 따라 결정되지만 객관성과 타당성이 있어야 하며, 이를 작성해 본인이 사업을 추진해야 할 판단 자료로 활용하면서 또한 외부 투자자를 유치하기 위한 자료로 쓰인다.

사업계획서는 창업자가 사업을 시작하기 전에 경영자 또는 추진업체가 사업을 추진할 때, 달성해야 할 목표와 수행해야 할 업무를 미리 파악해 계수화 함으로써 불확실하고 위험한 요소에 대한 준비를 할 수 있다. 또 사업을 해야 할지 말아야 할지를 결정해 주는 지침으로 아울러 장래의 비전으로 활용할 수 있다.

사업을 시작할 때 가족의 동의는 필수적이다. 아무리 가족이라 하더라도 서로의 생각 차이가 있으니, 하고자 하는 사업에 대한 상세한 계획서를 만들어 동의를 구하는 것이 바람직하다.

창업을 하기 위한 주요 3대 요소는 창업멤버, 아이템, 자금이라고 할 수 있다. 아무리 아이템이 우수하다 하더라도 자금이 부족하다면 창업을 할 수 없을 것이다. 따라서 정부기관, 금융기관, 개인으로부터 자금조달을 하기 위해서는 자신이 하고자 하는 사업에 대해 계획서를 준비해 타당성을 보여 줌으로써, 자금을 지원해 주며, 또는 투자하는데 있어서 우호적인 결과를 얻을 수 있다.

사업을 하려면 동업자나 상품 공급자들로부터 협력을 받아야 하는 경우가 많다. 이럴 때 신용이 없다면 이들의 협조를 받기란 불가능하다. 이들에게 본인이 추진하고자 하는 사업에 대해 문서화된 사업계획서를 보여 줌으로써 사전에 신뢰할 수 있는 기반 확보의 효과를 볼 수 있다.

첫째, 사업계획서 작성요령

사업계획서를 보면 누구나 창업하고자 하는 사업의 내용을 알 수 있도록 구체적으로 작성하는 해야 한다. 사업계획서는 실현 가능한 계획을 수립해야 하며, 가급적 전문적인 용어를 피하고 이해가 쉽도록 보편적으로 설명해 나가는 것이 좋다. 근거가 불충분한 자료 또는 비논리적인 추정은 피한다.

전체 작성 내용 중 사업의 잠재된 문제점과 발생 가능한 위험요소를 기술하고, 그에 대한 대안을 제시함으로써 변화에 대한 대처능력을 표현하는 것이 바람직하다. 창업의 목적이 개인적인 이익만을 추구하는 것이 아니라 공공의 이익을 아울러 추구한다는 것을 알리는 것이 좋다.

둘째, 사업계획서의 내용

사업계획서의 내용과 자세한 정도는 사업의 규모나 사업계획서의 용도에 따라 달라 질 수 있다. 그러나 소규모 창업, 즉 자영업을 위한 창업시 대체적으로 아래와 같은 내용이 포함되도록 작성하는 것이 바람직하다. 좀 더 큰 사업을 위한 창업이라면 다양한 세부항목과 사업타당성 분석, 경쟁사 분석 등의 좀 더 세부적인 내용을 적시하는 것이 필요하다.

① 업체 현황 : 창업자의 이력과 창업배경, 창업점포에 대한 기본정보
② 시장 환경 분석 : 거시환경 분석, 법률 및 인허가, 아이템 특성, SWOT 분석
③ 상권 분석 : 상권분석, 유동성분석, 입지분석, 경쟁점 분석, 표적고객 분석
④ 점포 창업전략 : 아이템에 대한 운영전략
⑤ 시설·기술 계획 : 설비기준, 집기기준, 공사계획, 인테리어, 상품계획
⑥ 마케팅 계획 : 판매가격 등 다양한 판매, 유통, 영업방법 ,개업준비
⑦ 매출·이익 계획 : 매출계획, 원가기획, 추정손익, 투자비용, 자금수지계획 등
⑧ 운영 계획 : 시설, 인테리어, 집기 등 공사, 매장운영에 대한 내용

사업계획서를 작성하다보면 각 항목과 부합하지 않은 내용도 포함될 수 있지만, 소제목과 정확히 맞지 않더라도 연관된 항목에 연계하여 작성하고 종합적인 점검을 할 수 있게 작성하면 올바른 사업계획서 작성방법이라고 할 수 있다.

셋째, 사업계획서 작성시 주의사항

사업계획서는 철저하게 현실을 바탕으로 작성해야 한다. 현실을 바탕으로 한 창업 아이템부터 사업추진 일정까지와 현재 창업자의 상황을 자세히 솔직히 표현 작성해야 한다는 것이다. 이는 실행을 전제로 작성하는 성의가 필요하다.

특히, 재무계획은 자금의 유동성과 추가비용을 고려한 계획을 세워야하며, 운영계획은 점포운영을 위한 인력 수급에서 인건비, 운영시간 효율성 등을 고려한 세부적 계획을 세워야한다.

사업계획서(사례)

사업계획서(외식업)

> 본 사업계획서 양식은 외식업 창업자를 위한 사업계획서 사례이므로 개별 세부 아이템에 따라서 사업계획서의 주요 항목을 변경하여 작성 가능하며, 내용을 수정하여 작성 가능함.

제목: _____.

20××년 월 일

성   명 :
아 이 템 :
위   치 :
규   모 :

1. 업체현황

1-1 업체현황

업 체 명		사업자등록번호	
대 표 자		주민등록번호	
사업장주소		전화번호	
사업개시일		관련 자격증	
업종		주 아이템	

점포면적	실 면적	m^2 (약 평)	상 권	
임차현황	보증금	만원	입지구분	총 층중 층
	월세	만원	월 관리비	월 만원
	권리금	만원	종업원수	정 직원 명, 파트타이머 명

1-2 사업 배경(필요성)

사업 배경(창업동기)	
기대효과	

2. 시장환경분석

2-1 거시환경분석

환경요인	기 회 요 인	위 협 요 인
정 치		
경 제		
사회/문화		
기술/정보		

시 사 점	

2-2 법률 및 인허가사항 분석

구 분		내 용
▶ 인허가 관련법 및 구비서류		
▶ 인허가 관할기관 및 담당		
▶ 사업자등록 절차 및 필요서류		
▶ 기 타 사 항	*사업자종류 *건물물관리대장 *도시계획확인원 *도시 심의구역	

2-3 창업 아이템 특성 분석

구 분	내 용
▶ 아이템 개요	
▶ 성공 키워드	
▶ 성공 키워드 습득 방안	
▶ 아이템 전망	
▶ 운영일수 및 영업시간	
▶ 노동의 강도	
▶ 업계의 동향	
▶ 아이템의 문제점	
▶ 향후 계획 및 비전	

2-4 SWOT 분석

구 분		외 부 환 경	
		기회요인(O)	위협요인(T)
내부환경 창업자역량	강점(S)		
	약점(W)		

3. 상권 및 입지분석

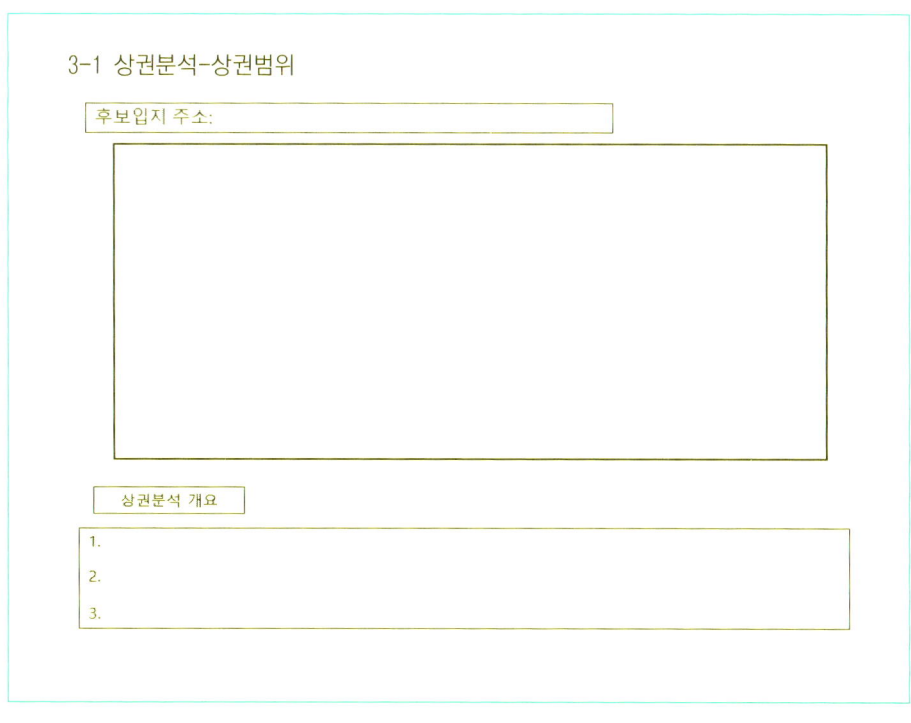

3-3 상권분석 종합

구 분	내 용
▶상권의 활성화 정도	
▶전체 소비 수준	
▶유동인구 그룹	
▶업종의 발달도	

3-4 입지분석 종합

구 분	내 용
▶점포 주변 입지분석 (반경1000미터 범위내)	
▶점포 분석(외.내부)	

3-5 경쟁점포 분석

▶창업 예정 점포 개요	주소		건물주			
	층 별		면 적	임대: m² (약 평)		
				전용: m² (약 평)		
	현 업종					
	다른 업종					
	점포비용	보증금	권리금	임대료	기타	
		만원	만원	만원		
▶배후인구						
▶주변시설						
▶유동인구						
▶소비형태						
▶주변 점포	아이템					
	주 메뉴					
	가격대					
	고객층					
	영업시간					
	홍보방법					
	인력구성					
	화장실등 편의성					
	추정매출					
	기타					
	주차장					
	시설					

3-6 표적고객 분석

구 분	고 객 특 징	고 객 규 모
1차 고객 (매출액의 50~60%)		
2차 고객		
3차 고객		

4. 점포 창업전략

4-1 사업 아이템 창업전략

브랜드명			
업 태			
서비스형태			
취급메뉴			
영업시간	객 단가/1인	Target	Location
·평일: AM ~PM ·주말: AM ~PM ·휴무관계:			
직원 수	점포규모	영업허가	점포 인테리어 컨셉
·직원: 총 명 ·홀: 명(파트타임 명) ·주방: 명	·실 평수: m² (약 평) ·테이블 수: 개 ·좌석 수: 개		

5. 시설 및 기술계획

5-1 주방설비 및 장치 리스트

	품 목	제조 업체	단위	수량	규격 (L.W*D*H.mm)	전략(v/Kw/p)	금액	비고
1								
2								
3								
4								
5								
6								
7								
8								
9								
10								
11								
12								
13								
	합계							

5-2 집기/가구/포스/유니폼 등 리스트

	품 목	제조업체	단위	수량	규격 (L.W*D*H.mm)	전략(v/Kw/p)	금액	비고
1								
2								
3								
4								
5								
6								
7								
8								
9								
10								
11								
12								
13								
	합계							

5-3 시설공사계획

구 분			내 용	
상 호				
디자인 전략	주요컨셉			
	예 산	인테리어		
		간 판		
		주방시설, 집기등		
		기타비용		
		합 계		
공간별 면적(평) 및 특이사항	홀	평/ 테이블		
	주방 / 계산대	평/ (총 면적의 %)		
	전 면			

5-4 시설 Lay-out 계획

5-5 내·외부 인테리어 계획

5-6 간판 및 CI, 캐릭터 계획

5-7 상품 계획

구 분		내 용
대표메뉴 (상품)		
서브메뉴 (상품)		

6. 마케팅 계획

6-1 마케팅 4P계획

구 분		계 획 내 용	비 고
상품/메뉴(Products)			
유 통(Place)			
가 격 (Price)			
홍보/ 판촉 (Promotion)	신규고객 창출		
	기존고객 창출		

6-2 메뉴(상품) 및 가격계획

NO	메뉴명	메뉴사진	가격	메뉴특징	비고
1					
2					
3					

6-3 유통 계획

구 분	계 획 내 용	비 고
원 재 료		
부 재 료		
공 산 품		

6-4 개업준비 계획

구분	주 요 내 용	추진일정계획						비 고
		D-40	D-30	D-20	D-10	D-5	D-0	
인테리어	•내 외장 시설공사 •간판 및 가구 등 발주							
종합디자인	•로고, 캐릭터 개발 •디자인 제작개발(유니폼,메뉴판 등)							
설비 및 집기,비품	•설비, 집기, 비품 류 발주 •소품 및 제반 준비물 발주(구매)							
메뉴	•메뉴개발 및 구성 •판매가 책정							
교육훈련	•인원채용(종업원) •훈련(메뉴,서비스,점포정책)							
허가사항	•영업허가,보건증,사업자등록증 •전화가설 •돌출간판 및 어닝설치							
운영관리	•시스템 각 부문별 매뉴얼 제작개발 •제반 양식 및 시스템 구축							
시운전 및 롤플레잉	•배열 및 배치(설비,기구,집기) •정리정돈(홀,주방)및 시공점검 •롤 플레잉(역할연기)							
개점준비	•초두물량 반입,사은품구입 •오픈 이벤트 준비							
개점	•개점행사(점포경영)							

7. 매출 및 이익 계획

7-1 월평균 매출 계획

항 목		테이블 수	회전율	테이블단가	객단가	영업일	합계(원)	경상이익 (10%)	비고
점심	평일								
	주말								
비타임	평일								
	주말								
저녁시간	평일								
	주말								
소계	평일								
	주말								
합 계									
연간매출액									

합계=테이블 수*회전율*테이블단가*영업일

7-2 매출원가 계획

구 분	단위	구매가(원)	구매처	구매기간	월 소요량	월 구매비
핵심재료 (상품)						
부 재 료 (상품)						
기타						

3·5·2·12·8의 법칙

7-3 인건비(급료) 계획

업무내용	구 분	비관적 (경상이익 기준)	0%	기본가정 (경상이익 기준)	10%
사장	인 원				
	평균급료				
	월 인건비				
직원	인 원				
	평균급료				
	월 인건비				
파트타임	인 원				
	평균급료				
	월 인건비				
합 계					

7-4 추정 손익계산서(월간)

과 목	비관적 (경상이익)	0%	기본적 (경상이익)	10%	비 고
I. 월 매 출 액					
II. 매 출 원 가					
III. 매 출 이 익					
IV. 판매관리비					
1. 인 건 비					
2. 임 차 료					
3. 통 신 비					
4. 수도광열비					
5. 복리후생비					
6. 감가상각비					
7. 기타경비					
V. 영 업 이 익					
VI. 영업외비용					
VII. 경 상 이 익					

7-5 총 투자비용 계획

구 분	내 용	금 액	산 출 내 역
사업장비용	보증금		
	권리금		
본사 가맹비	본사 가맹비		
공사비용	인테리어		
	시설공사		
	간 판		
설비(비품) 구입비용	집 기		
	가 구		
	전 화 등		
	T / V		
	POS		
	차량구입		
	기타비품		
운전비용 (1개월)	원재료비		
	판매관리비		
	대출이자+원금		
	합계		
예비비	1개월 예비비 등		
총투자 합계			

7-6 자금수지 계획(자금조달)

구 분	내 역	금 액
자기자금	투자된 현금 및 현물투자금액	
	자기자금	
타인자금	정책자금(본건 특별보증자금) (4.3%/1년 거치 3년 상환)	
	은행 등 금융권에서 빌린 자금	
	기타자금(지인 등에 빌린 자금)	
	타인자금	
합 계 (I + II)		

7-7 사업타당성 간이검토(기본기준)

분석지표	산 출 식	산 출 내 역	검 토 의 견
월 총자산이익률	월 경상이익 ÷ 투자금액		
	연 경상이익 ÷ 투자금액		

8. 점포운영 계획

8-1 매장 운영계획

8-2 매장 홍보계획

8-3 사업계획서에 대한 종합설계

20 .   .

작성자:

3 예상매출을 알아야 성공창업이 가능하다
(실전매출분석프로그램)

"예상매출은 경쟁강도, 유동인구, 소득수준, 평균객단가, 고객유입 예측, 서비스 내역 등 다양한 요인에 의해 예진할 수 있다"

아이템과 상권, 입지 등을 알면 매출액 추정이 가능하다. 매출액을 알면 월 수익을 추정할 수 있고, 월 수익을 알면 당연히 투자대비 수익률을 추정할 수 있다. 따라서 투자대비 수익률을 알면 사업타당성 유무 파악이 가능하다.

하지만, 초보 창업자의 경우 그 예상매출을 파악하기 위해 도출해야 하는 많은 지수를 만들고, 파악하고, 계산하는 것조차 힘들 수 있다. 그만큼 다양한 조건에 의해 매출은 유동성을 달리하기 때문이다.

하나씩 점검해 보자.

예상매출은 창업을 결정하는 가장 중요한 변수이기도 하다. 투자에 대한 효율성은 수익성으로 대변된다. 창업은 수익성을 위해서 하는 것이다. 따라서 예상매출에 대한 부분을 분석을 통해 확인해보자.

첫째, 사업타당성 분석을 먼저 해보자.

사업타당성 분석이란 창업 이후에 어느 정도의 매출을 올려 일정 수익을 낼 수 있는가를 분석하는 것이다. 결국, 사업타당성 분석은 선정된 창업 아이템과 입지를 최종적으로 선택할 것인지 말 것인지를 결정하기 위한 것이다.

사업성분석은 세 가지로 나누어 볼 수 있다. 상품의 마케팅 및 판매와 관련된 '시장분석', 생산과 관련된 '기술분석' 그리고 이 두 가지 분석 자료를 토대로 한 '수익성분석'이다.

사업타당성 분석의 최종적인 결과물 중의 하나는 바로 수익성에 대한 평가다. 그래서 사업타당성 평가와 수익성 평가는 동의어로 사용되기도 한다.

수익성을 알기 위해서는 판매, 생산과 관련된 시장분석, 기술 분석을 통해 가능한데, 특히 소자본 점포 창업은 아이템과 상권 및 입지를 알면 매출액 추정이 가능하다. 다만, 매출액 추정은 이들 항목을 제외하고는 주관적이기 때문에 수익성의 차이가 나타나 수 있으니 주의를 요한다.

매출을 좌우하는 변수는 무수히 많다. 점포매출에 영향을 미치는 요소는 크게 두 가지로 나눌 수 있다. 상권과 점포입지에 따른 '매출형성 요소'와 점포입지 조건에 따라 제약되는 '매출제약 요소'로 나뉜다.

상품력(품질, 수량, 가격)과 영업력(서비스나 마케팅 능력), 브랜드력 등도 매출에 영향을 미치는 중요한 요소다. 매출에 대한 결정 요소는 상권분석과 입지조건분석 결과물을 매출로 연결한 것이다. 또한, 갑자기 매출형성 요인이나 제약요인이 발생하는 것이 아니라 상권분석과 입지조건분석 과정에서 자연스레 도출된 것이다. 이런 몇몇 요인을 매출액 추정 방법에 의해 적절하게 수정, 보완하는 것이다. 매출액은 영업력과 경영자의 점포운영 능력에 따라 나타나며, 수익성 분석은 향후 극명한 차이가 나타난다.

매출을 정확히 예상하거나 추정하는 것은 어렵다. 이는 점포마다 상권이나 입지조건이 다르기 때문이다. 따라서 상권과 입지조건 분석을 통해서 파악한 후 동일 상권 내 동일 입지조건의 경쟁점포 매출액과 자신의 상품력, 점포의 규모, 서비스 수준 등 고려하여 산출한다.

[매출형성요소와 매출제약요소]

구 분	결정 요인	내 용
매출 형성 요소	상권력 요인	상권력(상권규모, 배후지세대, 대형편의시설, 경쟁점 등), 소비성
	입지적 요인	점포입지 수준(접근성, 가시성), 독점세대와 가망세대수 등
매출 제약 요소	외적 제약 요인	상권단절 요인, 경쟁점포
	내적 제약 요인	상품력, 영업력(경영자의 매장 운영 능력)

둘째, 예상매출액을 추정해 보자.

창업을 고려 시 점포입지나 상권의 규모, 표적고객의 소비성 등, 다양한 외부적 요인과 관련업종에 대한 창업자의 준비 자세와 교육수준, 전문적 지식, 점포 운영기법 등에 따라 수익성은 상이하게 나타난다. 따라서 창업을 목적으로 한 해당 점포의 매장력과 창업자 능력을 종합적으로 고려하여 매출을 예측한다.

(1) 입지평가 정량분석표

❶ 점포의 규모에 대한 평가

A	점포의 실면적 평점							
	$298m^2$ 이상	$232m^2$ ~$297m^2$	$199m^2$ ~$231m^2$	$166m^2$ ~$198m^2$	$133m^2$ ~$165m^2$	$100m^2$ ~$132m^2$	$66m^2$ ~$99m^2$	$60m^2$ 미만
점수	8	7	6	5	4	2	0	-1
							평점	

※ 운영하는 점포의 실면적을 기준으로 산정한다.

❷ 점포의 길이/전면의 크기에 대한 평가

B	점포의 전면 길이 평점					
	12m 이상	10m~12m	8m~9m	6m~7m	4m~5m	4m 미만
점수	5	4	3	2	1	0
					평점	

※ 점포 전면의 길이를 의미한다.

❸ 점포의 시계성에 대한 평가

C	점포의 시계성 평점				
	70m 이상	70m 이하	50m 이하	30m 이하	이면도로 내 상권
점수	5	4	3	2	0

평점

※ 점포의 시계성은 고객 이동선상 유동인구(아이템과 호환된 고객)가 해당 매장을 시각적으로 볼 수 있는 거리를 의미한다.
※ 이면도로라 함은 왕복 2차선 이내의 골목 거리를 의미한다.

(2) 입지 외적요인 정량평가

❶ 점포의 입점 위치에 대한 평가

D	점포의 층별 평점				
	1층	2층	지하	3층 이상	지하 2층 이하
점수	4	2	1	0	-1

평점

※ 점포가 위치한 건물 내 층별을 말한다.

❷ 주변 교통시설에 대한 평가

E	상권(입지) 내의 교통시설 평점				
	지하철역	버스정류장	마을버스 정류장	무	해당사항 없음
점수	2	2	1	0	0

	평점

※ 상권(입지) 내 교통시설은 도보기준 50m 이내를 기준치로 함.
 (지하철 버스 중복체크 불가)

❸ 주변 경쟁점의 분포에 대한 평가

F	상권(입지) 내의 유사 경쟁점 수 평점					비 고
	0~5개	6~10개	11~15개	16~20개	20개 이상	
점수	5	3	2	1	0	

	평점

※ 삼겹살전문점 입지선정에 따라 돼지고기 전문점(삼겹살, 돼지갈비, 특수부위)과 저가형 분포로, 소고기전문점도 경쟁업종으로 구분한다.
※ 매장을 중심으로 반경 50m내 1차 경쟁지역 내 경쟁점을 분석한다.

(3) 상권에 대한 정량평가

❶ 배후지 세대수에 대한 평가

G	배후지 세대수의 평점				
	10,000세대 이상	8,000세대 이상	5,000세대 이상	3,000세대 이상	1,000세대 미만
점수	8	6	4	2	1

평점	

※ 상권(입지) 내 배후지 세대수는 해당 점포 기준 반경 300m(실재의 1차 상권 내 소비기준)를 기준치로 조사 하여야 한다.

❷ 유동인구에 대한 평가

H	상권(입지) 내 점포 앞 유동인구 평점				
	3,000명 이상	2,000명 이상	1,000명 이상	500명 이상	500명 미만
점수	8	6	4	2	1

평점	

※ 매장운영 시간 내 유동인구를 조사한다(AM : 11~2, PM : 6~9)
※ 상권(입지) 내 점포 앞 유동인구 수치이며 실제 구매가능 고객 연령(20대 이상)을 중심으로 조사한다.
※ 실 아이템의 소비성을 지닌 유동인구만 조사 대상이어야 하며, 영업가능 시간 일일 10시간 기준으로 산출한다.
※ 해당 시간대 유동인구 조사는 상권 입지 항목의 유동인구 분석기법을 참조한다.
 (1분당 유동인구×6×10시간)

❸ 집객시설에 대한 평가

I	상권 내 집객시설(관공서, 병원, 쇼핑 센타, 극장, 대학 등 고객호환 시설) 평점					
	5개 이상	4개 이상	3개 이상	2개 이상	1개 이상	해당사항 없음
점수	8	6	4	2	1	0

	평점	

※ 핵심 수요층이 같은 소비자의 집객력을 증가시키는 시설물을 의미한다.
※ 입지점포 기준 반경 50m 이내 고객유동성 유발시설을 접객시설로 분류한다.

(4) 예상 운영에 대한 정량평가

❶ 소비자 구매력에 대한 평가

J-1	주중 영업가능 상권 평점	
	주중 점심 저녁 양호	주중 점심 저녁 불량
점수	2	0

J-2	주말 영업가능 상권 평점	
	주말 점심 저녁 양호	주말 저녁 불량
점수	2	0

	평점	

※ 상권 내 소비자의 구매 시간별 분석을 통해 주중과 주말 고객 구매력을 조사한다.
※ 상권(입지) 내 소비자 구매력은 중복 체크로 조사한다.(주중, 주말 중복 동시평가)

❷ **영업 가능일수에 대한 평가**

K	영업가능 일수 평점			
	28일 이상	24~26일	20~24일	20일 미만
점수	5	3	1	-1

	평점	

※ 영업가능 일수는 상권에 따라 주 5일, 방학 상권의 경우에는 영업일수가 부족함에 따라 실 영업가능 일수를 점검한다.
※ 연 평균 영업일수를 월별 평균으로 계산하여 조사한다.

❸ **소득 수준 및 외식 빈도에 대한 평가**

L	소득 수준 및 외식빈도 평점				
	중산층 외식빈도(대)	중산층 외식빈도(중)	중산층 외식빈도(소)	중산층 이하 외식빈도(중)	중산층 이하 외식빈도(소)
점수	8	6	4	2	1

	평점	

※ 배후지 세대의 차량 배기량, 주택규모, 소득수준을 종합한 구매지수를 검토한다.
※ 외식빈도는 주변 상권 내 호혜업종의 소비성을 파악하여 조사한다.

(5) 창업자 운영능력(Ⅰ)에 대한 정량평가

❶ 창업자 경영능력평가 1

A	창업자의 경영능력(정신자세) 평점					
	매우 우수	우수	보통	부족	매우 부족
점수	3	2	1	0	-1

평점	

※ 창업에 필요한 마음가짐을 가지고 있는가?
※ 고객을 위한 접객 서비스 마인드는 준비되었는가?
※ 내가 최고의 상품을 만들 준비는 되었는가?

❷ 창업자 경영능력평가 2

B	창업자의 경영능력(건강) 평점			
	매우 양호	양호	보통	불량
점수	3	1	0	-1

평점	

※ 점포운영에 적합한 건강을 유지하고 있는가?
※ 건강한 체력을 위해 꾸준한 운동을 하고 있는가?
※ 신체적 문제 사항을 가지고 있지는 않은가?

❸ **창업자 경영능력평가 3**

C	창업자의 경영능력(적합도) 평점		
	적합	보통	부적합
점수	1	0	-1

평점	

※ 삼겹살전문점이 나와 적합한 업종인가?
※ 해당 업종에 대한 흥미로움은 가지고 있는가?
※ 원·부재료 손질과 구매의 문제점은 있는가?

(6) 창업자 전문성에 대한 정량평가

❶ **창업자 경영능력(운영능력)에 대한 평가**

D	창업자의 경영능력(운영능력) 평점			
	매우 우수	우수	보통	취약
점수	2	1	0	-1

평점	

※ 점포운영에 필요한 능력을 가지고 있는가?
※ 점포운영 실무에 대한 계획과 실행 프로그램을 수립하였는가?
※ 인력운영 계획과 실행 프로그램을 수립하였는가?

❷ 창업자 경영능력(홍보능력)에 대한 평가

E	창업자의 경영능력(홍보능력) 평점			
	매우 우수	우수	보통	취약
점수	2	1	0	-1

평점	

※ 점포에 대한 홍보계획은 수립하였는가?
※ 판촉 내용과 종류, 시행 시기는 적절한가?
※ 홍보에 필요한 운영자금은 있는가?

❸ 창업자 경영능력(R&D)에 대한 평가

F	창업자의 경영능력(R&D) 평점				
	매우 우수	우수	보통	취약	매우 취약
점수	3	2	1	0	-1

평점	

※ 메뉴 R&D 능력을 갖추고 있는가?
※ 메뉴개발에 필요한 조직이나 전문가의 도움을 받을 수 있는가?
※ 메뉴 R&D에 따른 원가분석 능력을 가지고 있는가?

(7) 창업자 운영능력 (II)에 대한 정량평가

❶ 창업자 경영능력(수치분석)에 대한 평가

G	창업자의 경영능력(수치분석) 평점				
	최상	상	중	중하	하
점수	3	2	1	0	-1

평점	

※ 매장 내 운영상 필요한 수치분석 능력은 준비되어 있는가?
※ 손익분기점과 도산분기점 계산은 할 수 있는가?
※ 테이블 회전률 분석과 메뉴의 ABC분석을 할 수 있는가?
※ 수익성 분석에 필요한 수치에 대한 지식이 있는가?

❷ 창업자 경영능력(가족협조)에 대한 평가

H	창업자의 경영능력(가족협조) 평점			
	적극 협조	협조	비협조	매우 비협조
점수	2	1	0	-1

평점	

※ 점포운영에 필요한 인력수급은 가능한가?
※ 가족구성원 간의 협업 시스템은 구축되었는가?
※ 창업에 대한 가족의 동의는 구했는가?

❸ 창업자 경영능력(관련 경력)에 대한 평가

I	창업자의 경영능력(관련 경력/경험) 평점			
	5년 이상	3~5년	1~3년	1년 이하
점수	3	2	1	0

	평점

※ 해당 업종의 경력은 가지고 있는가?
※ 해당 업종의 지식과 실무를 익혔는가?
※ 해당 업종의 전문가의 도움을 받을 수 있는가?

(8) 창업자 운영능력 (III)에 대한 정량평가

❶ 창업자 경영능력(맛)에 대한 평가

J	창업자의 경영능력(맛) 평점				
	매우 우수	우수	보통	부족	매우 부족
점수	3	2	1	0	-1

	평점

※ 주메뉴와 부메뉴의 조리 매뉴얼은 갖추고 있는가?
※ 주메뉴와 부메뉴의 레시피는 갖추고 있는가?
※ 주메뉴와 부메뉴의 시식회에서 참여자로부터 호평을 받았는가?
※ 주메뉴와 부메뉴의 조리법을 숙지하고 있으며 빠른 조리가 가능한가?

❷ 창업자 경영능력(서비스)에 대한 평가

K	창업자의 경영능력(서비스) 평점			
	매우 우수	우수	보통	매우 부족
점수	3	2	0	-1

평점	

※ 고객서비스 매뉴얼은 갖추고 있는가?
※ 고객서비스 숙지 및 실행력을 가지고 있는가?
※ 계절별, 일자별, 서비스 프로그램은 준비되어 있는가?

❸ 창업자 경영능력(가격)에 대한 평가

L	창업자의 경영능력(판매가격) 평점		
	가격경쟁력(높다)	가격경쟁력(보통)	가격경쟁력(낮다)
점수	2	1	0

평점	

※ 주메뉴와 부메뉴의 원가분석표는 구비하고 있는가?
※ 기획가격과 전략가격의 메뉴는 구분하고 있는가?
※ 메뉴별 마진율과 회전율은 우수한가?

(9) 종합 예상매출 평가표

❶ 예상 평가 및 매출액 산정

가. 상권입지 평가 (70점 만점)		나. 창업자경영능력 평가 (30점 만점)		다. 예상매출산정	
내역	점수	내역	점수	총평점	예상매출액 (만원)
A		A		95 이상	200 이상
B		B		90~94	180~200
C		C		86~89	150~180
D		D		81~85	120~150
E		E		76~80	100~120
F		F		71~75	80~100
G		G		64~70	60~80
H		H		58~63	50~60
I		I		51~57	40~50
J-1/J-2	/	J		45~50	40~50
K		K		44 미만	40 미만
L		L		-	-
M		-	-		
가. 평점		나. 평점		다. 평점	

❷ 점검사항

- 점포의 상권과 입지 요소를 유사한 동종업종에 적용한 점내 변수를 고려하였음.
- 점포 환경과 창업자 환경을 동시에 고려한 평균지수 분석 자료로 활용할 수 있음.
- 창업 초기의 매출 민감도 분석을 기초로 한 기본 분석 자료임.
- 철저한 입지 환경 분석을 점검 후 예상매출을 도출해야 정확도가 높아질 수 있음.
- 계절적, 기후적, 상권 변동성 등의 가시적 변동성은 고려하지 않은 지수 분석임.

4 아이템에 가장 적당한 입지는 어떻게 색인할 수 있는가?

"입지와 상권은 아이템을 구매하는 표적고객의 이동 동선과 경쟁 관계 조사를 통한 정량분석이 중요하다"

상권은 무엇을 의미하는가?

상권(입지)은 창업의 성패를 결정하는 절대적인 요인이며, 성공의 60~70%를 좌우한다고 해도 과언이 아니다. 따라서 중요한 입지를 선정하기 위해서 상권분석과 입지조건 분석이 꼭 필요하다. 그렇다면 좋은 입지의 상권은 어떠한 조건을 가지고 있을까?

◆좋은 상권(입지)을 선정하기 위해서는 크게 3대 조건이 갖추어져야 한다.

> 1. 점포 접근성이 좋아야 한다.   2. 점포의 가시성이 좋아야 한다.
> 3. 소비성이 좋아야 한다.

위의 조건 중, ①접근성이 좋아야 한다는 것은 거리를 의미하는 것이 아니라 소비자들이 구매를 위해 쉽게 찾아올 수 있는 동선을 의미하며, ②가시성 좋아야 한다는 것은 소비자들이 주 통행로 또는 부 통행로를 기준으로 주변의 색채나 형태와의 융합에 의해 눈에 잘 보여야 한다는 것을 의미한다. ③소비성이 좋아야 한다는 것은 아무리 유동성이 좋다고 하더라도 나의 아이템에 맞는 소비자가 많은가 적은가의 유무를 판단하는 것이다.

첫째, 점포 접근성이 좋아야 한다.

- **행동범위** : 소비자들이 구매를 위해 일상에서 움직이는 활동을 조사한다.
- **물리적 장애물** : 소비자들의 구매를 위한 동선 상의 물리적 장애물을 검토한다.(공사현장, 주차장, 위해시설, 도로여건 등)
- **심리적 장애물** : 소비자들이 구매하기 위한 동선 상의 심리적 장애물을 검토 한다.(지형의 모양, 도로여건, 장애물 시설 등)

소비자들을 입지 상권에 유인하기 위한 동선이나 위치가 접근이 용이해야 한다. 입지를 구성하는 여러 요인 중 소비자의 흡인성은 점포의 크기, 위치, 출입구의 위치 등을 고려해야 한다. 또한, 소비자의 이동방법에 장애요인이 없도록 유의해야 한다. 접근성은 고객을 위한 3가지 요건을 모두 조사하다보면 다소 주관적이라 객관성을 잃기 쉽다. 따라서 나의 기준이 아닌 소비자들의 구매 행동 범위를 대상을 하는 것이 바람직하다.

둘째, 점포의 가시성이 좋아야 한다.

- 시계성(지각, 기억능력) : 소비자들의 동선상 점포가 시선에 들어오는 범위를 말한다.(간판, 층수, 인·아웃테리어 등의 기준)

점포의 가시성은 소비자들의 일상적인 동선상 가시성을 기준으로 하는 것도 좋으나 유명 건물이나 유명 브랜드 등에 의존하는 방법도 바람직하다. 다만, 그 지역을 구체적으로 설명할 수 없는 곳이라면 좋은 점포라 말할 수 없다.

셋째, 소비성이 좋아야 한다.

- 인구(소비자들의 영역, 속성, 양태) : 실재의 소비자들의 인구 수(소비의 규모, 구매패턴 주기, 라이프스타일 등)

소비성이 좋아야 한다는 것은 포괄적인 의미에서 '소비자들의 존재여부'를 의미한다. 다만, 주의사항으로는 상권 내 전체적으로 흐르는 유동인구를 의미하는 것은 아니다. 유동인구는 단순한 참고자료로 사용하는 것이지 수익성과 비례하는 것이 아님을 알아야 한다. 따라서 소비자들의 존재여부 인구를 검토하기 위해서는 소비자들의 행동영역, 양태 등을 현재의 상권(입지)과 아이템의 호환성과 얼마만큼 융합될 수 있느냐가 중요하다.

상권(입지)과 아이템은 매칭이 잘 되어야 한다. 예를 들어, 여성의류와 같은 선매품이나 패스트푸드점(커피, 제과, 아이스크림 등)은 상권(입지)이 매출을 결정하므로 우리가 흔히들 말하는 A급지에 입지하는 것이 바람직하다.

또한, 아이템의 브랜드파워가 무엇보다도 중요하다. 생필품의 경우에는 점포 마련비용(보증금, 권리금, 임대료)이 A급지에 비해 적은 B급지에서도 창업이 가능하나 경쟁점이 없는 곳에서 입지선정을 하는 것이 바람직하다.

반면, 외식업의 경우는 크게 두 가지로 구분할 때 첫째, '전문음식점'은 상권(입지) 내 대로변 B급지 이상이나, 상업지구 내 먹자골목의 경우도 이에 해당한다. 또한, 분식점 등 일반외식업(한식, 주류 등)도 B급지 이상에서 해야 한다. 둘째, 배달형 창업의 경우, 상권(입지)의 영향력 보다는 배후지 세대수에 중점을 두는 것이 좋다. 그리고 우리가 통상 서비스업으로 분류하는 PC방이나 미용실 등은 상권의 특성과 자금의 규모에 따라 입지를 선택할 수 있으나 최근에는 대형화, 고급화, 차별화가 최대 관건이다.

이와 같이 상권(입지)은 아이템의 분류에 따라 상권(입지)의 선택 기준도 다르지만 상권의 범위 또한 달라진다. 왜냐하면, 업종에 따라서 점포면적과 구매빈도가 다르며, 그에 따라 소비행태가 다르게 나타나게 되어 상권이 다를 수밖에 없다. 즉, 점포면적과 상권의 범위는 비례하며, 구매빈도와 상권의 범위는 반비례한다. 생필품은 점포면적이 비교적 작으며, 구매빈도는 높다. 그래서 1차 상권의 범위는 성수기와 비수기에 따라 다르나 보통 반경 300~500m 이내라고 한다.

선매품은 점포면적이 상대적으로 크며, 구매빈도는 떨어진다. 때문에 반경 1km 이내라고 하는 것이다. 다만, 한 가지 유념할 것은 여기서 상권의 범위는 어떠한 제약조건이 없을 때, 가능한 최대상권의 범위를 의미하며 이는 동일한 위치의 점포라도 아이템에 따라서 상권의 범위가 달라진다.

모든 업종(아이템)은 그에 맞는 상권과 입지가 있다. 업종(아이템)의 분류는 업종의 특성(핵심 키워드)에 따라서 크게 묶어서 볼 수 있다. 여기에서의 업종 분류는 산업분류표나 영업허가에 따른 업종구분이 아니라 그 업종의 특성에 따라 구분하는 것을 의미한다.

소비자가 점포를 이용하는 이유는 업종마다 다르다. 예를 들어, 입지조건이나 점포규모, 서비스, 맛, 상품의 차별성이나 희귀성, 충성도 등에 따라 서로 추구하는 것이 다르기 때문이다. 따라서 업종마다 소비자가 이용하는 행태가 다른 것은 핵심 키워드가 다르기 때문이다. 업종에 따라서 입지가 중요한 것이 있는가 하면, 상품력이나 서비스의 품질이 중요한 것도 있고, 또 점포의 규모가 중요한 경우도 있다.

업종별 상권(입지)전략 중, 창업자들이 체크하여야 할 요소 중 하나인 경쟁점포의 상관관계를 살펴보면 동일한 업종(아이템)의 점포가 나란히 입점해야 상호 보완적인 시너지 효과가 있는 아이템이 있는가 하면, 무분별한 경쟁 업종이 모여 상호 경쟁관계로 인해 제 살 깎아 먹는 아이템도 있다. 따라서 이와 같이 경쟁점과의 상호보완에 관계에 대한 구별방법도 주의를 요한다.

창업자들이 상권(입지)분석을 통한 후, 점포 선정시 동일 업종(아이템)이 있다고 경쟁업종(아이템)으로 보고, 유치를 멀리하는 창업자가 있는 반면, 오히려 시너지 효과를 누리기 위해 유치하는 경우도 있다. 이에 대한 정답은 없다. 다만, 구별은 해 볼 필요는 있다. 이유인 즉 그 동안 창업자들이 이와 같은 구별을 등한시 한 경우로 실패 사례가 비일비재하기 때문이다.

경쟁점포(업종, 아이템)는 크게 두 가지로 구분한다. 첫째, '1차 경쟁점포'로 '직접적인 경쟁점포'가 있으며, 둘째, '2차 경쟁점포'로 '간접적인 경쟁점포'가 있다.

1차 경쟁점포란 예를 들어, 고기전문점, 감자탕전문점, 낙지전문점, 일식전문점, 중식전문점, 주류전문점, 분식전문점 등으로 식사를 취급하거나 주류를 취급하는 경우로, 동일한 상품을 취급하는 외에도 일부 취급하는 상품이나 판매 포인트가 동일한 점포를 1차 경쟁점포라고 한다.

또 하나 경쟁관계에 대한 재미있는 사례를 들면, 야쿠르트회사의 1차 경쟁점을 생각해 보면, 우유회사이기도 하지만 학습지회사도 1차경쟁자이다. 이유인즉 야쿠르트회사나 학습지회사의 경우 소비자가 동일하기 때문에 경기침체로 인해 둘 중 하나를 줄여야 할 경우 현재 우리나라의 교육열기로 볼 때 야쿠르트를 줄일 확률이 높기 때문이다.

이와 같이 1차 경쟁점포를 제외한 모든 점포를 2차경쟁점포라고 한다. 예를 들어, 외식업 아이템이라 할지라도 판매업 업종이나, 선매품 업종도 경쟁점포로 분류해야 한다는 것이나. 다시 말해, 앞에서 언급된 서로 동일한 업종은 아니지만 상권 선택시 간접적인 아이템도 고려해야 한다는 것이다.

또한, 업종별 입지 전략에서 상가투자자들이 알아야 할 것은 상가 점포를 분양받든, 상가 점포를 구하든, 같은 상가건물에 동일 업종이 있다고 무조건 경쟁업종이라고 해서 유치를 멀리해서는 안 된다. 왜냐하면, 상가 공실률을 줄일 수 있기 때문이다. 상가에 공실률이 많을 경우, 소비자의 발길이 뜸해질 수 있다.

[업종별 입지전략]

입지 전략	업 종	비 고
동일/유사업종 보완관계 있는 경우	• 일반음식전문점 • 선매품업종	일반음식점(한식, 주류전문점 등) 판매형 외식업(음료, 패스트푸드, 제과 등) 판매업(의류, 핸드폰, 패션쥬얼리, 안경 등)
동일/유사업종 보완관계 없는 경우	• 생필품업종 • 소규모서비스업 • 전문음식업	외식업 중 대형음식업과 배달전문점, 제과 등 생필품 전문점 소규모 서비스업(보습학원, 세탁소, 미용실 등)

입지선정을 할 때, 특히 중요한 것은 상권 전체의 활성화 여부이다. 그리고 다음으로는 상권의 장애요인들을 현장에서 발로 뛰면서 정확히 조사해 내는 것이다. 일반 업종들은 상권(입지) 장애요인을 반드시 점검하여야 한다. 여기에서 장애요인이라는 것은 상권(입지)의 규모를 단절시키는 요인을 의미하는 것으로 '지리적 단절'과 '심리적 단절' 요인으로 크게 나눌 수 있다. 이는 고객의 이동 동선에 의한 구매력을 진단하는 중요한 요인이 된다. 따라서 유효고객의 이동 방향과 동선에 대한 세심한 조사와 분석이 필요하다.

(1) 고객 이동 동선 조사

같은 상권(입지)의 점포라도 점포 자체의 접근성이나 가시성 및 구조나 규모, 나아가 업종에 따라서 상권의 범위가 달라진다. 그런데, 상권(입지)이 좋은 곳에 있는 것 같은데도 불구하고 점포 바로 뒤 배후지 세대가 내 점포에 도움을 주지 않는 경우가 많다. 그 이유는 경쟁점포가 있을 경우가 하나의 원인일 수도 있으며, 배후지 세대수의 소비성 때문일 수도 있다.

소비자들의 소비가 이루어지지 않는 경우는 다음과 같다. 소비자가 상품을 구입하기까지의 과정을 5개의 과정으로 분류한 '아이드마 법칙(AIDMA Formula)'이라는 것이 있다. 즉, 소비자는 ①주의(Attention)를 하고, ②흥미(Interest)를 갖고, ③욕구(Desire)를 일으키고, ④기억(Memory)하고, ⑤행동(Action)으로 옮긴다는 과정을 거쳐 상품을 구매한다는 것이다.

좀 더 구체적으로 풀이하면 주의 단계란 예를 들면, 판매원이 손님을 소리 내어 부르는 단계이며, 흥미를 일으키는 단계란 그 상품의 특성을 강조하는 단계 등으로 각 단계에 따라서 강조하는 포인트가 달라진다.

여기서 우리가 알아야 할 것은 소비자 구매행동은 점포를 인지하고 기억하고 있다는 것을 알아야 한다는 것이다. 결국, 동선 상에 있는 점포가 유리한 것은 이 법칙에서 보아도 자명한 사실이다. 따라서 동선 조사는 매우 중요하다.

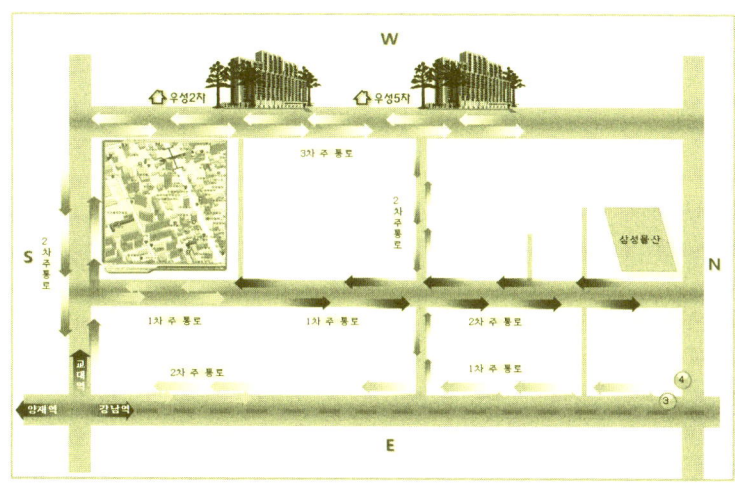

➡ 사람들의 3대 심리에 의한 고객의 이동 동선은 다음과 같다

첫째, 하향중시 : 지형형태에 의해서 보면, 사람들은 낮은 쪽 골목길을 따라 움직인다. 즉, 경사진 곳을 거슬러 올라가거나 옆길은 부담스러워한다.

둘째, 최단거리중시 : 생활편의 시설이 위치하고 있는 곳을 향해 사람들은 최단거리 골목길을 선택하게 된다. 생활편의 시설은 대형슈퍼 등 집객력이 있는 점포나 버스정류장 그리고 지하철역 등을 말한다.

셋째, 안전중시 : 보도 폭이 넓은 골목을 사람들은 이용한다. 본능적으로 예기치 않은 위험으로부터 자신을 보호하려고 본능 때문에 위험하다고 생각되는 길이나 사전지식이 없는 길은 회피한다.

이와 같은 안전중시 심리로 인해 주택가 상권에서는 배후지 조사 시에 필수적으로 동선을 조사해야 정확한 입지 파악이 가능하다.

(2) 상권과 입지

상권이란? 고객을 흡인하는 지리적 범위 속에 상거래 행위가 원활하게 이루어질 수 있는 환경적 범위를 갖추어 상업활동을 하는 지역 환경을 의미한다.

넓은 의미의 상권은 모여 있는 상가 전체에 고객이 오는 시간적, 공간적 범위를 말하며, 좁은 의미의 상권은 어떤 사업을 영위함에 있어서 대상으로 하는 고객이 존재해 있는 시간적, 공간적 범위를 말한다.

1차 상권 : 지역 내 고객의 60~70%가 거주하는 범위로, 고객들이 점포에서 가장 근접해 있으며, 전체 매출액을 60~80% 정도를 매출을 올려 주는 상권의 범위를 말한다.(유흥가, 번화가, 대규모 대학가, 특정지역상권 제외)

2차 상권 : 점포 고객의 15~25%가 거주하는 상권 범위로, 1차상권의 외곽에 위치하며, 고객 이탈이 매우 높아 접근성이 떨어져 매출비중은 10~20%를 차지하는 상권이다.

3차 상권 : 1차, 2차 상권을 제외한 나머지 상권으로, 편의품이 아닌 그나마 상권의 범위를 넓게 잡는다는 선매품이나 전문품 판매점들이 있는 지역으로 매출비중이 10% 내외를 차지할 정도여서 상권으로 보는 것은 불가능하다.

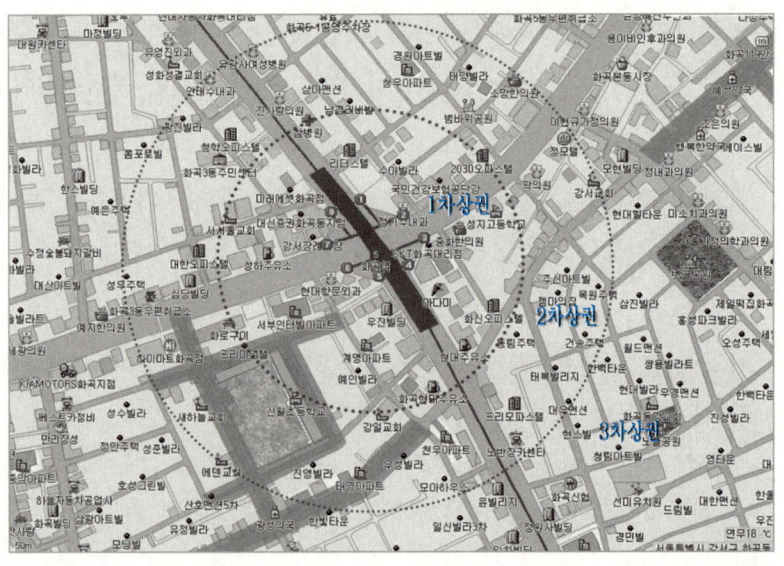

입지란? 점포가 위치한 곳을 말하며, 점포가 장소를 점하고 있는 상태로서 정적이고 공간적인 개념을 의미한다. 또한, 입지 주체가 입지 목적을 달성하는 데 있어서 입지의 자연적, 사회적, 행정적 조건을 입지조건이라 하며 입지선정의 기준이 된다.

[상권과 입지의 조건분석 단계별 기법]

입지 vs 상권 구분		
입지	구분	상권
좁은 의미의 상권으로 시간적 공간적 범위 (수익의 주체)	개념	실 소비를 이루고 있는 분포 지역 소비심리를 이루는 주체
상권의 입구와 출구로 나누어지는 물질적인 상거래 공간	물리적 특성	대학가, 역세권, 아파트, 번화가, 유흥가 등 비물리적인 상거래 활동 공간
POINT	KEY WORD	BOUNDARY
1급지, 2급지, 3급지	등급 구분	1차/2차/3차 상권
점포 분석, 통행량 분석	분석 방법	업종 경쟁력/구매력 분석
가시성, 접근성	평가 기준	성수기 또는 비성수기 거리

좁은 의미의 상권은 어떤 사업을 영위함에 있어서 대상으로 하는 고객이 존재해 있는 시간적, 공간적 범위를 말한다. 이러한 의미의 상권은 점포가 위치하고 있는 조건(입지조건)에 따라서 상권의 범위가 달라진다. 즉, 입지조건이 좋으면 상권의 범위는 당연히 좋다. 반대로 상권이 좋으려면 입지조건(접근성과 가시성)이 좋아야 한다.

따라서 상권과 입지조건이 상관관계를 가지고 있고 실제 현장에서는 같은 의미로 혼용해서 사용하기도 한다. 또한, 학문적인 입지조건의 개념은 입지주체가 입지목적을 달성하는데 있어서 입지의 자연적, 사회적, 행정적 모든 조건을 말하는데도 불구하고 '입지'를 이처럼 좁은 의미의 상권이란 말과 동의어로 사용되고 있기도 한다.

즉, 넓은 의미의 상권분석을 먼저 하고, 좁은 의미의 입지분석(이것이 입지조건분석임)은 뒤에 해야 한다는 것이다. 다시 말해, 상권분석은 상권 전체의 성쇠 여부를 파악하는 것이고 입지분석은 개별점포의 성패 여부를 파악하는 것이라고 보면 된다.

첫째, 상권 입지조건 분석 단계별 기법을 알아보자.

상권의 규모 및 상권의 번성도(상권력) 분석은 지형모양, 점포수, 배후지 세대, 교통망 연계성 및 도로여건, 편의시설 및 장애물 시설 점검을 통하여 분석한다.

이는 유동인구와 거주인구(연령, 성별, 소비수준, 생활방식 및 상품의 구매행동) 조사에서도 나타난다.

[제1단계] : 상권 및 입지조건 분석도 작성
- 상권 이용 세대수, 인구수 표시(주거 형태, 인구밀도 조사)
- 교통기관별 표시(지하철 역, 정류장, 횡단보도 등)
- 집객력이 있는 지역시설 및 핵심점포 표시(금융기관, 관공서, 학교 등)
- 유동인구 동선 표시
- 상권 내 입지등급 A, B ,C 표시

[제2단계] : 점포 입지조건 심층 분석
- 점포 위치 특성, 접근성, 가시성 조사
- 해당 점포의 임대료와과 권리금 파악
- 해당 점포의 구조와 모양 조사
- 유사 경쟁점 표시
- 유사 경쟁점의 입지, 점포규모, 서비스, 접객태도, 영업시간, 종업원 수 파악
- 판촉 활동의 범위와 영향력 파악

[제3단계] : 입지유형에 따른 분류
- **적응형**, 소비자 유동성에 의해서 장사가 되는 입지인지 점검.
- **생활형**, 지역 주민들에 의한 소비가 이루어지는 상권(다운타운)인지 점검.
- **목적형**, 유동인구에 의존하기보다 고객창출 요소로 고객의 유입유무 점검.

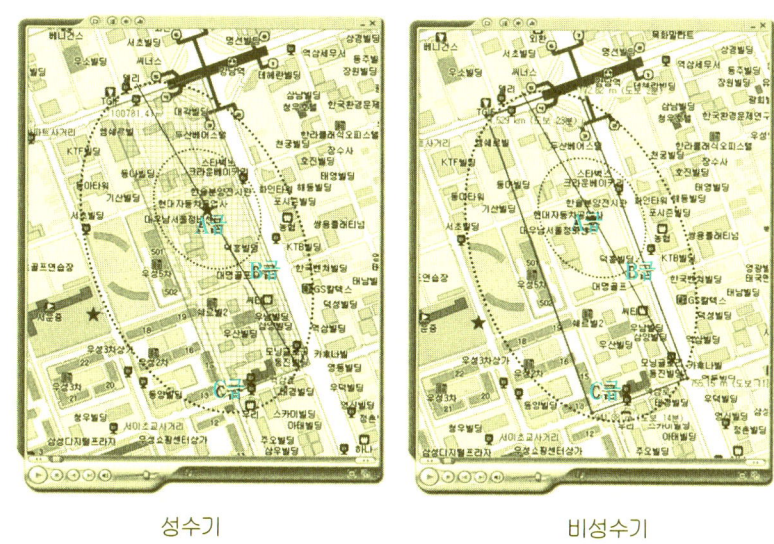

성수기   비성수기

둘째, 상권 경계선에 대한 범위와 설정을 알아보자.

상권전체를 보려면 도대체 상권의 경계가 어디에서 어디까지인지를 알아야 하는데, 이의 경계를 파악하는 것이 매우 어렵다. 어느 도시이든 끝에서 끝까지 도로변에 점포가 없는 곳이 있던가? 그렇다면 이 모두를 하나의 상권으로 볼 수도 있지 않겠는가? 그에 대한 답은 그렇지 않다. 줄지어 있는 도로변의 점포들이 어떤 요인에 의해 단절되면서 중간 중간 묶음 묶음으로 상권이 형성된다.

또한, 상권을 단절시키는 요인으로는 자연지형물과 인공지형물이 있다. 자연지형물로는 산과 강 그리고 둑이나 언덕배기 등이 있으며, 인공지형물로는 4차선 이상의 도로나 철로, 주차장 등이 상권을 단절시키기도 한다.

상권의 범위를 업종(아이템)과 연관하여 구분하는 것은 쉬운 일은 아니다. 보통 상권(입지)의 범위 설정은 배후지 세대나 유동인구에 의해 파악할 수 있다. 그런데, 이러한 상권의 범위는 상권력(상권규모)에 의해 결정된다. 즉, 상권과 상권 사이에 거주하는 배후지 주민이 어느 상권을 이용하게 되는가는 지형형태나 상권력에 의해 결정된다는 것이다. 배후지에 거주하는 주민들이 상권을 이용할 때에는 지형형태 상이나 거리상 상호 비슷한 조건이면 상권이 번성하고 있는 곳 즉, 상권력이 강한 곳으로 가려는 심리가 작용하여 상권력이 강한 곳은 상권의 범위가 넓게 되고, 상권력이 약한 곳은 상권의 범위가 좁아지기 마련이다.

또한, 상권의 번성도(상권력)를 파악하는 이유는 사람들의 심리가 상권이 번성한 곳에서 소비하려는 경향이 있기 때문에 애초에 상권력이 약한 곳에 입지한다면 그만큼 실패 위험도가 높다. 따라서 상권(입지)선정 시 가장 먼저 할 일이 바로 상권전체의 성쇠(盛衰)여부를 파악하여 약한 상권을 피해야 한다.

다시 말해, 상권력이란 상권(입지) 내 점포의 밀집도를 의미하는 것으로 상권 면적 대비 점포숫자인데, 일정 면적에 점포가 많이 모여 있어야 응집도가 강해 소비자들의 흡인력이 강해진다.

상권력 또한 중요한 요소이다. 상권력이란 모여 있는 점포숫자가 많은 곳, 대형 편의시설을 끼고 있는 곳이 상권력이 강한 것을 흔히 볼 수 있다. 예를 들면, 상업지구내 역세권의 경우 점포숫자가 많고, 대형 편의시설이 존재한다. 또한, 점포숫자가 많다는 것은 배후지 세대수가 많다는 것을 의미한다. 이처럼 점포숫자와 배후지 세대 또는 이용 고객수와는 상호 유기적인 관계에 있다.

유통산업발전법시행령 제5조를 보면 '1천㎡' 이내 가로 또는 지하도에 50개 이상의 점포가 밀집하여 상권을 형성, 영업 중인 점포의 집단을 '상점가'라고 정의하고 있는 것으로만 보아도 알 수 있다.

교통망 연계성 및 도로조건도 중요하다. 상권은 교통망 등의 변화에 의해 번성하기도 하고 쇠퇴하기도 한다. 특히, 지하철역과의 연계여부는 상권의 성쇠와 밀접한 관계가 있다. 여기서 지하철역 주변 상권이 모두 좋다는 것이 아님을 반드시 알아둘 필요가 있다.

상권이 번성하려면 지하철역 등, 대중교통망 연계성이 좋아야 하는 것은 당연하지만, 그렇다고 충분조건을 다 갖춘 것은 아니다. 지하철역도 경사진 곳은 유동인구가 흘러가고, 지하철역 사거리가 6차선 이상이 되면, 상권의 단절현상이 발생하여 상권이 약화된다. 하지만, 대부분의 창업자들은 지하철역 상권(입지)을 좋다고 착각하는 경우가 많다. 따라서 교통망(지하철역)을 기점으로 점포(입지)를 선택할 경우, 현재 상권의 번성력을 살펴보아야 한다.

번성하는 상권이라고 하더라도 상권이 같은 곳은 하나도 없다. 즉, 상권력이 비슷하더라도 특성이 다르게 나타난다는 것이다. 예를 들면, 젊은이들이 주 고객인 상업지구 내 역세권이라도 강남역 상권, 홍대 상권과 이화여대 상권, 성신여대 상권의 특성은 확연히 다르다.

강남역 상권이나 홍대 상권은 오락성유흥업 상권이고, 이화여대 상권과 성신여대 상권은 여성의류 상권이다. 이처럼 비슷한 상권력과 비슷한 연령대가 모이는 상권이라도 특성이 확연히 차이가 나는 경우, 정량적(정밀하고 통계적이며 수치적인 측정)인 상권분석으로 파악하기 보다는 정성적(형식에 얽매이지 않는 조사)인 분석으로 특성을 파악해야 한다.

셋째, 배후지 세대(인구) 범위는 어떻게 점검하는가?

배후지 세대수(인구) 조사 시 그 범위는 업종(아이템)에 따라 다르다. 또한, 성수기 상권과 비수기 상권에 따라서 다르다. 보통 외식업의 경우는 1차상권 내에 거주하고 있는 주민을 기점으로 정하나 이를 반경으로 정하기는 매우 힘들다. 따라서 입점하고자 하는 지역 내 경쟁업소들의 고객을 대상으로 동선을 알아보는 것이 바람직하다.

배후지 세대(인구) 조사는 그 지역 거주인구의 소득수준, 인구수 및 세대수, 교육정도, 주거형태, 소비행태, 연령층, 남녀 구성비 등에 의해서 상권과 특성이 각기 다르기 때문에 조사하는 것이 매우 어렵다. 따라서 배후지 세대 조사는 전체 상권 범위 내 세대를 상권단절 요인에 의해 상권경계점이 확정되며, 바로 이 범위 내 세대를 조사하여야 한다. 그래서 행정구역의 인구통계는 의미가 없다. 행정구역 내 세대가 상권 이용 세대가 아니기 때문이다. 그저 참조자료에 불과하다. 다만, 인구밀도 파악은 필수이다.

배후지 세대 숫자를 파악하기 위해서는 인구밀도를 조사해야 한다. 최근 들어서는 각 지자체의 통계자료나 중기청 상권분석 자료를 확인하면 원하는 데이터를 접할 수 있어서 활용하기가 수월하다.

배후지 세대 범위 점검과 아울러 점포관련 조건 분석으로, 임대료와 권리금 분석, 점포구조와 규모 조사 등이다. 점포 임대료와 권리금 파악은 매우 중요하다. 임대료와 권리금은 대개 상권과 입지에 따라서 결정되는데, 상권 내 같은 입지라도 유난히 임대료와 권리금이 비싼 점포는 당연히 피해야 할 점포들이다.

입지조건 분석 시에 내 점포의 유입을 저해하는 요인 중 중요한 또 하나의 변수가 바로 경쟁점포이다. 따라서 경쟁점포와의 경쟁력 우위를 지키는 것이 중요한데, 경쟁력은 입지 우위에 있거나 점포규모 우위에 있든지 해야 한다. 물론, 아이템에 따라서는 상품력이나 영업력(서비스나 마케팅 능력)이 중요한 것도 있지만, 모든 아이템에 공통적으로 중요한 것은 바로 입지나 점포 크기가 우위에 있어야 한다는 것이다. 여기에 보완업종이 있다. 보완업종이란 업종 간의 관계가 바늘과 실처럼 상호 도움을 주는 관계에 있는 업종을 말하며, 대표적인 것은 외식업과 선매품이 이에 해당된다. 하지만, 상호 보완관계라 하더라도 점포 간 상호경쟁은 피할 수 없다. 또한, 완전한 보완관계에 있는 업종은 없다. 따라서 동일점에 비해 경쟁력 우위를 지킬 수 있을 때에 가능하다는 것이다. 다만, 호혜업종의 경우는 다를 수 있다. 호혜업종이란 같은 지역에 많으면 많을수록 잘 되는 업종을 말한다. 이를 흔히들 전문시장이라고 한다.

[경쟁점포 조사항목]

항 목	세부 내용	A점포	B점포	C점포	D점포	E점포
입지력	점포 위치 및 거리					
	점포 규모					
	점포 시설					
상품력	상품수량과 품질					
	상품 가격					
영업력	직원 인원수					
	직원의 서비스 품질					
	마케팅전략					
브랜드력	인지도 및 이미지					
월 매출액과 월수익	월 매출액과 월수익					
종합평가(경쟁력)						

보완업종이나 경쟁업종 및 호혜업종 분류가 절대적인 것은 아니다. 상권의 규모에 따라서는 보완업종 간에도 경쟁업종이 될 수 있다. 상권이 작을 때는 특히 그렇다. 예를 들어, 상권 규모가 작은 주택지 상권에 상호 보완관계인 가구점과 혼수용품점이 있다면 상호보완보다는 경쟁관계에 놓일 수 있다는 것이다. 반대로 경쟁업종도 상권의 규모가 클 때는 경쟁관계가 해소될 수도 있다. 상권의 규모에 따라서 업종(아이템)마다 적정 점포수를 파악하는 것이 좋다.

넷째, 점포 권리분석에 대하여 알아보자.

점포의 권리분석은 먼저 등기부등본을 확인해야 한다. 등기부등본은 계약 이전에 1차 확인 후, 잔금을 치루는 과정에서 2차 확인을 하는 것이 좋다. 그 건물에 어떤 문제가 있는지를 확인하는 것이다. 등기부등본에는 소유자의 인적사항, 지번, 면적, 그리고 각종 저당권 설정이나 압류 여부가 기재되어 있다.

또한, 도시계획확인원(토지이용계획확인원)을 점검해야 한다. 도시계획 및 이용제한 사항과 재개발 여부 등을 확인하려면 구청에서 도시계획확인원을 떼어 보면 된다. 도시계획확인원이란 공법상으로 토지를 규제하는 도시계획 사항을 기재한 증명서로서 용도지역과 지구, 도로저촉, 재개발, 개발제한구역 여부 등을 확인할 수 있다.

마지막으론 건축물관리대장을 확인해야 한다. 건물의 위치, 크기 및 실소유자 등이 등기부등본과 일치하는지를 확인하는 것이다. 건물에는 어떤 하자가 없는데도 불구하고 건축물관리대장에는 불법건축물로 표기되어 있는 경우가 있다. 즉, 주차장을 다른 용도로 사용하면 불법건축물로 지적하고 있다. 이는 건축물관리대장을 떼어보면 확인이 가능하다.

다섯째, 권리금은 수익보존금액이다

권리금이란 상권의 환경과 입지의 환경 등에 의한 수익보존금액(현실적, 추상적 상황)이 형성되어 있는 규모의 가치를 말한다. 통상적으로 권리금은 '1년 동안의 순수익의 합과 입지조건을 기준으로 점포크기 및 시설비 등을 감안하여 평가한다.' 하지만, 보통 권리금의 가치는 정해져 있는 것이 아니기 때문에 거품이 있는 경우가 많다.

권리금의 종류는 '바닥권리금', '시설권리금', 그리고 '영업권리금'으로 구분할 수 있는데, 이는 입지선점에 대한 프리미엄이 이미 지역마다 형성되어 있는 권리금이다. 따라서 상권과 입지조건 분석이 매우 중요하다는 것이다.

권리금은 장사가 되는 곳에 형성된다. 장사가 되지 않는 곳은 아무리 시설이 좋고 점포가 커도 소용없다. 불황에는 장사가 안 되어 아예 권리금이 없는 곳도 많이 있다.

또한, 유명 역세권 B급지에 있는 점포들도 장사가 안 되어 순수익이 없는 곳도 있는데, 그럼에도 불구하고 이런 곳은 권리금이 있기 마련인데 그 이유는 우리나라에서는 속칭 바닥권리라는 것이 존재하고 있기 때문이다. 이처럼 상권과 입지조건에 따라 권리금의 차이가 나타나고 있는 것이다.

[유형별 상권입지]

➢ 도심(downtown)형 입지 : 그 지방의 중핵도시를 중심으로 쇼핑을 비롯한 상권의 흐름이, 이 상권을 중심으로 모였다가 분산된다. 고객층이 다양하며, 많은 유동인구는 대부분 시간제약을 적게 받는 고객층이다. 이러한 상권은 서비스업이 활성화되어 있고, 비즈니스 관련 사무실과 병원, 학교 및 서비스 관련 회사도 많으며, 일반적인 패턴을 이루어 낮과 밤의 인구 이동이 아주 높은 입지이다.

➢ 시가지형 입지 : 아파트, 일반 주택가, 오피스텔의 혼재형으로 교외로 나가는 간선도로를 따라 뒤편에 아파트가 늘어서 있는 패턴으로 과거 주택가에서 발전하여 그 확대에 따라 도로가 확장되고 양쪽에 오피스가 생긴 거리의 입지이다.

➢ 도시근교형 입지 : 분당, 일산, 평촌과 같은 신도시형으로 그 규모나 밀도에 있어서 아주 많은 집객을 할 수 있는 지역이다. 이런 입지에는 일요일이나 휴일에 고객이 집중되는 경우가 많은 입지이다.(단, 지방의 경우에 도시근교형 입지에 공업단지나 도매단지, 대형 교외쇼핑센터가 입지하는 특수한 경우도 있다.)

➢ 야외 드라이브형 입지 : 간선도로를 따라 생기는 드라이브 입지를 말한다. 도로형 입지라고도 할 수 있다. 특히, 간선도로 변에 관광지, 리조트도 생겨나는 등으로 드라이브족들이 즐겨 찾는 입지이다.

5 유동인구 조사는 이렇게 분석하라

"유동인구와 거주인구 중 표적고객의 규모가 매출과 수익성이다"

유동인구조사는 상권특성과 점포입지 수준을 파악하는 자료로 활용하기 위함이지 유동인구 조사가 곧 상권분석의 모든 것으로 착각하는 우를 범하지 말아야 한다. 상권(입지)분석은 상권력과 상권의 특성을 동시에 분석해야 하는데, 유동인구 조사는 그 중 한 항목에 불과하다. 물론, 상권(입지)분석을 하는데 중요한 요소이기는 하지만, 그렇다고 현혹되어서는 안 된다. 이유인 즉 유동인구 조사는 인구의 흐름이 많고 적음의 수치가 아닌 실 소비성을 가진 인구인지를 조사하는 것이다. 이 역시 중요하다.

유동인구 조사는 상권 내 유동인구 유발 지점을 찾는 것이 중요하다. 즉, 보통 유동인구의 흐름이 많은 상권인 상업지구, 번화가, 대학가, 역세권들은 대부분 교통이 발달된 지역이다. 이들 지역의 소비자 유발 지점은 소비를 하기 위해 소비자들이 유입되는 첫 기점인 지하철역, 버스정류장을 기점으로 이루어진다. 반면에 주거 중심형 지역의 경우에는 생활을 하기 위한 동선을 유발 지점으로 봐야 한다.

그렇다면 사례를 보면서 조사방법을 알아보자.

첫째, 유동인구, 즉 주 고객층들의 소비 특성을 파악해야 한다. 단순하게 유동인구가 집중되는 특정 지역만 볼 것이 아니라 유동인구의 최초 유발지점과 집중지점, 그리고 내가 입지할 점포를 중심으로 조사하여야 한다. 예를 들면, 서울 강남역(구 뉴욕제과 상권)의 경우, 소비자들의 유동인구 유발지점은 6번 출구에서 뉴욕제과가 중심이었다면, 집중지점은 1차 주 통로 지역이다.

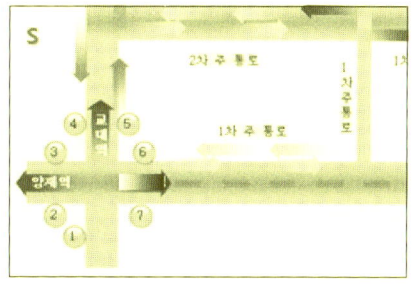

둘째, 유동인구 조사는 소비자 특성을 조사하는 것인데 성별, 연령별로 조사를 한다. 연령은 10대, 20대, 30대로 구분할 수 있으나 단순하게 청소년, 성인, 고령층으로 나누어도 무방하다. 이러한 조사를 하는 이유는 유동하는 사람들의 주 연령대와 성별이 무엇인가에 따라서 특성이 드러나기 때문이다. 또한 연령별, 성별을 기준으로 상품의 구성이나 판매 시간대, 가격대를 결정할 수 있다.

셋째, 아이템에 맞는 목표고객의 소비성향을 조사해야 한다. 아무리 유동인구가 많고, 흐름이 좋은 상권이라고 할지라도 본인이 할 업종과 무관한 사람들이라면 매출에 전혀 도움이 되지 않기 때문이다. 아울러 주중, 주말, 휴일 등 최소 3일 정도는 조사를 해야 하며, 이때 유동인구의 유출입 방향의 동선을 눈여겨봐야 한다.(조사시간은 영업가능 시간을 조사한다.)

외식업 창업인 경우, 아이템의 특성상 기초 상권 내 유동인구의 범위는 점심시간대와 퇴근시간대(저녁)를 중심으로 조사한다.

- 유동인구 수는 4일간 화(월), 목(수), 토, 일요일의 유동인구 조사 자료를 통해 분석한다.
- 지나친 유동인구 의존에 따른 입지 선정은 금물이다.
- 주중, 주말, 휴일 기준으로 유동인구 흐름을 조사한다.
- 경쟁 아이템을 중심으로 시간대별 흐름을 조사한다.
- 4차선 이상 도로일 경우 매장 앞 반대 차선의 통행량은 제외한다.

상권 내 유동인구 분석은 단순하게 유동인구의 흐름이 아닌 경쟁업소와 연관하여 조사를 해야 한다. 아무리 유동인구가 좋다고 하더라도 경쟁업소 비율이 상대적으로 높다면, 좋은 상권(입지)이라 할 수 없다.

넷째, 시간대별로 유동인구의 특성을 조사한다. 업종(아이템)에 따라 입지선정 조건은 달라진다. 따라서 업종의 영업시간을 고려한 유동인구 분석이 필요하다. 일반적으로 출근 동선 보다는 퇴근 동선의 유동인구를 파악하는 것이 바람직하다. 다만, 유동인구가 많은 곳이라도 자신이 희망한 업종(아이템)의 특성에 따라 시간대별 유동인구를 점검해야 한다. 또한, 시간대별로 유동인구의 특성은 현재 상권 내에서 영업을 하고 있는 경쟁업소를 토대로 점검하여야 한다. 예를 들면,

서울 강남역 3번 출구의 경우, 점심시간 대의 소비성과 저녁시간 대의 소비성 차이가 극명하게 나타나고 있기 때문이다.

점포 앞을 지나는 사람이 많음에도 점포로 고객의 발길이 유입되지 않는다면 행인의 보행 속도에 주목할 필요가 있다. 즉, 점포 앞을 지나는 고객은 많은데, 내점고객이 많지 않다면 보행속도가 매우 빠르다는 것을 확인할 수 있다. 따라서 보행속도가 빠르다는 것은 그냥 흘러가는 입지란 의미다. 이와 반대로 보행 속도가 느리다면 쇼핑하기에 가장 훌륭한 입지조건을 갖춘 곳이라 할 수 있다.

유동인구가 많은 입지임에도 보행속도가 빨라지는 이유는 무엇인가? 유동 선상에 있더라도 배후 혹은 인근에 고객이 목적한 시설물이 존재하기 때문이다. 즉, 관공서와 같은 시설물을 이용하는 고객은 업무목적으로 인하여 그곳을 지나쳐 갈뿐이라는 것이다. 예를 들면, 쇼핑이나 외식을 즐기려는 고객은 보행속도가 느려지며, 통학이나 통근, 업무 수행을 위한 보행속도는 평균보다 빠르다는 것을 말한다. 이외에도 같은 상권 내에서도 초입 상권과 보다는 중심지역 상권이 보행 속도가 느리다는 것이다.

다섯째, 유동인구 흐름과 매출의 상관관계를 점검해 보자. 상권(입지)마다 지역의 특성과 고객의 특성이 다르다. 예를 들면, 동일한 업종(아이템)이라도 어떤 지역에서는 매출이 좋은 반면, 어떤 지역에서는 극도로 매출이 부진한 경우만 보아도 잘 나타나 있다. 이는 곧 상권 내 유동인구가 매출을 보장해 주지는 않는다는 것이다. 따라서 매출액을 추정할 시에는 외형적 현상 중의 하나인 유동인구에 현혹되지 말아야 한다는 것이다.

여섯째, 유동인구 파악은 경쟁점을 기준으로 하라. 업종(아이템)마다 매출액 추정 방법은 다름에도 불구하고 우리나라 창업자들의 대부분은 유동인구를 기준으로 상권이 좋고 나쁨을 판단하고 있다. 그러나 매출액 분석 시에는 유동인구에 의존해서는 곤란하다. 물론, 유동인구의 중요성을 따지지 말라는 것은 아니다. 하지만, 유동인구의 흐름만 믿고 창업을 했다가 낭패를 보는 경우도 흔히 있다. 따라서 유동인구의 흐름보다는 창업자 자신이 하고자 하는 경쟁업소 분석을 조사하는 것이 바람직하다.

상권(입지) 내 유동인구를 기준으로 한 유입고객의 범위는 업종(아이템)에 따라, 또는 성수기·비성수기 상권에 따라 달라진다. 그러므로 입점할 점포가 소비자들로부터 접근성이 용이한지를 살펴봐야 한다. 고객은 돌아가는 것도 싫어하고 걷는 것도 싫어한다고 보면 된다.

또 현재 상권의 성장 가능성과 잠재력을 가지고 있는지를 파악해야 한다. 가능성과 잠재력을 알아보는 방법으로는 입지 주변에 인구 증가와 접객시설의 규모를 파악하는 것이 바람직할 것이다.

가장 쉬운 방법은 현재 운영되는 점포들의 운영기간을 파악하는 것이다. 육안으로 보았을 때 상권 내 점포들이 간판이나 인·아웃테리어가 오래되었다면 평균적으로 운영기간이 길다는 것이다. 이때 상권 내 매물로 나와 있는 점포의 수가 적다면 그 상권은 좋은 상권이라 할 수 있다. 한 예를 들어보면, 서울 총신대역 상권(태평백화점 이면도로)의 경우, 수년전 소방도로 공사를 하게 되었는데 기존 세입자들이 공사가 끝나고 많은 자영업자들이 재 입점했다고 한다.

이와 같이 실재 현재 매장을 운영하는 자영업자들의 실 사례로 본다면 총신대 상권, 즉 태평백화점 이면도로의 상권은 좋은 상권이라고 할 수 있다.

상권(입지) 내로 고객이 진입할 시 움직이는 동선은 있기 마련이다. 지하철역이니 버스정류장 앞 역세권이라고 무조건 좋은 것은 아니다. 따라서 지하철이나 버스에서 내려 상권 내로 진입하는 경우나 또는 주거지역에서 진입하는 곳이라도 사람들이 가장 빈번하게 움직이는 동선을 찾는 것이 중요하다.

역세권 상권이나 상업지구 상권에서는 상권의 초입과 중심지 상권을 찾을 수는 있지만, 주거지역 상권일 때는 외형적인 것과 실재 소비자들이 소비를 이루는 중심 상권이 다를 수 있기 때문에 소비자들의 생활동선을 기점으로 입지를 선택하여야 한다.

이는 교통기관(지하철역, 버스정류장) 초입의 경우 소비자들의 유동성은 활발하나 소비가 오히려 이면도로 보다 못한 경우도 비일비재하기 때문이다. 예를 들면, 이대역의 경우, 역세권 초입인 지하철역 주변보다는 이면도로에 위치한 점포들의 수익성이 좋다고 한다.

따라서 유동인구의 동선을 파악하더라도 소비자들의 흐름에 여념하지 말고 이들이 머무는 곳이 어디인가를 찾고 살펴보는 것이 중요하다.

[경쟁점포 분석표]

구분	경쟁점	경쟁점1	경쟁점2	경쟁점3	경쟁점4
시설	인테리어				
	아웃테리어				
점포	점포의 크기				
	전면 넓이				
	테이블 수				
	좌석수				
상품	맛 또는 질				
	가격				
	구성(메뉴, 포만감 등)				
	식기/디스플레이				
서비스	접객능력				
	친절도				
	서빙시간				
마케팅	홍보 능력				
기타	접근성				
	가시성				
	브랜드력				
	운영기간				
	점주의 경영능력				
	접객수 점심				
	저녁				
	성별				
	연령별				
	추정매출액				
종합의견					

경쟁점포의 규모와 수를 파악한 다음, 향후 경쟁점이 들어설 여지를 감안해 보아야 한다. 현재 영업을 하는 경쟁점의 브랜드력이나 규모면에서 나보다 앞선다면 아무리 좋은 상권이라도 어려울 것이다.(포기가 바람직하다).

또한, 현재 경쟁점과의 경쟁에서 이길 수 있는 경쟁력을 갖추었다면 출점해야 하는 것은 당연한 일이다. 다만, 이때 한 가지 주의할 점은 향후 경쟁점포들이 입지할 가능성이 있다는 것을 견지하면서 점포를 선택해야 한다.

특히, 유의해야 할 것은 가장 좋은 방법으로 가시성과 접근성을 우선적으로 검토하여 선택하는 것이 바람직한 방법이다.

[참고]
- 점포에서 10분 정도 거리의 유동인구를 상권인구로 보기 때문에 그 범위의 유동인구를 파악해 본다.
- 유동인구가 도보로 걸으면서 점포의 간판이 최소 200m 전방에서도 잘 보여야 한다. 특히, 차량으로 지나면서도 점포의 식별이 좋아야 한다.
- 유동인구가 많다는 이유로 점포입지를 선택했지만, 주변의 더 유리한 입지에 공터, 빈집, 창고, 1층 당구장 등이 없는지 살펴보아야 한다. 현재는 창고나 다른 용도로 사용하고 있지만, 향후 점포로 전환될 가능성이 있기 때문이다.
- 자동차의 대중화로 모든 가정에서 자동차를 이용하므로 선택하려는 점포에 주차장이 있는지, 주차장으로 사용할 공간이 있는지, 주차장에서 쉽게 차를 돌려나올 수 있는지도 살펴보아야 한다.

6 GIS를 활용한 상권분석을 통한 우수컨설팅(사례)

상권정보시스템(GIS)을 활용한 우수컨설팅 사례

20××년 ×월 ×일

1. 기본사항

업 체 명	대 표 자	담당 컨설턴트
○○직화 고기전문점	○○○	서○○ 박사

2. 창업자 현황

사업장주소	○○시 ○○구			종업원수	5
업 종	음식점	주요품목	직화구이 삼겹살	창업자연령	43
중점상담 분야	■ ○○시 (A동, B동, C동) 예정입지 상권분석 및 점포 마케팅 활성화 • 창업 준비 단계에 상권 및 현장 입지분석 컨설팅 (GIS 상권정보시스템을 활용한 상권분석기법 활용) • 매출활성화전략 및 주방 Lay Out 변경 • 사업장 계약 후 인테리어 컨설팅 • 개업 초기 창업 시뮬레이션 컨설팅				

출처 : 소상공인시장진흥공단

(1) 창업자 현황 및 문제점

1. 피 상담인은 과거 A 자동차회사에서 10년 정도 근무하다 외환위기 당시 퇴직하고, 엔지니어링 업무에 대하여 비정기적으로 자문역을 하고 있었지만, 미래의 불확실성 때문에 창업에 대해 지속적으로 관심을 가지고 있었음.
2. 불확실한 비정규직 직장생활을 하면서 늘 장기적으로는 창업해야만 생활의 독립성을 확보할 수 있음을 뼈저리게 느끼고 있었음. 그리하여 주변에 잘되는 음식점은 무엇이고, 잘되는 곳에는 어떤 특별한 영업 노하우가 있는지에 대해서 항상 관심을 가지면서 음식업에 대한 아이템 개발과 대박아이템 구상에 끊임없는 노력을 기울임.
3. 창업관련 서적을 두루 섭렵하면서 ○○지역에서 개최되는 창업박람회에도 빠짐없이 관람하면서 정보를 습득하여 의욕적인 자세를 유지하고 있었음.
4. 최근 서울 수도권에서 직화구이 전문점이 수도권에서 인기가 좋은 것을 착안하게 됨. ○○지역에서는 지인이 직화구이 전문점을 창업하여 성업 중인 것을 보고 본인도 고향인 ○○지역에서 창업하기로 결심함. 이를 위하여 젊은 층의 유동인구가 많은 상권을 중심으로 A동, B동, C동의 [창업 예상입지 3개소]에 대한 아이템에 맞는 입지를 물색하기로 함. 최종적으로 소상공인센터 전문상담사와 GIS 상권정보시스템을 활용한 입지상권 분석에 도전하여 창업 예상점포를 성공적으로 선정하고자 함.
5. 창업컨설팅 전문가(○○○박사)는 예상 후보지에 대해서 소상공인시장신흥공단의 [GIS 상권정보시스템]을 활용하여 상권 및 현장입지 분석을 지도하였음. 또한, 상권분석 이후 점포 오픈 시에도 개업초기의 점포계약 및 인테리어 지도, 창업시뮬레이션 지도, 창업자금을 추가로 지원하였음. 또한, 개업 이후에도 상표등록과 자영업 컨설팅, 프랜차이즈 시스템 등 각 단계별로 피 상담인의 문제점을 파악해 가면서 창업을 위해 지속적으로 컨설팅 실시함.
6. 이와 같은 상황에서 본 컨설팅 사례는 피 상담인이 직화구이 전문점인 직화구이 ○○○점을 창업함에 있어서 새롭게 인기가 있는 유망창업 아이템을 어떻게 벤치마킹해야 하며, 또한 신규 사업진출을 위하여 어떻게 상권정보시스템을 활용하여 적합한 입지를 찾아내는가에 대한 성공적인 지도사례임. 이러한 상권정보시스템을 현장에 적용하기 위한 온라인과 오프라인을 적절하게 이해하여야만이 가능한 상황이었음.
7. 따라서 본 상담 사례는 온·오프라인의 실제적인 문제점을 해결하기 위하여 [GIS상권정보시스템]을 활용하여 과연 어떻게 피 상담인에게 적합한 상권입지를 맞춤 주문형으로 찾아낼 수 있었느냐에 대한 현실적 질문과 문제점을 현장에서 가장 피부에 와 닿게 [GIS상권정보시스템]을 활용한 대표적인 성공사례라고 할 수 있음.

(2) 창업지원 프로세스

① 현황점검

• 피 창업자 K는 창업을 함에 있어서 아이템 선정을 결정을 한 상태에서 상권분석을 하고자 하는 상황이었다. 하지만, 비록 초기에 직화구이 전문점이라는 신규 아이템으로 유망성만을 믿고 독립창업을 하고자 하였지만, 오프라인에서 창업하기가 쉽지가 않았다.

• 최초 단계부터 직화구이 전문점으로서의 적합한 입지의 물색방법 구상과 입지선정의 곤란성에 직면하게 되었다. 또한, 기존의 다른 가게에서 하는 아이템을 어떻게 예비창업자인 자신에게 맞도록 적합하게 소화시키느냐에 대한 창업 이론과는 별도로 현실에 접목하여야 하는 애로사항을 겪는 단계에 이르게 되었다.

• 이를 극복하기 위하여 ○○지역 유망상권에 대한 SWOT 분석을 토대로 하여 창업이 가능한 [3곳의 예상입지]를 선정했다. 직화구이 전문점으로서 입지조건과 주변 고객 분석, 그리고 경쟁업체와의 영업전략을 비교분석하여 독자적인 차별화와 브랜드 위상 정립을 세우도록 하여 성공창업을 할 수 있는 계획을 수립했다.

• 특히, 본 창업방식과 아이템은 직화구이 전문점 메뉴의 맛과 품질의 수준화, 서비스의 차별화, 종업원의 가족화 방식을 통하여 재창조되어야 만이 새롭게 창업하는 A동에서 성공하는 업소가 될 수 있음을 재삼 강조하여 피 상담인의 경영 마인드 의식개혁을 촉구했다.

② 컨설팅 방향

• 음식업 창업을 위해서 오랜 기간 동안 본인 스스로 철저히 준비를 하였다고 생각했지만 막상 점포를 선정하고 계약하고자 하니 현실적으로 많은 어려움과 문제점을 느끼게 되었다. 하지만, 창업전문가는 예비창업자이면 누구나 느낄 수 있는 상권분석과 입지선정 분석방법의 어려운 점과 현장적용의 문제점을 해결해 나가기로 했다.

• 먼저 피 상담인에게 상권분석 목적과 방법의 이해, 소상공인 업종현황과 경쟁상대 분석법, 예상 입지별 정보시스템 활용 실제 사례, 소비자 설문조사

와 점포의 이미지 맵 작성법과 입지의 최종결정과 사후관리 Know-how를 지도하였다.

• 상권분석 후 점포계약과 인테리어 및 음식업 메뉴 활성화를 위하여 담당 상담사의 지속적인 상담과 현장 지도는 물론, 창업 도우미 및 외부 전문가를 각 단계별로 적절하게 투입하면서 창업초기에 발생하는 문제점을 해결하기 위해서 다양한 방법을 모색하여 지원하였다.

> **창업 단계별 실천 컨설팅**
> ▸ 창업 1단계 컨설팅 : 상권분석 목적과 방법의 이해단계
> ▸ 창업 2단계 컨설팅 : 소상공업 업종현황과 경쟁상대 분석법
> ▸ 창업 3단계 컨설팅 : 예상 입지별 정보시스템 활용실제 사례
> ▸ 창업 4단계 컨설팅 : 소비자 설문조사와 점포의 이미지 맵 작성법
> ▸ 창업 5단계 컨설팅 : 입지 최종결정과 창업지도 Know-how 개발

[창업 1단계 컨설팅] 상권분석 목적과 방법의 이해

■ 상권분석 목적과 방법 이해단계 : 창업자 예상 후보지 상권분석 지도
• 상권분석의 목적과 방법에 대한 총론적인 이해도 증진.
• 상권분석을 희망하는 3개의 예정 점포에 대한 개괄적인 문진과 진단.
• 상권분석 절차와 방법 이해(조사 분석방법의 지도).
• 기존의 100대, 400대 상권조사 자료 및 GIS 상권정보시스템을 활용하여 기초자료 제공 및 상담실시.

➡ 상권조사 상담시에 입지분석 착안사항 제시
● 지역 및 지구 내에 잠재적인 고객을 찾는 방법.
● 예비창업자가 하고자하는 아이템과 동일한 메뉴를 취급하는 점포의 위치 파악과 그들의 강점과 약점분석 방법.
● 개점하려고 하는 점포는 지역 또는 지구의 욕구를 만족시킬 수 방법 물색과 고객들이 비협조적이 될 원인제거 방법.
● 접근의 용이도(교통, 주차장 등) 분석방법.

- 공급자(제조업자, 도매업자)로부터 식자재 원료구입 방법.
- 창업자의 개인적인 생활에 특별히 어려움을 줄 수 있는 요소 제거(예를 들면, 자녀교육, 배우자의 직장 등).

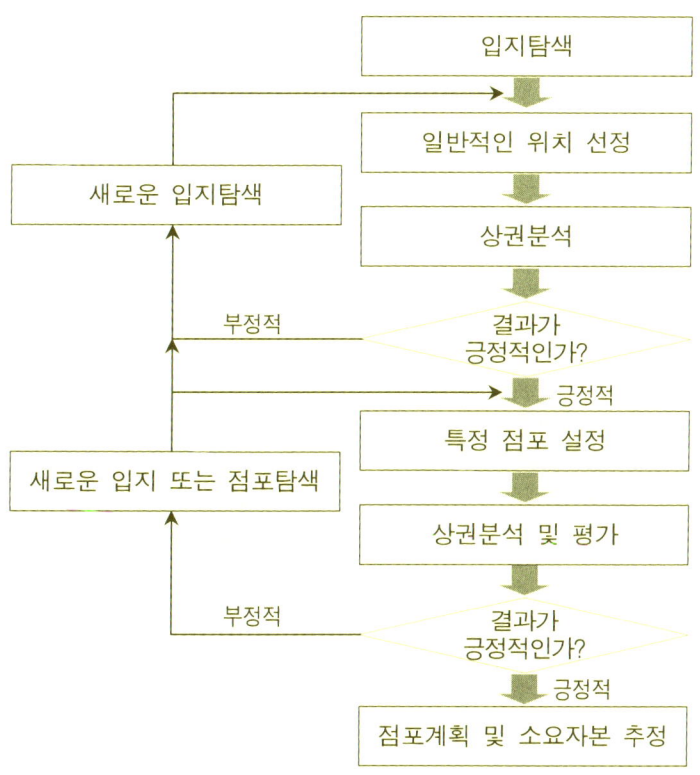

❶ 창업예정지 A 입지(○○지역) : 상권실태 및 현황에 대한 상담실시

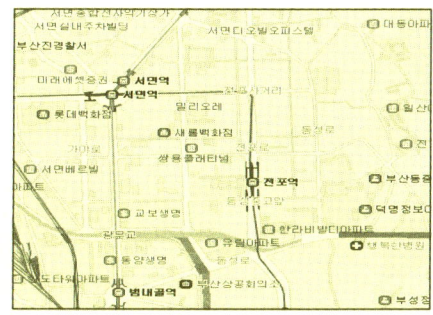
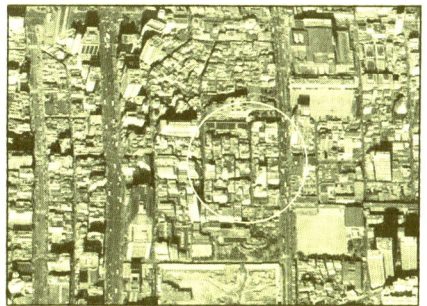

❷ 창업예정지 B 입지(○○지역) : 상권실태 및 현황에 대한 상담실시

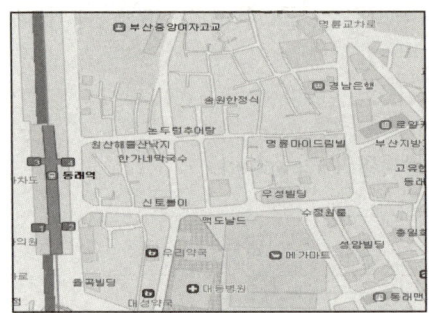 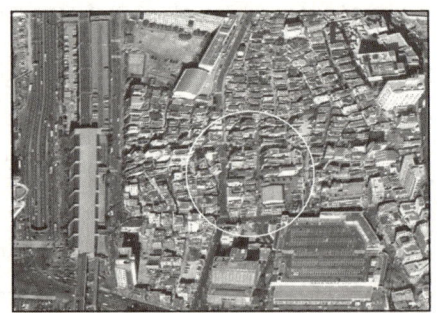

❸ 창업예정지 C 입지(○○지역) : 상권실태 및 현황에 대한 상담실시

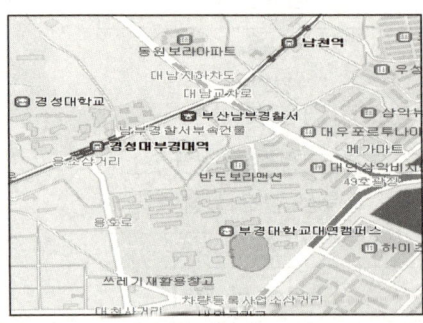 

시사점(분석결과)

[3가지 입지의 긍정적 측면 상담]
① A지역 : 중심이 중심가의 위치, 젊은 고객 유동인구 많음.
② B지역 : 지하철 인근에 위치, 지역음식점 밀집지역으로 명성이 높음.
③ C지역 : ○○대학, ○○대학가 상권의 특성, 주변에 바(bar)가 많음.

[상권상담 차후과정 설명]
① GIS 상권분석 프로그램에서 지도를 통한 도상분석과 항공사진을 이용한 입체적인 상담실시하였으며, 차후 단계별 상권분석 절차를 안내함.
② 피 상담인의 예상 입지 3개에 대한 전체적인 윤곽 파악의 신속성과 이해도 증진효과 획득.

[창업 2단계 컨설팅] 소상공업 업종과 경쟁상대 분석

- **상권 내 업종 분석단계 : ○○지역 총괄 상권분석 접근방법**
  - 상권분석을 희망하는 3개의 예정점포가 400대 상권지역에 속해 있었음.
  - 피 상담인의 상담내용은 소상공인 GIS 상권정보시스템으로 충분히 조사와 비교가 가능함을 사전에 주지시킴.
  - 기존의 400대 상권조사 및 GIS 상권정보시스템을 활용한 기초자료 제공.

➡ GIS 상권정보시스템을 활용하여 수집한 자료

- **상권 내 지역정보 수집**
  - 관공서의 인구 통계자료.
  - 상업 통계자료.
  - 특정기관조사 정보(방송사, 신문사, 조사업체 자료 등).
  - 지역관련 점포조사(점포수, 위치 등).

- **자료를 비교분석을 위한 통계청과 부산시 홈페이지 참조**

[1단계] : 소상공인시장진흥공단 GIS 상권정보시스템 안내실시

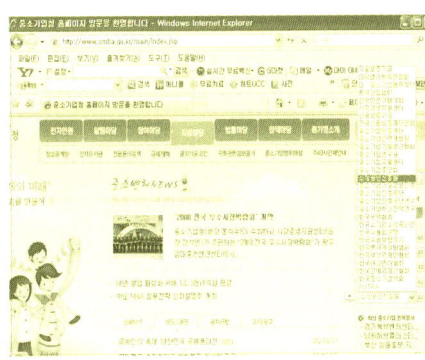 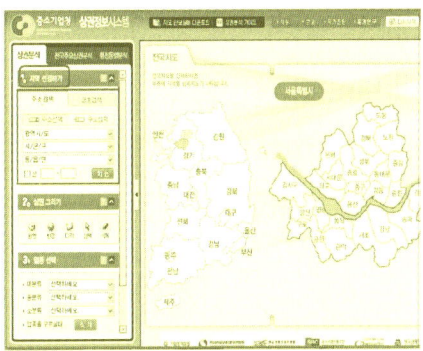

[2단계] : ○○시 전체적인 인구 및 사업통계 윤곽파악 지도사례

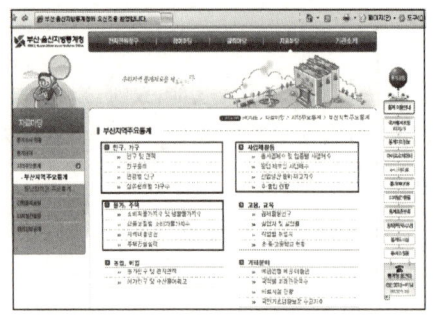 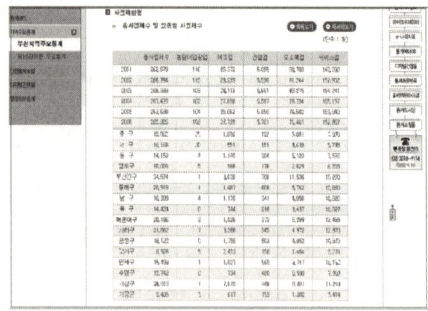

《 단계별 창업을 위한 상담추진 결과 》

❶ 예상창업입지 A 입지(○○지역) : 전체적인 상권총괄 파악법 지도

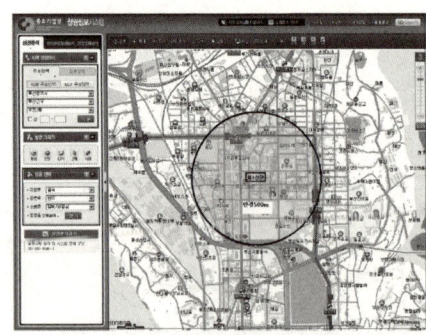 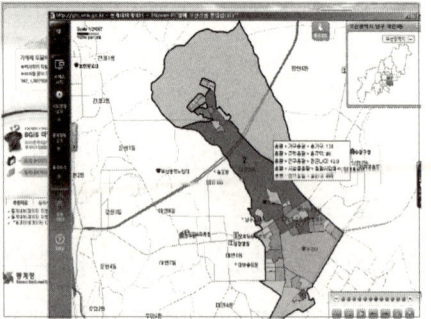

❷ 예상창업입지 B 입지(○○지역) : 전체적인 상권총괄 파악법 지도

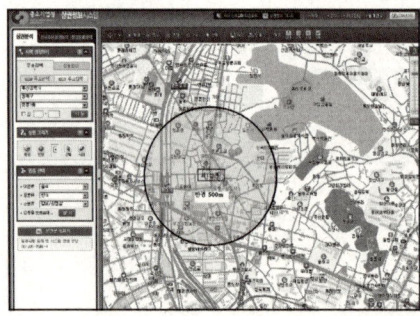 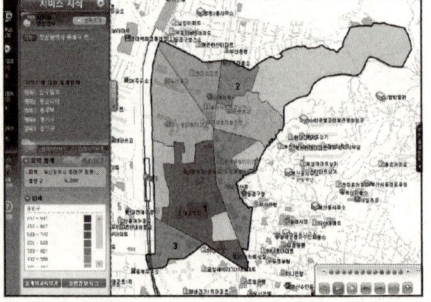

❸ 예상창업입지 C 입지(○○지역) : 전체적인 상권총괄 파악법 지도

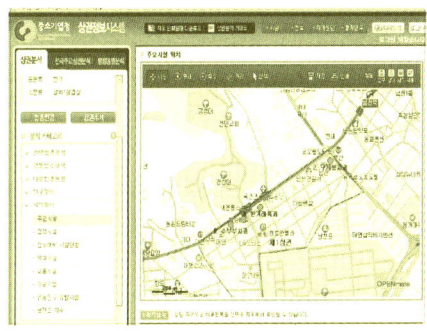 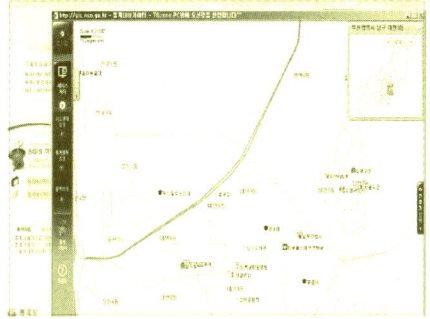

> ### 시사점(분석결과)
>
> **[인구와 사업체 통계를 분석한 상권 상담 내용]**
> ① A지역 : 사업체의 변동과 휴·폐업이 심하게 나타남. 소문만큼 잘 안 될 수 있음을 착안하게 됨.
> ② B지역 : 성숙기 형태의 과포화 상권모습을 지님. 의외로 피상담자가 하고자 하는 직화구이 전문점의 입지가 아닐 수도 있다는 단서를 발견함.
> ③ C지역 : ○○대학, ○○대학가 상권의 특성을 지니지만 주변에 젊은 층만 입장시키는 바(bar)가 28개로 매우 많다는 사실에 주목함. 생각보다 목적을 가지고 방문하는 고객들이 많을 수도 있음을 현장 조사시 반드시 점검 할 필요성을 느낌.

[창업 3단계 컨설팅] 예상입지에 실제 GIS 활용사례

■ GIS 상권정보시스템을 활용한 상권 지도 작성

[1단계] : 지도 작성범위 결정
- 일반적 기준.
- 도심 및 부도심 지역 : 반경 1Km 이상.
- 지구 및 지역 중심지역 : 반경 300~500m.
- 근린주거지역 : 반경 100m와 실제 측정내용 동시 적용.

[2단계] : 지역 상권지도 작성(업종 및 상호 구체적 표기)
- 지구별 세대수, 인구수.
- 소매업종별 점포 표시.
- 교통기관별 표시(지하철역, 정류장 등).
- 관련 유통점 표시.
- 지형적인 특성.
- 집객력이 있는 지역시설(체육관, 금융기관, 관공서 등).
- 경쟁점 표시.

사례1 예상지 A입지 ○○점 상권분석

[1단계] : GIS를 이용한 상권범위 선정

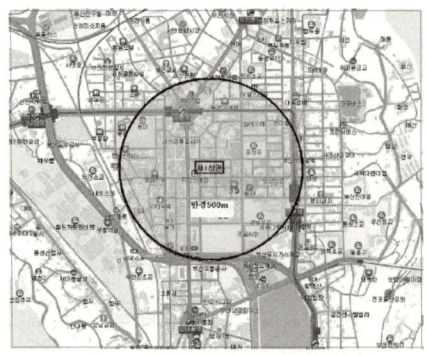 

[2단계] : GIS를 이용한 지역상권 상세내용 파악

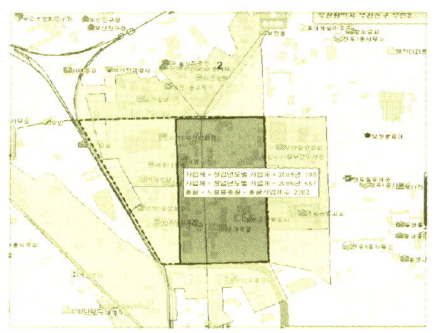 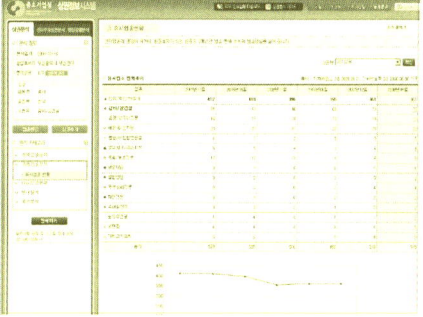

사례 2 예상지 B 입지 ○○점 상권분석

[1단계] : GIS를 이용한 상권범위 선정

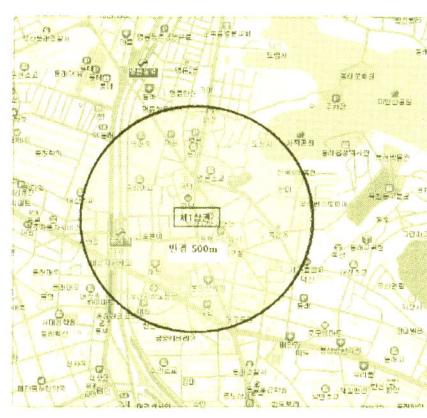 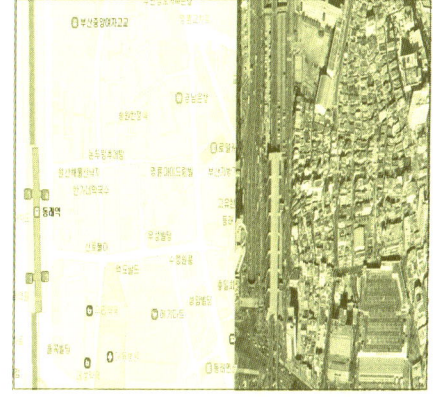

[2단계] : GIS를 이용한 지역상권 상세내용 파악

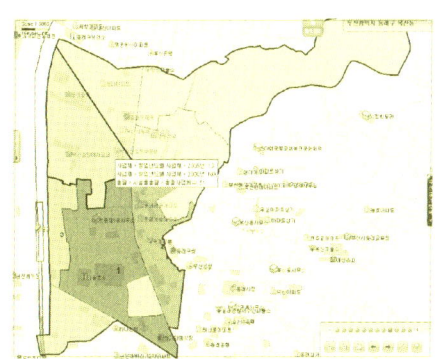 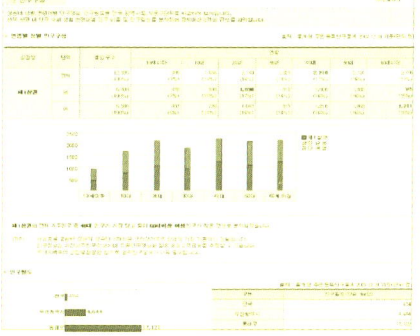

사례3 예상지 C 입지 ○○점 GIS 상권분석

- **목표 시장**
  ○○시 ○○구 ○○동 ○○대학 앞 상권

- **시장 현황 및 특성**
  - **상권의 유형** : 목적형 상권
    (유동인구의 비율이 낮으나 점포의 내점율이 상대적으로 높음)
  - **교통시설조건** : 지하철 2호선의 ○○대학, ○○대 지하철역 10~20미터 이내 10개 노선 버스정류장
  - **행정 구역** : ○○동
  - **상권 특성** : ○○대학, ○○대학교, 오피스텔, 영사관 등과 인근 아파트/주택 주민 그리고 학원 등으로 대학생들의 유동인구가 많으며, 대학 정문을 중심으로는 평일/주말 낮 시간, 외식타운을 중심으로는 평일 오후/저녁/밤 시간대 유동인구가 많이 왕래하는 곳임.
  - 점포 앞의 상권 및 유동인구 조사기간 20××. 03. 01 - 20××. 03. 07

- **상권분석 총괄표 사례**

소재지			소유주 (연락처)		주변 주요 건물	
주변 입지 조건	동		서	남		북
점포내역 (층/평/용도)			상가전체현황 (연면적/층수)			
약 도			입지 특성			
점포구입비	보증금		권리금		임대료(월세)	

[1단계] : GIS를 이용한 상권범위 선정

<A 상권범위 선정>　　<상권 내 항공사진>　　<인구통계>

[2단계] : GIS를 이용한 지역상권 상세내용 파악

<인구구성조사>

<행정동별 지역분석>

행정구역	입지유형	총 가구수	총 인구수	시설물 주요 시설수	시설물 집객 시설수	아파트 면적(3.3m²)당 기준시가	업소수	업소당 가구수	업소당 시설물수
대연1동	주거지역	5,488	14,519	14	4	2,427,218	882	6.22	0.02
대연2동	주거지역	3,235	8,130	5	2	2,654,286	319	10.14	0.02
대연3동	업무/상업/교육/주거지역	11,673	29,238	56	14	3,933,589	2,348	4.97	0.03
대연4동	주거지역	5,753	15,620	10	3	3,130,503	629	9.15	0.02
대연5동	주거지역	5,697	15,906	39	4	3,777,240	928	6.14	0.05
대연6동	교육/주거지역	4,515	12,548	15	1	3,659,627	498	9.07	0.03
용호1동	교육/주거지역	14,398	43,639	36	3	5,190,055	1,191	12.09	0.03
용호2동	주거지역	4,894	13,566	8	1	3,144,199	468	10.46	0.02
용호3동	주거지역	5,851	16,745	27	3	2,435,239	621	9.42	0.05
용호4동	상업/주거지역	3,342	9,431	7	0	2,036,859	251	13.31	0.03
용당동	업무지역	3,050	8,753	26	3	4,149,246	813	3.75	0.04
감만1동	업무/상업/주거지역	7,005	19,773	23	2	2,585,537	751	9.33	0.03
감만2동	주거지역	3,388	9,066	5	2	2,572,959	272	12.46	0.03
우암1동	교육/주거지역	5,422	16,067	15	3	2,979,047	391	13.87	0.05

<사업체 조사>

◉ 남구 사업체수 [2005년] *산업분류를 클릭하시면 동별 현황을 조회할 수 있습니다.

산업분류	사업체수					종사자수		
	개인	법인	외법인	비법인	합계	남	녀	합계
농업 및 임업(01-02)	0	1	0	0	1	29	3	32
어업(05)	0	0	0	1	1	1	0	1
광업(10-12)	1	1	0	0	2	14	2	16
제조업(15-37)	1,087	80	1	2	1,170	3,861	2,710	6,571
전기, 가스 및 수도사업(40-41)	2	1	1	0	4	36	22	58
건설업(45-46)	203	137	1	0	341	2,180	316	2,496
도매 및 소매업(50-52)	3,856	198	4	0	4,058	4,779	4,584	9,363
숙박 및 음식점업(55)	3,202	32	3	0	3,237	2,289	5,486	7,775
운수업(60-63)	2,214	278	9	2	2,503	12,666	780	13,446
통신업(64)		24	6	11	0	41	184	55	239
금융 및 보험업(65-67)	35	38	44	0	117	407	665	1,072
부동산업 및 임대업(70-71)	374	28	2	142	546	1,000	496	1,496
사업서비스업(72-75)	282	116	17	0	415	1,952	603	2,555
공공행정, 국방 및 사회보장행정(76)	0	0	50	0	50	1,344	505	1,849
교육 서비스업(80)	555	14	89	21	679	4,876	4,881	9,757
보건 및 사회복지사업(85-86)	343	0	29	43	415	597	1,752	2,349
오락, 문화 및 운동관련산업(87-88)	659	13	8	2	682	1,215	873	2,088
기타 공공, 수리 및 개인서비스업(90)	1,766	42	85	244	2,137	2,593	1,920	4,513
전산업	14,603	985	354	457	16,399	40,023	25,653	65,676

<상권업종 중분류업소 변화>

◻ 중분류업종현황 🖨인쇄하기

선택상권 내 3년간의 중,소분류 업종별 업소 수를 비교한 결과를 볼 수 있습니다.
업소 수 비교는 어떤 업종이 강세인 상권인지 파악할 수 있는 가장 기초적인 자료입니다.

상권명 [제1상권 ▼] 확인

◉ 음식 업소 변화추이 출처 : 지자체업소 DB 2008.08.31, 전화번호부 DB 2008.06.30 기준

업종 (중분류)	2005년12월	2006년06월	2006년12월	2007년06월	2007년12월	2008년06월
▲ 한식	198	195	200	210	225	226
중식	8	7	9	11	11	11
일식/수산물	15	17	18	20	25	25
분식	36	38	38	40	42	51
닭/오리요리	17	16	16	20	21	21
양식	99	96	95	99	100	101
패스트푸드	13	11	10	13	13	20
제과제빵떡케익	8	7	7	6	6	10
유흥주점	193	189	197	202	213	214
별식/퓨전요리	1	1	1	3	3	3
다방/커피숍/카페	17	19	21	22	22	27
기타음식업	3	3	2	3	3	3
부페	0	0	0	1	1	1
총계	608	599	614	650	685	715

<상권업종 소분류업고 변화>

◻ 선택업종 소분류 업소 변화추이

업종	2005년12월	2006년06월	2006년06월	2007년06월	2007년12월	2008년06월
◆한식/백반/한정식	165	162	167	167	172	
■갈비/삼겹살	16	16	16	23	32	
곱창/양구이전문	2	2	2	3	3	
◆해장국/감자탕	5	5	5	6	7	
쌈솔/비빔밥전문점	0	0	0	1	1	
▲부대찌게/섞어찌게	3	3	3	3	3	
족발/보쌈전문	7	7	7	6	6	
냉면집	0	0	0	1	1	
총계	198	195	200	210	225	

<유사업소 변화추이>

<선택업종 변화추이>

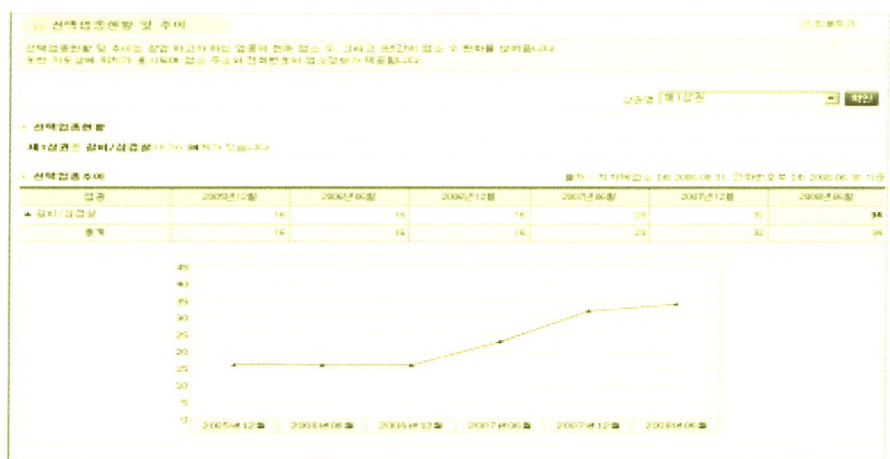

<주요시설 포인트>

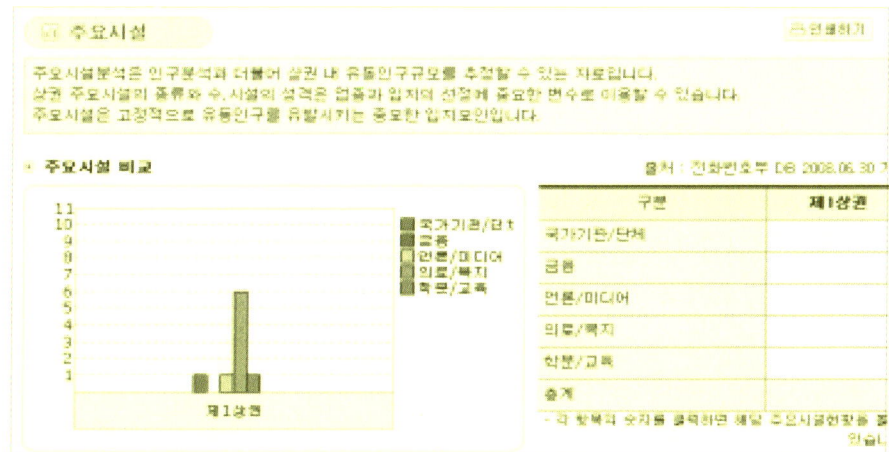

Chapter 7. 반드시 알아야 할 핵심실전 법칙   323

<CST 작성사례>

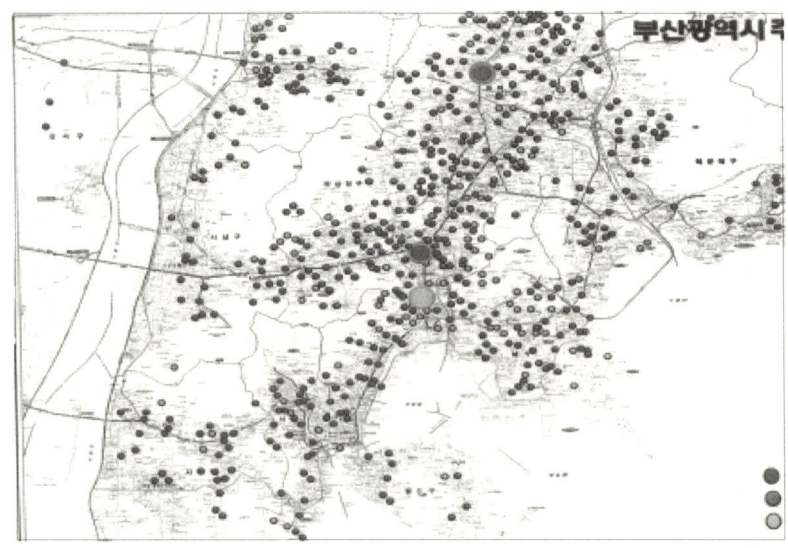

사례 4 예상지 C 상권 ○○점 오프라인 "도보" 상권분석

[1단계] : 상권 내 지역 도보관찰
- 연령별로 구분하여 생활방식 표시.
- 거주지, 주거형태, 거주연수, 차량 소유현황 등을 통해 소득수준 파악.
- 교통 이용 현황을 통한 상권의 넓이 파악.
- 혼잡한 점포, 인기 있는 점포 파악.
- 쇼핑 도로 파악.
- 고객들의 생활방식 및 상품의 구매행동 파악.

[2단계] : 창업예상 점포 주출입구의 유동인구 조사
- 예상 창업입지에 유동인구 조사.
- 평일, 주말 구분하여 실시.
- 시간대별 유동인구 조사.
- 지나가는 유동인구의 목적성과 이동방향 파악.

➡ ○○동 예상 입지의 빈 점포 상황

■ 유동인구 분석사례

구 분	10대	20대	30대	40대	50대 이상
오전 10:00~11:00	0	2	3	3	2
점심 12:00~02:00	1	4	5	4	1
저녁 05:00~07:00	5	25	20	10	3
야간 08:00~11:00	10	15	12	2	2

실제 현장 조사결과 400대 상권조사와 정밀 비교분석

[1단계] : GIS를 이용한 400대 상권조사 보고서 검색

<상권의 개요>　　　　　　<상권의 범위>

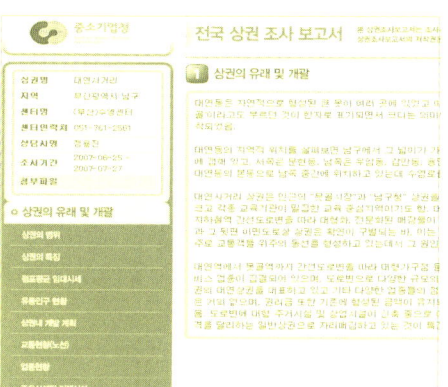
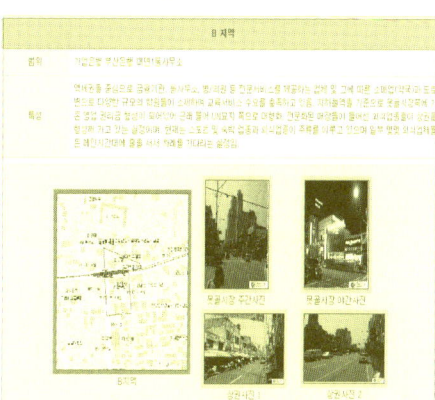

<상권의 특징 : 도로, 교통, 주차시설>

3 상권의 특징

3-1. 도로 구조 및 입지 접근 용이성

가. 도로구조
- ○ 문현동과 해운대로 이어지는 출퇴근 및 업무통행도로
- ○ 상권 접근성은 우수한 수준
- ○ 왕복 6차선 도로로서 도로서비스는 우수한 상태로 주차장은 유료주차장을 이용해야 하는 불편함이 있음

나. 입지접근성
- ○ 부지가 12~14m 도로에 접해 있어 차량 진입용이성은 양호
- ○ 대연동 상권은 수영로, 용당로의 간선도로와 지하철 2호선 대연역이 소재해있고 기존 황령산터널과 번영로에 로 동서고가를 바로 탈 수 있어 부산의 동서와 남북을 아우르는 교통결절지로서의 교통거점임.
- ○ 지하철 대연역과 근접거리로서 도보 이용도 충분

3-2. 대중교통 환경 및 통행 빈도

가. 대중교통환경
- ○ 지하철역과 근접하여 교통 환경은 양호
- ○ 버스노선이 14개 노선(마을버스 포함)으로 풍부한 편이며, 지하철역 또한 부산 도심 및 해운대지역으로의 연결

나. 통행빈도
- ○ 지하철역까지는 약 5분 내외 거리로서 도보 이용도 충분
- ○ 지하철역 인근에서의 유동성은 활발한 편임
- ○ 대부분 동선이 버스정류장과 건널목을 통한 유동이 많은 편

[2단계] : GIS를 이용한 지역상권 상세내용 파악

<장소별 유동인구 현황>

5-2. 장소별 유동인구 측정결과

부산광역시 / 부산진구 / 개금3동 / 이동 / 지도보기

조사지점명	3시간 전체(명)			시간당 평균(명)		
	수요일	금요일	토요일	수요일	금요일	토요일
A. 못골 롯데리아 앞	1,556	2,744	2,108	518	914	702
B. 대연동 못골시장	2,036	2,167	2,030	678	722	676

| 조사지점명 | 못골 롯데리아 앞 |

▶ 수요일   ▶ 조사일:2007-07-11   ▶ 날씨:맑음

시간대	남자					여자				
	10대	20대	30대	40대	50대이상	10대	20대	30대	40대	50대이상
오후 12~1시	9	49	26	32	47	4	49	66	50	90
오후 4~5시	147	62	26	30	49	116	45	75	70	93
오후 7~8시	44	64	34	37	39	30	68	28	42	35

<업종현황>

8 업종현황

업종명	세부업종명	업체수(개)	
음식/숙박업 (32.3%)	호프집	18 (11.1%)	역주변으로 호 쪽으로 많다는 사항
	커피전문점	10 (6.2%)	역주변으로 호 쪽으로 많다는 사항
	소주방	11 (6.8%)	역주변으로 호 쪽으로 많다는 사항
	회전초밥집	7 (4.3%)	
	퓨전식당	6 (3.7%)	
	기타	110 (67.9%)	
	소 계	162(100%)	
서비스업 (52.5%)	병원	39 (14.8%)	병원 및 학원으 가 많고 건물미
	노래방	26 (9.9%)	병원 및 학원으 가 많고 건물미
	보습학원	18 (6.8%)	병원 및 학원으 가 많고 건물미
	미용실	13 (4.9%)	

<상권개발 계획>

전국 상권 조사 보고서 본 상권조사보고서는 조사시점과 현재시점에 대한 차이가 있으며, 창업 또는 경영개선시 참고 자료이므로 판단에 대한 상권조사보고서의 저작권은 중소기업청에 있으며, 본 자료에 대한 무단전재 및 복제를 금합니다.

6 상권내 개발 계획

시설종류	개발명	완공시기	특징
상업시설	메디컬 센터		15층 건물, 사업자가 자주 변경 됨

Chapter 7. 반드시 알아야 할 핵심실전 법칙

[3단계] 종합분석 : GIS 상권 정보시스템과 현장조사를 병행한 점포 입지선정 절차의 개념 정리 및 점포입지 선정 결과의 모델화

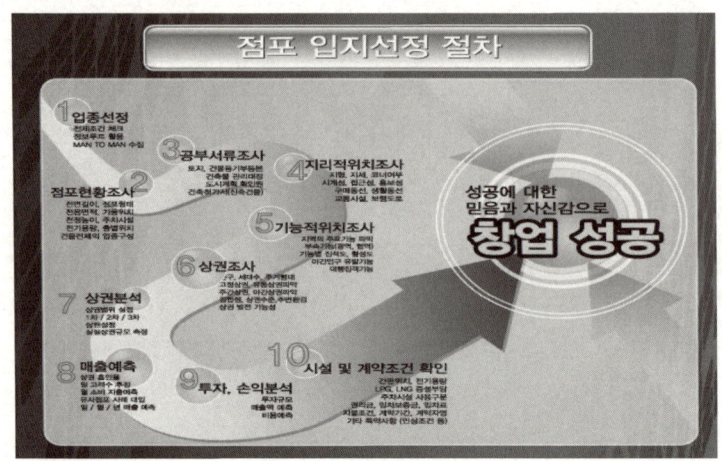

시사점(분석결과)

- **분석결과의 긍정적 측면도출**
  - 외형적 성장가능성 및 입지 역동성으로 매출 증대 기대
- **3개지역의 점포 임대 시세 비교**
  ① A지역 : 전세 5,000만원, 월세 400만원(권리금 1억 5,000만원)
  ② B지역 : 전세 8,000만원, 월세 300만원(권리금 1억 3,000만원)
  ③ C지역 : 전세 8,000만원, 월세 330만원(권리금 3,000만원)
- **유동인구의 세밀한 특징 파악에 성공함**
  ※ A지역은 유동인구의 내점율이 30%, B지역은 내점율이 40%에 불과하지만 C지역 창업예정지의 유동인구는 내점율이 60%를 상회한다는 특이한 상권의 특성을 파악함. 즉, 목적형 유동인구가 내방하는 지역임.
  ※ 권리금 대비 매출 예측하여 BEP를 분석한 결과 창업비용을 약 1억 원 정도의 절감효과 발생함. 이를 인테리어와 식당 콘셉트에 전용하여 투자하기로 함.
- **C지역 ○○동 지역에 입지선정 후 창업결과 분석결과**
  [GIS를 이용한 지역상권과 입지분석의 성공의 결과 월 매출 4,500만원(월 순이익 1,900만원) 판매의 대박식당으로 창업성공 달성]

[창업 4단계 컨설팅] 소비자 면담 설문조사와 점포 이미지 맵 작성

➡ 소비자 면담조사에 의한 점포의 이미지 포지셔닝 맵 작성

[제1단계] : 주변 유동인구와 대학가 방문에 의한 인터뷰 조사
- 지형특성, 편리함, 차량진입, 주차의 용이성.
- 서비스, 접객태도, 영업시간, 종업원수 파악.
- 판촉활동의 영향력 파악.
- 이동거리를 늘일 수 있는 방안 심층조사.
- 클레임 처리, 신용도 체크.
- 사용빈도 조사.

[제2단계] : 점포의 이미지에 대한 이미지 포지셔닝 맵을 작성
- 참나무 장작 직화구이 전문점의 상품 선호도.
- 주변 이동고객들의 소비행태 분석.
- 향후 직화구이 전문점의 마케팅 방향 설정.

➡ 소비자 면담 설문조사의 핵심 포인트 제시
- 소비자의 거주하는 주거지 파악.
- 직업을 파악.
  ① 전업주부, ② 직장인(미혼), ③ 직장인(기혼), ④ 학생, ⑤ 기타(   ).
- 성별과 연령 그리고 소비 수준 파악.
- 동료들과 외식을 할 때 주로 이용하는 곳 파악.
  ① 한식당 (전골, 탕류), ② 특화된 고기집(직화구이), ③ 중식당, ④ 일식당, ⑤ 갈비(고기)집, ⑥ 저가 삼겹살, ⑦ 레스토랑, ⑧ 패스트푸드 (맥도날드, 피자헛 등).
- 평소에 즐겨 찾는 음식점과 자주 먹는 메뉴 분석.
- 지역 내에서 유명하다고 인식하는 음식점의 인지도 파악.
- 지역 내 음식점을 선택할 때 가장 중요시하는 고객의 선호도 파악.
  ① 맛, ② 가격, ③ 친절, ④ 위생, ⑤ 직장, 대학교에서 가까운가, ⑥ 분위기, ⑦ 식사가 제공되는데 걸리는 시간, ⑧ 기타(   ).

➤ 이미지 포지셔닝 맵 작성
- 직화구이 전문점의 Brand Image Positioning은 주점형 전문 선술집으로 가장 강력하게 위치를 잡고 있음. 따라서 상품의 이미지 고급화를 지향하고 친절성과 고객응대 서비스를 높게 한다면 가격은 1.5배 고가로 판매하여도 무방할 것으로 사료됨.

사 례 개업 당시 면담조사 내용과 이미지맵 작성

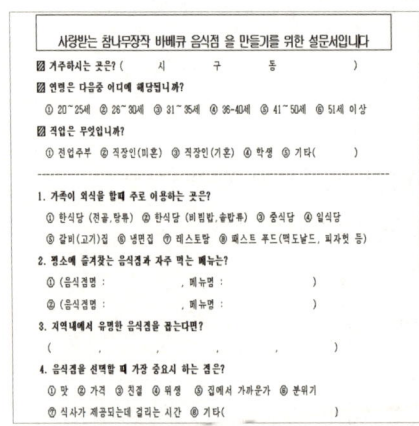 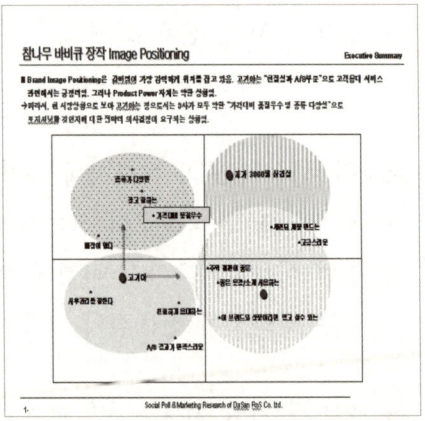

시사점(분석결과)

■ **분석의 긍정적 결과 획득** : 외형적 성장기반 구축 및 경영의 역동성 발견

- ○○동 창업예정 지역에서의 유동인구 내점율이 60%를 상회한다는 바람직한 결과가 나왔음. 소비자의 면담조사결과 부유한 젊은 층과 30대 전문직 주력 소비층이 독특한 직화구이 맛과 고가의 메뉴에도 저항감이 없음을 파악함.
- 주변의 20대의 일반 학생들에게는 Product & Price Power 자체는 약한 상황임. 따라서 28개의 젊은이 전용 전문바(Bar)를 이용하는 20~30대의 전문직장인과 부유한 학생들을 주 목표고객으로 선정할 필요성이 제시됨.
- 현 시장상황으로 보아 피 상담인은 점포의 인테리어와 점포 종업원의 서비스 수준을 다소 고가의 가격대비 품질 우수성을 인식시켜 주여야 함. 또한, 눈에 보여주는 시각적 고급화를 위하여 직화구이 제조기계를 점포 전단에 설치하여, 차별화된 전문 이색 특화 음식점으로 포지셔닝을 해야 하는 상황임을 파악함.

[창업 5단계 컨설팅] 입지 최종결정과 창업지도 Know-How

➥ GIS 상권정보시스템을 활용한 최종 입지결정

[제1단계] : 출점 가능한 3개소에 대한 상권분석
- 일반적 기준, 소비자 성향, 소비수준, MP 분석, CST 추정.

[제2단계] : 창업컨설팅단계(입지결정에 대한 후속 조치 및 창업지원)
- 인테리어(주방 기물배치와 홀 분위기) 콘셉트(Concept) 지도.
- 메뉴와 영업 마케팅 지도.
- 마케팅 플래닝 수립.

❶ GIS를 응용한 출점가능지역에 대한 MP와 CST 비교분석

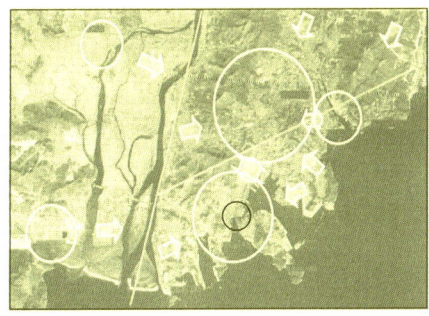 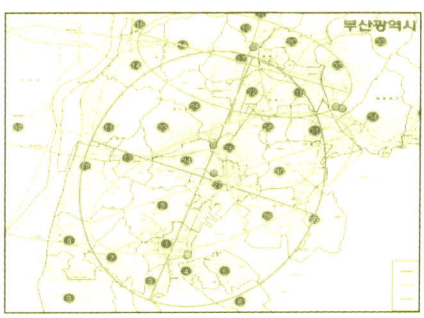

※ A, B, C 3개 지역 중, ○ 지역이 가장 적합한 것으로 파악됨.

❷ 창업을 위한 경영컨설팅 지원단계(공사중 인테리어 자문)

• 주방 배치 및 설비 Lay Out 중점 지도.
• 인테리어 공사 중에도 주변 유동고객들에게 호기심과 관심도를 증진시키기 위하여 대형 배너 광고를 부착하여 지속적 홍보마케팅 실시.

➡ 인테리어 단계 : 외식업 창업 컨설팅지도
■ 창업을 지원하기 위한 외식업 컨설팅 지도실시
① ○○동 상권 특성에 맞게 젊은 층을 타깃으로 하는 분위기 연출.
② 점포 입구를 통 자바라(zebra) 접이식 유리로 개선.
③ 주방 동선 및 Lay Out 개선.
  • 주방입구의 걸림 턱 제거와 식기세척기의 과감한 도입 권유.
  • 조리 화구 옆에 간이 개수대 설치하여 조리의 효율성 배가.
④ BI(Brand Identity) 및 CI(Corporate Identity) 통합 마케팅 구상.

<창업시 점포 전면 및 실내>

[인테리어 지도 실제 사례 모음]

<실내공사 Lay Out>   <공사 중 홍보 마케팅>   <직원모집 배너광고>

<화구 옆 개수대설치>

<입구 쪽 세척기설치>

<야채 전처리장 도입>

[브랜드와 디자인 로고 실제 사례 모음]

<명함 및 Badge 제작>

<실내 디자인 로고>

<외부 디자인 로고>

➡ 창업시뮬레이션 단계

- 점포를 오픈하기 직전에 창업을 미리 시뮬레이션하여 문제점을 조기에 도출함.
① 직화구이 전문점의 두 번 조리 후 취식하는 방식.
  - 외부 참나무 숯불로 직화구이에 전처리 작업 후 배식.
  - 직화구이 고기를 식탁에서 직접 숯불에 재가열하여 취식.
② 직화구이 Menu 레시피 지도.
  - 2가지 소스를 두 접시에 1인당 제공.
  - 직화구이 입맛에 상승효과를 올리는 양파와 전채요리 개발.
③ 접객 서비스의 정성과 정감표현 방법 배가.
  - 서비스 포인트별 인사하기(고객 내점, 음식 제공, 계산, 배웅).
  - 고객 불평불만에 대한 서비스 복구 프로그램 도입 및 실시.

<메뉴 개선 전 구상(육류)>　　<메뉴 개선 전 구상(반찬류)>　　<메뉴 개선 완료>

  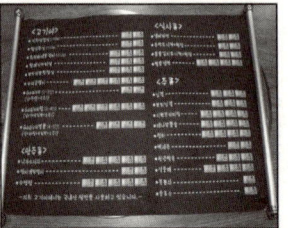

<외부 바베큐 기계 설치>　　<벽면처리 아이디어>　　<메뉴판 디자인 개선>

시사점(지원결과)

① 3곳의 창업 예정지에 대하여 최종 ○○동 상권으로 입지를 결정히고, 사후조치로 인테리어 및 메뉴 콘셉트 등, 다양한 현실적 문제점을 창업컨설턴트와 함께 해결하기로 함.

② 점포 인테리어 공사시에 현장 토론을 거쳐서 주방설비 및 배치에 대해 획기적으로 개선한 결과 주방인원 1명의 감축효과 획득함.

③ 신규아이템으로 새로운 시장에 도전하였지만, 주변 경쟁점포의 장단점을 연구하여 메뉴의 차별화를 통한 성공창업에 도달함.

(3) 창업 결과

■ GIS 상권정보 시스템의 성공적인 활용

① GIS 상권정보시스템을 효율적 활용하기 위하여 상권분석에 대한 이론적 배경과 상권정보시스템의 정보 구성망에 대한 온·오프라인의 적절한 비교 시스템 확보.

② 예비창업자에 대하여 상권정보시스템에 접근방식의 단계별 표준화 성공.
- ▸ 창업 1단계 : 상권분석 목적과 방법의 이해.
- ▸ 창업 2단계 : 소상공업 업종현황과 경쟁 상대 분석.
- ▸ 창업 3단계 : 예상 입지별 정보시스템 활용사례 분석.
- ▸ 창업 4단계 : 소비자 설문조사와 점포의 이미지 맵 작성.
- ▸ 창업 5단계 : 입지 최종결정과 창업컨설팅.

③ 상권정보시스템의 효율적 사용을 위한 참고기법 개발, 인구통계와 사업체 변화 파악.
- • MP(Marketing Potential) 분석으로 소비수준 파악.
- • CST(Computer Simulation Technology) 분석으로 주 고객 위치파악.

※ 이러한 분석을 토대로 A지역, B지역, C지역 3개 지역 중에서 ○○동이 가장 적합한 것으로 파악할 수 있었음.

④ 소비자 면담 설문조사와 점포의 이미지 맵 작성 성공.
- • 소비자 면담 설문조사의 핵심 포인트 개발.
- • 이미지 포지셔닝 맵 작성 성공.

※ 이러한 분석을 토대로 직화구이 전문점을 젊은 층에 맞는 인테리어와 타 저가 고기전문점에 비하여 가격책정은 1.5배 높게 하여도 매출증가가 가능하다고 판단할 수 있었음.

■ 상권분석 후에도 창업도우미 및 외부전문가의 적절한 활용

① 인테리어 단계
- 화구 옆 개수대설치, 입구 쪽 세척기설치, 야채전처리장 도입.

② 창업 시뮬레이션으로 문제점 조기 해결
- 직화구이 전문점의 두 번 조리 후 취식하는 방식.
- 참나무 장작 Menu 레시피 지도.
- 접객 서비스의 정성과 정감표현 배가.

③ 창업 후에 발생하는 각종 문제점 해결
- 종업원관리, 매출관리, 세무관계 등

④ 창업자금 50백만 원 지원 : 우선지원대상자(자영업 컨설팅)

■ 습득된 교훈 및 시사점
- GIS 상권정보시스템 활용 시에 조사의 기본에 충실하라.
- 모든 조건에 적합한 상권과 입지는 어디에도 없다. 본인의 창업 아이템에 가장 근접한 입지(○○동)를 찾아 내어야 한다.
- 소상공인지원센터의 다양한 지원프로그램을 잘 활용하라.

[창업 성과에 대한 매출과 이익분석 결과]

구 분	매출액(월)	매출이익(월)	종업원수	기 타
창업초기 ('○○년 3월)	1,500만원	500만원	3인	
창업지도결과 ('○○년 10월)	4,500만원	1,900만원	6인	

<고객들이 맛있게 음식을 즐겨 먹으며 여유시간을 보내고 있는 모습>

(4) 사후관리

■ 지속적인 영업성과와 매출 증대를 위한 마케팅 지도

① 사후관리 사례 1 : 손님 유입을 위한 영업 노하우 개발지도.
  - 점포 입구에 참나무 장작의 시각적 진열로 고객들에게 특이한 느낌과 자연의 생생함을 전달하는 디스플레이 방법개선

② 사후관리 사례 2 : 추가메뉴 개발지도.
  - 식사시 제공하는 밥을 대학교 상권의 분위기 맞게 양은도시락에 계란 프라이를 얹고 뚜껑을 덮어 학창시설의 분위기 연출 방법으로 개선

③ 사후관리 사례 3 : 손님이 밀릴 때 손님 배치 방법 개선.
  - 점포 입구 전망 좋은 곳에 식당 분위기를 살려주는 고객집단군 배치
  - 예약 손님방의 대기시간 및 Loss 타임 절약법 지도.

■ 창업전문가와 지속적인 연계활동 강화 예정

① [소상공인 경기동향조사 (BSI)], [상가임대차 실태조사]등 소상공인을 대상으로 하는 창업교육 및 상권 조사시에 동 업체를 적극적으로 활용하여 사후관리 실시.

■ 창업 컨설턴트와 사업주의 개인적인 유대관계
  - 창업자의 영업 준비 및 매장 분위기 모습

Chaptert 8

성공 창업자에게 배운다

누구나 대박을 원한다.
누구나 성공창업을 꿈꾼다.
하지만, 아무나 성공할 순 없다.

"성공한 창업자들은 모두 그들만의 노력과 열정
그리고 경영철학과 노하우가 있었다"

성공해 본 사람만이 그것이 무엇인지 알 수 있다.
과연 그것이 무엇인지
집중해서 알아보자.

 사장의 경쟁력이 회사의 경쟁력이다

"사장은 모든 조직원의 귀감이자 그 회사 성장을 위한 원동력이다"

사장, 대표이사, President, CEO, 최고경영자 …
모두 회사를 운영하는 대표를 지칭하는 단어들이다.

몇몇 프랜차이즈 업체에서 불거진 문제들은 프랜차이즈 기업 대표들의 경영 마인드 부재에서 비롯된 경우가 대부분이다. 그 한사람으로 인한 피해는 힘겹게 사업을 꾸려나가고 있는 가맹점주들과 직원들에게 돌아가고 있다.

참 안타깝다.

새정부 들어 공정위의 칼날이 날카로워지면서 프랜차이즈업계가 다들 초긴장 상태였지만, 이러한 어려움을 속에서도 유독 성장을 이루어 내는 프랜차이즈 기업이 있다. 그 기업을 살펴보면, 기업의 중심에 군계일학(群鷄一鶴) 같은 유능한 사장이 있었다. 그는 실질적으로 고객의 구매심리를 정확히 파악하여 고객만족을 충족시키는 동시에 내부고객인 조직원들의 귀감이 될 수 있는 경영능력을 발휘했던 것이다. 즉, 그 기업의 사장은 경쟁업체보다 우월한 수익구조를 만들 수 있는 사업의 흐름을 읽는 혜안이 있었던 것이다.

그 사장은 강력한 리더십으로 솔선수범하면서 조직원들을 이끌고, 기업의 능력과 기술력, 가격 경쟁력을 통해 목표를 향하여 실천을 하는 추진력을 내재하고 있다는 것이다.

따라서 기업은 철저히 사장의 능력이 경쟁력이자 수익성이다. 그러므로 사장의 경쟁력이 회사나 제품의 경쟁력이라고 말할 수 있다. 성공한 기업의 사장이 갖는 덕목은 다음의 네 가지로 대변된다.

첫째. 'Why?'에 대하여 조직원을 이해시켜야 한다.

지시사항이나 새로운 사업에 대한 도전에 '왜?' 필요한지 그래서 '어떠한 성과를 얻을 수 있는지?', '무엇을 구체적으로 해야 하는지?'에 대하여 조직원들이 납득할 수 있도록 이해시킬 수 있는 협상력이 필요하다.

둘째, 적재적소에 맞는 인재등용이다.

직원들의 능력을 정확히 파악하여 그에 걸맞은 역할과 업무를 부어하여 효율적인 근무 프로세스를 실천해야 한다. 예를 들어, 경리에 강한 직원을 영업이나 총무부서에 배속시킨다면 과연 효율적인 성과를 이룰 수 있을까?…

셋째, 공정한 인사관리 시스템이다.

공정하고 정량화된 평가시스템으로 조직원들을 지휘해야만 효율성을 배가시킬 수 있다. 대개 중소기업은 사장과 임원 몇 명이 정량적이고 분석적이지 못한 평가 체계로 직원들을 적당, 보신주의에 물들게 하는 사례를 많이 볼 수 있다.

마지막으로 수치경영이다.

수치는 거짓말을 하지 않는다. 현대경영학의 아버지로 불리는 피터 드러커 (Peter F. Drucker) 교수는 목표를 수치로 기획하고, 점검 시스템이 세부적일 때 결과의 극대화를 이룰 수 있다고 했다.

창업보다는 수성이 어려운 것이 시장의 현실이다. 수성을 위해선 반드시 조직의 구성원들과의 호흡을 같이 하며 협업을 필요로 하고 있다. 그 결과의 최대치는 그들의 사고와 공정한 평가로 이루어진다는 사실을 모든 사장님들은 기억하기 바란다.

쉬어가는코너

- 피터 드러커(Peter F. Drucker) 교수는 기업의 경영활동을 나타내는 계량적 수치 간의 여러 관계를 표시한 경영비율은 기업전체 또는 각 부문의 경영효율이나 생산성 및 유동성을 진단하여 문제를 발견하고, 이를 통제하는데 이용된다고 했다.

- 피터 드러커(Peter F. Drucker) 교수는 현대경영학을 창시한 학자로 평가받고 있다. 그는 경제적 재원을 잘 활용하고 관리하면 인간생활의 향상과 사회발전을 이룰 수 있다고 생각했다며, 이런 신념을 바탕으로 경영관리의 방법을 체계화시켜 현대경영학을 확립하였다. 그리고 기업은 영리를 추구하는 경제적 조직이지만, 사회공동체적 조직으로서의 역할을 한다고 주장하였다. 따라서 경영자는 경제적 재원을 효율적으로 운용하고 관리함으로써 경제적 성과를 산출할 수 있어야 한다고 했다.

1 한민식품, 이경삼 대표

> 국내 최초 식용 달팽이 양식에 성공한 한민식품은 달팽이 점액 여과물 제조방법으로 특허를 획득하여 달팽이 요리는 물론, 달팽이 화장품 원료를 국산화하여 세인들의 이목을 집중시키고 있다.

숙명처럼 다가온 달팽이

브랜드를 만들어가고 있습니다."

우리나라 최초로 달팽이 양식에 성공한 인물로 국내 외식산업에 달팽이 대중화에 공을 세운 30년 외길, 한민식품 이경삼 대표이다.

요즘 우리 청년들이 내뱉는 말들은 절망과 분노이다. 우리나라가 지옥과 같다는 '헬조선'부터 부모의 경제적 신분이 자신의 미래를 결정짓는다는 '수저계급론(금수저·흙수저)'까지 자학적인 말이 많다. 이런 세상에 불만을 얘기하기 쉽지만 환경을 바꾸기 위해 몸부림치는 사람은 많지 않다. 여기 이런 열정을 몸소 실천해서 성공한 인물이 바로 이경삼 한민식품(주) 대표이다.

1980년대 초, 당시 사업 아이템 찾기에 골몰했던 이경삼 대표는 우리나라 식품영양학의 최고 권위자인 유교수님 글에 영감을 얻었다. 달팽이에 들어있는 뮤신(Musin)의 효능이 피부노화를 방지해 주고 강장효과가 매우 뛰어나다는 내용을 보고 달팽이에 대해 몰라도 사업에 대한 밑그림을 그렸다.

이 대표는 '사업에 착수했지만 아무도 걸어가지 않은 척박한 땅을 일구는 건 고통스러웠다. 당시 우리나라에 수십 종의 달팽이가 있었지만 식용이 아니라 약용으로만 활용되는 수준이라, 대만에서 달팽이 양식이 전문적으로 이뤄진다는 정보를 얻고 대만 책을 번역하면서 달팽이 양식에 대한 연구를 했다.

계속된 시련 "그러나 포기는 없다"

1983년 3월, 대만에서 달팽이 100마리를 공수해서 집 다락방에서 양식을 시작했다. 달팽이들의 양식만 성공한다면 금방이라도 큰 성공을 기대했지만, 첫 양식은 대실패였다. 새끼달팽이들이 알에서 부화한 후 하나같이 1개월을 못 넘기고 죽었다. 그러나 원인을 알 수 없었다. 아이 돌반지부터 전 직장 퇴직금까지 모두 날렸으나 그래도 포기하긴 싫었다.

이경삼 대표는 고민을 거듭하다 직접 가서 양식기술을 배우기로 하고 대만으로 갔다. 하지만, 대만의 달팽이 농장은 그들의 노하우가 유출될까봐 완벽한 양식법을 가르쳐주지 않았다. 눈칫밥을 먹으며 양식하는 방법을 뚫어져라 쳐다봤고 수많은 시행착오를 반복했다. 결국 습도와 온도, 칼슘을 인위적으로 먹여야 한다는 것, 자연 그대로의 환경을 유지해야 된다는 노하우를 체득할 수 있었다. 그 후, 이 대표는 어떻게든 살아남아야 한다는 각오로 거래처 찾기에 동분서주

했다. 하늘도 그의 노력에 탄복했을까. 전혀 예상치 못한 곳에서 반전의 계기가 마련됐다. 어느 한 언론사가 큰 관심을 보이며 기사를 실어준 것이다.

기사가 나간 후 달팽이 분양 상담 문의가 쇄도했지만 전용 농장이 없다보니 찾아온 사람들이 의심의 눈초리로 쳐다보았다. 집 보증금으로 고향 구례에 농장을 급히 마련했다.

영광의 시간과 다시 찾아온 위기

86 서울아시안게임을 앞둔 시점에서 본격적으로 빛을 발했다. 달팽이 농장이 구례에 있다는 소문을 듣고 광주MBC에서 취재를 한 것이 기폭제가 된 것이다. 이때부터 사업은 본궤도에 올랐다. 특히, 86 서울아시안게임으로 인한 세계화 분위기에 달팽이 요리에 대한 관심도 덩달아 높아졌다.

88 서울올림픽 때는 영국 BBC 방송과 일본 NHK에서도 취재할 만큼 언론의 관심이 지대했다. 나중에는 미국, 캐나다, 말레이시아, 태국 등 해외에서까지 종자 분양에 대한 문의가 올 정도였다.

1989년 한민식품의 한국와우상사는 연매출 20억 원을 넘겼다. 1990년에 충격적인 걸프전이 터지자 정부가 과소비 억제정책을 폈어요. 어이없게도 달팽이 요리가 과소비를 부추기는 주범 중에 하나로 지목됐습니다. 수요가 단숨에 급감되면서 경쟁업체들이 줄줄이 도산했고 부도의 위기에 치하게 되었다.

그러나 달팽이 양식 기술을 수출하자는 모험을 택했고, 말레이시아부터 시작한 수출은 싱가포르와 인도네시아로 이어졌고 수출이 지속적으로 성사돼 숨통을 틀 수 있었다. 시간이 지나면서 달팽이에 대한 정부규제도 풀렸고 식품회사와 제휴한 달팽이 엑기스가 큰 인기를 끌면서 예전의 소비량을 다시 회복해서 위기를 극복할 수 있었다.

화장품 시장으로 확대

한민식품은 특허청으로부터 <달팽이 점액 여과물 제조방법과 이를 포함한 화장품>으로 특허를 획득하여 현재 국내 화장품 제조회사에 달팽이 원료를 공급하여 주목을 받고 있으며 일본과 중국, 태국, 인도네시아 등에서도 인기를 얻고 있다. 한민식품 관계자는 "이번 특허로 점액 여과물 100%의 '달팽이 세럼'이 신뢰를 얻게 됐다"며 "국내에서 수입하는 달팽이 화장품 원료를 국산화해 국내 피부미용 달팽이 마사지 사업과 화장품 사업이 활성화될 것"이라고 전망했다.

달팽이 점액의 뮤신 성분은 피부의 수분을 유지하고 외부 유해환경으로부터 보호해 주는 것으로 알려졌다. 또 뮤신의 주성분인 콘드로이틴(Chondroitin) 황산은 피부의 진피층과 연골조직에 함유된 물질로, 완충작용과 윤활역할을 해 피부 탄력에 효과가 크다고 알려졌 있다.

"열정을 다해 살아가야 할 이유가 있다"

현재 한민식품은 '파티엔 에스카르고'라는 브랜드를 중심으로 식용달팽이 공급과 가공식품, 달팽이 소재 화장품 개발 등 다양한 영역으로 사업을 확대하고 있다. 최근에는 사업의 기초가 된 달팽이 분양에도 다시 역량을 쏟고 있다. 달팽이 요리가 더욱 대중화되려면 농가 양식이 더욱 활성화돼야 한다는 지론이다.

이 대표는 자신에게 숱한 역경을 가져다줬지만 영광도 가져준 달팽이가 참 고마운 존재라고 입을 모은다. "달팽이 사업은 제 인생의 첫 번째 사업이자 마지막 사업입니다. 돌이켜보면 예측하지 못했던 난관들이 저를 강하게 만들어준 것 같습니다." 라고 하며, 이대표는 요즘 개인 사업도 중요하지만 자신에게 주어진 남은 시간들을 다른 이들에게 쓰겠다며 또 다른 열정을 불태우고 있다.

평소 청년들에 대한 관심이 많은 그는 우리 청년들에게 애틋한 조언을 했다. 환경이 아무리 힘들어도 뜻이 있는 곳엔 길이 있다는 옛말이 결코 틀리지 않다며 삶을 진지하게 대하길 당부했다. 도전과 열정, 정직, 따스함, 믿음 등은 인류가 추구해야 할 불멸의 가치일뿐더러 개인의 성공도 보장해주는 최고의 가치입니다. 환경에 굴복하지 마십시오. 인생은 열정을 다해 살아가야 할 이유가 분명히 있습니다. 라고 하며, 오늘도 이경삼 대표의 열정은 계속되고 있다.

서울시 종로구 창신동 327-2 · 금호팔레스 오피스텔 1702호
www.hanmin.co.kr ⓒ 02-766-3307

2 가마로강정, 정태환 대표

> 전통 가마솥에 옛날 방식으로 조리한 신개념 강정&치킨 전문 브랜드로, 해바라기씨유를 사용하여 건강과 맛을 함께 제공하며 쌀가루를 사용한 건강 치킨 전문점이다.

2010년 이후 소자본 창업 아이템으로 닭강정 전문점은 화제였다. 닭고기에 달콤 매콤한 소스를 묻힌 닭강정은 먹기에 간편한데다 남녀노소 누구나 좋아하는 맛을 선보이면서 순식간에 대한민국 국민들의 입맛을 사로잡았다. 여기에는 장기적인 경기침체로 소비심리가 약화된 데다가 창업시장에 뚜렷한 리딩 아이템이 등장하지 않은 시점에 틈새시장 공략이 적중했다는 평가도 있다.

문제는 우후죽순으로 수많은 닭강정 브랜드들이 생겨나면서 업종 간의 경쟁이 치열해졌다는 점이다. 일부 닭강정 브랜드는 시장에서 사라져갔는데 이들은 원료 수급부터 소스, 경쟁상대와의 차별화를 위해서는 체계적인 시스템과 운영이 필요한데 이를 갖추지 못했기 때문이다. 이 가운데 가마로강정은 닭강정 브랜드 1위를 지키면서 소자본 창업시장에 활기를 불어넣고 있다.

가마로강정의 특징은 전통방식 가마솥에서 일정한 온도로 튀겨낸다는 점이다. 재료에 고르게 열을 전달하기 위해서다. 파우더는 쌀가루다. 소화율을 높이고 칼로리를 낮췄다. 이로 인해 더욱 바삭한 식감을 느낄 수 있다. 튀김유는 100% 프리미엄 해바라기씨유를 사용한다. 아울러 특허 받은 염장기술로 인체에 유해한 화학첨가물을 전혀 사용하지 않는다.

가마로강정은 또 교육시스템도 뛰어나다. 이론과 매장에 대한 실전 교육시간만도 20일, 200시간이다. 교육과정은 조리, 운영, 접객, 매출관리, 오픈부터 마감까지를 실제 매장운영과 똑같이 진행한다. 따라서 초보창업자라도 매장운영에 적응하기 쉽다는 것이 업체 측의 설명이다.

가마로강정을 찾는 이유에 대해 소비자들은 "맛과 신선함"이라고 말한다. 신선한 닭강정이라는 평가를 받는 이유는 주문과 동시에 튀겨내기 때문이다. 주방도 오픈형이다. 조리과정을 공개하는 것도 조리에 대한 자신감이다.

모든 것 뒤에는 맛을 강조한 정태환 대표의 노력 덕분이다. 정 대표는 다른 프랜차이즈 기업과 달리 연구개발(R&D) 파트에만 7명을 전담 배치시켰다. "음식 장사에서 비중이 높고 성장해야 할 부분이 바로 '맛'입니다." 그의 경영이념으로 가마로강정은 닭강정의 유행이 끝난 지금에도 손님들이 줄을 서서 먹을 정도로 큰 인기를 모으고 있다.

발빠른 신메뉴 개발도 가마로강정의 성장을 돕고 있다. 유행을 반영해 옛날통닭을 판매하는 것도 그 일환이다. 정 대표는 "기본 메뉴인 닭강정을 비롯해 유행에 알맞은 메뉴를 꾸준히 개발, 가맹점주에게 제공해 수익에 도움을 주고 있다"고 말했다.

가마로강정은 2012년 4월 대치동 1호점을 오픈한 이후 빠른 속도로 가맹점을 확대해 나가고 있다. 가마로강정은 이름 그대로 가마솥에 튀겨내는 닭강정이다. 매장에서는 커다란 무쇠가마솥을 걸고 직원이 기름을 휘휘 저어가며 강정을 튀겨낸다.

전통 가마솥은 튀김기보다 열전도율이 높아 기름이 쉬 식지 않아 강정을 더 바삭하게 튀긴다. 쌀로 만든 강정 반죽도 특이하다. 본사에서 자체 개발한 쌀로 만든 파우더는 밀가루 반죽보다 소화가 빨라 먹기에 부담이 없다. 밀가루 튀김옷보다 입자가 거칠어 '와사삭' 깨무는 소리와 식감이 모두 독특하다.

최근에는 100여 개 닭강정 업체가 우후죽순처럼 생겨나고 있다. 일각에서는 닭강정은 유행산업이라고 지적하기도 한다. 이에 대해 정 대표는 "강정을 소자본 창업이라고 말하는 자체가 잘못된 생각"이라고 비판했다. 정 대표는 "가마로강정은 창업하려면 1억5,000만~4억 원까지 든다"며 "좋은 제품을 싸게 많이 팔기 위해서는 좋은 상권을 찾아 입점해야 하는데, 유동인구가 많은 고급 상권에 들어가려면 초기 창업비가 적을 수 없다"고 말했다. 예를 들어, 가마로강정 압구정점은 3호선 압구정 역세권, 압구정 구현대아파트 정문 맞은편에 자리 잡고 있다. 정 대표는 "창업비 1억5,000만원 미만으로 창업하면 경쟁력이 없어 실패할 수 있다"며 주의를 당부했다. 현재 가마로강정 가맹점 중에서 하루 평균 200만원 이상 매출을 올리는 곳은 대부분 상권과 입지를 보고 과감하게 투자한 매장이다.

가마로강정은 손님이 점포를 찾으면 조리를 시작해 포장 후 받아가는 테이크아웃 매장이다. 매장 규모는 33㎡(10평) 기준이지만, 지역에 따라서는 19㎡(6평) 정도 미니 점포로도 매장을 열 수 있다.

대신 점주들이 부담하는 임대료는 다른 닭강정 프랜차이즈 업체에 비해 높은 편이다. 홀이 필요 없는 작은 매장이라도 잠정고객을 확보하려면 사람들이 움직이는 길목을 확실하게 잡아야 된다는 판단 때문이다. 정 대표는 "입지력이 부족한 매장에 간판만 바꿔 달아서는 예비창업자가 피해를 본다"며 "점포개발 전담팀을 운용해 권리금이 적고 잠재적 가치가 큰 매장을 찾아 가맹점을 내고 있다"

고 설명했다. 또 정 대표는 "닭강정은 손님이 찾아와 가져가는 테이크아웃 콘셉트라서, 입지 못지않게 맛이 중요하다"고 덧붙였다. 정 대표가 귀띔한 재료 원가는 전체 매출의 55%로, 식음료 사업 치고는 원가 비중이 높다. 그는 "맛으로 손님을 끌기 위해서는 식재료에 투자를 아껴서는 안 된다"는 것이 그의 지론이다. 가마로강정은 주 6일 직영 배송하는 체계로 재료의 신선함도 높였다.

정 대표는 '닭강정' 아이템으로 여러 번 창업에 도전했다. 그가 가마로강정을 시작하기 전 2002년 발표한 '사바사바치킨앤비어' 브랜드는 재래시장의 닭튀김집에서 탄생했다. 정 대표는 가마솥을 걸고 닭튀김을 1마리에 5,000원씩 팔고 있는 모습을 보고 이 닭튀김을 현대화하면 승산이 있겠다고 판단했다고 한다.

중소형 마트에서 숍인숍 형태로 창업했던 정 대표는 기술 전수비 500만원을 받고 닭과 파우더, 기름 등을 공급했지만 중소형마트가 문을 닫으면서 사업을 정리했다. 절반의 성공으로 끝난 지난번 창업을 교훈삼아 새로 시작한 프랜차이즈 '사바사바치킨앤비어'는 안정적으로 성장해 현재 100여 개 가맹점을 운영 중이다. 정 대표는 "치킨프랜차이즈에 안주하지 않고 종합 외식 프랜차이즈 그룹으로 (주)마세다린을 키워나가겠다"고 말했다.

출처 : 스포츠조선

경기도 광주시 오포읍 오포로 141-5
www.gamaro.co.kr ℂ 1588-7258

3 포름(FORME), 김운채 대표

> 실용성과 디자인을 겸비한 여성과 주부들이 만족하는 브랜드. 감성 지향적 전문 고품격 친환경 가구. 생활 속 공간이 되는 가구 브랜드이다.

FORME

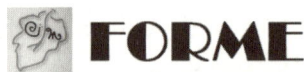

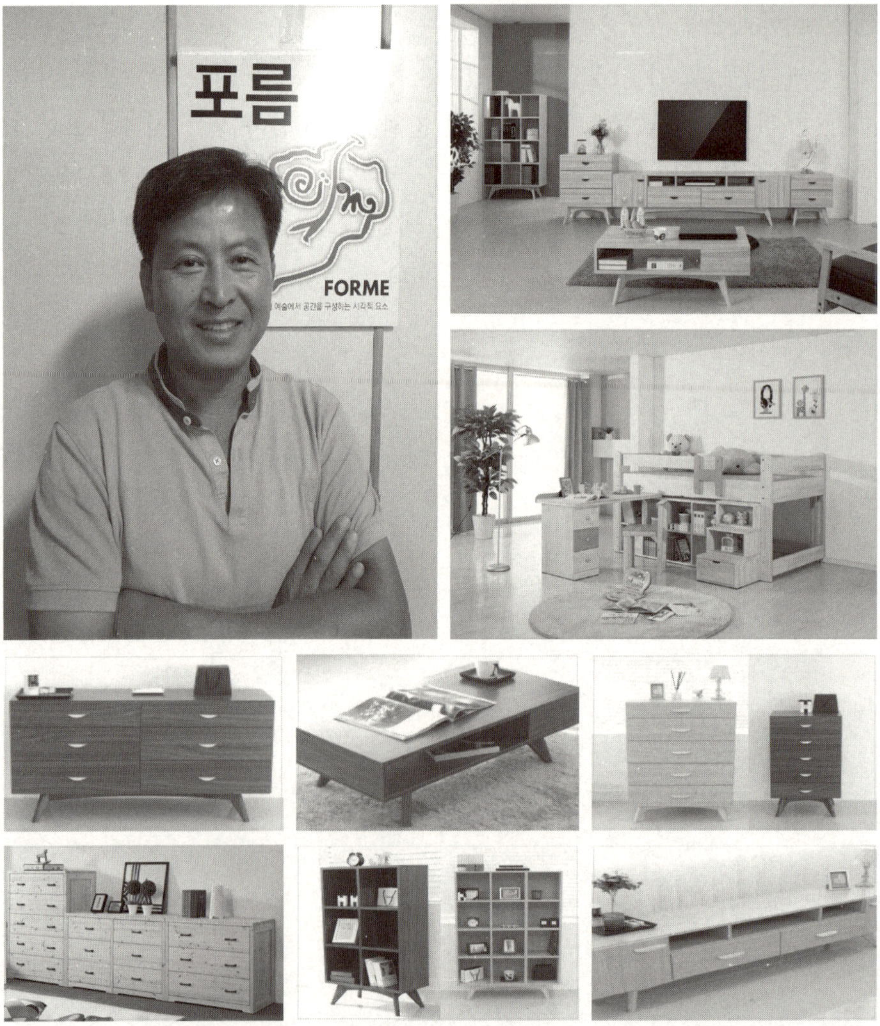

웰빙 가구 브랜드 "포름(FORME)"의 김운채 대표가 가구와의 인연은 대학 졸업 후 사회 초년생으로 가구 회사에 취업해 자재 매입 업무를 시작으로 맺어지게 되었다.

"도움은 되지 못하더라도 누군가에게 해를 끼치지 않는 삶을 살자"라는 인생의 좌우명을 가지고, 가구업무를 배우고 익혔다.

그 누구보다 먼저 출근하며 월별, 주간, 날짜별로 워킹 플랜을 문서화하고 직원의 자질과 적성에 따라 가구공장에서는 없었던 부서별, 개인별 업무 매뉴얼을 작성, 현장에 적용시켰다.

또한, 각 공정별, 제품별로 사용되는 나무에 대한 특성과 가구가 만들어지는 모든 과정을 보고 배우게 되었다고 한다. 김 대표는 그때 가구가 천직임을 깨달았다고 한다.

그런 직장생활에서 터득한 자신만의 경험과 기술이 어느덧 내 손으로 제대로 된 가구를 만들고 싶다는 꿈을 가지게 되었고, 최고가 아닌 최선을 다해 좋은 가구를 만들고 싶었던 것이다. 장인은 못 되더라도 명인은 될 수 있다는 다짐으로 1996년 "명인가구"를 설립했다.

"정말 하루 24시간이 늘 모자랐습니다. 잠자는 시간도 아까워서 공장 옆 간이침대에서 쪽잠으로 근 삼년을 쉬지 않고 생활을 했습니다"라며 가구에 대한 열정과 새로운 디자인 개발에 노력한 열정을 그렇게 표현했다. 노력한 만큼 브랜드의 가치를 시장에서 인정받았고, 2009년에는 "포름"(FORME)으로 회사 명칭 변경했다. 그동안의 노력으로 공장 설비를 현대적인 기계화 시설로 갖추며 젊고 세련된 이미지로 개선하여 남과 다른, 그리고 실용성과 디자인을 겸비한 여성과 주부들이 만족하는 브랜드로 거듭 성장했다. 그 결과 2018년 포름 자사 브랜드 "쉬몽(she's 夢)으로 감성지향적 전문 고품격 가구를 론칭하게 되었다

회사의 성장과 함께한 직원들이 말하는 김대표는 "쉽게 갈 수 있는 길을 의심하며 배우는 것을 두려워하지 않는다고 했다.", "요행을 바라지 않으며 시장의 유행과 가벼운 눈가림에 타협하지 않는다.", "굳건한 마음으로 자기만의 신념과 뚝심으로 시장 상황을 보다 입체적으로 접근하고 다양하게 해석하는 진보적이며 개방적이다."라며 김대표의 열정과 최선을 지향하는 서비스 정신의 위상을 높게 말하고 있다. 그만큼 직원들은 김대표를 신뢰한다는 것이다.

김대표는 회사의 목표인 새로움을 통해, 새로운 가치를 제공하며, 좋은 품질과 서비스로 "쉬몽"(she's 夢) 브랜드 인지도를 품질로 승부하고 싶다고 말한다.

김대표는 포름의 의미에 대해 "포름은 삶의 기본적인 욕구와 생활환경 속의 정신적 가치와 필요성을 충족시킨다는 뜻을 갖고 있다."고 했다.

한자어로 쌀 '포(庖)'와 곳집 '름(廩)'으로 쓰여진 포름은 '쌀과 고기'를 뜻한다. 노동의 대가로 먹을 것이 해결된다면 그 보다 더 부러울 게 없다는 소박한 욕심을 회사 이름에 담았다고 말한다.

"불어로 FORME(포름)은 "조형 예술에서 공간을 구성하는 시각적 요소"입니다."라며, 가구라는 정형화된 사물이 사람과 공간을 이어주며 사람들에게 즐거운 상상을 제공하기를 원합니다." 라고 설명했다.

'포름'은 고객 만족에 제품의 가치를 둔 '정직한 가구'라는 철학을 가지고 자체 생산시설을 갖추고 있는 제조업 기반의 회사를 운영하고 있으며, 자체 생산으로 제작한 제품들을 엄격한 품질검사 후 고객에게 선보이기에 "포름 가구는 정말 다르다"는 자부심을 갖고 있다.

과도한 가격 경쟁으로 품질보다는 매출이 우선시 되는 가구 시장의 흐름 속에서도 품질을 최우선으로 하는 이유가 "포름의 책임감"임을 강조하고 있다.

쉬몽(she's 夢/She's mong : 쉬즈몽 - 그녀의 꿈)을 말하는 것으로, 시간을 이겨 내는 감성과 디자인으로 대중의 삶과 상상력에 쉬몽이 함께 하고 싶다고 했다. 김대표는 소비자가 저렴하게 구입해 쉽게 파손되는 제품은 버리는 순간에 쓰레기가 되는 가구보다는 친환경 자재와 부자재로 좋은 제품을 만들어 고객이 오랫동안 쓰게 하는 것이 환경 친화적인 포름의 가구라 강조하고 있다.

또한, "생활 속 공간이 되는 가구"를 표방하며 세월이 흘러도 가치가 변하지 않는 가구를 만들고 있다.

"제품이 정글에서 살아남을 자생력"의 슬로건을 걸고 빠르게 변화해 가는 세상에서 기존의 전문성에만 머물러 있는 것이 아니라 변화되고 확장되는 전문성을 추가해 새로운 제품 개발하고 있다.

제품개발에 있어 김대표는 "셀프 인테리어 수요가 늘어나면서 인터넷을 통해 디자인의 경계가 사라진 것은 어제 오늘의 일이 아닙니다. 소비자들은 내 삶의 공간이 남들과 다르기를 원하고 나만의 개성과 취향은 돋보이기를 바라는 욕구가 있습니다."라고 했다.

완성도 높은 디자인을 추구하면서도 생활에서 직접 사용하는 가구는 내구성, 안전성, 사용성을 무시할 수 없는 것 또한 어려운 현실이라며, 특히, 건강과 환경이 관심사인 요즘은 자재 선별에도 각별한 신경을 써야 한다고 했다.

포름은 디자인적은 부분은 조금 양보하고 비용이 좀 더 들더라도 실용성과 내구성에 비중을 두며, 친환경 자재와 부자재를 사용하는 것을 원칙으로 하고 있다."고 말한다.

또한, 포름은 여러 가지 현실들을 기초에 두고 디자인하며 완성된 디자인 도면을 가지고 그 제품에 맞는 자재와 부자재를 선별하여 샘플가구를 제작한다. 제작된 샘플가구는 지인들과 직원들이 사용해 본 후, 불편하거나 부족한 부분을 충분하게 피드백 하는 과정을 거치게 된다는 것이다.

아무리 좋은 디자인과 자재를 써도 비용이 부담스러우면 소비자가 외면하기 때문에 적절한 조율이 있어야 한다며, 제품 보완과 시장의 조건까지 모든 피드백이 끝난 제품을 생산 판매한다. 이 모든 것은 디자인부터 제조, 피드백, 생산, A/S까지 모든 공정이 협력업체가 아닌 포름에서 이루어지고 있다는 것이다.

이렇게 김대표는 제품개발에 대한 철학적 자부심을 바탕으로 하고 있음을 강조했다. 또한, 김대표는 포름의 구성원들이 제조 생산에 대한 업무를 자체적으로 직접하고 있기에 직원들에 대한 지원과 동기부여의 방법으로 근무하는 모든 직원들에게 동등한 복지와 처우로 하나라는 공동체의 일체감을 중요시하며 그 부분을 위해 가장 노력하고 있다고 말한다.

김대표는 직원이 곧 회사의 경쟁력이다. 라며, 경쟁력을 극대화해야지만 '쉬몽'이라는 브랜드의 신뢰를 쌓는 방법이라고 역설했다.

"첫째, 인격적인 존중을 통해 직원과의 관계를 돈독히 하며 그들의 문화를 이해하고, 서로 소통하고 신뢰를 쌓고 있다.

둘째, 업무에 대한 가치를 부여해 전문적인 기술을 익히도록 하며 스스로 맡은 분야에 전문가라는 느낌을 갖도록 기술적으로 지원해 주고 있다.

셋째, 단순 지시가 아닌 작업 순서에 맞게 스스로 생각하고 계획해서 해야 할 일들을 선택하여 결정하게 한다.(업무확대, 업무순환 등)

넷째, 업무 성과에 대해 피그말리온(칭찬, 격려, 높은 기대) 효과와 적절한 보상을 제공하고 있다. 즉, 적절히 기대하되 기대수준을 넘는 것에 대해서는 인정과 감사를 표한다는 것이다.

다섯째, 자기개발과 성장의 기회를 통해 미래의 꿈을 이룰 수 있게 도와준다고 했다." 다수의 직원과 함께 성장하며, 고객 만족에 제품의 가치를 둔 "정직한 가구"라는 철학을 가지고 포름을 이끌고 있다.

김대표는 수익성보다 쉬몽의 제품은 안전하며, 새로운 공간에 투자하는 작품이고 싶다고 했다. 그만큼 쉽게 사용하고 버리는 제품이 아닌 물려받고 싶은 장인의 혼과 함께 환경 친화적인 가구로 건강을 추구하는 쉬몽만의 제품을 만들고 싶다는 소망을 가지고 있다.

쉬몽(https://blog.naver.com/shemong93)은 시간을 이겨내는 감성으로 고객과 만나고 있다. 쉬몽 제품의 특징은 다음과 같다.

1. 스크래치와 열에 강한 LPM 소재로 E0, E1 등급의 친환경 인증 자재의 사용만을 고집합니다.
2. 전제품 정품 부자재(헤펠레 리프트업 타보, 에꼴라 자연도료, 3단 볼레일과 댐퍼 경첩 등)를 사용합니다.
3. 튼튼하고 안전한 구조력과 함께 시크한 감각의 철제다리와 스타일리쉬하고 멋스러운 원목다리를 사용해 고급스러운 느낌을 더하고 있습니다.
4. 제품 쓰임새를 극대화하기 위해 불필요한 장식을 없애 간결하고 실용적인 구성으로 따로 사용하거나 같이 사용할 수 있으며 가구마다 효율적인 수납 공간을 제공합니다.

경기도 포천시 군내면 반월산성로 375번길 75
https://sell.smartstore.naver.com/#/home/dashboard
네이버 검색창 : 쉬몽가구
☏ 070-4042-8848 • 010-9264-8460

4 로즈마리 에스테틱, 이태영 원장

여성창업 1순위 아이템인 피부관리 아이템을 전문적 실행 상품과 차별적 고객관리 스킬로 체계적 관리 프로그램을 활용한 독자적 운영체계를 실천하는 브랜드.

'아름다움은 세상에서 가장 강력한 권력'이라는 말이 있다. 그래서일까. 사람들은 더욱 아름다워지려는 열망으로 분주하다. 현대 사회에서 성형외과나 에스테틱 숍이 각광을 받는 것은 어찌 보면 당연한 일이다.

서울 도봉구 창동(지하철 4호선 쌍문역)에 위치하고 있는 '로즈마리 에스테틱'의 이태영 원장은 '당신의 아름다움을 찾아드리겠습니다'라는 슬로건으로 개업 8년째 성공창업으로 승승장구하게 달리고 있는 케이스다.

원래 국문학을 전공한 이태영 원장은 '내게 가장 행복한 직업이 뭘까'하는 고민에 꽃꽂이 자격증까지도 따봤다고 고백했다.

그러던 중 에스테틱 분야를 알게 되었고 이젠 천직처럼 여기고 즐겁게 살고 있다고 밝혔다. 이 원장이 에스테틱과 인연을 맺게 된 것은 1998년으로 거슬러 올라간다. 당시 피부과 자격증을 따고 이후 피부과 병원에서 에스테틱에 대한 자신만의 노하우를 쌓게 되면서 지금의 창업을 결심하게 됐다. 결국, 2006년 이 원장은 자신이 좋아하던 로즈마리 허브에서 이름을 따와 쌍문역 상권에 '로즈마리 에스테틱' 숍을 냈다.

"이 지역이 공기도 좋고 유동인구가 많아요. 강남보다 고객들이 정이 넘치고 나를 아는 분도 좀 계셔서 편한 맘으로 창업했죠. 세상에서 가장 아름다운 옷은 자신감이라고 하잖아요. '난 뭐든지 잘할 수 있다'는 생각으로 시작했어요."

창업 이후 그동안에 쌓아온 노하우와 동대 에스테틱 프로그램 프로페셔널 과정을 이수하면서 습득한 다양한 프로그램을 접목해서 고객 니즈를 충족시키는 데 노력했다.

그중에 한 가지는 숍을 다녀간 이후 달라진 모습을 보여주기 위해 '비포앤애프터' 사진을 꼭 찍었고 사진을 본 고객들의 만족도는 날로 높아졌다. 그러다 보니 신뢰도 많이 쌓였고 이 원장이 제시하는 프로그램에 대해 고객들은 거부감 없이 받아들였다.

로즈마리 에스테틱의 차별화는 얼굴 축소·케어·비만에 대한 맞춤형 프로그램을 갖추고 있다는 점이다. 케어과정에서 건강관리 음식 칼로리 관리까지 종합관리가 들어간다는 점도 로즈마리의 특징이다. 이제는 필링과 소프트필링, 세포재생, 진피 재생 필링, 3D물광 관리, 3차원 볼텍스 파장 관리 등 고객이 어떤 걸 원하던지 적용할 수 있을 만큼 다양한 프로그램을 갖추었다.

이 원장과 함께하는 직원들도 가족 같은 편안한 분위기에 재미있게 일한다. 이 원장은 "우리 직원이 나중에 분점을 낼 수 있도록 함께하고 숍을 키우는 것이 꿈"이라고 밝혔다. 이를 위해 로즈마리 에스테틱은 500명 정기회원 데이터베이스를 기반으로 고객 추적시스템을 적용해서 케어 이후 관리까지 꼼꼼히 챙겨주는 서비스를 실현할 계획이다.

"탄탄한 전문기술로 월 매출 3,000만원"

피부관리 전문점 '로즈마리 에스테틱'은 프랜차이즈가 아닌 독립 브랜드로 현재 3,000만 원대의 월 평균 매출을 올리고 있다. 로즈마리 에스테틱을 운영하는 이태영씨는 "최근 여성의 사회진출이 늘어나고 외모에 대한 관심이 높아지면서 피부관리 전문점에 대한 수요가 증가하고 있기 때문에 안정적인 매출을 올릴 수 있다"고 말했다.

피부관리 전문점의 성장 가능성을 예상하고 피부관리 전문점에서 경력을 쌓기 시작했다. 2004년부터 피부관리 전문점들이 밀집된 서울 신사동에서 전문점을 운영하다가 2006년 로즈마리 에스테틱을 창업했다.

로즈마리 에스테틱과 같은 독립 브랜드 창업은 프랜차이즈 브랜드를 창업할 때 뒤따르는 브랜드 사용료가 필요 없다는 점이 장점으로 꼽힌다. 본사의 서비스 매뉴얼을 따를 필요가 없기 때문에 다른 점포보다 최신기술을 더 빠르게 도입할 수 있고 원·부재료 유통망을 자유롭게 선택할 수 있어 좋은 품질의 재료를 갖출 수 있다는 게 이원장의 설명이다. 이원장은 "해당 업종에 대한 기술과 경력, 자신감이 있다면 독립 브랜드를 운영하는 것이 높은 수준의 서비스를 제공하는데 유리하다"고 말했다.

로즈마리 에스테틱은 미백관리, 탄력·주름관리, 여드름 관리 등의 피부와 관련된 다양한 마사지와 시술을 제공하고 있다. 필링(피부 각질층 벗겨내기), 세포재생 등, 각 시술별로 전문설비를 갖춘 독립 공간이 마련돼 있다. 얼굴 축소·다이어트에 대한 맞춤형 프로그램을 갖추고 있으며, 특히 다이어트 과정에서 건강식단 등의 요소들을 종합적으로 관리한다는 점도 로즈마리 에스테틱이 내세우는 경쟁력이다.

로즈마리 에스테틱의 매장 규모는 115㎡(35평)로 3억 원의 창업비용이 투자됐다. 여러 가지 전문 장비들을 갖춰야 하는 피부관리 전문점 특성상 외식업에 비해 초기 창업시 투자비용이 높지만 순수익률이 높기 때문에 투자 원금회수가 쉽다는 게 이원장의 설명이다.

  이원장이 피부관리 전문점의 운영 노하우로 꼽는 것은 고객과의 소통이다. 그는 "고객과 많은 대화를 통해 각 고객에게 적합한 시술을 제공할 수 있고 매장을 자주 찾는 단골고객을 확보할 수 있다"고 말했다.

출처 : 스포츠조선

서울시 도봉구 도봉로 476 · 삼성쉐르빌퍼스티
www.blog.naver.com/lty1213333 ☏ 02-906-3315

5 김家네, 김용만 대표

분식의 패러다임을 깬 규격화와 다양화를 추구하는 정통 김밥 & 분식 전문점, 국내최초 김밥 전용 테이블을 활용 김밥에 대한 신뢰를 고객과 함께 실천한 분식 브랜드.

당대 최고의 김밥 프랜차이즈 브랜드를 일궈낸 김家네 김용만 사장. 국내 김밥 프랜차이즈 시장을 주도하며 해외 진출을 모색하는 김家네 김밥 이야기.

젊은이들의 거리 대학로. 그곳에 가면 '대학로 김家네'가 있다. 1994년 3월 국내 처음으로 즉석김밥을 선보인 이곳은 분식집의 그 많은 메뉴 중 하나에 불과했던 전통김밥을 수입 패스트푸드와 당당히 맞서는 한국형 패스트푸드로 바꿔 놓은 즉석김밥전문점의 메카이다.

김밥 마는 모습을 점포 밖에서 볼 수 있도록 주방 일부를 쇼윈도로 옮겨 놓고 주문을 받은 후 즉석에서 김밥을 만들어 주는 방식은 선보이자마자 폭발적인 인기를 모았다. 당시만 해도 분식집에서 파는 김밥은 미리 주방에서 말아 두었다가 손님이 주문하면 썰어서 내놓는 식이었다.

김家네 김밥은 속 재료가 많이 들어가 크기도 컸다. 기존 김밥에 들어가는 재료는 많아야 4~5가지에 불과했으나 김家네는 9가지나 넣었다. 김밥 종류도 속 재료가 무엇이냐에 따라 9가지나 개발해 다양한 소비자 입맛을 사로잡았다. 점포의 매장도 기존 분식집과 달리 카페식으로 깔끔하게 단장해 주 고객인 젊은이들의 사랑을 받았다.

대학로의 '김家네'가 외식업계에 새로운 바람을 일으킨지 8년이 지난 2002년 봄, 김밥전문점은 상권마다 한두 곳은 감초처럼 반드시 입점하는 대중적인 창업 아이템으로 자리 잡았다. 프랜차이즈 브랜드도 십여 개가 넘게 생겨나 명예퇴직이나 실직으로 직장을 잃은 사람은 물론, 소자본 창업으로 새로운 삶을 찾고자 하는 사람들에게 꿈과 희망의 터전을 제공하고 있다.

축구선수의 꿈을 접고 장사의 길로···

즉석김밥을 처음 고안해 김밥 프랜차이즈 시대의 발판을 마련한 주인공은 '대학로 김家네' 김용만(46세) 사장. 그는 왕년(?)에 축구선수였다. 체육특기자로 대하에 들어갔으나 경기 중 부상을 당해 선수생활을 그만 두어야 했고 대학도 중퇴했다. 운동만 알고 살았던 그가 사회에 나가 할 수 있는 일은 없어 보였다. 직장생활에 도전했지만 오래가지 못했다.

"가진 게 있나, 배운 게 있나, 기술이 있나, 그야말로 허우대만 멀쩡했어."

이런 그가 선택한 최후의 수단은 장사였다. 결혼하고 1년 후인 1986년, 서울 대학로에 DMZ라는 학사주점을 열었다. 35평 규모에 4,700만원을 투자했다. 물론, 이런 목돈이 있을 리 없었던 그는 전세금 350만원을 종자돈으로 해서 일수까지 동원해 가까스로 창업자금을 마련했다.

빚으로 시작한 주점이었던 만큼 열심히 일했다. 아내 또한 주방 한 켠에 딸린 세모꼴의 2평 남짓한 좁은 공간에서 돌이 갓 지난 아이까지 세 식구가 생활하는 불편을 감소하면서 주방 일을 했다. 그도 홀과 카운터를 오가며 열심히 뛰어 5년 후 전세방을 마련하고 빌린 돈도 모두 갚았다.

하지만, '물장사'는 무척 힘들고 고된 일이라 돈 버는 재미만으로 지속하기는 어려웠다. 업종전환을 모색할 즈음, 주점 앞으로 소방도로가 나면서 점포 일부가 도로로 편입되고 말았다. 남은 10평 남짓한 점포에서 주점을 운영하기 어려워지자 우선 주점은 옆 건물로 옮기고, 그 자리에는 치킨전문점을 열었다. 모 프랜차이즈의 가맹점으로 오픈했는데, 장사가 안 돼 4개월 만에 간판을 내려야 했다. 이렇게 본격적인 업종전환을 시도하려던 계획은 4,000여만 원의 빚만 남긴 채 실패로 돌아갔다.

이 경험은 그에게 사업이란 결코 서둘러서 될 일이 아니라는 교훈을 주었다. 급한 마음에 상권 특성을 고려한 업종과 프랜차이즈 선택에 신중을 기하지 못했던 것이다. 이런 반성 속에 떠오른 새로운 아이템은 분식집이었다. 하지만, 평범한 분식집으로는 성공하기 어려울 게 분명했다. 젊은이들이 많이 모이는 상권인 대학로에는 이미 넘치도록 많은 분식집이 모여 있었고 그런 상황에서 경쟁하려면 뭔가 새로운 전략이 필요했다.

"3개월 간 전국에서 잘한다는 분식집을 찾아다니며 메뉴와 맛에 대해 연구했습니다. 그렇게 해서 찾아낸 차별화 전략이 바로 전문분식점인 것이죠."라고 했다. 김밥을 전문으로 하는 김밥전문점으로 업종을 정하고 나자, 이번에는 고객을 사로잡을 만한 특별한 아이디어를 구상하던 중, 김사장의 머릿속에 불현듯 떠오른 아이디어가 바로 '즉석김밥'이었다. 이때부터 주점 문을 닫고 김밥전문점에만 전력투구하기 시작했다.

대학로의 소문난 즉석김밥전문점.

즉석김밥은 불티나게 팔렸다. 처음엔 매장 앞을 지나가다 호기심으로 들어오는 고객이 많았지만 차츰 맛에 반해 단골고객이 늘어갔다. 깔끔한 분위기 속에 즉석에서 말아주는 김밥을 먹는 재미에 맛까지 있으니 당연한 결과였다.

젊은 층이 많이 오가는 대학로 유동인구의 취향과 상권 특성을 고려한 차별화 전략이 제대로 맞아떨어진 것이다.

홍보를 따로 할 필요가 없었다. 고객이 고객을 모시고 왔다. "김家네 김밥이 맛있다"는 입소문은 무섭게 퍼져나가 대박이 터졌다고 해도 과언이 아닐 만큼 문전성시를 이뤘다. 이러한 현상이 입소문을 타고 새로운 화제를 찾아다니는 언론에 포착되어 카페식 인테리어와 즉석김밥의 위력이 잇따라 보도됐다. 기사를 보고 달려온 손님들로 가게 앞은 언제나 북적거렸고 20~30미터씩 줄을 서는 행렬이 만들어지는 날이 늘어갔다.

"소문이 나고 장사도 잘되자 저희를 모방한 김밥집이 하나 둘 생기기 시작했습니다. 김밥을 종류별로 포장해 가는 사람들이 많았는데, 그들은 대개가 우리 것을 모방할 목적으로 오는 사람들이었죠."라고 했다.

즉석김밥 프랜차이즈도 생겨났다. 원조인 '김家네'보다 발 빠르게 프랜차이즈 사업에 나선 업체가 한둘이 아니었지만, 김용만 사장은 이런 시장의 흐름에 개의치 않았다. 모양은 흉내 내도 맛은 흉내 낼 수 없다는 '맛에 대한 자신감'이 있었기 때문이다.

하지만, 언제까지나 프랜차이즈 사업을 외면할 순 없었다. 가맹점을 내달라고 찾아오는 사람이 많아지자, 이를 무작정 모른 체하기만은 쉽지 않았다. 그렇게 해서 김밥 장사를 시작한 지 2년 만에 1호 가맹점이 서울 노원동에 문을 열었고 이어 잠실 신천에 2호점이 문을 열었다.

이때만 해도 본격적인 프랜차이즈 시스템을 갖추기 전으로 '기대 반, 걱정 반'으로 조심스럽게 가맹점을 내주었다. 하지만, 걱정과는 반대로 기대 이상으로 가맹점에서도 장사가 잘됐다. 이에 자신감을 얻은 김사장은 본격적으로 '대학로 김家네' 체인 본사를 설립하고 본격적인 가맹점 구축에 나선다. 그때가 1996년 봄이다.

'즉석김밥'의 효시이면서 가맹사업은 뒤늦게 시작한 김家네는 '돌다리도 두드리고 간다'는 식의 신중한 영업방식으로 국내 김밥시장을 주도하고 있다. 현재 가맹점은 320여 개점으로, 서울과 수도권에만 200여 개점이 있다. 김사장의 성격대로 밀어붙이고자 했다면, 벌써 가맹점이 500여 곳이 넘었을 것이지만 그는 절대 서두르는 법이 없다. 무리하게 가맹점 확장을 하지 않고, 매장운영과 물류공급의 능력 범위 내에서 확실하게 사업 수익이 예상되는 곳에서만, 즉 성공확신이 있는 점주에게만 가맹점을 개설해 준다. 김사장은 "지금도 가맹점 문의가 많이 오지만 포화상태에 있는 서울에는 가급적 신규점포 개설을 자제하고 있다. 그럼에도 한 달 평균 6~7개의 가맹점이 꾸준히 개설되고 있다"고 말한다.

원칙과 기본에 충실하면서 한발 한발 다져나가는 그의 사업 전략으로 인해 IMF 전후 경쟁 프랜차이즈들이 무분별한 사업 확장으로 어려움을 겪을 때도 김家네는 매출신장을 기록했다. 부산·경남지사를 시작으로 경인, 대전·충청, 광주·호남, 대구지사를 차례로 오픈하며 지방으로의 사업 확장도 차근차근 진행해 왔다.

김사장은 성격과 달리 이런 느긋한 사업진행은 부실시공을 원천 봉쇄하는 결과를 가져왔고 인정도 받았다. 2000년과 2001년 연속 한국프랜차이즈협회 '우수 프랜차이즈 대상'을 받은 것도 자신의 성(性)을 걸고 사업을 시작한 이상, 가맹점과 본사가 함께 잘되는 좋은 프랜차이즈를 만들어야 한다는 것이 김사장의 변함없는 마인드다.

"우리 김家네는 폐점률 0%를 자랑합니다. 가맹점주의 사정으로 문을 닫은 경우는 물론 있습니다. 힘들어서 더 이상 못하겠다고 손을 들거나 집안 사정으로 그만둔 사례는 있지만, 돈을 못 벌어서 문을 닫은 예는 없습니다. 장사도 잘됩니다. 상권이 좋은 곳은 하루 평균 70만원의 매출을 올립니다."라고 했다.

유통 시스템 뒷받침된 '맛'으로 승부

김사장의 자랑처럼 김家네 가맹점이 돈을 잘 버는 이유는 간단하다. 손님이 많기 때문이다. 손님이 많다는 것은 그만한 조건을 갖췄다는 것을 의미하는데, 김사장은 그 조건으로 무엇보다 좋은 '상권'과 '브랜드'를 꼽는다. 김家네 가맹점은 이 조건을 모두 갖췄다고 자신하는 그는 신규 가맹점을 오픈하기에 앞서 반드시 과학적인 상권분석을 토대로 각 가맹점의 수익성과 영업권을 보장하는 입점 전략을 세운다. 그런 다음에 상권 특성에 맞는 토털 마케팅을 통한 고수익 창출을 모색한다.

좋은 브랜드는 '신뢰'를 의미한다. 외식업의 신뢰는 '맛'에서 얻어진다. 모든 외식산업이 그렇겠지만 김家네 역시 '맛'으로 승부를 건다. 다양한 맛과 풍부한 영양, 여기에 어머니의 정성이 가미된 전통적인 맛으로 승부하는 장인정신이 김家네의 자랑이자 경쟁력인 것이다.

"맛의 유지와 함께 늘 새로운 맛을 찾는 소비자를 위해 끊임없이 연구하는 노력을 해야 합니다." 새로운 메뉴 개발에 힘쓰는 김사장의 변이다.

하지만, 무작정 새로운 메뉴를 많이만 내놓는 것은 경계한다. 오랜 연구 없이 내놓은 새로운 메뉴가 기존 메뉴까지 망쳐 놓는 경우가 있게 마련이므로 그는 신중에 신중을 기한다. "전문성 유지가 무엇보다 중요하다"는 그는 김밥전문점의 이미지를 손상하지 않는 범위 내에서 새로운 메뉴를 만들되, 반드시 직영점에서 수개월 간 소비자 반응을 체크한 다음, 전체 매출의 5% 이상을 차지할 때에만 시장에 내놓는다. 그렇게 하다 보니 1년에 내놓는 새로운 메뉴는 한두 가지 정도다.

맛으로 승부하는 김家네가 전통적인 맛을 유지하는 비결은 '유통'에 있다. 본사가 직접 물류 시스템을 구축, 각종 음식재료를 일괄 공급함으로써 가맹점의 맛과 품질을 유지해 오고 있다. 보통 외식체인점들의 본사 물류공급 비중이 낮은 것에 비해 김家네는 각종 식재료의 70% 정도를 본사에서 공급하고 있으며 100% 물류 공급을 목표로 뛰고 있다.

프랜차이즈 업종의 경우, 점주와 본사 간에 철저한 협조 없이는 생존할 수 없다는 소신을 갖고 있는 김사장은 가맹점 관리에도 힘쓴다. 최근 고객관리부와 연구개발부를 새로 조직한 것도 보다 체계적인 가맹점 관리를 위해서다. 전문지도요원인 슈퍼바이저의 역할을 두 분야로 나눠 크로스 체크를 통해 한층 나아진 김家네의 맛과 서비스를 유지해 나간다는 전략이다.

제2 브랜드 출시 예정, 해외 진출도 모색.

난생 처음 해보는 프랜차이즈 사업. 그것도 맨땅에서 시스템이 뭔지도 모르고 시작한 경우라 시행착오도 많이 겪었다는 김용만 사장. 경험에 경험이 쌓이고 그것이 시스템으로 정착되기까지 짧지 않은 시간이 필요했다. 그런 만큼 시스템과 조직관리의 중요성을 잘 아는 김사장은 "국내 프랜차이즈 업체 중 상당수가 조직관리가 안 돼 있다"며 안타까워한다. 한국프랜차이즈협회 회장을 지낸 그는 어느 누구보다 국내 프랜차이즈 시장의 문제점을 잘 알고 있다. 아무리 좋은 아이템이라도 관리를 못해 주저앉는 경우를 많이 보아온 그가 조직관리에 신경을 쓰는 건 너무도 당연한 일이다. 현재 가맹본사 직원만 70여 명으로 가맹점 수에 비해 직원이 많지 않느냐는 소리를 듣지만 아직도 멀었다는 게 그의 생각이다.

이런 소신과 노력이 있어 '김家네'가 국내 최고의 김밥전문점 브랜드로 인정받고 있는 것이 아닐까 생각해본다. 김용만 사장은 높아진 브랜드 위상을 기틀 삼아 빠르면 올해 안에 제2브랜드를 내놓을 작정이다. 해외진출도 극동아시아와 미주지역 중심으로 적극 검토 중이며 장기적으로 '김家네' 이름을 내건 제조업에도 뜻을 두고 있다.

"지금까지 그래왔듯 서두르지 않고 차근차근 단계를 밟아가며 국내외 무대에 김家네의 강력한 브랜드 파워를 과시하고 싶습니다."라고 포부를 밝히는 김사장의 표정에선 멋진 골인을 성공시킬 만반의 준비를 갖춘 노련한 축구선수의 불타는 의지가 엿보인다. 그의 의지는 지난 창립기념일에 개최한 '김家네 가족 한마음 대회'에 참석한 전 직원과 협력사의 우렁찬 함성으로 모아졌다. 믿음과 의지로 결속된 힘으로 일궈낼 제2의 도약을 기대해 본다.

출처 : 月刊창업&프랜차이즈

서울시 송파구 위례성대로 6 · 현대토픽스 4층
www.gimgane.co.kr ⓒ 02-923-7127

6 바보스, 조동민 대표

"치킨이 맛 있는 맥주집"을 표방한 케쥬얼 치킨 맥주 전문점, 소형 매장의 메뉴 한계를 제조기반을 통한 자체 생산 제품과 독특한 조리법에 의한 신개념 맥주 브랜드.

치킨 비즈니스맨의 뜨거운 넋두리-집집마다 안심하고 먹을 수 있는 닭고기를!

맛난 닭고기를 만드는 것, 멋진 닭집을 만드는 것, 그것이 대대푸드원 조동민 사장의 소중한 꿈이다. 그 자신 몸으로 겪어온 닭의 세계는 즐겁고 신나고 재미있다. 그가 만든 브랜드 '바비큐보스치킨'은 이제 닭을 사랑하는 우리 이웃의 놀이터이자 삶의 터전이다. 그가 실천하는 프랜차이즈 사업은 더불어 성공하는 꿈이다.

닭 그림 액자와 중화인민공화국 지도가 나란히 걸린 벽 아래로 큼지막한 장화 한 켤레가 놓인 사장실. (주)대대푸드원의 대표 브랜드 '바비큐보스치킨' 로고가 선명한 점퍼 차림의 조동민 사장 손에는 <고객의 말씀 교재 및 지도서>라는 제목의 파일이 들려 있다. 그는 지난 15년간 밑바닥부터 길어 올린 고객의 말씀을 무기 삼아, 산전수전을 치러낸 저 커다란 장화를 전투화 삼아 중국 대륙에서 한판 '닭싸움'을 벌일 참이다. 중국 화룡그룹으로부터 1억 원의 로열티를 받고 '바비큐보스치킨' 브랜드를 수출하게 된 것이다. 중국 지도를 뚫어져라 바라보며 일갈하는 그의 목소리에는 스스로 대견해하는 사람의 힘이 실려 있다.

"2002년 1월, 북경에 드디어 '바비큐보스치킨' 1호점이 문을 열었다"

1987년 여름, 서울 남대문시장. 경영학과를 졸업한 스물여섯살 조동민은 취직 생각은 단 한 번도 해본 적 없는 청년으로 호프집에서 우연히 만난 하얀 수염의 할아버지로부터 "오리고기 장사가 돈이 될 것이다"라는 말을 듣고 무작정 오리고기 유통업에 뛰어든다. 그러나 당시 오리고기를 찾는 사람은 거의 없었다. 사업 6개월 만에 남은 것이라곤 달랑 냉장차와 냉장고 한 대, 손위 누이가 만들어준 종잣 돈 1천 2백만 원이 곧 거덜 날 판이었다.

그즈음 남대문시장으로 오리고기 조리용 향신료를 사러 간 청년 조동민의 눈에 닭이 들어온다. 눈길 한 번 가지 않던 닭이 새삼스레 눈에 밟힌 것이다. 닭은 될까? 될 것도 같다! 하는 생각은 잠시 잠깐, 바로 시장을 뛰쳐나온 청년은 '호돌이치킨'이라는 가게를 박차고 들어가 다짜고짜 흥정을 한다. 닭고기 필요 없으세요? 좋은 닭고기가 있습니다! 짝짝, 껌을 씹고 앉았던 주인은 뜻밖에도 이렇게 화답한다. 열 마리만 가져와 봐요! 볼썽사납게 껌을 질겅질겅 씹으며, 그러나 너무나도 자연스럽게…

오히려 얼떨떨해진 청년은 닭에 대해서는 아무것도 모르는 그가 다시 달려간 곳은 남대문시장이었다. 청년은 시장 닭집에서 해준 대로 얼음 봉지에 담긴 닭을 치킨 가게에 납품하고, 주인은 아주 만족해하며 계속 거래하자고 하는데…

그로부터 1년 남짓, 청년은 타고난 배짱과 바지런함으로 하루 1천여 마리의 닭을 공급하는 어엿한 자영업자가 된다. 어느 여름날 시장통에서 청년 조동민 사장과 닭의 질기고도 아름다운 만남이 싹튼 것이다.

"날짜도 못 잊어요, 7월 10일. 그때부터 열심히 뛰었습니다. 지금 같은 시스템 없이 혼자 뛸 때는 더러 고생도 했지요. 닭고기 부대, 그거 엄청 무겁거든요. 부대를 들다가 허리를 삐끗하면 정말로 별이 보입니다. 허리가 아파 부대를 질질 끌면서도, 너무 아파 냉장차에 기대 아픔을 달래면서도, 서럽지는 않았습니다. 내 사업 아닙니까, 내 사업!"

직접사육, 직접가공, 직접배송 시스템.

닭고기 가공과 유통을 통해 '닭고기 노하우'를 쌓은 조동민 사장은 1992년 '춘천본가집'이라는 브랜드로 닭갈비 프랜차이즈 사업을 펼치며 사업의 기반을 다진다. 지금 대대푸드원의 대표 브랜드인 '바비큐보스치킨' 1호점이 생긴 98년 이후 200호점을 돌파했고 그후 400호점 개설이 무난하였다.

'바비큐보스치킨'은 참숯으로 굽는 정통 바비큐 닭고기로 후라이드치킨이나 양념치킨과는 차별화된 맛으로 기존 치킨 프랜차이즈 틈새시장을 파고들었다는 업계 평가를 받고 있다.

한국인의 입맛에 맞는 매콤함이 일품인 참숯불바비큐, 담백한 숯불소금구이, 뼈 없는 다리살을 치킨 스테이크로 구워낸 보스디본, 물참나무로 훈연한 스모크치킨, 닭 날개만 구워내는 핫윙바비큐 등이 주요 메뉴이다.

"숯불 바비큐 치킨은 초벌구이라고 해서 영업 전에 미리 닭을 구워놔야 하는데, 이 과정이 매우 번잡하고 비위생적입니다. 보관 과정에서 수분이 날아 가버려 제 맛을 내기도 어렵구요. '바비큐보스치킨'은 본사가 직접 초벌구이를 하여 진공포장 상태로 가맹점에 닭을 공급하기 때문에 맛과 위생에서 앞선다고 자부합니다."라고 했다.

프랜차이즈 체인본부로서 대대푸드원의 최고 강점은 이렇듯 생산과 물류 시스템을 완비했다는 것이다. 대대푸드원은 직접 닭을 키우고 가공하여 직접배송한다. 충남 천안 농장에서 사육된 닭(부화된 지 36일이 지나 1kg 가량 나가는 닭, 이 '10호' 닭이 가장 맛있다고 한다)은 인천 가좌동에서 도계처리 후 인천 남동공단의 직영 육가공공장에서 가공된다. 육가공 공장은 2,100평 규모, 보관 창고만 640평이 넘는다. 직접 기른 닭을 직접가공, 직접배송함에 따라 '바비큐보스치킨' 가맹점들은 재고부담 없이 늘 신선한 제품을 공급받는다. 가맹점용 닭을 실은 냉장차가 공장에서 출발하는 시간은 새벽 2시, 고된 하루를 접은 점주들이 단잠에 빠진 사이 본사 배송팀 직원들이 직접 가맹점 냉장고 문을 열고 닭고기를 쟁여 놓는다.

병아리도 잘 키워야 닭이 된다.

"Back to the basic! 기본에 충실하자고 다짐했던 초심을 지키려 애씁니다. 프랜차이즈 사업이야말로 사람 사업 아니겠습니까? 가맹점주 한 사람, 한 사람을 병아리 키우는 심정으로 대하려 합니다. 본사가 먼저 공부해서 가맹점을 업그레이드 시켜줘야지요. 가맹점이 우리 월급 주는 거 아닙니까? 직원들에게도 이걸 일깨워줘요. 내 입이 아파야 일이 풀리더라는 제 경험을 말이지요. 점주들 스스로가 자발적인 영업사원이 될 수 있도록 본사가 먼저 희생하고 봉사하는 모습을 보여줘야 합니다."라고 말했다.

사람 사이의 마인드 차이는 대체로 대화 부족에서 일어나는 법. 본사와 가맹점 간의 말길이 트여야 가족의식도 생겨나고 더불어 윈-윈 할 터인데, 대대푸드원은 이를 위해 몇 가지 특별한 프로그램을 운영한다. 말 그대로 '병아리 인큐베이팅 시스템'이다.

경영지도요원(슈퍼바이저)의 가맹점 순회방문 교육, 지역별 가맹점주와 CEO와의 정기 간담회, 병원에서 진료카드를 만들어 환자의 병력을 평생 관리하듯 개별 가맹점의 '역사'를 기록, 관리하는 가맹점 프로파일 시스템 등이 있지만, 특히 눈에 띄는 것은 '팀장 토요 미팅' 프로그램이다.

토요 미팅은 본사 전 팀장이 매주 토요일마다 가맹점 두 곳을 방문하는 전사적 프로그램으로 이른바 '문제' 가맹점에서 치러진다. 왜 문제인가?, 무엇이 문제인가? 문제점과 해결책을 찾을 때까지 강행군은 주야로 계속된다. 토요 미팅은 안팎으로 좋은 평가를 받고 있다. 안으로는 팀장과 팀장 간 팀워크를, 밖으로는 본사와 가맹점 간 시너지를 이끌어내 일석이조의 효과를 거두고 있다. 폐점율 제로에 도전하는 '비비큐보스치킨'의 척후병 역할을 톡톡히 해내었다. (2002년)

"나는 팔짱 낀 채 너만 고생하라고가 아닙니다. 가까이, 가까이, 더 가까이 본사가 가맹점에게 먼저 다가가야 합니다. 가맹점주들에게 저는 배수의 진을 치라고 합니다. 안주하지 말고 방심하지 말고, 항상 긴장하고 노력하면 꼭 된다고 말이지요. 축산물 사업은 참으로 정직합니다. 외식산업은 인간적으로 하는 만큼, 열심히 하는 만큼 반드시 보상이 돌아옵니다."라고 말한다.

비가 오나 눈이 오나 닭고기를 먹는다.

한국프랜차이즈 우수브랜드 대상 2년 연속 수상, 유망중소기업 선정 등으로 지난 2001년을 알차게 보낸 대대푸드원은 새해 벽두부터 겹경사 맞을 채비로 바쁘다. 중국시장 진출과 아울러 국내 치킨프랜차이즈 체인본부로는 처음으로 'ISO9001(국제표준규격)' 인증과 'HACCP(위해요소중점관리)' 인증을 취득하게 되었기 때문이다. 조동민 사장의 대대푸드원을 프랜차이즈 전문그룹으로 키워내고자 하는 꿈이 이제 하나둘 영글고 있었다.

이는 조사장의 각별한 닭 사랑과 남다른 일 욕심, 사람 아끼는 마음이 일궈낸 결실이다. 어딜 가나 '닭이 최고!'를 외치고, 언제나 '일하는 즐거움'을 누리며, 누구에게나 '사람부터 생각하라'고 따지는 그의 하루하루가 쌓인 보람이다.

"인덕은 없는데 인복은 많더라"는 그의 말을 그저 듣기 좋은 말로 들어 넘길 수 있을까. 꾸준함과 열정 없이는 아무것도 가질 수 없을 것이다.

"고단백, 저지방, 저칼로리인 닭고기는 영양의 보고입니다. 다이어트 하는 분은 가슴살, 활동량이 많은 사람은 다리살, 피부 미용에는 날개살이 좋아요. 선진국일수록 백색육(white meat)을 많이 먹는데, 1kg짜리 기준으로 우리나라는 국민 1인당 1년에 7마리, 일본은 30마리, 미국은 40마리 정도를 먹는다고 해요. 우리나라도 이제 닭고기 가공식품 시대가 열리고 있으니 소비량이 또한 꾸준히 늘어날 겁니다."

조사장의 치킨사업 비전은 크고 밝다. 그가 '바비큐보스치킨' 가맹점주들에게 나도 놀지 않고 일할 테니 당신도 편하게 일할 생각 마시라! 놀아도 가게에 나가 놀면서 '지역구 관리'를 하시라! 지역 밀착형 점포이니만큼 지역 주민의 입소문으로 팔아라! 당당히 말할 수 있는 것도 다 그의 산체험에서 우러나온 자신감 때문이다. 마음과 자세가 문제일 뿐, 치킨사업은 된다는 얘기다. 모든 일은 마음과 자세에 달렸으리라.

조동민 사장은 올해도 이웃들과 희망을 나눈다. 지난해 2월 다섯 명의 실직가장에게 1억 5천 만원 상당의 '바비큐보스치킨' 숙명여대점을 무상 기증한 것에 이어, 올 1월에도 세 사람의 실직가장과 두 명의 소년소녀가장에게 45평 규모의 서울 직영점을 기증한다. 일 년에 한 차례씩 1억 원 이상 규모의 직영점을 2년 간 무상 기증하는 20년 플랜이다. 우리들 불우이웃이 저들 스스로 일어설 수 있을 때까지…

겨울밤이 밀려오는 남동공단. '일하는 즐거움을 누리는 사람이 복된 사람이다', 대대푸드원 화장실 벽에 붙어 있는 한마디가 따스한 바닷바람을 몰고 온다.

출처 : 月刊창업&프랜차이즈

서울시 동작구 남부순환로 2067(사당동) • 정석빌딩 4층
www.babos.co.kr ⓒ 02-454-9292

7　가르텐 비어, 한윤교 대표

> 맥주가 가장 맛있는 온도 4℃를 유지하기 위한 냉각 테이블을 개발, 차별화된 인테리어와 건강을 고려한 메뉴구성으로 새로운 트렌드를 구성한 맥주 브랜드이다.

˚특허 기술력으로 폐점률 0% 신화창조˚

"마지막 한 방울의 생맥주까지 차갑게 마실 수 있습니다. 특허 받은 기술력으로 가맹점과 고객 모두에게 사랑받는 브랜드를 만들어가고 있습니다."

생맥주전문점 가르텐비어(www.garten.co.kr)를 운영 중인 ㈜DIZ의 한윤교 대표는 자타가 공인하는 맥주 전문가다. 그는 생맥주의 원리를 분석해 냉각테이블을 개발해 냈다. 특허까지 획득한 가르텐비어의 냉각테이블에는 -10℃로 냉각되는 냉각홀더가 장착돼 있다. 여기에 가르텐비어 만의 이벤트 잔에 넣으면 맥주의 온도가 4℃로 유지된다.

한 대표는 "생맥주는 보통 저장용 탱크에서 꺼낸 후, 5분이 지나면 맛이 조금씩 변질되기 시작하지만, 냉각홀더로 차가운 기운을 공급해 주면 몇 시간이 지나도 생맥주 고유의 시원한 맛을 그대로 유지한다"고 설명했다.

생맥주를 담는 잔도 독특하다. '싱글', '더블', '트리플'이라 불리는 맥주잔은 입에 닿는 부분(주둥이)이 좁게 만들어져 있다. 잔에 든 생맥주가 따뜻한 공기와 접촉하는 부분을 최소화하기 위해서다. 생맥주 안에 든 효모균이 공기에 노출되면 산화현상을 일으키고 맥주 맛이 변하기 때문이다.

약 950cc의 맥주를 담을 수 있는 'ACE 롱잔'은 이벤트 잔으로도 불리면서 고객들에게 특히 인기가 많다. 특유의 맥주잔 받침대가 같이 제공되는데 독특한 모양으로 새로운 것을 원하는 고객들이 즐겨 찾는다고 한다.

특이한 맥주잔은 한 대표가 삼성전자에 재직할 당시 남미 출장길에서 아이디어를 얻은 것이다. 남미 사람들이 긴 맥주잔에 맥주를 따라 마시는 것을 보고 긴 모양의 맥주잔 도입을 구상했다. 입구를 좁게 만들어 공기와 닿는 면적을 적게 해 맥주가 산화되는 것을 방지한 것이다.

한 대표는 "고객들은 자신이 지불한 금액만큼의 만족을 얻을 수 있는지 상품의 가치를 꼼꼼히 따져보고 접근하고 있다"며 "냉각테이블이나 잔 등도 고객에게 만족감을 최대한 제공하자는 측면에서 개발됐다"고 말했다.

또한, 그는 가맹점의 안정적인 매출을 위해 고객 데이터베이스를 확보해 마케팅에 적극 반영하고 있다. 정기적인 이메일 설문조사를 통해 각 매장의 만족도 조사를 실시해 가맹점들의 매출 향상에 적극적으로 나서고 있는 것이다.

경쟁력과 맛, 수익성, 점포관리 등에서 기존 생맥주 시장의 혁명이라고까지 평가받고 있는 가르텐비어는 현재 160여개의 가맹점을 운영하고 있다. 브랜드 런칭 이후 폐점률 0%를 기록할 정도로 신뢰도 또한 높다.

한 대표는 "향후 가맹점을 300여개 이상으로 확대해 나갈 예정"이라며 "디지털 점포화로 회사와 점주, 고객이 하나가 되는 최고의 프랜차이즈 브랜드로 발전시켜 나갈 것"이라고 자신했다.

"맥주 맛 살리는 냉각테이블로 홍대 앞 젊은 입맛 잡았죠"

"김 안 빠지는 4℃ 유지… 마지막 한모금도 시원하게…"

'가맹점 밀착 경영'으로 6년 동안 폐업 한곳도 없어…

홍대 '피카소 거리'는 이름만큼이나 개성 있는 카페와 커피숍으로 넘친다. 20대 초반의 톡톡 튀는 소비자가 주 고객인 만큼 웬만한 창업 아이템으로는 명함도 내밀기 힘든 곳이다.

금요일 저녁 가르텐비어 피카소점, 1층도 아닌 3층에 자리 잡고 있지만 빈자리가 없을 정도다. 주변에 개성 넘치는 맥주 바들을 제치고 프랜차이즈 가맹점 가르텐비어가 홍대 앞 젊은 고객들의 입맛을 사로잡은 성공비결은 뭘까?

가르텐비어 프랜차이즈 기업을 운영하는 한윤교 ㈜디즈 대표는 "차별화된 아이템, 기술력, 본사의 지원이라는 3박자가 갖춰진다면 프랜차이즈 가맹점 창업은 성공창업이 남의 일만은 아니다"고 말한다.

한 대표가 자랑하는 가르텐비어의 기술은 바로 냉각테이블, 즉 테이블에 장착된 냉각홀더 안에 잔을 넣으면 생맥주의 온도를 맥주 맛이 가장 좋다는 4℃로 유지시켜 준다. 외부 온도 상승으로 인한 결로가 생기지 않아 탄산이 빠져 나가지 않아 가르텐비어의 냉각테이블 생맥주는 마지막 한 모금까지 생맥주 특유의 시원한 맛을 즐길 수 있다.

한 대표는 엔지니어 출신이다. 국내 최고의 기술력을 자랑하는 삼성전자에서 10년간 제조공정 관리를 담당했다. 엔지니어 시절부터 기계 설비를 개선해 생산력을 극대화시켰던 한 대표는 사내 아이디어 제안에서 10명이 근무해야 하는 검사 업무를 2~3명만으로 가능하도록 한 설비로 우수사원에 뽑히기도 했다.

엔지니어 출신인 한 대표가 생맥주 사업을 시작한 것은 호기심 때문이었다. 한 대표는 "예전에 직장을 다닐 때 남미로 출장을 가서 본 여러 가지 모양의 맥주잔이 신기했다"며 "신기한 맥주잔이 깨지지 않게 테이블에 고정을 시키고 차가운 온도를 유지할 수 있으면 어떨까라는 생각이 냉각테이블을 탄생시켰다"고 말했다.

냉각테이블을 개발하고 사업을 해보기로 작정한 한 대표는 대전의 허름한 지하사무실을 월세 40만원에 얻어 생맥주 프랜차이즈 사업을 시작했다. "회사 설립 1년 동안은 같이 일을 시작한 직원 4명에게 월급 한 푼 주지 못할 정도로 힘들었다"며 "냉각테이블 기술이 사업으로 성공할 수 있다는 믿음이 가르텐비어를 만들었다"고 한 대표는 강조한다.

2003년 창업 이후 입소문을 타고 대전, 충청 지역 생맥주 전문점 시장을 장악하던 가르텐비어는 2006년부터 서울로 입성했다. "'말은 제주도로 사람은 서울로'라는 말처럼 제대로 된 프랜차이즈 기업으로 성공하려면 서울 진출이 반드시 필요하다고 생각했다"는 한 대표는 서울로 진출하면서 가맹점 확대에 가속을 붙여 창업 5년 만에 150개의 가맹점을 확보했다.

한 대표가 생각하는 프랜차이즈 사업의 가장 중요한 것은 '사람'이다. "나를 믿고, 또 가르텐비어라는 브랜드를 믿고, 가맹계약을 하는 만큼 믿음에 보답하는 것이 의무라고 생각한다"며 "회사 규모를 키우기 위해서는 신규 가맹점을 늘리는 것도 중요하겠지만 기존 가맹점을 관리하는 것이 더 중요하다"고 한 대표는 말했다.

사람 관리가 사업의 첫 번째 조건이라는 한 대표는 '가맹점 밀착경영'을 통해 프랜차이즈 업계의 새로운 바람을 일으키고 있다. 가르텐비어는 한 달에 한 번 본사 직원들이 가맹점에 파견돼 매장운영을 돕는 '가맹점 봉사의 날'을 운영하고 있다. 이날은 본사 직원들이 직접 서빙도 하고, 카운터 일도 하면서 가맹점 사업자와 가맹점 종업원들과 정과 땀을 나눈다. 앞으로는 한 달에 2회로 늘려 가맹점과의 유대관계를 더욱 높일 예정이다.

한 대표는 "프랜차이즈 업체들의 생명력이 짧아지면서 좋은 평가만 받고 있지는 않다"며 "한발 한발 기존 프랜차이즈 업체들과 다르게 다가서니까 가맹점주들도 마음을 열기 시작했다"고 말했다. 한 대표의 '가맹점 사랑' 덕분인지 가르텐비어는 창업 이후 폐점한 가맹점이 아직 단 한 곳도 없다.

한 대표는 프랜차이즈 사업을 '퍼플오션'의 영역이라고 강조한다. 퍼플오션은 새로운 시장을 개척하는 블루오션과 기존 시장인 레드오션이 적절하게 혼합된 시장이라는 의미란다. 블루와 레드를 같은 비율로 섞었을 때 얻을 수 있는 보라색에서 이름을 딴 나름의 이론이다.

한 대표는 "맥주주점이라는 흔한 콘셉트에 냉각테이블이라는 차별화된 기술력을 덧붙인 것은 시장개척의 위험부담을 최소화하면서 차별화도 꾀한 전략"이라며 "기존시장도 남들보다 한발 앞서 변화를 준다면 얼마든지 성공할 수 있는 창업시장이 된다"고 말했다.

한 대표가 올해 새롭게 론칭한 '치킨 퐁'도 퍼플오션 전략의 하나다. 치킨이라는 레드오션 시장에 기술력으로 승부수를 건 것이다. 독일산 컨백션 오븐기를 벤치마킹하고 ㈜디즈만의 아이디어를 덧붙여 새로운 개념의 '컨백션 오븐기'를 만들었다. 기계 제작에 꼬박 10개월의 시간을 투자했다. 자체 개발한 컨백션 오븐기는 기름에 튀기지 않으면서 치킨을 빠르게 구워내는 것이 특징이다.

신규 브랜드 론칭과 함께 해외진출도 본격화할 계획이다. 현재 베트남에 현지 법인을 설립해 프랜차이즈 사업을 준비하고 있고, 중국시장은 냉각테이블에 대한 특허등록이 완료되면 언제라도 진출할 수 있도록 준비를 해 놓은 상태다.

사람에 대한 각별한 애정을 갖고 있는 한 대표는 사회사업에도 열심이다. 지난해 기름유출 사고로 어려움을 겪었던 태안에서 기름제거 작업과 함께 약간의 식료품을 지원하기도 했고, 갖가지 불우이웃 돕기 행사도 진행하고 있다. 매월 셋째 주 토요일에는 본사 직원들이 영아원을 방문해 봉사활동을 벌인다. 한 대표는 "규모가 큰 회사에 비하면 아직 미미한 수준이지만 지원규모를 더욱 늘려갈 생각"이라고 말했다.

출처 : 인터넷한국일보

대전광역시 중구 중앙로 124 • 이화빌딩 3층
www.garten.co.kr ☎ 042-524-8081

8 갈중이, 조순애 대표

제주 전통 갈옷에 생활복 디자인을 입힌 천연감물염색 제품, 전통과 편리함을 전문가의 노력으로 삼대의 역사성과 함께 행복을 목표하는 의류 브랜드.

불경기 속에서도 해마다 두 자릿수 성장을 구가하는 시장이 있다. 아웃도어다. 몇 년 간 불어 닥친 캠핑 열풍으로 시너지 효과를 내며 몸집을 불려가고 있다. 이런 시장에 한국 전통 섬유와 친환경 염색으로 무장한 생활한복 전문브랜드가 등장했다. '조순애' "갈중이" 대표는 37년간 3대에 걸쳐 감물염색과 제주도 전통의복인 '갈옷' 제작 및 개발이라는 한 길을 걸어왔다.

시댁은 3대째 옷을 만드는 집이었다. 여기에 제주산 천연재료로 물을 들이는 천연염색도 병행했다. 예로부터 제주도에서는 흔히 '땡감'으로 알려진 떫은 감나무를 집집마다 키웠다. 제주도민들은 그 감물을 이용해 광목천 등을 염색해서 생활복으로 활용했다. 그렇게 옷감을 염색하면 '땡감'의 떫은맛을 내는 탄닌 성분으로 인해 자외선 차단효과가 높아지고 통기성이 좋아진다.

시어머니는 5일장에 옷을 팔았고, 남편은 천연염색 작업을 도맡았다. 시간이 흐르면서 자연스럽게 며느리인 조순애 갈중이 대표도 옷감을 염색하고 옷을 만들기 시작했다. 옷이 삶이고, 삶이 옷이 됐다. 그의 삶도 180도 달라지기 시작하면서 제주명품 갈옷으로 사업을 생각하게 됐다. 이렇게 해서 1997년 8월 천연감물염색 브랜드 '갈중이'가 탄생했다. 상표등록을 마친 후 제주 서귀포시에 본사도 설립했다. '갈중이'의 브랜드 명은 제주도 전통 의복인 '갈옷'의 방언에서 따왔다. 수많은 옷 중에서 길옷을 선택한 이유는 한 가지다. 갈옷이 곧 제주의 문화유산이기 때문이다. 갈색을 띠는 옷이라는 뜻을 갖고 있는 갈옷은 제주도에서 고려시대부터 입던 민속의상이다. 갈옷은 여름에 시원하고 습기에 강해 땀을 흘려도 옷감이 몸에 달라붙지 않는다. 염색에 사용되는 감즙은 방부제 역할까지 한다. 조 대표는 갈옷은 지켜야 할 제주의 전통이라고 말한다. "제주산 천연재료로 염색해 제주 문화가 고스란히 녹아 있어요. 소박하지만 친근한 전통미와 실용성을 보여줌으로써 제주문화유산을 전파하고 싶어요"라고 말한다.

조 대표는 아울러 제주의 문화가 녹아든 갈옷(의류) 뿐만 아니라 스카프, 모자, 가방, 인형 등 상품도 다양하게 개발했다. 갈옷 입힌 제수도 기념 인형은 제주의 민속 이미지를 표현했다. 전국 관광지에 상품을 알리면서 외국인 관광객의 시선도 사로잡았다. 특히, 스카프와 가방은 큰 인기를 끌었다. 감물로 염색한 갈색 천으로 제작한 가방은 천연 염색 특유의 매력을 발산했다.

갈중이는 2009년 제주갈천 염색견뢰도 개선방법으로 대한민국 특허를 취득했다. 2013년에는 감물분말염료 제조방법과 베개 제조방법으로 특허를 취득했다. 이같이 뛰어난 기술력을 인정받아 각종 상을 차지했다.

2007년 제주특별자치도 관광기념품전 대상, 한국관광공사 한국관광명품인증(제174호), 2009년 전국관광기념품공모전 국무총리상 수상과 2009년 한-아세안 특별정상회의 11개국 정상 기념품에 선정됐다. 또한, 제주자치도에서 선정한 제주형 프랜차이즈 가맹본부로 제주도를 대표하는 기업으로 우뚝 섰다. 2013년에는 스타기업인증도 받았다.

조 대표는 '갈중이'만의 장점이 있다고 말한다. "37년 간의 노하우가 있어 고객의 요구에 맞게 염색 소재나 디자인을 다양하게 변경할 수 있어요. 가격경쟁력도 갈중이만의 장점이죠. 갈중이는 천연감물염색부터 갈옷 디자인까지 갈옷 봉제에 이르는 전 공정을 직접 생산하기 때문에 시중의 갈옷보다 저렴한 가격으로 공급이 가능해요."라고 했다.

조 대표는 갈중이의 성장을 위해 2013년 9월 17일 서울 인사동에 매장을 오픈했다. 조 대표가 갈중이의 가맹사업을 결심한 후 이뤄낸 것이라서 의미가 남다르다. "서울 인사동점은 갈중이의 대중화를 도모하는 거점이에요. 이를 계기로 갈옷을 사랑하고 제주의 문화유산을 이어가고자 하는 예비창업자들을 대상으로 가맹사업을 본격화할 예정이죠."라고 했다.

갈중이가 운영중인 쇼핑몰 갈빛누리도 인기다. 쇼핑몰을 통해 제주 전통의상 갈옷 대중화에 한발 더 다가서고 있다. 갈중이는 쇼핑몰 오픈으로 상품의 정보제공과 결제를 편리하게 했고, 쇼핑몰에는 실생활에서 멋스러움을 자랑할 수 있는 다양한 상품들을 만나볼 수 있다.

이상헌 창업경영연구소 소장은 "갈중이는 제조방법 특허 등 뛰어난 기술력을 보유하고 있는데다 염색부터 디자인, 봉제까지 전 공정을 직접생산해 기성복 중심의 생활한복전문점에 새로운 바람을 일으키고 있다"고 평가했다. 그리고 "쇼핑몰을 통해 상품의 정보제공과 결제를 손쉽게 하도록 만들어 주부들의 편리성을 높인 점도 성공의 중요 요인"이라고 말했다.

출처 : 스포츠조선

제주특별자치도 서귀포시 안덕면 사계남로 216번길 24-61
www.jejumg.com ☎ 064-792-1688

9 코리안바베큐, 이원성 대표

복고적 인테리어와 32가지 약재로 개발한 전통 바베큐 치킨 브랜드. 기와와 서까래의 전통과 천연 숯에 두 번 구운 바베큐를 맛과 건강을 함께 서비스하는 건강한 치킨 전문 브랜드.

"한국 고유의 장맛에 천연재료를 첨가한 한방 소스 차별화로 가장 세계적인 맛을 내겠습니다." ㈜TBBC의 '코리안 숯불 닭 바베큐' 이원성 사장은 "단지 값 싸고 질이 좋다는 이유 하나만으로 고객들의 필링을 기대하는 것은 위험하다"며 "새로운 맛과 쉽게 생각하지 못한 남다른 인테리어로 자연스럽게 가장 한국적인 것을 유출해 내는 게 경쟁 우위를 가질 수 있다"고 강조한다.

'코리안 숯불 닭 바베큐'는 얼리지 않은 생닭만을 사용, 육질이 부드럽고 쫄깃쫄깃하다. 차별화된 조리방법 또한 닭 바베큐의 참 맛을 내는 한 가지 비결이다. 30분 동안 초벌구이로 80%의 지방을 제거한 뒤 14 등분해 고객의 기호에 따라 22가지의 한방재료가 첨가된 한방소스로 다시 구워 95%까지 기름기를 뺀다. 그리고 은은한 참숯불에 두 번 구워 누린내가 나지 않고 맛이 담백한 게 코리안 숯불 닭 바베큐의 특징이다.

위기는 새로운 기회라고 늘 강조하는 이 사장은 마라토너 출신으로 건설업을 하다가 프랜차이즈 사업에 뛰어든 특이한 경력의 소유자다. 중·고교 시절 마라톤 선수로 활동, 졸업 후 증권회사에서 근무했다. 17년의 회사생활을 끝내고 시작한 것이 바로 건설업이었다. 그러다 IMF로 회사가 부도나면서 수원 성균관대학교 앞에 닭 바베큐 전문점을 차렸다.

비바람을 맞고 직접 오토바이로 배달하며 사업시작 5년 만에 300개의 가맹점을 거느린 프랜차이즈 업체를 일궈냈다. "기름기 제거를 위해 초벌구이와 재벌구이를 하는 것이 점주 입장에선 상당히 귀찮고 힘듭니다. 하지만, 가장 한국적이고 차별화된 맛을 지키기 위해선 어려움을 이겨내야 한다고 생각합니다. 그것이 바로 경쟁력이니까요" 그는 숯불로 굽는 전통적인 조리방법으로 특허출원과 실용신안을 획득했다. 이는 스스로 만든 1급 비밀이다.

또 점포 인테리어는 옹기를 깨어 박아 만든 지붕이나 목재를 통째로 사용한 탁자와 의자는 토속적인 분위기를 통해 타 업체보다 보다 강한 고객 접근성과 다시 찾아오게 만드는 서비스의 비결이다. 국내에 수십 개의 치킨 프랜차이즈가 있지만 '코리안 숯불 닭 바베큐'가 경쟁력을 잃지 않고 꾸준히 성장할 수 있었던 이유다.

㈜TBBC에서는 전국 일일 물류관리 시스템 구축 및 가맹점별 관리항목 점검표를 통해 점주와 일대일 상담으로 사후 관리에 만전을 기하고 있다. 매월 가맹

점별 우수가맹점을 지정해 가맹점 양성화에 주력하면서 고객들이 보다 편안하고, 가족적인 회식장소로 코리안 숯불 닭 바베큐를 음미할 수 있도록 서비스하는 동시에 다양한 소스의 연구 개발에 집중 투자하고 있다.

특히, 지속적인 상품개발과 과감한 투자 또한 아끼지 않는다. 코리안 숯불 닭 바베큐 점포는 마치 동화 속에 나오는 버섯처럼 둥근 지붕에 내부는 향토로 시공하고 커다란 항아리가 놓여 있어 고향의 정취를 느낄 수 있는 분위기를 연출해 또 다른 매장을 구성한 케이스이다. 또 조리하는 모습을 손님들이 볼 수 있도록 전면에 강화유리로 주방을 볼 수 있도록 하고 황토화덕에서 닭을 구어 낸다.

특히, 바베큐의 맛이 매콤해 주류 소비량이 많아 다른 치킨전문점보다 매출이 높다고 이 사장은 귀띔한다. 22가지 한방재료가 들어간 특화된 소스와 황토화덕, 인테리어 등 모두가 오랜 기간의 연구 끝에 이 사장이 개발한 작품들이다.

코리안 숯불 닭 바베큐 가맹점들은 1년에 한 번씩 매장 인테리어를 바꾼다. 단지 낡은 곳을 보수하는 수준이 아니라 한 층 더 업그레이드 하는 것이다. 고객에게 깔끔하고 더 나은 분위기를 제공하기 위해서다. 물론, 매장 업그레이드 비용은 본사가 전액 부담한다.

전국적으로 300개나 되는 매장관리 비용은 만만치 않은 금액이지만 이 사장은 "가맹점과 본사 모두에게 이득"이라고 말한다. "가맹점이 살아야 본사가 산다"는 상생의 원칙을 몸소 실천하고 있는 것이다.

프랜차이즈 업계 최초로 연수원(용인 소재)을 가지고 있는 ㈜TBBC는 올해 초 새로운 브랜드를 출시했다. 캘리포니아 롤 전문점인 '스시짱 롤이야기'와 퓨전일식주점인 '탕'이 그것이다.

이 대표는 파워를 그대로 유지하면서 유통망을 장악할 수 있기 때문에 이처럼 브랜드 확장으로 브랜드파워를 강화하고 있다. 그리고 한국 고유 바베큐맛 세계에 알린다며 "한국 고유의 장맛에 천연재료를 첨가한 한방 소스 차별화로 가장 세계적인 맛을 내겠습니다."라고 했다.

코리안 바베큐를 운영하고 있는 이원성 대표는 한국적 요소를 앞세워 브랜드 경쟁력을 높이는 것을 경영원칙으로 삼고 있다. 남들이 쉽게 따라할 수 없는 한국적 요소가 소비자의 만족도를 높이는 요소가 될 것이란 믿음 때문이다.

또 브랜드 경쟁력 유지를 위해 지속적인 상품개발과 과감한 투자 또한 아끼지 않는다. ㈜TBBC에서는 전국 일일 물류관리 시스템 구축 및 가맹점별 관리항목 점검표를 통해 점주와 일대일 상담으로 사후 관리에 만전을 기하고 있다.

이 대표의 목표는 3년 안에 1,000개의 가맹점 개설과 해외 10개국에 진출하는 것이며, 그리고 한국의 대표 프랜차이즈 기업으로 성장하는 것이다. 라고 했다. "앞으로 글로벌 시대의 경쟁력 제고를 위해 해외진출에도 힘을 쏟을 계획입니다. 특히, 한국을 대표하고 국민건강에 이바지하는 기업으로 발돋움 할 것을 약속드립니다."고 했다.

그는 "글로벌 시대의 경쟁력 제고를 위해 해외진출에 힘을 쏟을 계획"이라며 "프랜차이즈 시장 성장을 위해 다양한 노력을 기울여 나갈 예정"이라고 말했다.

출처 : 스포츠조선/서울경제신문

경기도 화성시 매송고색로 395번길 7
www.tbbc.co.kr ⓒ 031-245-8877

10 코바코돈가스, 이용재 대표

"코박고 먹는 즐거움"을 표방하는 맛의 신화 돈가스&초밥 전문 브랜드, 자체 공장에서 1일 생산하는 차별적 식재료에 정성을 가득 담은 돈가스 전문점.

기존 돈가스와는 차별화된 다양한 맛과 신메뉴 개발을 통해 끊임없는 변화를 시도하며 소비자의 입맛을 사로잡은 ㈜호경에프씨(대표이사 이용재)의 코바코는 식상해지는 돈가스 시장의 틈새를 공략해 돈가스의 새로운 장을 열고 있다.

고객들이 자신의 입맛에 맞게 골라 먹는 돈가스·우동·생선초밥 전문점으로 재탄생한 코바코는 지속적인 품질혁신과 자체 물류센터에서 생산품목을 직접 생산하고 배송하는 체계적인 시스템을 도입해 본사와 가맹점주와의 원활한 의사소통을 위한 커뮤니케이션 센터를 운영하며 예비창업자들과 가맹점주들에게 신뢰를 받고 있다.

특히, 신제품 출시에 끊임없는 연구와 개발은 물론 가맹점주들의 철저한 실습과 현장교육을 통해 다양한 메뉴의 특성 이해를 도우며 상생과 협력의 성공사례로 손꼽히고 있다.

IMF(국제통화기금), 외환위기가 곧 기회였다.

고등학교를 갓 졸업한 이용재 대표는 사회에 첫발을 냉장고, TV, 에어컨, 가스레인지 등 대형 가전제품을 수입하는 수입전문 가전업체에서 시작했다. 요즘이야 삼성전자, LG 등의 우리나라 가전제품들이 세계를 석권하고 있지만, 당시만 해도 소형제품 위주였던 국산 가전제품은 외국제품과 비교대상 조차되지 않았다.

군에 입대한 후 휴가 때마다 회사를 찾아 일을 하다 부대로 복귀한 일화가 그의 성실함을 대변해 줄 정도로 고졸사원으로 직장생활을 시작한 이 대표는 '성실' 하나로 직장 내에서 인정을 받았다.

한결같은 성실함을 옆에서 지켜봐왔던 가전업체 사장이 자녀가 아닌, 28살에 불과한 이 대표에게 회사를 물려주면서 이 대표는 본격적인 회사경영에 나서게 됐지만, 1980년 후반부터 국내 전자업체는 하루가 다르게 발전했고 그만큼 수입가전 사업은 내리막길을 걷게 됐다.

게다가 1998년 IMF 외환위기로 환율이 급격히 상승하면서 수입가전사업도 사실상 사양산업으로 추락하는 등, 이 대표도 새로운 변화의 시점을 맞게 됐다.

그는 "IMF로 인해 더 이상 수입가전사업을 지탱하기 힘들어지자 변화를 모색하기 위해 해외까지 나가 사업을 구상하기도 했다"며 "외식사업에서 발전 가능성을 보고 수입 가전사업을 정리하고 프랜차이즈 사업을 과감하게 시작하게 됐다"고 말했다.

가격(문턱)을 낮춘 코바코

고객에게는 맛있는 음식을 통한 행복을, 가맹점에는 안정된 수익을 제공하는 '정직한 프랜차이즈 기업'을 모토로 1999년 호경에프씨를 설립한 이 대표는 '코를 박고' 먹을 만큼 맛있는 음식을 만든다는 의미로 '코바코' 브랜드를 론칭했다.

20년 동안 안정적인 프랜차이즈 운영시스템을 구축한 것은 물론, 경영성과와 업적을 인정받아 한국프랜차이즈대상 5회 연속 수상, 제10회 한국유통대상 프랜차이즈부문 최고의 영예인 산업자원부장관상 및 한국프랜차이즈대상 '국무총리표창'을 수상하고, 중소기업청의 '우수 프랜차이즈' 선정 등 사업성, 안정성, 우수성을 인정받고 있다. 또한, ISO9001 품질경영시스템인증, 대한민국 하이스트브랜드 선정, 100대 프랜차이즈 브랜드 선정, 기업혁신형 중소기업 INNOBIZ 인증 등으로 대내외적으로 브랜드의 가치도 강화되고 있다.

이 대표는 "아이템 시장조사를 하던 중 저렴하게 돈가스를 팔던 경양식집을 발견하게 됐다"며 "일본 전통식으로 해서 새로운 맛과 품질로 고객에게 저가형으로 내놓으면 좋겠다는 생각을 갖게 됐다"고 말했다.

그는 또 "우선 주로 2층에 있던 경양식집을 1층의 소규모 점포로 전환하고 돈가스뿐만 아니라 우동까지 포함하는 복합 아이템을 개발하는 한편, 저가형 초밥을 출시해 문턱을 낮추게 됐다"고 설명했다.

소통과 공감 그리고 상생.

호경에프씨는 신메뉴 개발을 담당하는 식품개발연구소, 위생적인 생산과 전국 일일배송이 가능한 제1·2생산물류센터 등 완비된 인프라를 기반으로 가맹점을 지원하고 있으며, 전국의 상권 및 입지에 따라 수익성을 최대화할 수 있도록 점포별 모델을 차별화하여 직영점 3곳을 포함하여 150여 점포를 운영 중이다.

"'갑과을' 관계의 일방적 관리가 아닌 상생 및 협력적 관리는 가맹점 사장들의 본사와 브랜드에 대한 끈끈한 애정으로 성장발전의 중요한 기틀이 되었다"고 강조하는 이 대표는 "브랜드 론칭 이후 1년 동안 지사 운영이 제대로 안 되는 등 변화에 대한 어려움이 많았다"며 "지사를 폐지하고 본사에서 직접 물류를 관리해 어느 가맹점이든 거의 동일한 맛을 낼 수 있게 됐다"고 말했다.

특히, 무분별한 가맹점 수의 증대보다는 가맹점의 안정적인 수익성을 우선으로 하는 이 대표는 가맹점에 오픈 전과 오픈 후에 따른 단계별 지원을 아끼지 않는다. 가맹계약 전 상담단계에서 철저한 현장조사와 사업타당성을 조사해 최적의 투자수익 모델을 만든다.

오픈 전 철저한 이론 및 실기교육, 점포 현장실습 뿐만 아니라 점포 오픈 후에도 전문슈퍼바이저인 지역장이 정기적 방문을 통하여 QSC 지도, 가맹점주와 함께 현장에서 수익성 진단프로그램을 통해 문제점 파악 및 원가절감 방안, 메뉴 믹스의 조정 및 판촉 프로그램 등을 수립해 실행하고 있다.

통합된 모바일 커뮤니케이션 시스템을 도입하여 온라인 커뮤니케이션 센터운영으로 고객과 가맹점 운영자 및 본사 간의 실시간 커뮤니케이션을 통하여 신속한 업무처리 및 지원을 하고 사내 인트라넷 시스템인 BSC 시스템과 연계하여 해당 부서에서 처리결과를 실시간 모니터링하고, 신속하게 대처할 수 있도록 운영하고 있다.

이 대표는 "프랜차이즈는 고객이 가맹점을 찾아 줘야 하는데 진정 돈가스를 어떻게 만드느냐에 따라 고객들의 발길을 잡을 수 있다"며 "맛, 품질, 건강을 함께 할 수 있는 신메뉴를 개발해 먹는 즐거움을 주는 프랜차이즈로 발전해 나가겠다"고 다짐했다.

'코바코'는 설립 당시 포화시장이라는 평가가 내려졌던 돈가스전문점 시장에 뛰어들어, 독특한 복합 메뉴 시장을 개척한 브랜드다. 2000년대 급속히 증가한 우동, 돈가스 전문점과의 경쟁상황을 극복, 현재까지 꾸준히 성장 중이다.

메뉴 경쟁력 유지해 고객만족, 가맹점 만족.

돈가스, 우동, 초밥전문점은 전통음식은 아니지만 그 못지않은 넓은 고객층을 지닌 업종이다. 각 메뉴는 고객층이 좁고 유행에 민감한 성향이 있지만, 이들을 모아 놓으면 어느 업종보다 대중적 선호도가 높다는 것을 알 수 있다.

현재 기본 메뉴인 돈가스, 우동, 초밥이 차지하는 매출 비중은 70% 이상이다. 트렌드 메뉴군이라는 약점을 보완하기 위해 세부 메뉴는 장기적으로 꾸준히 팔릴 수 있는 것으로 우선 접목했다. 기본 메뉴에 대한 집중도를 높이기 위해 신메뉴 출시는 연 1회로 제한하고 있다.

코바코 이용재 대표는 "프랜차이즈는 점포운영 경험이 없는 초보 점주들이 많아 메뉴 변동이 자주 있는 것은 좋지 않다"고 설명했다. 전체적인 메뉴 구성이나 조리 틀에서 변화가 자주 일어나면 점주들의 운영 부담이 늘어나기 때문이다. 또한, 출시메뉴 수명이 몇 개월 밖에 안 된다는 인식을 갖게 되는 것도 문제가 될 수 있다. 따라서 코바코는 신메뉴 출시로 변화를 주는 대신 기존 메뉴 품질을 철저히 관리해 매출 안정화를 이뤘다. 현재 가맹점 일평균 매출은 100만 원선으로 1인당 객단가가 6,500~7,000원 대로 다소 높지만 메뉴 만족도가 높아 안정적인 매출을 올리고 있다.

메뉴 품질을 유지하기 위해서는 원재료와 레시피 관리가 필요하다. 코바코는 김포 물류센터에서 쌀과 채소를 제외한 전 재료를 반가공 상태로 직접 가맹점에 공급하고 있다. 메뉴 중 5개는 직접 가공하여 생산까지 마쳐 제공한다. 대부분 조리과정을 물류공장에서 마친 후 공급되기 때문에 가맹점의 조리에도 변동폭이 적어 맛의 변화가 거의 없다.

레시피 관리는 오픈 전 조리교육과 사후 조리를 동영상 제공으로 하고 있다. 오픈 예정 매장 평수별로 필요한 인원을 산출, 인력구성을 마치고 교육에 들어간다. 일주일간 각 메뉴군 별로 조리교육을 하고, 평가과정을 거친다. 통과되지 못했을 때는 3~7일간 추가 교육을 실시하기도 한다.

오픈 후에는 온라인 커뮤니케이션 센터에 올려놓은 메뉴별 조리 동영상을 보고 수시로 자신의 레시피를 체크하도록 한다. 주방인력 교체시에도 이를 활용해 점주가 직접 조리교육을 할 수 있도록 하고 있다. 운영 중 문제가 생겼을 때는 본사 메뉴 슈퍼바이저를 파견해 조리과정을 조절해 준다.

입지, 상권에서 자유로운 출점 전략.

코바코는 B급지와 A급지에서 동시 출점하고 있다. 자본이 부족한 소자본 창업자는 B급지 중소형 매장에서 테이크아웃과 배달 서비스를 병행해 매출을 올린다. 오피스가와 주택가 복합 상권에 입점하면 배달판매로도 일정 수익을 올릴 수 있다. 현재 전 가맹점에서 배달판매로 얻는 수익은 25~30% 선으로 마진율이 34%로 높은 편이라 고정비를 줄이고 배달판매를 활성화하면 안정적인 수익을 얻을 수 있을 것으로 보인다.

자본금에 여유가 있는 경우라면 번화가 A급지에 중대형 매장으로 입점하여 홀 영업을 활성화하는 것도 괜찮다. 이전까지는 40대 창업자가 B급지에 입점하는 것이 대부분이었으나, 최근에는 번화가 입지 쪽으로 추세가 바뀌고 있다.

가맹본사에 따르면, 최근 창업자 연령대가 낮아지면서 공격적인 영업을 하는 경향이 늘어난데다 브랜드 인지도가 높아지면서 대로변 A급 입지에서도 충분히 수익을 창출할 수 있다는 판단을 했기 때문으로 풀이된다.

가맹점 수가 늘어나며 가맹점 관리 시스템도 자리를 잡고 있다. 코바코는 가맹점 만족도를 높이기 위해 지난 2005년부터 홈페이지를 통한 커뮤니케이션 센터 운영과 소식지 발송을 해오고 있다. 온라인 커뮤니케이션 센터는 본사의 지원, 마케팅 방향 전달은 물론, 가맹점주 불만사항과 건의사항을 수시로 교환할 수 있는 곳이다. 가맹점주가 불만사항을 올리면 접수 후 24시간 내에 담당 슈퍼바이저가 개선책을 마련해 올리도록 돼있다. 담당직원은 물론, 이 대표를 비롯한 전 직원이 수시로 열람하고 확인해 신속한 응답을 해 주고 있다.

신규 전달사항이나 가벼운 읽을거리, 매장관리 노하우 등으로 구성한 소식지도 1~2주 간격으로 제공하고 있다. 이 대표는 "유니폼 지원, 매장 정비 등 소소한 지원으로 본사가 가맹점에 먼저 다가가려는 노력을 꾸준히 하고 있다"며 "가맹점 상생경영은 물론 업무, 복지 등 본사 내부 시스템화와 전 가맹점 POS화로 관리된다"고 한다.

코바코는 '혁신, 상생, 가치, 글로벌경영'이라는 4대 목표달성과 제 2브랜드인 '옹박골' 보완작업으로 한 단계 성장한 기업으로 전진하고 있다.

출처 : 경인일보

서울시 강서구 우장산로 2길 6
www.cobaco.com 02-333-5000

11 정성만김밥, 김민철 대표

> 건강, 행복 그리고 만족을 위한 고객만족 브랜드를 추구하는 김밥 장인 브랜드, 맛과 건강을 추구하는 정성 가득한 메뉴들로 고객 감동을 위해 노력하는 브랜드.

'정성만김밥' 김민철 대표는 외환위기(IMF) 전까지 평범한 회사원이었다. 생계를 위해선 개인사업을 해야만 했다. 그는 처음 편의점 사업을 시작했지만 사업은 신통치 않았다.

그때 택한 게 김밥이다. 김 대표는 "편의점을 하며 간편식 시장의 성공 가능성을 보고 무작정 김밥이 맛있는 집들을 찾아가 무보수로 일을 했다"고 말했다. 그는 이어 "6개월 정도 일하면서 재료 고르는 요령과 손질, 고객응대, 주방 등을 배웠다"고 말했다.

김 대표는 노하우를 바탕으로 2000년 분당 서현역 인근에 드디어 자신만의 김밥집을 오픈했다. 당시 그가 판매하던 김밥은 일반 분식전문점에서 흔히 볼 수 있는 저가형 김밥이다. 나름 장사도 잘 됐다. 하지만, 아쉬움이 존재했다. "김밥의 품질을 높이고 싶었어요. 최상의 재료로 깊은 맛을 내는 김밥을 만들고 싶다는 욕구가 생겼죠." 그의 결심은 2014년 행동으로 옮겨졌다.

"2~3달 전국을 돌았어요. 김밥 맛집이라고 소문난 곳은 제주도를 포함해 전부 가봤죠. 맛을 보면서 그 집의 장점이 무엇인지, 소비자의 트렌드는 어떤지 등을 파악하려고 노력했어요." 이것이 정성만김밥이 탄생하게 된 배경이다. 브랜드 이름처럼 정성이 가득한 김밥을 만든거다.

김밥하면 떠오르는 단무지를 사용하지 않는다. 국내산 무를 직접 절여 사용한다. 먹고 나면 깔끔하다는 게 고객들의 평가다. 여기에 숯불의 향을 담은 숯불직화구이김밥 등, 독특한 메뉴도 만들었다. 2014년 11월 서울 도곡역 인근에 오픈한 매장은 대치동 김밥 맛집으로 평가받으며 SNS에서도 뜨거운 반응을 보였다. 1년여 동안 도곡역점을 직접 운영한 그는 문제점을 개선하면서 프랜차이즈 사업에 뛰어들었다.

김 대표는 "외식업의 기본은 음식이지만 가장 중요한 것은 초심"이라며 "예비창업자라면 처음 음식점을 오픈했던 당시의 맛을 유지하겠다는 끝까지 초심을 가져가야 브랜드 경쟁력을 확보할 수 있을 것"이라고 조언했다.

창업의 목적은 돈을 버는 거다. 그렇다고 자신이 하기 싫은 업종을 선택해서는 안 된다. 좋아하고 잘할 수 있는 아이템을 선택해야 한다. 그래야 오랫동안 운영이 가능하다고 했으며, 김밥 하나로 17년 외길 인생을 선택하였다는 김민철 대표로부터 음식의 기본은 재료라는 그의 김밥사랑 이야기를 들었다.

김(red laver)은 특성상 밥을 싸먹는 형태로 발전돼 왔다. 일본에서는 1800년경부터 김을 취급했다는 기록이 있다. 우리는 신라시대 또는 최소한 조선초기인 1400년경부터 취급해 왔다. 김밥이 지금의 모양으로 활성화된 것은 1970년대 들어서다. 경험학습의 일환으로 소풍이 실시되면서 밥과 다양한 채소 등을 김으로 말아 김밥을 만들면서 다양한 내용물이 들어가게 됐다. 이후 즉석 김밥을 거쳐 최근에는 프리미엄 김밥으로 발전했다.

김밥의 변천만큼 김밥 사랑이 깊은 이가 김민철 대표다. 평범한 샐러리맨이던 그도 외환 위기에서 자유롭지 못했다. 어쩔 수 없이 회사를 나온 그는 창업을 선택하게 되었던 것이다.

당시 그가 판매하던 저가형 김밥으로 장사도 나름대로 잘되었으며, 그곳에서 운영한 기간만 10년이 넘는다는 것이 김밥 사랑을 알 수 있다. 정성만김밥은 신메뉴 테스트, 계절별 매출을 포함한 손익 등도 따져봤다. 매출은 안정적이다. 고객 평가도 좋다. 올해 들어 가맹문의도 잇따른다. 자신 있게 성공할 수 있다고 말하는 이유다.

김민철 대표는 "외식업의 기본은 음식이죠. 하지만, 중요한 것은 초심이라며, 처음 음식점을 오픈했던 당시의 맛을 유지하겠다는 마음을 끝까지 유지하지 않고 조금의 이익을 위해 식재료에 변화를 준다면 소비자는 금방 알아챈다는 것이다."라며 정성만김밥의 가맹점주라면 당연히 지켜야 한다는 게 그의 바람이다.

출처 : 더스쿠프

서울 강남구 남부순환로 2909
www.jungsungman.com ☎ 1688-7697

12 반딧불이, 함수진 대표

친환경을 위한 탁월한 기술력의 환경개선 브랜드, 오존을 통한 공기정화 기능으로 새집증후군이나 아토피에 효과가 탁월한 기술력 브랜드.

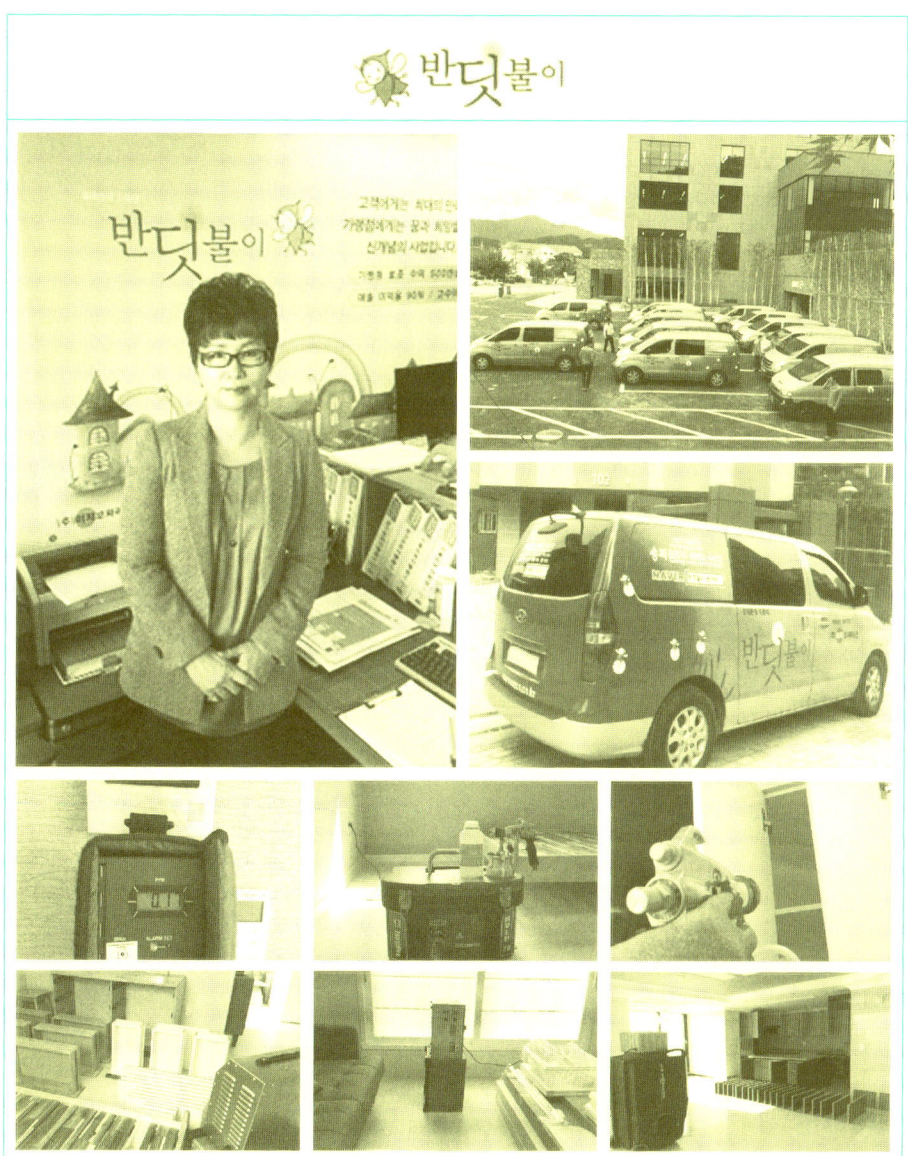

Chapter 8. 성공 창업자에게 배운다

25년간 의상 디자인 사업으로 외길인생을 걸었다. 그런데 갑자기 환경전문가가 됐다. 그것도 2005년 당시에 국내에는 생소했던 실내환경, 토털서비스를 내걸었다. 그가 실내 환경전문업체 반딧불이 대표 함수진이다. "유명 경제연구소 등에서 환경산업이 21세기 유망업종이라는 자료가 나온데다 오존발생기가 원단의 악취 제거에 큰 효과가 있는 것을 알게 되면서 시장에 뛰어들게 됐어요. 국내 의류사업이 전반적으로 하향세를 타고 있다는 점도 영향을 줬죠."

반딧불이는 오존(O_3)공법을 이용해 새집 또는 헌집의 포름알데히드, 휘발성 유기화합물, 진드기, 각종 세균 등 유해환경 물질과 미세먼지를 제거하는 실내 환경 개선사업을 집중적으로 하고 있다. 작업과정에서 오존은 산소(O_2)로 전환돼 쾌적한 환경을 만들어 준다. 오존공법에 필요한 장비는 본사에서 세계적인 환경개선기기 제조사인 미국 US프로덕츠의 휴대용 오존발생기 '오아시스'를 독점 수입해 가맹점에 보급하고 있다. 함수진 대표는 '반딧불이'를 시작하면서 소자본 무점포를 생각했다. 창업자는 최소의 비용으로 창업할 수 있고, 소비자에게 저렴하면서도 고품질의 서비스를 제공하자는 생각에서다. 다양한 환경변화에 따른 기술과 제품 개발도 꾸준하다. 반딧불이 시공 공정은 발명특허를 받을 정도로 독창적이고 효과적인 서비스 시스템으로 인정받고 있다. "최근의 환경시장은 환경정화 서비스에서 환경질병 서비스로 그리고 예방의학 서비스의 방향으로 발전하고 있죠. 반딧불이도 이에 대비한 상품이 준비돼 있어요."

함 대표는 2016년에 올해를 도약의 해로 삼겠다는 계획을 세웠다. 2010년 서비스표준화, 2011년과 2012년 법률&재무 시스템 재정비의 해로 삼았다면, 2016년은 성장&도약의 해로 정한 것이다. "불황이 위기라고 생각하는 기업도 있겠지만, 기회로 보고 있어요. 지금까지 검증된 사업성과 상품성을 바탕으로 시장을 선도해 나갈 거예요."라면서 그는 보완 브랜드로 개똥벌레라는 입주 청소를 포함한 입주지원 브랜드도 출시했다. 현재 협력점을 모집 중이다.

반딧불이 창업비용은 시공 장비 등을 포함해 3,000여만 원이다. 무점포 1인 창업시스템으로 임대료나 인건비 등의 고정비 부담이 없다. 수익성은 매출 이익의 90%에 이른다. 그는 은행과 연계해 창업자금이 부족한 경우 대출 지원도 가능하다. 실내 환경 개선 전문기업인 반딧불이(㈜이지코퍼레이션/대표 함수진)는 최근 (사)대한아토피협회와 업무협약을 체결하고 아토피 시공 서비스에 나섰다.

대한아토피협회 정회원으로 가입한 '반딧불이'는 그 동안 각종 시험성적서와 시공공정에 대해 엄격한 심사를 거쳐 회원자격을 받게 되었다. 이 협약으로 아토피협회 회원사와 협력 제휴를 통한 다양한 사업을 진행하며, 특히 불우아토피 환자 지원사업, 각종 아토피 관련 행사와 교육 등에 적극 참여할 계획이다.

새집증후군을 주력 서비스로 해 온 반딧불이는 협약을 계기로 아토피서비스, 알러지서비스 등에 아토피 안심마크를 사용하며, 아토피 환경개선 서비스 시장 확장에 더욱 탄력을 받게 되었다. 아토피는 '어떤 특정물질에 대한 면역체계의 과민반응'으로 정의되고 있으며, 대표적인 원인물질/알레르겐은 흡인성, 식이성, 접촉성, 약물성으로 분류되고 있다. 그 중에서 환경적인 흡인성 알레르겐이 원인이 되는 아토피 질환자가 50%에 이를 정도로 환경적인 영향이 큰 것으로 알려지고 있다.

새 집에 이사를 한 후 화학물질 알레르겐에 의해 아토피 피부염이 발생하거나 증상이 악화되는 것이 대표적인 경우이다. 일반적으로 새집증후군으로 통칭되는 화학물질로 인한 아토피 감염은 전국 발생률이 20%, 5세 이하 아토피 질환자의 40%나 차지하고 있다.

반딧불이는 이러한 환경적인 요인이 크다는 점에 착안해 이미 7년 전부터 아토피 서비스(시공법)를 개발했으며, 지금까지 다양한 현장에서 아토피 예방과 자연치유 효과를 검증받았다.

또한, 대한아토피협회와의 협약을 계기로 최근 전국 60여개 가맹점 대표 전원이 아토피상담사 자격을 취득해 상담과 시공기술에 전문성을 더하게 되었다.

반딧불이 함수진 대표는 "아토피는 발병 원인이 다양하며 스테로이드 등의 부작용과 치료기간이 길어 문제가 되고 있다"며 "반딧불이의 환경기술과 의료기술이 협력하면 아토피 환자의 고통과 비용을 절감할 수 있을 것"이라고 말했다. 또한, "이번 협약을 계기로 반딧불이의 아토피 서비스 효과가 다시 한 번 검증받았다"며 "다양한 전략과 실행 프로그램을 통하여 새집증후군에 이어 아토피 환경개선 서비스 시장을 선도할 것"이라고 말했다.

출처 : 머니투데이

서울특별시 마포구 마포대로 53. B동 1505호
www.ezco.co.kr ☏ 02-711-5110

13 월드크리닝 한정남 대표

숯 필터를 사용하여 더욱 깨끗하고 건강한 세탁 시스템의 국내 최고 기술력 세탁 브랜드로 일일세탁서비스, 항균향기시스템, 명품세탁의 기술력을 탑재한 세탁전문 브랜드.

1, 2인 가구가 전체의 55.4%를 차지하면서 세탁편의점이 소자본 창업 아이템으로 급부상하고 있다. 현재 공정위에 정보공개서를 등록한 국내 세탁관련 브랜드는 20여개 정도다. 이 중 가맹점 수 1위는 크린토피아이며, 2위는 크린에이드와 월드크리닝이 각축을 벌이고 있다. 특히, '월드크리닝'은 영남지역에서 탄탄한 기반을 구축하여 지난해부터 본격적으로 수도권에 진출한 상태여서 앞으로의 성장이 더욱 기대되는 브랜드다.

'월드크리닝'의 장점은 20년 운영 노하우와 첨단 관리시스템을 바탕으로 유통할인점 및 체인점에서 접수된 물량을 최상의 품질과 납기로 세탁할 수 있다는 점이다. 영남권 최대 세탁편의점인 '월드크리닝'을 설립한 한정남 대표는 1985년부터 1998년까지 창원공단에서 제조업기술 엔지니어로 일을 했다. 그런 그의 삶을 바꾼 것이 IMF다.

다니던 회사가 어려움을 겪게 되자 새 길을 찾아야 했다. 마산 합정동에 83㎡(25평) 규모의 가게에 세탁전문점을 오픈했다. 세탁전문점을 선택한 배경에 대해 "당시 세탁소를 운영하던 지인의 권유가 있었다. 그에게 세탁기술도 배웠다. 세탁소가 그리 많지 않았기에 충분히 가능하다고 생각해 선택했다"고 말했다.

하지만, 한 대표의 도전에는 시련이 따랐다. 그의 도전은 완벽히 준비된 것이 아니었다. 조금이라도 경쟁력을 갖추기 위해 선택한 것은 가격이었다. 일반 세탁소에서 한 벌당 5,000~7,000원을 받을 때 그는 3,500원을 받았다. 가격이 저렴하다 보니 일은 많았다. 문제는 수익성이다. "결국 생산성이 문제가 됐죠. 시스템을 만들어야 할 필요성을 느꼈어요. 엔지니어로 일을 하면서 배웠던 자동화에 대한 개념과 생산성 등을 세탁에 적용하기로 했다"말한다.

소상공인지원센터 등을 통해 자금을 지원받은 그는 2001년 마산 회성동에 세탁공장을 설립했다. 공장과 매장을 잇는 온라인시스템과 드라이클리닝 회수 시스템도 도입했다. 그가 본격적인 프랜차이즈 사업을 시작한 것은 2011년부터다. 그 전에는 대형마트 직영점 위주로 매장을 넓혀갔다.

인지도와 서비스에 대한 소비자의 만족도가 높아지면서 가맹 문의도 급증했다. 그는 월드크리닝의 장점에 대해 이렇게 말한다. "세제와 세탁기계까지 모든 인프라를 갖춘 일본의 기술을 벤치마킹했다며, 단순히 세탁을 잘하는 것을 넘어 품질을 보장하고 고객관리와 서비스에 중점을 뒀다"고 했다.

한정남 대표의 꿈은 최고의 세탁기업이다. 이를 위해 소비 트렌드와 기술 변화를 따라가기 보다는 변화를 주도하기 위해 노력한다. 끊임없는 열정과 노력으로 최고의 세탁브랜드로 만들어 나가고 있는 한정남 대표가 이룰 또 다른 성공 스토리가 기대된다.

1인 가구나 맞벌이 부부를 겨냥한 세탁편의점이 소자본 창업시장의 새로운 아이템으로 급부상하고 있다. 바쁜 일정과 편의성을 이유로 세탁물을 세탁편의점에 의뢰하는 가구가 급격히 늘어나고 있기 때문이다.

세탁편의점은 일반 세탁소와 달리 세탁물을 고객에게 받아 세탁공장에서 일괄 세탁한 뒤 매장을 통해 고객에게 전달하는 시스템의 세탁소다. 이 같은 세탁편의점은 대학가나 직장인이 몰려있는 오피스텔, 사무실 밀집지역 등이 최적지다.

결국, 한 대표는 소상공인지원센터 등을 통해 자금을 지원받아 2001년 세탁공장을 설립했다. 공장과 매장을 잇는 온라인시스템과 드라이클리닝 회수 시스템도 도입했다. 초기에는 대형마트 등을 중심으로 직영매장을 넓혀갔다. 2011년부터는 본격적으로 프랜차이즈 사업을 시작했다. 인지도와 서비스에 대한 소비자 만족도가 높아지면서 가맹 문의도 급증했다.

한 대표의 꿈은 최고의 세탁기업이다. 최근에는 고객이 직접 세탁을 하는 동전 빨래방에도 관심을 두고 사업을 확장하고 있다. 동전 빨래방을 카페처럼 꾸며 세탁을 하면서 커피도 마시고 책도 보며 쉴 수 있는 공간을 마련해 고객을 유치한다는 전략이다. 1인가구가 증가하면서 동전빨래방은 또 다른 세탁편의점으로 매장이 크게 증가하고 있다.

한 대표는 "소비 트렌드와 기술변화를 따라가기보다 변화를 주도하기 위해 노력하고 있다"고 강조했다.

월드크리닝은 수원에 대규모 세탁공장을 설립하고 본격적인 수도권 공략에 나섰다. 한 대표는 "수도권에서도 월드크리닝 시스템을 접해본 가맹점수와 고객들 사이에서 입소문이 나고 있다"며 "5년 이내에 세탁분야 국내 1위 브랜드로 키우겠다"고 말했다.

출처 : 내일신문

경상남도 양산시 물금읍 가촌동 1길 45
www.worldcleaning.co.kr ☎ 1644-7008

14 카페샌앤토, 정주백 대표

샌드위치 장인이 직접 건강과 맛을 위해 개발한 건강한 샌드위치. 자체 개발한 소스와 깨끗한 원재료, 정성 가득한 신개념 샌드위치 브랜드.

Chapter 8. 성공 창업자에게 배운다

커피전문점 경쟁이 치열하다.

유명 상권에 가면 한집 건너 하나씩 있을 정도로 커피전문점은 급증하고 있다. 이 같은 레드오션 시장에 프리미엄 샌드위치로 새로운 바람을 몰고 온 이가 있다. 신용불량자에서 유망 사업가로 제2의 인생을 설계하는 '카페샌앤토(CAFE SAN & TOA)' 정주백 대표다.

국내 샌드위치 시장은 연간 매출 1조 원대에 이를 정도이다. 문제는 편의점 등에 공급되는 1,500원 저가 샌드위치가 시장의 90% 정도를 차지하고 있다고 한다. 하지만, 2010년이 넘어서면서 웰빙 등의 영향으로 프리미엄 샌드위치를 찾는 이들이 증가했다. 이러한 시장의 흐름에 발맞춰 최고 품질의 샌드위치 개발에 나선 이가 정주백 대표다.

그는 한때 H화장품회사 영업사원으로 잘나가던 때가 있었다. 문제는 그가 회사를 그만두고 자신만의 사업을 하면서다. 과일 행상으로 술집에 납품을 했다.

탁월한 영업능력으로 공급처도 늘어났다. 하지만, 외상이 발목을 잡았다. 결국, 모든 재산을 날리고 빚만 끌어안게 됐다. 당장 먹고 살아야 하기에 빵장사에 김밥 팔이까지 안 해 본 게 없을 정도로 다양한 일을 했다.

하지만, 성공의 기회는 찾아오지 않았다. 그러던 중 샌드위치를 알게 됐고, 당시 샌드위치 달인을 찾아가 무릎을 꿇고 노하우를 전수받게 된다.

이를 바탕으로 1996년 개인 사업으로 샌드위치 제조를 시작했다. 하지만, 신용불량자인 그에게는 모든 게 어려웠다.

"십시일반(十匙一飯) 지인들의 도움과 밤을 새는 노력으로 다양한 샌드위치 개발에 노력했어요. 그리고 만든 샌드위치를 들고 영업을 다니기 시작했죠."

여러 곳을 돌아다닌 결과 맛과 품질을 보고 모대학교에서 납품 허락이 떨어졌다. 입소문은 순식간에 퍼졌다. 여러 기업과 업체에서 그에게 연락이 왔다. 유명커피 프랜차이즈에도 대량납품 계약을 맺었다. 돈이 들어오면서 신용불량자에서도 벗어날 수 있었다.

그가 만든 에스엘비코리아(주)는 샌드위치에 미친 사람들의 조직이다. 개발한 샌드위치 종류만 300여 종이 넘는다. 샌드위치 제조 관련 특허도 여럿 보유하고 있다. 현재 그의 샌드위치는 풀무원, LG아워홈과 유명호텔 등에 납품되고 있다.

회사가 자리를 잡아가면서 샌드위치를 소비자에게 직접 제공하고 싶은 바람이 생겼다. 그렇게 해서 처음 시작한 것은 '멜랑제'라는 브랜드다. 매장에서 직접 프리미엄 샌드위치를 만들어 제공했다. 하지만 문제가 있었다.

그의 샌드위치는 만드는 과정이 요리 수준이다. 다양한 채소를 볶고, 과일을 다듬어야 한다. 이로 인해 조리과정이 복잡했다. 간편하면서도 가격은 낮추고 품질은 유지하는 공정이 필요했다. 그래서 다시 개발에 들어갔다.

그렇게 해서 탄생한 것이 샌드위치&토스트 커피전문점이 '카페샌앤토'다. 특징은 프리미엄 샌드위치의 제조공법을 쉽게 만들어 가격을 낮췄다는 점이다.

"커피 경쟁력보다 샌드위치 카페라는 콘셉트로 대중적 아이템으로 접근하기 위해 고심했죠. 소비자가 프리미엄 샌드위치를 저렴하게 즐기면서 휴식을 취하는 공간으로 느끼도록 하는 게 바람이죠."

정 대표의 앞으로의 목표는 세 가지다. 세계를 지향하는 국내 최고의 샌드위치를 만드는 것과 성공적인 창업을 꿈꾸는 사람들을 돕고 일자리 창출을 도모하는 것, 안전한 먹거리를 위해 부단히 노력하는 거라고 했다.

제조업에서 성공한 그가 샌드위치로 프랜차이즈 디저트 시장에 새로운 바람을 일으키고 있다.

"목적지에 도착했습니다." 자동차 내비게이션에서는 몇 번이고 목적지 도착을 알려주는 안내가 나오는데도 도통 모르겠다. 서울 양천구 목동 736-3번지. 도대체 어디에 있는 거지?

서울 한복판인데도 번지수를 찾기가 쉽지 않다. 좁은 골목을 몇 번이나 뱅뱅 돌다가 결국 부동산중개소의 도움을 청했다. 세상에나! 이곳이 샌드위치 대부 정주백(SLB Korea 대표) 씨의 사무실이라고?

미리 주소를 알려준 그에게 전화를 걸어 다시 물어보기도 민망했다. 간난고초(艱難苦楚) 끝에 성공을 일궈 '서민갑부'라는 수식을 달게 된 그가 아니던가! 우여곡절 끝에 그의 사무실에 도착하고 보니 고개가 자연히 끄덕여졌다. 사무실은 목동 재래시장 입구의 허름한 건물 안에 있었다. 아래층은 작은 이불가게이고, 위층이 그의 사무실이다. 옆 건물에는 떡방앗간과 각종 약초를 달여 주는 건강원이 있다. 피식 웃음이 났다. 마치 서민 동네를 촬영하기 위해 일부러 만들어 놓은 세트장을 보는 것 같았기 때문이다. 신도시 목동에 이런 곳이 있으리라곤 꿈에도 몰랐다.

그래, 항상 선입견이 문제인거다. 갑부 소리를 듣는데 대로변의 번듯한 건물에 사무실을 갖고 있겠지 하는 지레짐작이 모든 걸 헝클어 놓았다. 한 사람이 겨우 올라갈 만한 비좁은 계단을 올라가 보니 계단 중간쯤에 회사 문패가 보였다. 빼꼼 열려 있는 문으로 들여다보니, 초로의 살집 있는 아저씨가 몸을 일으켜 세웠다.

프리미엄 샌드위치 전문 브랜드인 '멜랑제'의 본사인 셈이다. 그가 필자를 안내한 곳은 역시 방바닥에 양반다리를 하고 앉아야 하는 직원식당. 밥상을 사이에 두고 그와 마주앉았다. 그의 누나가 부엌에서 열심히 직원들의 점심식사를 준비하고 있었다.

프리미엄 샌드위치 브랜드 '멜랑제'는 하루 6천 개의 수제 샌드위치를 일부 호텔, 시내 백화점, 멜랑제 단독 매장 4곳에 공급한다. 수제 샌드위치라 가격도 비싼 편이다. 하지만, '멜랑제'는 가장 서민적인 모습으로 '프리미엄 고객'들을 공략한다. 정씨가 이름을 붙였다는 '멜랑제' 브랜드 명은 새로운 맛을 내기 위해 여러 가지를 '섞어 만든다'는 뜻의 프랑스어라고 했다.

자신만만했던 40대에 찾아온 시련들…

연간 매출 1조원 대에 이르는 국내 샌드위치 시장은 편의점에 공급하는 1,500원대의 저가 샌드위치가 90% 이상을 장악하고 있고, 중견기업이 하는 프랜차이즈 업소가 나머지의 대부분을 차지한다. 그가 만드는 햄 모짜렐라치즈 빠니니, 불고기 치아바타 등의 샌드위치는 개당 가격이 7천~1만2천원이나 한다.

"겸손해야 돼요. 인생 자체가 배움의 과정인데 겸손하지 않으면 알 턱이 없어요. 막연히 뭔가 되겠지 하는 안이한 생각을 버려야죠. 헛똑똑이는 디테일한 똑똑함에 지게 돼있습니다." 겉모습에 신경 쓸 때가 아니라는 듯, 정작 중요한 것은 다른데 있다는 듯 그의 목소리에 힘을 실었다. 그도 그런 원칙을 깨닫기까지 오랜 세월이 흘렀다. 정씨가 그간의 실패담을 성공담처럼 담담하게 들려준다.

그는 한때 H화장품회사 영업사원으로 잘나갔다. 그러나 회사를 나온 뒤로 얼마 안 가 그는 빈털터리 신용불량자가 됐다. 입사 후 짧은 기간에 회사 내 최고 실적을 냈던 마당발 영업사원의 지나친 자신감이 그를 망쳤다. 그가 회사를 나오기로 한 것은 "이 정도면 뭘 못하겠느냐"는 자만심 때문이었다. 술 접대 영업에 지친 그는 30대 중반에 '을의 구차함'을 내팽개치고 '당당한 갑'이 되자고 선언했다. 주변 사람들의 만류도 호기롭게 뿌리쳤다.

회사를 나오고 나서 처음엔 날아갈 듯했으나 머지않아 막막함이 찾아왔다. 퇴사 후 3일 만에 후회가 물밀듯이 밀려왔다. 그러나 버스가 떠난 뒤였다. 무엇을 해야 할지 사업 아이템 정하지 못하고 백수건달의 생활이 한동안 이어진 것이다. 고민 끝에 퇴직금으로 중고차를 구입해 과일 행상부터 시작했다. 화장품회사 영업사원 시절 거래처 술 접대 과정에서 알고 지내던 룸살롱의 인맥이 과일 판매처를 늘리는데 도움을 주었다. 업소마다 독점적으로 월 1천만 원어치의 과일을 외상으로 대주면서 공급처가 차츰차츰 늘어났다. 신바람이 났다.

그러나 그런 기쁨도 잠시. 시간이 갈수록 문제가 하나둘 불거졌다. 외상으로 과일을 구매한 술집 영업상무들이 수시로 술집을 옮기다 보니 판매대금을 받아내지 못한 경우가 늘어난 것이다. 외상값을 받기가 하늘의 별 따기만큼이나 어려웠다. 아예 사람을 찾을 수 없는 경우도 많았다. 결국, 정씨는 맞벌이를 하며 마련한 집까지 날렸고, 잦은 부부싸움 끝에 부인과 이혼까지 하는 비극을 맞았다. 그에게 남은 거라곤 코흘리개 두 아들과 빚더미뿐이었다. 화불단행(禍不單行 - 재앙은 번번이 겹쳐온다는 뜻)이라더니 부모님마저 연이어 돌아가셨고 그에게 액운이 잇따랐다.

당장 먹고 살아야 하니까 시장길 한 쪽의 작은 공간에서 빵도 팔아보기도 하고, 김밥을 말아 대학 구내식당을 들락거려보기도 했다. 액세서리 납땜 아르바이트도 하면서 재기를 꿈꿨지만 가족들의 입에 풀칠하기도 힘들었다. 남의 공장 지하에서 아이들과 먹고 지내면서 재기를 모색했으나 하는 일마다 번번이 좌절됐다. 지인의 도움을 얻어 무상으로 차렸던 빵가게도 망했다. 엎친 데 덮친 격으로 많은 빚을 걸머져 신용불량자가 돼 재기할 수 있는 희망도 사라졌다. 그의 나이 45세까지 그랬다.

그래도 죽을 수는 없는 노릇이었다. 아직 십대인 두 아들이 아버지만 쳐다보며 살아가고 있지 않은가. 빵을 다시 만들어보기로 결심했다. 그는 어느 날 한 잡지에서 읽은 '샌드위치의 달인'을 무턱대고 찾아갔다. 빵장사 경험을 살려 샌드위치로 승부를 걸어보자는 생각에서였다. 목포에 사는 '달인'의 가르침을 받으려고 통사정을 해서 그를 집 근처의 여관으로 모셨다. 그는 그때 한 달 동안 집중적으로 50여 가지 샌드위치 요리 노하우를 전수받게 된다. 여관비를 내고 빵의 재료를 구입하기 위해 연습용으로 만든 빵을 들고 길거리로 가지고 나가 팔았다. 살아가는 것이 아슬아슬했다.

샌드위치 행상으로 마지막 승부수를…

하지만, 당초 약속했던 강사료를 제때에 지급하지 못해 한겨울에 얼어붙은 시장 바닥에 무릎을 꿇고 '달인'에게 빌어야 하는 서러움을 겪기도 했다. 물론, 나중에 누이에게 돈을 꿔서 간신히 돈을 갚았지만 말이다. 샌드위치 기술을 습득한 그는 투자금 마련을 위해 부자로 소문난 4촌형 집을 찾아가 매달렸다. 하지만, 그를 믿어주지 않았다. 빈손으로 강남에서 아이들과 함께 살고 있는 화곡동까지 버스비가 없어 터벅터벅 걸어서 돌아오는데 생을 아예 포기하고 싶은 생각이 머릿속에서 떠나질 않았다.

'이럴 바에야 생을 끝내버리자'는 극단적인 생각이 머리를 떠나지 않았단다. 그런데 이상하게도 마지막 순간 오기가 발동했다. '이왕 죽을 바에는 제대로 된 샌드위치나 한번 만들어보고 죽자"는 생각에 이르렀다. 그는 그동안 식재료를 사면서 안면을 익힌 가게들을 찾아 나섰다. 한 번만 기회를 달라고 매달렸다. 궁하면 통한다 했던가. 그동안 갈고 닦은 실력과 정성을 다해 만든 각종 샌드위치를 들고 대학 구내식당을 찾아갔다. 그런 그에게 납품을 허락할 리 없다. 당시 대학 구내식당 국밥 한 그릇에 1,500원 하던 시절인데 2,500원짜리 샌드위치를 팔아달라니 먹혀들 리 만무했다.

그렇다고 쉬 포기할 수 없는 일. 핏속에 흐르던 최고 영업사원의 열정과 끈기가 발동했다. 그는 그동안 쌓아온 영업 노하우를 총동원해 결국 납품에 성공한 것이다. 조건은 외상 납품이다. 팔리지 않으면 도로 가져가서 폐기하기로 했다. 그런데 웬걸, 구내식당에 샌드위치를 내놓자마자 모두 팔려나간 것이다. 다음날치 추가주문이 들어온 것은 당연지사다. 그의 사업에 햇볕이 드는 순간이었다. 정씨는 그 사실을 다른 대학 구내식당의 영업에 활용하니 그때부터는 일이 술술 풀려나갔다. 서울 소재 대학들이 차례차례 그의 납품처가 됐다. 가나다순으로 공략을 했는데 한결같이 '오케이'였다. 대학 구내식당에서 일이 풀리자 뜻밖에 편의점 납품까지도 그에게 떨어졌다.

그때가 2000년쯤의 일이었다. 하루하루가 지날수록 정씨의 가슴은 터질 듯했다. 1년 넘게 그는 미친 듯이 뛰어다녔다. 그러던 중 그에게 특별한 기회가 찾아왔다. 정씨가 애당초 생각했던 프리미엄급 샌드위치에 도전해 볼 기회가 온 것이다. 서울 소공동에 있는 한 고급 호텔에서 그에게 납품을 제안해 온 것이다. 그렇다고 덥석 받아들일 수도 없는 제안이었다. 자칫하다간 요리법만 뺏길 것 같다는 걱정이 앞섰다. 처음엔 그 제안을 거절하다 일곱 번 만에 호텔 관계자를 만나기로 했다. 호텔 측은 호텔 소속 조리원들이 만든 샌드위치와 정씨의 샌드위치를 비교 시식하는 평가회가 열렸는데 즉석에서 오케이 사인이 났다. 그는 계약을 체결하고 나서 아주머니 직원들과 낡은 봉고차를 타고 돌아오던 때의 기쁨을 아직까지도 못 잊은 듯하다.

"그때 한 분야에서 10년은 해야 진정한 전문가가 될 수 있고 무슨 일이든 맥을 잡아갈 수 있다는 생각이 들더라고요. 문리가 트인다는 말이 있잖아요? 조급한 마음에 이일 저일 7~8번이나 아이템을 바꿀 정도로 쉬 포기한 것이 문제였음을 그제서야 깨달았다고 할까요."

백화점 납품으로 프리미엄 샌드위치 시장 선점.

2004년부터 시작된 특급호텔 납품은 그의 사업에 순풍에 돛을 달아주었다. 사방에서 주문이 밀려왔다. 그는 프리미엄 샌드위치에 승부를 걸기 위해 대학 구내식당의 납품을 포기했다. 현재는 서울 서초동과 수원 롯데백화점, 광명 프리미엄 아울렛 등 4곳에 직영점을 열었고 대기업 직영 커피전문점인 아티제에도 납품한다. 올해 매출 목표치는 70억원. 정씨는 자신감에 찬 어조로 말했다.

"샌드위치는 신선한 재료를 쓰는 것이 물론, 첫째지만 빵과 배합물이 어우러지는 맛이 무엇보다 중요해요. 단지, 속에 토핑을 넣는 것이 아니라 다양한 요리를 접목시킨 것이므로 저는 이 사업이 외식이 아닌 패션사업이라는 생각으로 임합니다."

하지만, 그는 요즘도 외형상으로는 '옛날의 그 초라함'을 그대로 유지한다. 두 아들과 함께 사는 집부터 마련할 듯한데도 그의 가족들은 사무실과 가까운 시장통의 허름한 빌라에 살고 있다. 방 두 개를 장성한 아들 둘에게 내어주고 자신은 거실을 쓴다. 정씨가 이런 '호사'를 누린 것도 불과 1년여 전부터란다. 방에는 번듯한 가구 하나 없다. 이제는 다 자란 아들 둘을 포함해 남자 셋이 식사도 사무실 식당에서 모두 해결하니 나머지는 사치나 다름없다고 생각한다. 더구나 하루 종일 밖에서 사니 집은 단지 잠자는 곳 이상도 이하도 아니다. 정씨에게 "그럼 돈을 버는 목적이 무엇이냐?"고 묻자 "아직 호사할 때가 아니다"라는 대답이 돌아온다. 아니, 물질적인 호사에는 관심이 떠나버렸단다. 10평짜리 집에 사나 100평짜리 집에 사나 다를 바가 없다는 얘기다. 그는 "사업을 잘 이루고자 하는 게 생의 줄기고 나머지는 모두 곁가지"라고 말한다.

그의 명함에는 평소 간직해 온 자신의 포부가 적혀 있다. 첫째, 세계를 지향하는 국내 최고의 샌드위치를 만드는 사람. 둘째, 성공적인 창업을 꿈꾸는 사람들을 돕고 일자리 창출을 도모하는 사람. 셋째, 안전한 먹거리를 만들기 위해 부단히 노력하는 사람이 되는 것이다.라고 적혀 있다.

그래서 이제 신나게 돌아가고 있는 샌드위치 공장과 함께 그의 하루도 신명으로 가득하다. 새벽 4시쯤 일어나 하루 일과를 계획한다. 그리고 그의 조언을 원하는 창업동아리 밴드에 들어가 창업을 꿈꾸는 수백 명의 회원이 쏟아내는 질문들에 일일이 답하는 걸로 하루를 연다.

그 다음, 사무실과 1분 거리에 있는 아파트 지하공장에 들러 직원들과 함께 하루의 업무를 챙긴다. 가끔 시장에 나가 식품재료를 구입하거나, 두 아들이 맡고 있는 직영점에 나가 매장을 점검하기도 한다. 80여 명의 직원도 그의 눈초리를 벗어나지 못한다. "요즘 젊은이들은 무엇을 제대로 알기 전에 무조건 사람을 부릴 생각부터 해요. 인생은 처음부터 배우면서 사는 과정인데 겸손한 마음이 없으면 알 턱이 없게 되죠. 스스로 바보라고 생각하고 처음부터 배운다는 자세로 임해야 합니다. 그래야 책이건 사람이건 자신의 멘토가 되어 줍니다." 직영점 관리를 맡고 있는 두 아들을 향한 그의 질책에서는 무한한 애정도 묻어난다.

프랜차이즈 사업으로 제2도약 준비.

그의 샌드위치 공장은 작고 허름하지만 위생관리만큼은 철저하기로 소문났다. 마치 실험실 같은 통제구역에서 소독한 가운과 모자, 마스크를 착용한 직원들이 샌드위치 만드는 일에 집중하고 있다. 공장 문밖에 걸려 있는 위해요소 중점관리기준(HACCP) 적용업소, 기술보증기금의 기술평가 보증기업, 벤처기업 확인서 등이 최고 샌드위치 만들기에 승부를 건 그의 노력을 가감 없이 보여준다.

그는 요즘 또 다른 꿈에 부풀어 있다. 내년에 용인 기흥에 2,500평짜리 공장을 지으면서 샌드위치 프랜차이즈 사업에 본격적으로 뛰어들 계획을 세웠기 때문이다. 이미 태스크포스팀을 구성해 70% 정도 일을 성사시켰고 조만간 가맹점

모집을 시작한다. 우선은 가맹점 100곳을 목표로 삼고 있다. "어떤 점주를 모시는가가 가장 중요합니다. 한때 신용불량자로 극한의 어려움을 겪은 제가 중요하게 생각하는 것은 스티브 잡스가 'Stay hungry, Stay foolish'라고 말했듯 헝그리 정신이 있어야 한다는 겁니다. 그리고 무엇이든 배울 수 있는 겸손함이 필수라고 봅니다. 그런 분들을 점주로 모실 겁니다."

그간의 노력이 하나둘 결실을 맺어가면서 그의 도움을 청하는 사람도 많아졌다. 우선 그의 성공 노하우를 들으려는 강의요청이 줄을 잇는다. 대학이나 지차체의 창업관련 강의에 단골강사로 나선다. 그는 서울시의 실패 창업사례 공모전에서 장려상을 수상한 불명예스러운(?) 경력도 있다. 하지만, 그는 화려하게 자신의 삶에서도 재기했다. 그의 성공은 그의 명함에 찍힌 각종 직함이 말해준다. 성남고등학교 총동창회장, 회원 수 1만여 명인 서울시 통상산업진흥원 창업학교 동문회장, 서울대 식품영양산업 최고경영자 총교우회 사무총장 등을 맡고 있다.

그는 "사람들과 더불어 살아가면서 도움을 주고 정을 나누는 것이 삶의 재미와 의미를 더해준다"며 이렇게 말했다. "한때 포기할까도 생각했지만 인생은 살 만한 가치가 있더군요. 이제 전 세계인이 즐겨먹는 샌드위치 전문기업을 만들어 세계시장 진출도 꿈꿀 수 있게 됐어요. 그 꿈을 위해서는 더 열심히 공부하고 뛰어야 합니다."

출처 : 중앙시사매거진

경기도 용인시 기흥구 지곡동 568-1
www.sanandtoa.co.kr 070-4659-0895

부 록
(서식)

1. 일일 체크리스트 / 410
2. 주방 위생 체크리스트 / 411
3. 점포(매장)관리 체크리스트 / 412
4. 화장실 관리 체크리스트 / 413
5. 영업마감 체크리스트 / 414
6. 직원 현황표 / 415
7. 직원 출·퇴근 현황 / 416
8. 직원 급여 현황 / 417
9. 아르바이트 채용 평가서 / 417
➡ 접객인사 요령 / 418

1. 일일 체크리스트 (사례)

항목		점검 내용	확인	문제점
청소	업소외부	간판, 주차장, 화단, 조경구, 출입구		
	홀	바닥, 벽면, 천정, 전등		
		유리창, 창틀		
		테이블, 의자		
	생맥주 카운터	싱크대, 건조대		
		헤드, 코크, 맥주LINE		
		컵보관냉장고		
	화장실	바닥, 벽면, 천정		
		변기, 수도꼭지, 배수구		
		거울, 세면대		
		비누, 화장지, 타월(핸드 드라이어)		
		악취제거		
종업원	예절교육	인사, 서비스		
	용모	유니폼, 두발, 손톱, 화장		
영업준비	계산대	금전등록기(POS)		
		환전		
		영수증, 전표		
	간판	간판 점등(일몰 1시간 전)		
	생맥주	보관상태(온도, 탄산가스)		
		맛		
	홀	집기, 비품 소모품, 장식용품		
		조명		
		냉/난방, 급/배기		
	오디오, 비디오	가동상태		
		BGM(테이프, CD)		
	식자재	재고 상태		
		보관 상태		
	열기구	Gas, 전열기구		
		화재예방(Gas누출, 누전/소화기구)		
영업마감	카운터 마감	매출액		
		금고보관, 잠금 상태		
		물류재고파악(본사물류주문)		
	청소	테이블, 의자		
		조리카운터		
		주방		
	전원 스위치 ON/OFF	냉/난방 설비		
		급배기 설비		
	소등	간판		
		홀, 주방, 화장실		
	잠금장치	출입문, 창문		
		보안장치(무인경비시스템)		

2. 주방 위생 체크리스트 (사례)

	체 크 항 목		월	화	수	목	금	토	일
1	천장은 청결한가.								
2	전등은 모두 들어오는가, 조명도는 충분한가.								
3	벽면은 기름때가 끼지 않고 깨끗한가.								
4	창틀에는 먼지 등이 쌓여 있지 않는가.								
5	배기 후드는 청소가 잘 되어 있는가.								
6	배기 상태는 양호한가.								
7	바닥은 청결하고 건조 상태인가.								
8	바닥 타일이 파손된 곳은 없는가.								
9	배수는 잘되고 있는가.								
10	배수구에 음식찌꺼기 등이 쌓여 있지는 않는가.								
11	쥐·바퀴벌레 등이 서식하고 있지는 않는가.								
12	세면대는 청결하고, 타월이 준비되어 있는가.								
13	소화기는 정해진 위치에 있는가.								
14	선반의 정리·정돈상태는 양호한가.								
15	선반 위에 불필요한 물건이나 먼지 등이 쌓여 있지는 않는가.								
16	식기 등은 청결하게 보관되어 있는가.								
17	식기는 정해진 수량이 확보되어 있는가.								
18	오븐은 깨끗한가.								
19	가스버너의 화구는 막힘이 없고 깨끗한가.								
20	냉동·냉장고의 내부는 정리·정돈되어 있는가.								
21	냉동고 안에 성애가 끼지는 않았는가.								
22	냉동·냉장고 외부는 깨끗한가.								
23	제빙기는 깨끗한가.								
24	프라이기는 항상 잘 닦여 있는가.								
25	밥솥은 깨끗하게 잘 닦여 있는가.								
26	칼·도마는 위생적으로 관리되고 있는가.								
27	행주는 항상 깨끗한 상태로 관리되고 있는가.								
28	싱크대 주변은 정리·정돈되어 있는가.								
29	복장은 규정대로 양호한가.								
평가등급	A(양호) : ○표 25개 이상 B(보통) : ○표 23개 이상 C(불량) : ○표 22개 이하 D(매우불량) : ○표 20개 이하	평가							
		점장 확인							

3. 점포(매장)관리 체크리스트 (사례)

구 분	체크 사항
외 관	• 주차장의 청소(쓰레기 오물제거) 상태는 양호한가? • 간판의 먼지나 변색의 이상 유무 확인, 전구의 이상은 없는가? • 네온사인의 이상 유무 확인 • 벽면의 먼지, 거미줄, 거미집, 오물 여부 확인 • 벽면 부착물, 창틀 먼지나 오물 여부, 유리창 파손은 없는가? • 점포입구의 관상수(또는 정원의 정원수)의 생기상태가 양호한가? • 점포 진입로 청결 여부, 악취, 장애물, 오물은 없는가?
매 장 내 부	• 현관문 이상 유무 및 청결 상태, 현관 매트, 우산걸이 비치, 신발장 청결 상태 (계단 및 복도 등의 청결 상태) • 현관 기둥과 바닥 청결 상태는 양호한가? • 현관 입구의 조명 상태와 조명등 이상 유무 확인 • 현관 바닥에 물기는 없는가? • 카운터 정리정돈, 전화기 이상 유무, 메모지 및 기타 사무용품 확인 • 금전등록기 및 카드리더기, 서비스 스테이션 청결상태 • 액자 및 실내 조명기구의 이상 유무 • 테이블 및 의자(방석) 상태 이상 유무, 흔들리거나 삐거덕거리는 것은 없는가? • 유아용 의자는 준비되어 있는가? • 실내 온도는 쾌적하게 공기조화 시스템이 작동되는가? • BGM의 음악은 분위기에 맞게 제공되는가? • 테이블세팅화 등의 장식품 확인 • POP, 메뉴, 게시판이 더럽혀져 있지 않는가? 파손되어 있지 않는가?
화장실	• 세면대와 주변 청결, 타월은 준비되어 있는가? • 심한 악취는 나지 않는가? • 거울은 깨끗하게 닦여져 있는가? • 세정액과 세정수건은 준비되어 있는가? • 휴지통은 청결하게 사용되고 있는가? • 화장지는 잘 비치되어 있는가?

4. 화장실 관리 체크리스트 (   )월 (사례)

날짜	바닥	벽면	천정	거울	세면대	비누	타월	변기	화장지	핸드 드라이어	악취 제거
1											
2											
3											
4											
5											
6											
7											
8											
9											
10											
11											
12											
～											
29											
30											
31											

5. 영업마감 체크리스트 (사례)

구 분	점검 내용	점검
카운터	매출액 정산	
	금고보관, 잠금장치	
	물류재고파악	
카운터	음료(맥주) 라인 세척	
	생맥주는 CO_2 밸브를 잠근다(주 밸브와 보조 밸브 모두 잠금)	
	급냉각기 24시간 가동(상태확인)	
	주류 빈병정리	
	생통 재고확인	
홀	테이블 정돈(세팅용기 세척 건조)	
	술잔, 행주 등의 홀 비품 위생처리	
	타일바닥 쓸어내기	
	쓰레기통 비우기	
	마포걸레 건조	
주 방	각종 기기 세척소독	
	창고정리 및 청소	
	쓰레기 처리	
	가스밸브 잠금	
	전기 제품 OFF(냉장·냉동고 제외)	
	주방물류재고파악	
화장실	쓰레기통 비우기	
	타일바닥 쓸어내기	
소 등	간판 소등	
	홀, 주방, 화장실 소등	
전 원	냉/난방 설비 Off	
	급비기 설비 Off	
잠금장치	출입문, 창문 잠금장치, 무인경비시스템	

6. 직원 현황표 (   )월 현재 (사례)

성 명	생년월일	연 락 처	직 책	급 여	월간 휴무일	계좌번호	기타

7. 직원 출·퇴근 현황 (   )월(사례)   성명 :

날짜	출근시간	퇴근시간	근무시간	확 인	비 고
1	:	:			
2	:	:			
3	:	:			
4	:	:			
5	:	:			
6	:	:			
7	:	:			
8	:	:			
9	:	:			
10	:	:			
11	:	:			
12	:	:			
13	:	:			
14	:	:			
15	:	:			
16	:	:			
17	:	:			
18	:	:			
19	:	:			
20	:	:			
21	:	:			
22	:	:			
23	:	:			
24	:	:			
25	:	:			
26	:	:			
27	:	:			
28	:	:			
29	:	:			
30	:	:			
31	:	:			

3·5·2·12·8의 법칙

8. 직원 급여 현황 (　)월 (사례)

성 명	직책	급 여	근무시간	가 불	지급액	계좌번호	기타
(　　)월 총 지급 급여					₩		

9. 아르바이트 채용 평가서 (사례)

성명		생년월일	년 월 일	성별	남 / 여
주소			연락처	010 -	-

◉ 근무사항

◉ 체크포인트

> Tip

➥ 접객인사 요령

- 고객을 보고서도 시선을 피하거나 무관심한 태도는 취하지 않는다.
- 고객을 맞이할 때, 응시하면서 인사한다.
- 고객에게 인사 태도와 인사말은 공손하며 정중해야 한다.
- 고객에게 정형화법 또는 적절한 인사말을 사용한다.

•인사 태도에 따른 상대방의 느낌•

인사 태도	상대방의 느낌
상대방을 보지 않고 인사	무관심, 의욕 결여 느낌
말을 하지 않는 인사	귀찮음, 근심, 걱정, 우울감의 느낌
고개만 까닥하는 인사	성의 없음, 속빈 형식적인 느낌
대충, 생략, 흐트러진 인사	우물쭈물, 경시 보나마나 하는 느낌
턱을 쳐드는 인사	교만, 오만한 느낌
고개를 옆으로 숙이는 인사	답답하거나 속이 타거나 짜증난 느낌
윗 계단이나 높은데서 인사	무례하거나 예의가 무지한 느낌
지나친 인사	과례, 무례, 경솔한 느낌
발꿈치나 무릎을 벌리고 인사	불결, 불량스런 느낌

Epilogue

어느새 열한권의 창업관련 책을 쓰고 있다.

초등학교시절 감명 깊었던 퀴리부인의 자서전에서 막연히 나도 성인이 되면 나에 대한 책 한 두 권은 써 봐야지를 꿈꾸었던 시절이 있었다.

유학을 마치고 국내로 돌아와 창업과 프랜차이즈 관련업에 종사한지 올해로 삼십사년이 지났다. 그동안 처절한 창업현장에서 수많은 사건을 경험하고 이제야 겨우 남들에게 전문가답다 라는 이야기를 듣곤 한다. 창피하기도 하고 부끄러운 호칭이다. 이제는 대학교에서 후배들에게 창업과 프랜차이즈 이론과 실무를 가르치다보니 내 자신이 한없이 부족함을 느끼고 있었다.

그동안 여러 출판사에서 출판을 하자는 제의에 열권의 창업과 자기계발서를 집필, 출판을 했었다. 지금 돌이켜보면 부끄러운 흔적들이다.

나는 생각을 했다.

이론보다 실천을 위한 창업서적을 정리해 보자고…

그래서 창업에 대한 생각을 정리하는 계기로 준비했다

이번 책 역시 많은 분들의 도움이 있기에 가능했다.

누구보다 창업에 대한 트렌드와 소비 형태를 분석해 준 한국창업경영연구소의 연구원들에게 감사함을 전한다. 그리고 귀한 컨설팅자료를 사용할 수 있게 허락해 주신 서근하 박사님, 창업현장에서 남들보다 힘든 길을 묵묵히 열정으로 성공하신 많은 대표님들의 이야기를 수록케 허락해 주신 사장님들, 늘 한결같이 용기와 에너지를 불어넣어 주시는 세종대학교 유통산업대학원의 전태유 교수님, 자신의 미래를 위해 최선을 다하는 아들 화섭, 연기자의 꿈을 실천하기 위해 구슬땀 흘리는 딸 수림, 그리고 늘 한결같이 묵묵히 지켜봐 주고 격려해 준 아내에게 감사함을 전한다.

변화의 순간에는 위기와 함께 기회가 존재한다.

창업은 특히 그러하다. 이 순간 고민하고 망설이는 모든 창업자들께 용기와 함께 건강한 도전에 박수를 보낸다.

양재골에서 淸泉 이 상 헌

저자소개

이 상 헌

한국창업경영연구소 소장
컨설팅학 박사

- 대학교수, 협회회장, 컨설팅학 박사, 프랜차이즈전문가, 컨설턴트, 방송인, 칼럼리스트라 불리운다. 그 중 "창업교 교주"라는 별명을 좋아한다. 필자와 몇 년 동안 수업을 함께 하며 정을 나누었던 프랜차이즈지도사(자격번호2013-0621호)들이 몇 년 전 붙여준 별칭이다.
- 세종대학교 유통산업대학원과 경희대학교 경영MBA에서 후배들을 가르치고 있고, ㈜한국창업경영연구소를 이끌고 있으며, 창업과 프랜차이즈를 공부하며 컨설팅을 하고 있다. 그동안 업계에 오래있었다는 이유만으로 과분하게 「국무총리표창」과 유통학회에서 주는 「우수논문상」, 신문사로부터 「컨설턴트 대상」 등을 받았다. 그중에서도 가장 감사한 상은 업계 컨설턴트들이 준 「공로패」라고 생각한다.

- 어느새 열한 번째 창업관련 책을 집필하였다.

『창업은 전쟁이다』, 『트랜드가 돈이다』, 『창업고수가 알려주는 성공마인드』, 『2030 독특하게 창업하라』, 『프랜차이즈창업과 세금이야기』, 『성공하려면 서비스를 팔아라』, 『대한민국 무엇을 위해 창업하는가』, 『대한민국프랜차이즈를 이끄는 사람들』, 『THE LEADING FRANCHISORS IN KOREA』, 『시니어 세대를 위한 성공창업경제학』을 집필, 출판했다.
늘 부족하고 부끄럽게 느끼고 있다.

영국시인 SHELLY는 "IF WINTER COMES,CAN SPRING BE FAR BEHIND?"라고
그의 시 ODE TO THE WEST WIND의 마지막 구절에서 말했다.
겨울이 오면 봄은 멀지 않다고....

창업은 힘든 결정이다.
이 책이 그분들의 결정에 자그마한 위로가 되길 희망해 본다.

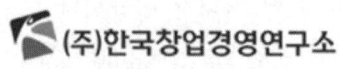

02-959-5555
http://www.icanbiz.co.kr